首都经济贸易大学国家一流本科"劳动与社会保障"专业建设点资助成果

社会 SOCIAL
保险学 INSURANCE

毛艾琳 / 著

社会科学文献出版社
SOCIAL SCIENCES ACADEMIC PRESS (CHINA)

目 录

第一章 绪论 ………………………………………………………… 1
 第一节 社会保险概述 …………………………………………… 1
 第二节 社会保险的基本特性 …………………………………… 2
 第三节 社会保险相关关系 ……………………………………… 9

第二章 社会保险管理 …………………………………………… 17
 第一节 社会保险管理概述 ……………………………………… 18
 第二节 社会保险管理模式 ……………………………………… 21
 第三节 中国的社会保险管理 …………………………………… 27

第三章 社会保险基金 …………………………………………… 42
 第一节 社会保险基金概述 ……………………………………… 43
 第二节 社会保险基金管理模式 ………………………………… 47
 第三节 社会保险基金筹资 ……………………………………… 53
 第四节 社会保险基金投资运营 ………………………………… 58
 第五节 社会保险基金监管 ……………………………………… 66

第四章 养老保险 ………………………………………………… 75
 第一节 养老保险概述 …………………………………………… 76
 第二节 中国养老保险制度改革发展历程 ……………………… 85
 第三节 养老保障 ………………………………………………… 117
 第四节 国外养老保险 …………………………………………… 131

1

第五章　医疗保险 … 151
第一节　医疗保险概述 … 152
第二节　中国医疗保险制度改革发展历程 … 161
第三节　新医改：建立统一化的覆盖城乡居民的多层次医疗保障体系 … 193
第四节　国外医疗保险经验 … 203

第六章　工伤保险 … 221
第一节　工伤保险概述 … 222
第二节　中国工伤保险制度改革发展历程 … 244
第三节　国外工伤保险 … 249

第七章　生育保险 … 267
第一节　生育保险概述 … 268
第二节　中国生育保险制度改革发展历程 … 274
第三节　国外生育保险 … 288

第八章　失业保险 … 301
第一节　失业保险概述 … 302
第二节　中国失业保险制度改革发展历程 … 306
第三节　国外失业保险 … 325

参考文献 … 341

后　记 … 343

第一章 绪论

第一节 社会保险概述

一 社会保险的基本概念

社会保险是为保障劳动者（有些国家可能普及全体公民）在年老、伤残、失业、患病、生育等情况下的基本生活需要，在国家法律保障下强制实施的一种社会制度，它强调受保障者权利与义务相结合，其宗旨是维护社会稳定。社会保险筹资一般要求政府及参保的雇主、雇员缴费，三方共同负责建立社会保险基金，作为统筹互济再分配的基础。社会保险制度就是社会保险行为的法律规范，其主要内容包括有关社会保险的法规政策、社会保险管理机构的设置、社会保险基金的筹集、社会保险基金的投资运营、社会保险项目的设置、社会保险的给付标准和支付条件以及社会保险基金监管等。社会保险是社会保障体系的核心部分，因为它的保障对象是劳动者，即人口中最多、最重要的部分。它所承担的风险也最多，包括劳动者在整个生命周期中发生的使他们失去工资收入的生、老、病、伤、残、失业等所有风险。社会保险是一种再分配制度，其目标是保证物质及劳动力的再生产和社会的稳定。

二 社会保险产生的原因

人类社会的基本需求是以社会成员的个人需求为基础的。个人的需求包括生产上的需求和生活上的需求，同时也表现为个别性的需求和社会性的需求。个人的社会性需求（包括生产上和生活上的需求）是人类组成社会的纽带。在漫长的人类社会发展史中，对社会弱势群体的经济保障乃至服务保障的认识和对政府承担责任的认可，亦经历了一个从"认知"的思想萌芽到"认可"的制度起源和创建、困惑与探索的漫长的历史过程。最初，人们的生活需求和安全保障（如发生战争、自然灾害等情况时）主要在血缘关系很近的原始人群或家庭、家族的范围内得到满足，不同家庭社会成员之间的互帮互济只是偶尔的、零星的、小范围的活动，没有形成制度化的行为。

当人类社会进入工业社会后，随着社会生产力的发展，生产越出了家庭的范围。现代的生产方式与生活方式，例如劳动的协作化、生产的机械化与高速化、生活的社会化、信息传导的快捷化，以及致险因素的增加和阶层利益集团的形成等，都为社会成员的个人风险转变为社会风险提供了条件。一方面，劳动者个体的生、老、病、死、伤残、失业等，均可能通过群体方式演变成严重的社会问题与社会风险；另一方面，工业革命促进城市化，大工业生产方式强制性地改变了家庭模式及其功能，而劳动风险和经济收入损失已具有普遍性，在个人风险性增强的同时，也已大大突破了"家庭保障"的屏障。因而，政府的社会政策也不得不由此发生改变。在国家积累了一定的后备金后，可以通过社会再分配的手段维持社会公平与稳定。这样的制度安排就是社会保险制度。

造成劳动者失去工资收入的风险有多种，因而收入补偿也有多种，从而构成多个不同的社会保险项目。设置哪些社会保险项目以及其覆盖率和保障的水平等，主要取决于一个国家的经济、政治、文化等因素。一般来说，社会保险应当包括以下项目：养老保险、医疗保险、失业保险、工伤保险和生育保险等。

第二节 社会保险的基本特性

一 社会保险的特点

通常来讲，社会保险具有强制性、保障性、互济性、储备性、补偿性、福利性以及公平与效率相结合等特点。

1. 强制性

社会保险是以国家为主体，按照法律规定强制实施的一种社会安全制度。任何社会劳动者，只要符合有关社会保险法律的规定，都必须参加并有权享受社会保险。其强制性主要表现在社会保险基金的筹集是以法律或法令、法规等形式颁布，并由国家强制力保障实施的。这是一种政府行为，是国家的社会政策。凡属于法律规定范围内的成员都必须无条件参加社会保险，并按规定履行缴纳保险费的义务。社会保险的缴费标准和待遇项目、保险金的给付标准等均由国家的法律法规或地方政府的条例规定进行统一确定，劳动者个人或劳动者所在单位分别作为被保险人和投保人均无自由选择与更改的权利[①]。

2. 保障性

实施社会保险的根本目的是在劳动者由于各种原因导致暂时或长期失去劳动能力时，能够为其提供一定保障，以维持其基本生活，从而维护社会稳定。

3. 互济性

社会保险秉承"共同承担社会风险"的原则，即将参加社会保险的每个人遇到的生、老、病、死等风险集中起来，在全国各用人单位之间或一个地区内各用人单位之间进行风险的分散，由参保群体共同承担风险。在社会保险中，劳动者不是以人的生命或身体为标的，而是以劳动权为标的，与政府形成权利与义务相对等的社会保障关系。社会保险费由国家、用人单位和个人三方负担，所缴纳的费用将通过建立社会保险基金，统一调剂、互助互济等办法，用于支付保险金并提供服务。参保人不一定是以缴费多少来获得相应的经济补偿，其待遇水平的高低往往与所遭受的损失大小有关。因此，社会保险的这种特性一方面体现了互助互济性，另一方面相当于实行收入再分配，以保障劳动力的再生产需要。

4. 储备性

社会保险机构依法收取企业和个人的社会保险费，同时，也吸取来自国民收入的分配与再分配资金，并按法律规定进行累积，然后根据社会保险政策进行分配：参加者按规定缴纳费用作为基金，储存待用（主要指养

[①] 申曙光：《论社会保险的公共品性与政府管理》，《学术研究》2001年第6期，第34~37页。

老保险）。就个人而言，从开始参加社会保险便按规定长期缴费，等于为自己储蓄了一笔费用，到退休时再行使用；就社会而言，也是一种储备基金。只有积累社会保险基金，才能对丧失劳动能力或收入中断的劳动者及其供养的亲属提供必要的物质帮助，才能保证其基本生活需要。因此，社会保险资金在征集与管理过程中具有相应的储蓄性。

5. 补偿性

社会保险的基金来源于劳动者创造的物质财富。国家通过社会保险将一部分物质财富再返还给由于各种原因导致劳动过程中断的个体，其实质是对劳动者过去劳动贡献的一种补偿，即劳动者在劳动中断、收入中断时才有权得到给付，并且限于收入损失的补偿。特别是在因工伤残或者患职业病的情况下，劳动者所享有的社会保险待遇，直接反映了社会保险的补偿性。

6. 福利性

社会保险不以营利为目的，国家通过多渠道筹集社会保险资金并以税收优惠政策支持社会保险事业；对于符合条件享受社会保险待遇的劳动者，在给予各种保险金支付的同时，按照实际需要，提供医疗护理、伤残康复、职业培训及各种社会服务[1]。

7. 公平与效率相结合

公平是社会保险的主导原则，参加政府强制性社会保险的特殊人群，不受政治地位、经济地位、社会地位高低的影响，同等享受社会保险中的权利并履行义务，不存在经济利益和权利的继承。保险基金征集和支付直接受国家再分配的干预，起到调节收入差距、实现社会公平的作用。社会保险保障劳动者在年老、伤残、失业、患病、生育等情况下毫无例外地获得生存保障。社会保险的效率原则，即社会保险待遇适当与缴费挂钩，以激励劳动者的劳动积极性，鼓励劳动者多缴多得。在社会保险制度实施过程中，必须将公平与效率相结合，不可偏向一方。

由此可以看出，社会保险的一个显著特点是：它是一种缴费制的社会保障制度，实行权利与义务相关的原则，必须尽到缴纳保险费的义务，才有享受收入补偿的权利。

---

[1] 贾俊玲：《劳动法学》，中央广播电视大学出版社，2003，第284页。

二 社会保险的功能

社会保险具有维护社会稳定、确保劳动力再生产顺利进行、缩小社会贫富差距、促进国民经济健康发展等功能，故而既是经济运行的"减震器"，亦是实现社会公平的"调节器"。

1. 维护社会稳定

劳动是人们获得物质生活来源的主要手段。劳动者在身体健康并从事适当职业时，可以通过劳动获得相应的报酬，以满足本人及家属的生活需要。而一旦丧失劳动能力或失去工作时，生活来源就此中断，本人及家属的生活无法维持。在现代社会里，伴随着生产的高度社会化和分工协作的发展，劳动风险的存在变得更为普遍，其影响面和危害程度日益加剧。当为数众多的劳动者面临种种不同的劳动风险和收入损失，并得不到及时解决时，就会形成一种社会不安定的因素。社会保险制度的目的就是要使劳动者在遭遇上述风险时，通过这一制度获得基本的生活保障，为人们架起一道生存的安全网，树起一道维护社会安定的防线，从而有效地促进社会和谐发展。

2. 确保劳动力再生产顺利进行

劳动者在劳动过程中，会遇到疾病、意外伤害以及失业等各种职业或非职业风险，影响其身体健康或劳动收入，也可能由于生理特殊时期离开工作岗位，影响其劳动收入，进而使劳动力再生产过程受到影响。例如，生育保险不仅为生育女职工提供医疗服务项目，包括孕期检查，围产期保健指导等，为胎儿的正常生长进行监测以及当怀孕女职工孕期不能坚持正常工作时，给予特殊的保护政策，帮助其充分休息和补充营养，保护胎儿正常生长；而且还对其因生育期间离开工作岗位，不能正常工作而损失的经济收入予以一定的补偿，确保他们的基本生活，使其得到充分休养，健康、经济得到保障，从而保存其劳动能力并再次投入劳动生产中。故而，社会保险对劳动力的再生产起着保障和促进的作用。

3. 缩小社会贫富差距

市场经济的自发作用必然使社会成员的经济收入产生差距，形成不同阶层以及他们之间的矛盾。一些在市场经济中取胜的人能够迅速积累巨额财富，而有一些人也因为种种原因不适应市场竞争，导致生活陷入困境。

社会保险是国家法律保障下的经济手段，对社会个人消费品分配实行直接干预，其资金来自劳动者本人、用人单位缴纳的保险费以及国家的财政资助。国家财政来源于税收，通过对高收入者征收较高的费、税以补充社会保险经费，扩大社会保险基金的来源，增加基金的积累，再通过社会保险给付，对社会保险资金进行再分配，向失去收入的劳动者倾斜，如社会保险通过对暂时或永久丧失劳动能力或劳动机会的公民支付医疗补助、伤残抚恤金、失业金、一次性就业补助金等，适当缩小不同社会成员之间的收入差距，在社会成员之间实现转移支付，从而缩小社会贫富差距，调节社会矛盾，避免人们由于生存危机、心理失衡而挑起社会冲突，实现共享发展成果、促进社会关系和谐的作用。

4. 促进国民经济的健康发展

社会保险是国民经济的"减震器"，是国家干预国民经济的重要手段。在市场经济下，经济具有周期波动性，当经济处于膨胀期时，就业增加、失业率降低，社会保险支出相应减少，社会保险缴费会增加，进而对经济过热起到一定的抑制作用；相反，当经济处于衰退期时，失业率上升，社会保险支出会相应增加，不仅保障失业者及其家庭的最基本生活，而且由于提高了失业者的购买能力，增加社会有效需求，进而在一定程度上抑制经济的衰退。社会保险也是国民经济的"助推器"，健全的社会保险制度可以消除人们对年老、伤残、失业、患病、生育等情况的后顾之忧，同时也可以消除不同用人单位由于职工年龄结构、性别构成不同而导致的他们之间畸轻畸重的用工成本负担，使这些单位能够公平参与社会竞争。通过社会保险缴费或通过开征社会保险税筹集到的社会保险基金，除了满足当期社会保险待遇给付之外，还有相当一部分资金存储起来，以备将来发放。经法律允许，这部分积累性或储蓄性的社会保险基金可以与市场机制融通，可以将这部分社会保险基金投入到国家迫切需要长期资金投入的项目当中去，这样既获得了稳定的经济回报，又支援了国家的经济建设。总之，通过征缴保险费（税）建立社会保险基金，可以影响储蓄和投资，进而影响积累和消费的比重，调节经济增长过热和消费过度膨胀，发挥平衡社会供需总量的作用，促进经济平稳发展。

三　社会保险的项目构成

社会保险项目，亦称"险种"，是指该项社会保险制度是为遭受特定劳动风险的劳动者提供的基本生活保障。世界各国由于各自的国情以及经济状况不同，其社会保险的项目设置也会不同，一般包括养老保险、失业保险、医疗保险、工伤保险和生育保险、残疾保险、遗属保险等几个项目。

养老保险是国家依据法律规定，强制性征缴养老保险费（税），以保障劳动者在达到国家规定退休年龄，或因年老丧失劳动能力退出劳动领域后基本生活的一种社会保险制度。经过一系列的改革后，目前，养老保险一般由基本养老保险、企业补充养老保险和个人储蓄性养老保险三个部分构成。养老保险是社会保险中最重要的项目，因为与其他保险项目相比，它的覆盖面最广，受保人享受待遇的时间最长，可能是 10 年、20 年甚至更长。但是，一个国家在经济和社会发展水平不高时，不可能把所有老人都覆盖在养老保险范围之内，只有经济和社会发展到一定水平时，才有可能把养老保险扩展到城乡全体居民。

医疗保险是国家依据法律规定，强制性征缴医疗保险费（税），当参保人（被保险人）因患病、受伤或生育接受医疗服务时，为其提供基本的医疗服务，并由保险人（特定的组织或机构）提供经济补偿的一种社会保险制度。有的国家或地区将病假期间的收入补偿和医疗费用补贴合在一起称为"疾病保险"，有的将二者分开，前者称"疾病保险"，后者称"医疗保险"。许多国家的医疗保险都是由基本医疗保险、企业补充医疗保险、商业医疗保险等部分组成的。

失业保险是社会保险制度中的重要组成部分，它是指劳动者由于非本人原因失去工作、收入中断时，由国家和社会依法保障其基本生活需要的一种社会保险制度。在现代市场经济条件下，失业不可避免，为了使失业者及其家庭能维持生活，保护劳动力和维持劳动力再生产，满足社会经济发展的需要，维持社会安定，建立失业保险非常必要。失业者享受保险待遇是有条件的，即失业前必须工作过一定时间或缴纳过一定时间的保险费；失业后立即到职业介绍机构登记，表示有劳动意愿等。领取失业保险金有一定期限，超过这个期限，就会失去领取的资格。若到期仍未找到工作，则改领失业救助金，救助金的保障水平要低于失业保险金。失业保险的核心内容是通过建立失业保险基金，分散失业风险，为失业者提供基本保障，并通过转业培训、职业介绍等形式积极促进其再就业。

工伤保险是指劳动者在社会生产经营活动中或在规定的某些特殊情况下遭受意外伤害、患职业病，以及因这两种情况死亡、暂时或永久丧失劳动能力时，受伤害者能够及时得到救治，他本人及其供养亲属或死亡者遗属能够从国家、社会得到必要的物质补偿的社会保险制度。工伤保险采取"补偿不究过失原则"。同时，工伤保险不实行个人缴费，资金都来自企业，政府只在特殊情况下给予资助，其目的是促使企业改善生产条件，加强职业安全管理。随着社会的发展，工伤保险的职能也在不断扩展，目前工伤预防、工伤救治与补偿、工伤康复，已成为工伤保险的三大支柱。

生育保险制度是国家和社会通过立法对女性劳动者因生育期间中止劳动失去工资而提供一定经济、物质及服务等各方面帮助的一项社会保险制度。生育活动有一定的周期，包括妊娠、分娩、哺乳等，因此，生育社会保险要贯彻产前产后一律给予保险待遇的原则，应包括妇女产前产后一定时间内的带薪假期，有时还应包括生育补助费，旨在保障受保母婴在此特殊时期的基本生活和医疗保健需要，确保生育女性的身体健康和劳动力恢复及整个社会的人口再生产。

除了上述五大险种之外，有些国家的社会保险体系还包括遗属保险，即有资格领取社会保险给付金者去世之后，由政府或社会保险机构对其遗孀（或鳏夫）或父母以及未成年子女，定期或一次性给付遗属年金的保险；伤残保险，公民因伤残而享受的社会保险待遇，包括经济上的经常性补偿和一次性补偿，以及医疗服务、假期、康复疗养等保险待遇，除了满足致残者的基本生活需要之外，还要尽可能使他们恢复部分劳动能力，重新走上工作岗位，从事力所能及的工作；护理保险，即对有需要的人群提供治疗护理，如某些内科慢性疾病或一些外科病患的医学或心理学康复护理、生活半自理或完全不能自理老年人的生活护理以及病危老年人的心理护理和临终关怀等保险待遇。

在我国，社会保险主要包括五大险种（图1-1）。

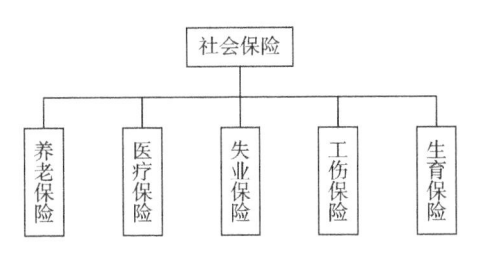

图 1-1 我国社会保险项目结构

第三节 社会保险相关关系

一 社会保险相关关系

1. 社会保险与社会救助、社会福利的比较

社会保险与社会救助、社会福利属于社会保障制度安排中的三个重要组成部分，它们之间既有联系，又有着明显的区别。

社会救助是指国家和社会依据法律规定，面向不能维持最低生活水平的低收入家庭提供经济帮助的一项社会保障制度。社会福利的含义有广义和狭义两种。广义的社会福利等同于社会保障，狭义的社会福利，是社会保障体系的重要组成部分，是国家和社会为提高全社会成员的物质文化生活水平和生活质量而提供福利设施和福利服务的一项社会保障制度。在我国，社会福利是社会保障体系的一个子系统，包括老年人福利、残疾人福利、妇女儿童福利以及相关福利津贴，乃至教育福利、住房福利等各项公共福利事业（表1-1）。

表1-1 社会保险与社会救助、社会福利的比较

保障项目 比较内容	社会保险	社会救助	社会福利
保障对象	薪金收入者、其他劳动者	生活在贫困线以下的公民	全体社会成员
实施目标	补偿劳动者经历社会风险所遭受的收入损失，使他们仍能维持基本生活，以解除其后顾之忧	帮助贫困人群维持最低生活水平	减轻受益者的家庭负担（狭义） 提高全体社会成员生活质量（广义）

续表

保障项目 比较内容	社会保险	社会救助	社会福利
资金来源	个人、企业缴纳为主，政府补贴	政府财政拨款和社会捐赠	财政拨款、企业利润分成、社会自筹、捐赠
保障水平	基本生活水平	最低生活水平	提高生活质量
给付标准	被保险人原有收入水平、缴费额的大小	根据资产调查情况	以平均分配为主
经办主体	政府专设机构	政府有关部门、社会团体	政府、社会组织、基层单位、行业主管机构
保障手段	投入—返还性	选择性	普遍性
保障方式	提供津贴为主，相关服务为辅	资金、物资并重	以提供相关服务和设施为主，货币为辅

说明：该表参阅林义《社会保险》（第二版）（中国金融出版社，2005，第31页），并据此进行修改。

2. 社会保险与商业保险

社会保险起源于商业保险，社会保险的很多理论内容及技术手段直接来源于商业保险。社会保险和商业保险都承保个体的意外伤害、疾病、生育、残疾、养老、死亡等风险，两者的最终目标都是保障人们生活安定，促进经济发展。但是，社会保险和商业保险的区别还是很明显的。可以说，它们之间既有联系，又有区别，二者的联系表现如下。

社会保险和商业保险的社会目标相同，都是为了完善和健全社会保障体系，为健全的经济运行体制配套服务。其社会作用也是相同的，都是解决社会成员因生、老、病、死、伤、残、失业等而遭受的生活上的困难，提供生活保障的需要，从而保障和改善人民生活，促进经济发展，维护社会的稳定。

社会保险和商业保险在共济和经济补偿功能以及保险责任上，亦有所交叉，但社会保险的共济性比商业保险的更强。在经济补偿功能方面，社会保险的补偿表现为一般性和基本性，而商业保险的补偿更高级且更广泛（视投保人所购买的产品而异）。在保险责任上，商业保险涵盖了社会保险的责任范围。

但是，它们之间也有着本质的区别，社会保险是国家规定的劳动者应该享受的基本权利，体现着国家和劳动者双方的责任、权利和义务的关系，在立法方面属于劳动立法的范畴；商业保险体现的是合同双方的责任、权利和义务的关系，属于经济立法的范畴（表1-2）。

表1-2 社会保险与商业保险的区别

比较项目	社会保险	商业保险
承办主体	国家	企业
保险对象	中华人民共和国境内的用人单位和个人	消费者
是否营利	非营利	营利
选择性	强制，不可选择	自愿，可以选择
注重效益	社会效益	经济效益
法律约束	社会保险法	商业保险法、消费者权益保护法
信誉	大	小
监督机构	统筹地区人民政府成立的由用人单位代表、参保人员代表以及工会代表、专家等组成的社会保险监督委员会	保险监督局

3. 社会保险与财政的关系

在实行公共财政的条件下，政府的收入主要来自税收，支出则用于向公众提供公共产品和服务，其中主要的一项就是社会保险支出。社会保险的基金收支与管理从多个方面影响着国家财政的收支与运行：基金是由国家、企业、个人三方共同出资的，当社会保险资金入不敷出时，要由财政资金来兜底；作为消费基金的社会保险基金和作为积累基金的生产建设基金，在一段时期内可以相互转化。从另一方面讲，财政是社会保险的"最后保障"，一旦社会保险基金入不敷出，财政将扮演"最后风险承担者"的角色。各国财政几乎都要对社会保险基金给予适当补助，有的是弥补保险基金赤字，有的是承担保险费开支。

4. 社会保险与储蓄的关系

储蓄是个人或独立经济单位将暂时闲置的资金积存起来以备后用的一种经济行为。储蓄与社会保险，特别是养老保险之间存在着补充或是"挤出"的效应。劳伦斯·汤普森（Lawrence Thompson）认为，如果养老保险体系提供的缴费回报较低，则鼓励人们提前退休或强制人们更多地缴费，那么储蓄就会增加；如果养老保险体系给人们更多的缴费回报，则鼓励推迟退休，减少老年生活风险，或者用现收现付制度代替完全积累制度，那么储蓄就会减少。① 在我国，由于较长时期会处于社会主义初级阶段，社会保障体系还在定型与完善中，增强了人们对未来不确定性的预期，从而强化了居民的储蓄心理和储蓄倾向，以为未来做准备。

可以说，虽然都是以消费的生命周期理论以及对未来需求的不确定性为出发点的，但是，社会保险与储蓄属于不同的范畴：社会保险基金是由全体成员共同出资积聚的财产，属社会所有，专款专用，储蓄则是个人或独立经济单位的财产，属个人私有或集体所有，其使用方向由储蓄人根据自己的意愿决定；社会保险的目的是保障劳动者在丧失劳动能力或失业时的基本生活需要，是有特定目的的行为，而储蓄则是多目的的行为，主要目的是满足计划内较大款项的消费支出，而预防意外事故损失只是次要目的；社会保险具有明显的福利性质，在互助共济原则下，用全体成员的共同储蓄补偿少数遇险成员的经济收入损失，权利与义务要求基本对等，储蓄则是私有财产的积蓄行为，其存储和支付使用不涉及权利与义务的对等关系，属于自助性的行为。

5. 社会保险与工资收入的关系

社会保险和工资收入都是消费品分配的形式，两者的分配所得都能起到维持生活需要、维系劳动力再生产的作用，但它们在性质上存在明显的区别。社会保险分配根据收入损失补偿和基本生活保障原则进行，其成员不论劳动贡献大小，一旦遭遇劳动危险事故，都能获得基本生活保障。而工资分配则要依据劳动者所付出劳动的数量和质量进行分配，劳动贡献和工资收入是直接的、紧密相连的，一旦不能劳动，就失去参加工资分配的资格。社会保险是在劳动者丧失劳动能力或失去劳动机会时，给予劳动者的基本经济补偿，而工资则是在劳动者正常劳动时的一种收入分配形式，以劳动量为依据，鼓励多劳多得，对符合劳动差别的工资差别应予承认。社会保险属于再分配渠道，而工资则属于初次分配渠道，是在进行各项社会扣除之外，对个人必需消费品的分配。

---

① 〔美〕劳伦斯·汤普森：《老而弥智——养老保险经济学》，孙树菡等译，中国劳动社会保障出版社，2003，第95页。

二 社会保险学与其他学科的关系

社会保险学强调跨学科研究,在研究社会保险时,必须引入社会学、历史学、经济学、心理学以及法学等其他诸多学科的知识,通过跨学科、跨文化的研究视角和方法能更好地解释、分析社会保险制度产生与发展的规律。

社会保险从缴费到待遇给付的过程实质上是国民收入的分配与再分配过程,要用到经济学的知识;社会保险的目的是为社会稳定发展服务,是国家通过法律强制实施的社会政策,这又属于政治学的范畴;社会保险的任务是解决人们在劳动和生活中遇到的各种风险与困难,其内容是解决各种特定的社会问题,这又要用到社会学的知识;在运营社会保险基金的过程中,又需要用到金融学、精算学、统计学、管理学等方面的知识,而社会保险的基本理论与技术手段则来源于保险学。

1. 社会保险学与经济学的关系

经济学是研究各种经济关系和经济活动规律的科学,而社会保险则是通过经济手段进行国民收入的分配与再分配来达到对全体社会成员提供基本生活保障的目的。社会保险学中探讨的一系列理论和实践问题,如社会保险基金的投资与运营、投保制社会保险中劳动者个人与企业缴费比例的设计、社会保险税率的厘定等,都需要运用经济学及金融学的理论与知识。经济学是社会保险学的重要理论基础,经济学所揭示的普遍原理与方法对社会保险有着特别重要的指导意义,经济政策亦是社会保险政策的重要基础。福利经济学的产生与发展,更直接推动着社会保险理论的发展与进步[1]。

社会保险基金从缴费、管理、投资运营到给付都要运用经济学的知识,但二者在一些方面还是存在本质区别的:经济学提倡的是效率优先的原则,以最小的成本换取最大的收益;社会保险则更侧重研究社会经济发展过程中的稳定机制,因此,衡量一项社会保险活动的价值不能只看"经济效益",还要从政治、经济、文化等多方面考虑,看它是不是能更好地满足人们在年老、伤残、失业、患病、生育等情况下的基本生活需要,能

---

[1] 郑功成:《社会保障学——理念、制度、实践与思辨》,商务印书馆,2000,第65~67页。

不能促进社会和谐。

2. 社会保险学与法学的关系

社会保险学与法学有着密不可分的关系,社会保险是国家通过立法强制建立的一种社会制度。在各国现行的法律中,大多都规定社会保险是公民应当享受的基本权利。我国宪法也体现这一基本原则,即中华人民共和国公民在年老、疾病或者丧失劳动能力的情况下,有从国家和社会获得物质帮助的权利。可见,社会保险制度的推行必须通过国家立法的程序。

社会保险法律关系的主体是国家(社会保险法的特殊主体)、社会保险的管理和经办机构、用人单位与个人(劳动者及其家庭)。在社会保险费缴纳方面,强调国家、用人单位和个人三方的责任,目的在于扩充社会保险基金的积累,调动制度受益人的积极性。[1] 社会保险费率、投资规定、保险金的给付以及社会保险的管理都有相应的法规进行规定,可以说社会保险制度的制定、实施、日常管理、监督处处都体现着法律的痕迹。社会保险制度比较完善的国家,无不有一套配套的、完善的社会保险法律体系。

3. 社会保险学与社会学的关系

社会学是对人类生活、群体和社会的研究[2],是关于社会良性运行和协调发展的规律性的综合性具体社会科学。社会学的研究范围广泛,包括了由微观层级的社会行动(agency)或人际互动,至宏观层级的社会系统或结构,例如社会结构及其变迁、社会流动、社会问题等都是社会学的研究对象。

社会学研究的社会公正、社会稳定、社会价值、社会进步、社会风险、种族与移民、家庭与社区、社会阶层、人口问题、贫困与社会排斥、教育与福利等,直接指导着社会保险理论研究和制度实践的发展。[3] 社会学的重要理论成果如马斯洛的需求层次论、帕森斯的结构功能论、拉尔夫·达伦多夫的冲突理论等,都为社会保险研究奠定了坚实的理论基础。社会保险问题总是跟社会问题有着千丝万缕的关系:社会保险制度的建立

---

[1] 杨华:《试论社会保障法的价值》,《长春大学学报》2003年第4期,第40~41页。
[2] 〔英〕安东尼·吉登斯:《社会学》(第4版),赵旭东等译,北京大学出版社,2004,第2页。
[3] 郑功成:《社会保障学——理念、制度、实践与思辨》,商务印书馆,2000,第83~87页。

有助于社会问题的解决。在市场竞争中，风险是客观存在的，社会保险中的失业、养老、工伤、医疗保险制度，正是为了保障人们在遇到上述风险时的基本生活，是社会发展的稳定机制。

社会保险起于各种社会问题，止于解决各种社会问题，在问题的解决过程中需要考虑文化、道德、价值观等精神领域的东西，中间需要运用政治的、经济的和法律的手段。社会保险本身也是一个非常复杂的系统，因此就需要从整个社会经济的全局考虑，统筹把握。社会学的优势在于将社会看成一个整体，这种整体观对于研究社会保险问题有着非常直接的启示。

4. 社会保险学与政治学的关系

政治学是以国家及其活动为主要研究对象的科学，包括国家的起源及发展和消亡、国家本质、国家制度、国家结构、国家职能、政党制度等。政治学具有鲜明的阶级性，而社会保险作为国家一定政治制度形态下的政策安排，二者之间有着密切的联系。

在社会结构变迁的诸多因素中，社会经济的变化与发展对社会变迁具有决定性作用，政治制度既可以为社会的经济发展创造一个有利的环境，又可以限制或束缚经济的发展。而且，政治制度的性质和稳定与否，在一定条件下，可能会决定社会变迁的方向和过程，社会保险制度的发展同样受到政治制度的影响，有时甚至是决定性的影响。正如部分学者所言，"社会保障制度和政策是社会财富和资源的再次分配。在现代社会，财富和资源的分配始终受到政治和市场双重力量的支配。如果说社会财富和资源的初次分配主要由市场力量决定的话，那么社会财富和资源的再次分配就主要取决于政治体系的运作了"。[①]

从社会保险的整个发展史来看，每次社会经济发生动荡，社会关系日益紧张的时候，社会保险都会取得突破性的进展。现代社会保险的出现，其初始动因也是维护国家政权的稳定。以德国为例，社会保险制度在该国建立的初衷就是为了缓和社会矛盾，以维护统治阶级的根本利益，保持政局的稳定，防止人们因为绝对贫困铤而走险以暴力手段谋求自身利益。从

[①] 童星、赵海林：《影响农村社会保障制度的非经济因素分析》，《社会保障制度》2003年第2期，第13～19页。

实施的现实效果来看，德国社会保险制度的建立确实缓和了工业化进程中的一些社会矛盾，使社会秩序得以稳定，从而为进一步工业化提供了良好的社会环境，同时达到了统治者调和阶级矛盾、维持社会安定的目的。许多国家的社会保险制度改革、新政策出台，也都与政党政治密切相关。从某种意义上来说，政治已成为决定社会保险发展的重要力量。

社会保险制度从本质上来说，是统治阶级为了维护自身的经济和社会利益，为了维护统治秩序和政局稳定而做出的制度安排。因此，我们在对一项社会保险政策、法规进行研究时，必须结合其出台时的政治背景，当权政府所代表的阶层及政党的主张、利益，这样我们才会对社会保险问题有更加透彻的理解。

5. 社会保险学与保险学的关系

社会保险制度可以被视为一种拥有传统社会保障思想"内核"，同时又披上商业保险精算技术"外壳"的崭新的经济保障制度。它是传统社会保障和现代商业保险精算技术相结合的产物，是现代政治国家与传统市民社会相互渗透的产物。一方面，它借助商业保险的精算技术，克服了传统社会救济的不力，使经济保障更走向社会化；另一方面，它又借助"国家之手"，规避了私人保险领域中"市场失灵"所带来的不利后果，使经济保障更趋向公平。[①]

社会保险学实际上是在保险学的基础上，经过一定时期才发展壮大起来的。社会保险的很多预测方法、精算方法都来自保险学，保险学当中的很多理论也适用于社会保险学。

思考题：

1. 什么是社会保险？
2. 为什么称社会保险为"安全网""减震器"？
3. 社会保险有哪些特性？
4. 社会保险与商业保险的联系与区别是什么？

---

① 覃有土、吕琳:《社会保险制度本质及具体模式探析》,《中南财经政法大学学报》2003年第2期,第96~100页。

第二章　社会保险管理

导入案例

为防范社保基金管理风险，加强基金监管，确保基金安全，2020年3月至8月，江西省组织开展了全省社保基金管理风险专项检查。通过本次专项检查，发现和处理各类风险问题2572个，追回骗领、冒领社保基金1135.86万元，专项检查取得显著成效。

通过专项检查，发现提前退休审批方面存在个别县区越权擅自扩大特殊工种提前退休适用范围，提前退休审批业务、档案管理不规范，"双公示"制度落实不到位，档案审查不严格等问题；在机关事业单位养老保险基金管理方面存在征缴管理不到位、财务管理不规范、代发资金挤占挪用机关事业单位养老保险基金等问题；在失业保险基金管理方面存在内控制度落实不到位、信息系统应用比较薄弱等问题；在疑点核查方面存在数据核查基础工作不扎实，信息修改程序不到位等问题；社保基金风险防控检查"回头看"方面存在检查不到位、整改不实等问题。

江西省厅在通报检查发现问题的同时，要求各地进一步增强风险防控意识，对检查发现的问题要举一反三，主动深入查找问题，切实抓好问题整改，及时堵塞管理漏洞，建立健全风险防控长效机制，切实防范和化解基金监管风险，确保社保基金安全。

资料来源：《江西省社保基金专项检查取得显著成效》，中华人民共和国人力资源和社会保障部网站，http://www.mohrss.gov.cn/SYrlzyhshbzb/shehuibaozhang/gzdt/202009/t20200929_391976.html。

社会保险的社会化管理是我国社会保险制度改革的重大步骤，那么什么

社会保险学

是社会保险管理？具体包含哪些管理模式？这些将是本章要学习的内容。

章节主要概念

社会保险管理；社会保险管理模式；社会保险管理特征

思维导图

```
法制性 ┐            ┌ 政府直接管理模式
       ├ 特征 — 社会保险管理 — 模式 ┤
协调性 ┘            └ 自治机构管理模式
```

社会保险管理是实现社会保险制度目标的必要途径。社会保险管理是对社会保险活动进行规划、组织、指挥、协调和控制的过程，是社会保险行政管理与业务管理的组织制度，主要包括各级社会保险管理机构的主体、职责权限的划分及其相互关系，包括社会保险行政管理、社会保险业务管理、社会保险基金管理和社会保险监督管理四个方面。各国社会保险管理模式各有特点，社会保险管理涉及管理模式的选择、社会保险政策的制定、社会保险事务的运行以及对社会保险贯彻过程的监督和控制，决策协调机构、业务经办机构、基金管理机构和监督机构都介入了社会保险管理的过程。

第一节 社会保险管理概述

一 社会保险管理的基本概念

社会保险是由国家强制实施的权利与义务相结合的保障计划。社会保险管理与一般组织管理的概念有所区别，它既具有一般组织管理的含义，也具有行政管理的性质。虽然很多国家的社会保险管理采取"自治管理"的模式，但政府在社会保险管理中仍占有特殊的地位。社会保险管理是把社会保险这种具有强制性、社会性的产品提供给广大的劳动者，并通过法定的程序完成各种社会保险项目的供给过程，以确保社会保险制度运行的合法性和规范性。

社会保险管理是指通过特定的机构和制度安排，采取一定的方法和手段对社会保险计划的实施进行计划、组织、协调、控制与监督，以实现社会保险制度目标的过程。在不同的模式下,社会保险管理的内容各有差异。大致来说,社会保险管理包括社会保险行政管理、社会保险业务管理、社会保险基金管理以及社会保险监督管理。从纵向上看,社会保险管理包括立法管理、行政管理、业务管理和基金管理;从横向上看,社会保险管理包括对各项保险业务的管理。从社会保险管理主体来看,社会保险行政管理的主体是政府负责社会保险事务的部门,如劳动和社会保障部门。社会保险行政管理规范社会保险的运行过程,其作用体现在选择社会保险目标模式、制定社会保险有关的法律法规方面;社会保险业务经办管理、基金管理的主体可以是提供社会化服务的非营利机构,如社会保险事业中心、社会保险公司等,负责社会保险活动的具体实施、社会保险基金的筹集和分配等方面;监督管理的主体来自政府、民间各个方面,如政府审计部门、财政部门、工会、社会舆论监督部门、由不同主体组成的监督委员会等,负责对社会保险运行过程进行监督、提供反馈信息。社会保险管理要注重效率,以最小的管理成本实现最好的社会效益,提高制度运行的有效性,避免社会资源的浪费。

社会保险管理依各国国情不同而采取不同的管理模式,各国社会保险在制度设计、目标确定方面各有特点,但是社会保险管理的规则基本一致,即无论采取何种管理模式,行政管理、业务管理、基金管理以及监督管理之间的责任划分必须是明确的,协调机制必定是有效的,社会保险管理一定是有章可循的。社会保险具有公共产品的性质,即非竞争性和非排他性,同时在一定程度上也具有私人产品的性质。社会保险管理是对社会保险这种具有公共产品性质的项目进行管理,是对社会保险运行环节的设计、实施与监督,是对社会政策和社会事务的管理。良好的社会保险制度设计与高效的公共服务、较高的保障目标之间并没有必然的因果关系,但如果社会保险的运行环节通过合理的机构设置、有效的策略管理,激励机制和监督机制之间良性互动,就会实现社会保险增进国民福利、提高生活质量的预期目标。

补充阅读 2-1 什么是社会保险经办机构?

社会保险经办机构是国家或社会对社会保险实行行政性、事业性管理的职能机构。行政性管理，指通过立法确定社会保险资金的收缴和使用办法，并对下级机构收缴资金进行监督检查。事业性管理，指具体收缴和调剂使用社会保险资金以及具体支付各项资金以及具体支付各项社会保险待遇。

我国《社会保险法》第九章："社会保险经办"中第72条、73条、74条、75条对经办机构的职责和功能做了更详细的规定。

社保经办机构的主要职能包括：提供社会保险服务，管理社会保险事务，社会保险基金的相关管理，以及执行社会保险政策和相关法律规定。

资料来源：《中华人民共和国社会保险法》，中国政府网，http://www.gov.cn/flfg/2010-10/28/content_1732964.htm。

二 社会保险管理的特征

1. 法制性

社会保险管理必须以相关法律、法规、规章、政策、办法为依据。法制贯穿于行政管理的全过程，各部门必须按照法定的程序实施管理。各社会保险管理部门的职责必须按照法律规定进行划分。不同层级的社会保险管理部门各自的责任、权限不同，都应有明确的界限；不同职能的社会保险管理部门之间也必须合理分工，既不能推卸职责，也不能超越范围行使职权。

2. 协调性

社会保险管理由社会保险行政管理、社会保险业务管理、社会保险基金管理和社会保险监督管理四个方面构成，涉及行政部门、经办机构、基金运营机构、监督部门的工作职责，而从中央到地方，又涉及纵向的权责划分，是一个规模庞大且结构复杂的社会系统。因此，要做好社会保险的管理工作，必须形成一种运作顺畅、配合密切的协调机制，使社会保险管理的相关部门之间能进行有效的衔接、沟通与合作。社会保险的项目众多，不同的项目之间也应有良好的衔接机制。

3. 有效性

社会保险的一个重要特征是公平性，而管理的有效性是实现制度运行有效性的前提。管理过程中所耗费的管理成本越少、不同机构之间的摩擦越小、参保人获得的实惠越多、社会保险的社会效益越好，就意味着社会保险管理的有效性越高。利用社会保险管理信息系统这种工具对社会保险进行管理，是保证社会保险有效性的手段之一。

4. 社会性

社会保险管理的社会性：首先是指社会保险是作为社会公共事务依法公开运行的，其工作程序、办事规则都应向社会公开，以便社会各界对其进行有效监督，其基金的筹集、运营以及支付过程必须在透明的环境中进行；其次是指社会化管理，包括社会保险基金筹资的社会化、经办机构的社会化、待遇发放的社会化以及保障对象的社会化，从而降低社会保险管理成本、提高社会资源利用的有效性，使社会保险真正造福于劳动群众。

第二节　社会保险管理模式

社会保险的管理模式与特定国家的经济发展条件、历史文化传统以及特殊的政治背景密切相关。由于不同的社会保险项目具有各自不同的特点，特定国家的不同社会保险项目立法时间也各不相同；即使是同一国家，也有可能在不同的社会保险项目上选择不同的管理模式。

一　政府直接管理模式

政府直接管理模式采取纵向领导的方法，由中央到地方设置不同层次的管理机构，中央对地方的管理机构实行垂直领导。中央制定社会保险的政策法规，对社会保险运行过程进行监督；地方社会保险管理部门把中央的政策法规细致化，负责具体业务的实施。社会保险行政管理、业务管理都由政府负责，行政管理部门规定社会保险的实施范围、享受对象、基金筹集、待遇支付以及各方的权利义务，对法律法规的实施进行检查和监督，受理社会保险有关的行政争议；业务管理部门作为政府部门的派出机构对社会保险事务进行管理，负责参保人登记和审查、社会保险基金的筹集和支付、为被保险人提供咨询等服务。

政府直接管理模式下，政府的强制力能保证社会保险政策的规范统一，但是管理成本较高，经办机构的工作效率容易低下，约束和监督机制也难以有效发挥作用。政府直接管理模式可以再划分为统一管理模式、分散管理模式和统分结合管理模式。

1. 统一管理模式

统一管理模式把不同的社会保险项目置于一个统一的管理体系之中，建立统一的社会保险管理机构对全国社会保险事业进行自上而下的纵向统一管理，而地方层层设置社会保险管理机构，实行统一的制度、统一的政策和管理标准。统一管理模式体现了社会保险行政管理机构、业务管理机构、基金管理机构和监督管理机构的统一。在统一管理模式下，各种不同的社会保险项目主要由一个部门集中管理，其他未涉及事项由其他部门附带管理。

统一管理模式使社会保险政策的决策权集中于一个体系，有利于社会保险的统一规划、统一实施，能有效避免由不同部门管理所引起的部门冲突和矛盾；有利于社会保险各项目、社会保险运行机制各方面的相互协调；有利于降低管理成本，更好地实现社会保险政策目标。然而，实行统一管理模式需要具备一定的客观条件，若是在具有分散式管理传统、社会保险情况复杂的国家实行统一管理模式必定会遭遇较大的阻力。[1]

2. 分散管理模式

由于社会保险项目较多，各个社会保险项目的保障对象、管理方法各异，采取过于集中的管理方式未必适合不同社会保险项目的特点，因此，在政府对社会保险进行统一协调决策的前提下，有必要对不同的社会保险项目进行分散管理。分散管理模式采取与统一管理模式相反的管理方式，由不同的政府部门对不同的社会保险项目进行横向多头管理，不同的社会保险项目都有各自对应的保险经办机构、基金运营机构和监督管理机构，各社会保险项目之间具有相对独立性，各项目所筹集到的社会保险基金专款专用，管理效率较高、透明度较大。但是机构庞杂且相互独立，容易导致工作重复乃至资源浪费，管理成本较高。

在实行分散管理模式的国家，养老保险、医疗保险、生育保险、工伤保险、遗属保险和失业保险分别由不同的政府部门管理。例如在一些国家，劳动部门管理劳工保险，卫生部门管理医疗保险。在分散管理的情形

---

[1] 刘晓权：《法国社会保险管理工作之借鉴》，《域外瞭望》2018年第6期，第60~63页。

下，不同的社会保险项目往往又实行不同的管理模式，比如在德国，除个别特殊行业以外，养老保险的管理机构按地区进行设置，医疗保险的管理机构按照行业或地区进行设置。我国长期以来实行的是分散管理模式，在社会保险改革过程中逐步将原来过于分散的社会保险管理加以集中，使社会保险的管理难度有所降低。

3. 统分结合管理模式

统分结合管理模式是统一管理模式和分散管理模式的结合。该模式对共性较强、适宜归为一类的社会保险项目进行集中管理，对具有特殊性的社会保险项目则实行分散管理。在这种模式下，由两个或者两个以上的部门对社会保险事务进行管理，至少有一个部门集中管理几个具有同质性的社会保险项目的具体事务，而另外少数部门负责某几个特殊社会保险项目的管理。比如，有的国家把养老保险、医疗保险等社会保险项目集中起来进行统一管理，而失业保险和工伤保险分别由劳动部门和其他部门进行管理。有的国家设置特定的部门管理养老保险，而医疗保险、工伤保险和失业保险的管理集中由劳动部门负责。在不同的国家，由于部门设置和部门分工不同，各部门对应的社会保险的管理职责也存在较大差异。

实行统分结合的管理模式，既适应了社会保险集中管理的趋势，又兼顾了不同性质社会保险项目的特殊要求，能够发挥统一管理模式和分散管理模式各自的优势，有利于提高管理效率，降低管理成本。但是，该模式对制度运行的内外部条件和管理环境要求较高。

从社会保险管理模式的划分可以看出，社会保险管理模式往往适应特定的国家、国情和历史发展趋势。

补充阅读 2-2　几个不同管理模式的国家

法国实行的是统一管理模式。法国的行政区域分为 22 个行政大区，下辖 101 个省（包括 96 个行政省与 5 个海外省）。社保经办机构在国家资助与调控下，通过全国、大区及省三级机构进行社会化管理，全国设 1 个国家征收总局（Acoss），各行政大区设 1 个地方社保金征收局（Urssaf）。社会保险支付经办管理，分为按行业人群管理和同一行业多险种横向管理两种方式，分设养老、医疗、家庭补助、独立劳动者、农业劳动者等。经办机构与政府是契约式关系，每4~5年签订一次目标管理协议，经办机构的经费从征收的费用中提取。管理监督由各行业代表组成董事会选出主席，对经办机构进行监督。法国全国经办机构的业务流程基本一致，由国家制定统一的经办标准。全国建立了统一的数据库，每个参加社会保险的人具有唯一的终身社会保险号码。全国建立统一的企业管理电子信息系统，社保经办机构通过该系统获取参保人的基础信息，大幅度减轻了工作负担。如果企业录入虚假信息，社保局有权对其进行处罚，有利于各部门之间实现信息共享。

美国实行的是"统分结合"社会保险管理模式。美国的社会保障总署负责管理各项主要社会保障事务，而劳工部只承担小部分管理责任。社会保障总署属于独立机构，不隶属于任何行政部门。美国的社会保障项目有八项：养老保险，遗属保险，失去生活能力保险，老人、残疾人及肾衰竭患者的住院和医药保险，矽肺病福利，提供给低收入老年人、残疾人以及失明人的补充保障收入，失业保险，公共援助和福利帮助。前六项由联邦政府管理，后两项以州管理为主。社会保障总署负责的项目是养老保险、遗属保险、失去生活能力保险以及补充保障收入。美国的社会保障总署实行垂直领导体制，全国按大区设立分署，分署之下设地区办公室。

日本的社会保险管理模式是由"统分结合"走向"统一"的管理模式。日本的中央政府设立厚生省管理全国的养老、遗属、残疾和医疗等保障项目，社会保险的基本政策由厚生省制定，而劳动省管理失业、工伤等保障项目。从养老保险的管理来看，厚生省的年金局及社会保险厅是日本养老金的中央管理机构。厚生省的年金局主要负责拟定厚生年金保险及国民年金计划，并负责计算厚生年金保险及国民年金。而厚生省的社会保险厅主要负责实施年金制度和健康保险制度。日本的地方社会保险管理组织包括都、道、府、县、厅和地方事务所。都、道、府、县、厅负责实施国民年金制度，对国民年金基金进行指导监督，同时负责实施健康保险制度、船员保险制度、厚生年金保险制度，并对健康保险会、厚生年金基金、保险医疗机构进行指导监督。2001年1月，中央省厅再编，把厚生省与劳动省合并为厚生劳动省。医疗、劳动政策、社会保险、公积金、旧的陆军省和海军省遗留的行政都由厚生劳动省负责。

资料来源：刘晓权：《法国社会保险管理工作之借鉴》，《天津社会保险》2018年第6期，第60~63页；

张超:《美国社会保障制度的历史演变及其带给我国的启示》,《商业文化》2010年第11期,第114~115页;

袁曙光:《社会保险经办机构国际比较:主体定位和制度选择》,《山东社会科学》2018年第5期,第115~123页;

任行:《社会保险管理体制与运行模式的国际比较》,《未来与发展》2014年第4期,第39~43页。

二 自治机构管理模式

该模式下,社会保险的业务管理由非政府组织承担,政府负责社会保险立法、对社会保险政策的实施进行监督和指导。负责业务管理的非政府组织是由政府代表、雇主代表和雇员代表三方组成的独立机构,也可能是其中两方组成的管理组织,其名称比较多元化,可以是基金会、董事会、委员会、理事会等。这些独立机构依照相关法律法规的实体性规定和程序性规定对社会保险的具体业务进行管理,实行民主管理,接受来自政府和社会的监督。在自治机构下面设有办事机构,在法律规定范围内开展各种业务活动。

在自治机构管理模式下,政府不负责具体业务管理,而主要发挥指导和监督的功能,这样可以有效避免政府直接管理模式下庞大的机构设置引起的高额管理成本。该模式的管理机制较为灵活,各方主体的利益分别有各自的代言人,能充分体现民主管理的精神,在得到各方认可的前提下,实行各方均能受益的管理办法。因此,该模式的工作效率较高,各利益主体的满意度也较高。

德国是自治机构管理模式的典型。其公共社会保险法规政策由全国统一制定,联邦政府管理机构管理社会保险,主要包括德国联邦卫生部、劳动社会事务部和劳动(就业)部。其中,卫生部负责医疗和护理保险,职责包括医疗保险政策的制定和业务协调,主要制定公共医疗保险的范围、缴费标准、服务标准、药品报销目录等政策;劳动社会事务部负责养老和事故保险的政策制定及业务协调;联邦劳动(就业)部负责失业保险的政策制定及业务协调。每个部都下设专门的管理办公室或执行委员会负责具体社会保险的业务管理。各州（有的几个州合起来只设一个局）、地方政府也设立相应的局（或办公室）负责执行。但是，具体管理事务又是"各负其责"。社会保险的业务管理按照不同的保险项目进行设置：社会保险缴费、社会保险待遇支付等事项由联邦和地方的经办机构、雇主和雇员组成的特别保障委员会负责；联邦薪金雇员保障协会则负责管理公务员的养老保险事务；在劳动和社会事务部下设置独立的社会保险管理监督办公室作为独立的监督部门。德国的这种自治机构管理模式的效率很高。

德国社会保险经办执行机构是独立法人，实行自治管理。其影响力很大，一般实行地区管理与行业组织管理相结合的方式，自治机构成员由雇主代表和雇员代表共同组成。例如，医疗、护理保险的公共医疗保险公司基本按行业设置，全国有90%以上的人在公共医疗保险公司投保。政府规定从保费收入中提取5%作为机构经费，由于保险公司多，势必增加管理成本。保险的缴费和服务标准已经有法律规定，保险公司不能变动，养老保险由国家养老保险局承办。德国有23个州级的养老保险局，承办法定的工人养老保险，而海员、铁路职工、矿工和农民的养老保险由按行业分别设置的保险机构承办，联邦养老保险局则承办政府职员的养老保险，事故保险由行业保险合作社承办。人身事故保险分为法定保险和一般保险，法定保险的参加者为农民和海员。失业保险由联邦劳动（就业）部负责，失业保险实行全国统筹，收不抵支时，由联邦劳动（就业）部向联邦政府申请，大区和基层劳动局执行。劳动局不仅负责失业保险金的收取和发放，还负责失业者的职业介绍和职业培训，以及劳动市场的调查，参与劳动市场政策的制定等。

三　以私营机构为行为主体的管理模式

以私营机构为行为主体的管理模式在实行社会保险基金"完全积累制"的前提下，由私营机构对社会保险基金的投资和运营进行管理，以实现基金的保值增值。政府不直接参与社会保险基金的管理，而是对社会保险的具体实施过程进行监督。比如，新加坡实行中央公积金制度，具有半官方性质的中央公积金局负责社会保险的管理和具体实施，而劳动部对社会保险管理进行监督。在同样实行"强制储蓄"制度模式的智利，社会保障部门只负责政策的制定和监督，具体实施由社会保险公司和私营养老基金管理公司负责，基金投资风险管理委员会、社会保障总署对社会保险管理进行监督。印度、印度尼西亚等国也采取这种管理模式。

这种管理模式下，政府付出的管理成本较低、政府责任较轻。但是私营机构管理社会保险基金近年来出现了管理效率降低的趋势，被保险人的利益与社会保险基金在资本市场的收益直接相关，因此这种模式给被保险人带来的风险较大。

第三节　中国的社会保险管理[①]

一　社会保险管理的权责分工

1. 社会保险行政管理部门的设置及其职责

社会保险行政管理的主要内容是设计社会保险发展规划、制定社会保险政策、完善社会保险管理制度；设置相应的社会保险管理机构并进行人员配置；监督各项社会保险政策、规章、制度的实施情况；监督社会保险基金的收支、管理，并指导和监督经办机构的业务工作。社会保险的实施和运行必须有相关的法律、法规作为依据，因此，完善社会保险法规、规章、办法等是社会保险行政管理的重要内容。在我国，与社会保险管理有关的立法主要是国务院以及省、自治区、直辖市颁布的法规、规章以及实施办法。这些法规、规章、实施办法规定了社会保险的实施范围、享受条件、待遇标准、资金筹集办法以及有关部门的职责权限。在社会保险管理机构设置方面，许多国家都颁布了相关法律，并且在中央和地方都设有社会保险管理机构，分别有相应的管理权限，我国亦是如此。2010年10月28日，全国人民代表大会常务委员会颁布了第一部《社会保险法》（2011年7月1日实施，2018年12月29日修正）。

社会保险行政管理部门一般按纵向划分为不同层级的管理机构。我国的社会保险行政管理实行行政区划分级管理的模式，依据属地原则对社会保险进行行政管理。按照纵向划分的方式，可以把我国的社会保险行政管理部门划分为中央管理部门、中层管理部门和基层管理部门。中央管理部

[①] 除非特殊说明，本书所指均为我国内地社会保险制度。

门是人力资源和社会保障部，中层管理部门是地方各级劳动和社会保障部门，基层管理部门是直接为被保险人服务的管理部门。

劳动和社会保障部（现已更名为"人力资源和社会保障部"）是我国社会保险管理的最高行政机关，负责全国范围内的社会保险行政管理工作，规定各个社会保险项目的社会统筹级别，根据国家社会保险的基本立法制定具体政策、各项管理制度和规章，制定社会保险发展规划，监督社会保险各项政策、规章、制度的贯彻落实情况，指导各省、自治区、直辖市社会保险经办机构的业务工作，监督社会保险基金的收支和管理情况。劳动和社会保障部还负责对社会保险费的征缴和社会保险待遇的支付进行监督检查，以保护劳动者的合法权益。

地方各级劳动和社会保障部门是各级地方政府设置的社会保险行政管理部门，负责本行政区域内的社会保险工作，对本级人民政府负责，同时接受上级行政管理部门的业务指导。地方各级劳动和社会保障部门是处于中央管理部门和基层管理部门之间的衔接层次，其主要职责是依据社会保险法律、法规、政策的规定，结合当地实际情况制定出社会保险的实施办法和补充规定，及时向上级行政管理部门反馈本区域社会保险管理、基金运行情况，解决社会保险管理中存在的问题。

基层社会保险管理部门的主要职责是贯彻执行中央和地方社会保险行政管理部门制定的法律、法规、规章、政策和办法。目前我国已经出台了社会保险条例以及各项规定，包括社会保险登记管理、社会保险费申报缴纳、社会保险费征缴监督检查、社会保险基金财务会计、社会保险金申领发放、社会保险个人权益记录、社会保险稽核、社会保险行政争议处理等方面。基层社会保险管理部门是最接近被保险人的行政管理部门，能及时发现基层社会保险工作中的不足，直接对经办机构进行监督和管理。

2. 社会保险业务管理部门的设置及其职责

社会保险业务管理以社会保险资金筹集和待遇支付的具体过程为核心作相应延伸，我国的社会保险业务经办机构是行政管理部门的派出机构，为被保险人提供各种社会保险服务，接受行政管理部门的监督。采取这种方式能在一定程度上减少资金筹集和待遇支付环节的管理成本，保证社会保险基金按时、足额征缴，减少待遇支付中的损失。

社会保险业务管理部门和行政管理部门是分开的，业务管理部门主要负责社会保险的具体业务管理，而行政管理部门则负责制定政策、办法，通过指导和监督的方式对业务经办机构进行管理，并负责协调各利益主体之间的关系。对于违反法律、法规的行为及时发现并予以纠正，解决社会保险经办机构与用人单位或个人之间产生的行政争议，以保证社会保险制度的正常运行。

社会保险业务管理部门是社会保险政策法规的执行机构和保险业务的具体经办机构，主要负责社会保险基金的征缴和待遇发放，还依法承办社会保险关系变更、提供咨询服务等业务。业务管理部门是独立的法人机构，具有非营利性质。社会保险业务管理部门要负责对被保险人的基本信息进行登记、调查和统计；负责社会保险基金预算、决算的编制和执行；按照《社会保险基金财务制度》和《社会保险基金会计制度》的有关规定，负责社会保险基金的财务管理和会计核算工作；依法审核被保险人是否有资格享受社会保险待遇，并确定其享受社会保险待遇的标准和期限。社会保险业务经办机构是为社会提供服务的窗口，通过多种方式，如现场咨询、电话咨询、网站查询等，为被保险人提供服务。社会保险业务管理部门是社会保险业务的具体经办机构，属于非营利性质的事业单位，具体负责社会保险基金的收支和管理工作，向社会保险对象提供各种服务。

社会保险管理的社会化，主要体现为社会保险待遇发放的社会化、社会保险服务的社会化，体现了社会保险管理的精简化趋势。比如，以前由业务经办机构承担的发放社会保险待遇的工作现在可以通过与邮局、银行合作来完成。与失业保险相关的就业服务等工作可以延伸到失业者所在社区，依靠社区、非政府组织来提供社会保险服务。下面的社会保险业务流程图从经办机构角度显示了社会保险业务经办的整体流程，概括了社会保险业务经办的工作内容和相应程序（图2-1）。

3. 社会保险基金管理部门的设置及其职责

社会保险基金筹资由雇主、雇员和国家财政中的一方、两方或三方承担，体现了分散风险的原则。社会保险基金管理主要是指基金的运营管理，包括社会保险基金的财务管理和投资管理等方面。在我国，严格按照基金收支两条线管理的办法执行，经办机构与财政部门、银行之间要协调好各种工作关系。我国出台了专门的社会保险基金的会计制度，对于规范社会保险基金的运行起到了很好的作用。社会保险基金的审计制度和统计

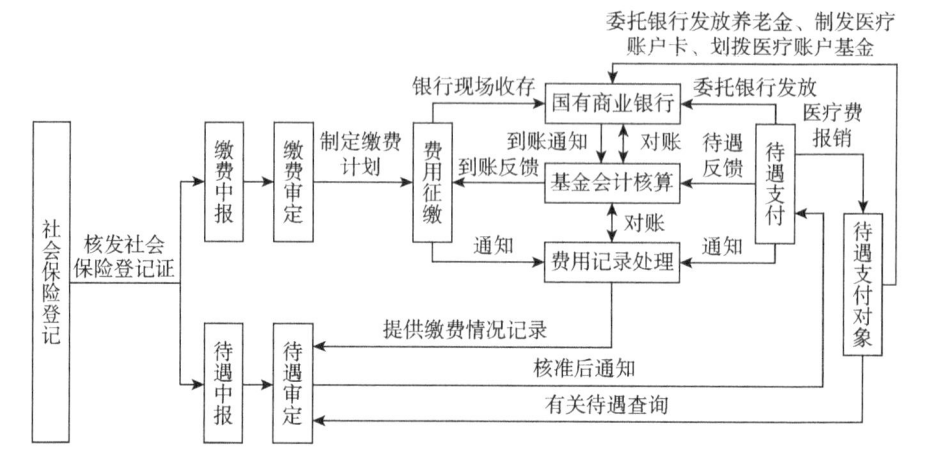

图 2-1 社会保险业务流程

资料来源：社会保险业务流程图，潍坊政务公开网，http://www.wfgx.gov.cn/workGuideOut/showone.asp? id=17。

制度也应严格执行。社会保险基金管理部门负责社会保险基金的运营和基金保值增值。基金的运营管理不应由行政部门负责，而应成立专门的机构，以非行政性独立法人的身份负责。基金管理部门的活动受行政管理部门、业务管理部门以及监督管理部门的监督。

4. 社会保险监督管理部门的设置及其职责

为防止管理失范现象的发生，监督管理是社会保险管理体系中必不可少的重要组成部分。社会保险监督管理部门是独立于行政管理部门、业务管理部门和基金管理部门之外的独立机构，分别由不同的主体对社会保险管理活动进行监督，负责对社会保险运行过程、社会保险其他管理部门的活动、社会保险基金的运营过程、社会保险体系的运作过程进行全面的监督管理，纠正管理过程中出现的偏差，保证社会保险管理活动依法、规范运行。

内部监督主要由内部审计机构对财务收支、财务核算、会计科目设置等情况进行监督、审计；外部监督则来自其他行政部门、社会组织等各个方面。外部监督分为三个层次：行政监督、专职监督和社会监督。行政监督由行政主管部门（如劳动和社会保障部门、税务部门、财政部门）对业务经办机构进行行政监督。专职监督包括预算监督、缴费监督和财务监督三个方面。预算监督是对社会保险预算的执行情况进行监督，防止基金被违规使用；缴费监督是对用人单位和个人社会保险费的申报、缴纳等情况进行监督，避免拒缴、少缴社会保险费的情况发生；财务监督是审计业务部门（如国家审计机关、社会保险经办机构的内部审计组织）对社会保险基金的收入、使用、运营行为等进行监督。社会监督是由社会保险的利益相关主体、群众性组织成立的监督委员会对社会保险管理进行监督，以形成来自社会的约束力。社会监督组织通常由政府代表、用人单位代表、劳动者代表以及学者代表组成。

二 我国社会保险管理制度的历史沿革

本部分以社会保险管理部门的设置及社会保险管理权限配置的变迁为主研究我国社会保险管理制度的历史沿革。中华人民共和国成立后，我国社会保险管理经历了三个阶段：1949～1978 年是中国社会保险管理制度建立和发展的阶段；1978～1998 年是传统社会保险管理制度调整和改革的阶段；1998 年至今是现行社会保险管理制度建立与完善阶段。

1. 中国社会保险管理制度建立和发展阶段（1949～1978 年）

新中国成立后，中央人民政府即成立了专门的机构负责社会保险的管理工作，1949 年成立了内务部和劳动部，当时的分工是：内务部负责机关事业单位的社会保险工作，劳动部负责企业的社会保险工作。内务部接受政务院政治法律委员会的指导，内设办公厅、干部司、民政司、社会司、地政司和优抚司等部门。1951 年 2 月，《中华人民共和国劳动保险条例》的颁布标志着我国社会保险制度的建立。国家劳动部为全国企业劳动保险的最高监督机关，负责贯彻社会保险政策的实施，检查社会保险业务的执行，内设劳动保险局，各省（自治区、直辖市）设有劳动保险处等职能机构，监督检查企业缴纳劳动保险费和实施劳动保险业务的情况，处理有关劳动保险方面的争议。中华全国总工会为全国劳动保险事业的最高领导机关，统筹劳动保险工作。总工会和各级工会组织设有劳动保险等职能机构，工会基层委员会设有劳动保险委员会并配备专职人员负责社会保险的具体业务工作。

1954 年第一届全国人大第一次会议召开之后，中央人民政府内务部改称为中华人民共和国内务部。内设办公厅、民政司、社会司、地政司、户政司、救济司和优抚局。根据精简机构的原则，将国家劳动部的劳动保工作移交中华全国总工会统一管理，使社会保险的管理权限更加集中。但在1957年整风后期的"整改"过程中，随着劳动立法制度的改革，又恢复了劳动部门与工会组织共管的局面。

1966年"文化大革命"开始以后，各级工会组织遭到严重破坏，停止了活动，撤销了社会保险工作的管理机构，停止了劳动保险基金的征集、管理和调剂使用，使社会保险工作陷入了无政府状态。鉴于这种混乱局面，1968年国家计委发文要求由劳动部门统一管理企业劳动保险工作。1969年内务部被撤销，以前由其主管的事务分别移交财政部、卫生部、公安部和国务院政工组多个部门管理。1969年2月，财政部发出通知，规定"国营企业一律停止提取劳动保险金"，企业退休职工工资、长期病号工资和其他劳动保险费开支改在营业外列支。从此，社会保险失去了社会统筹调剂的功能。企业基层的社会保险工作，由工会组织转到了企业行政方面进行管理。

1949~1978年是我国社会保险管理制度的确立和发展阶段，形成了我国机关事业单位社会保险与企业社会保险分开管理的局面，此种状态持续了几十年，初步形成了社会保险"分散管理"的格局。行政管理与经办管理、政府与单位之间并没有明确的权责界限，单位的功能宽泛、负担较重。

2. 传统社会保险管理制度调整和改革的阶段（1978~1998年）

"文化大革命"后，社会保险工作重新由劳动部门和工会组织共同管理。各级劳动部门主要负责国家有关社会保险政策、法规的贯彻执行；各级工会组织给予积极配合并举办社会保险集体事业。此后社会保险管理的权限几经变化。

1978年我国设立了民政部，负责军队离退休干部的安置和管理工作，指导农村"五保"户①供养、开办敬老院、扶持农村贫困户，负责城镇困难户和被精简职工的救济、社会福利等工作。1979年，国家劳动总局和各地劳动厅也相应设立保险福利局、处等，加强对劳动保险工作的领导和管理。各级工会组织也同步开始恢复，与劳动部门一起共同领导和管理企业

---

① "五保"即对"三无"人员（无法定抚养义务人、无劳动能力、无生活来源的老年人、残疾人和未成年人）实行"五保"（保吃、保穿、保住、保医、保葬，未成年人保教）。

社会保险工作。1982年机构改革时，国务院将原国家人事局和国家劳动总局以及其他部门合并，成立了劳动人事部，并明确劳动人事部为综合管理社会保险和职工福利的工作机构，具体任务是：贯彻执行党和国家的方针、政策、法律和指示，结合实际情况，研究拟定有关保险福利工作的具体方针、政策和规章制度，并组织实施；研究改革保险福利制度，拟定改革的规划和实施方案；综合管理保险、福利工作；研究提出发展社会保险事业的办法，指导和管理职工退休、退职工作。

为了保证养老金如期支付，劳动部对企业养老保险进行了改革，建立了养老保险基金社会统筹机制，设置了社会保险经办机构，初步形成了社会保险行政管理和业务管理分开设置的框架。养老保险以县（市）为单位进行社会统筹，由劳动人事部下属的社会保险经办机构统一筹集、统一支付、统一管理。社会保险业务管理由以前职工所在企业管理，转变为成立专门的经办机构负责以后，企业从"办社会"的工作中脱离出来，负担得到减轻，社会保险业务管理走向社会化。

1984年，集体所有制企业的养老保险由中国人民保险公司经办；1986年，民政部设立农村社会保险司负责指导、管理和监督农村养老保险工作；1988年的政府机构改革使劳动人事部被拆分成劳动部和人事部，分别管理企业和机关事业单位的社会保险工作；1991年国务院《关于企业职工养老保险制度改革的决定》（以下简称《决定》）明确了由劳动部和地方各级劳动部门负责管理城镇企业职工的养老保险工作，由人事部负责国家机关、事业单位的养老保险工作，民政部负责农村的养老保险工作；《决定》还规定，劳动部门下属的社会保险管理机构是非营利性的事业单位，负责经办基本养老保险和企业补充养老保险的具体业务，负责管理养老保险基金，并接受财政、审计、银行和工会的监督。

1991年国务院《关于企业职工养老保险制度改革的决定》和1995年国务院《关于深化企业职工养老保险制度改革的决定》都明确了我国的基本养老保险制度实行"社会统筹和个人账户相结合"的原则，而机关事业单位的退休金模式未作改变。劳动部按照社会统筹与个人账户相结合的原则，对退休人员的基本养老金计发办法进行改革。在人事部、民政部、体改委、计委、财政部、银行、工会等部门的参与下，提出了改革方案。通过一系列改革，社会保险行政管理的部门分工开始明确，社会保险业务管理逐步形成了自上而下、从中央到地方的经办网络，社会保险监督管理也得到加强。

在我国社会保险管理制度调整和改革阶段，社会保险管理机构根据全国人大及其常委会、国务院制定的法律、法规，对社会保险进行管理，形成了较为分散的管理格局。各级政府的劳动部门负责管理城镇企业职工的社会保险。其中，养老保险形成了"地方统筹和行业统筹并存"的局面，铁道、邮电、水利、电力、中建总公司、煤炭、石油、交通、有色金属、民航、金融11个行业分别负责管理养老保险行业统筹的有关事务。

在这一阶段，劳动部、人事部、财政部、民政部、卫生部、体改委、中共中央组织部等部门都参与了社会保险的管理：①劳动部的社保司负责城镇企业职工的基本养老保险、医疗保险（企业职工的医疗保险称为"劳保医疗"）、工伤保险和生育保险管理以及养老基金经办，就业司负责城镇企业职工的失业保险管理；②人事部的社保司负责机关事业单位职工养老保险的管理；③财政部的社保司负责全国养老保险基金的财务监督；④民政部的农保司负责农村养老保险管理，基金管理中心作为基金经办机构，此外，民政部还负责管理国家离退休干部、军队离退休干部的养老和公费医疗；⑤机关事业单位职工的医疗保险称为"公费医疗"，由各级卫生部门和财政部门组成的"公费医疗办公室"负责管理；⑥体改委的分配和社会保障体制司也对社会保险进行管理；⑦中共中央组织部也管理国家干部的退休待遇和公费医疗；⑧中央军委政治部总后勤部主管现役军人的公费医疗。

这一时期的社会保险管理制度是一种分散的、权责划分不明确的、管理效率低下的制度，这种制度与中国社会保险发展的内在要求不相适应，阻碍社会经济的发展。在这种"多头管理"的社会保险管理体制下，各部门之间难以进行统一规划和协调，政策亦难以统一；在资金管理上条块分割，不利于资金有效使用；政策的不统一阻碍了劳动力的合理流动；企业的经营积极性受到严重压抑。这种体制不顺、运行不畅、条块分割的管理方式使社会保险政策难以有效衔接，不利于社会保险制度改革的有效推进。因此，建立统一协调的、体现社会化管理特征的社会保险管理制度的改革呼声日高。

3. 现行社会保险管理制度建立与完善阶段（1998年至今）

1998年，政府根据国务院机构改革方案和《国务院关于机构设置的通知》，在劳动部基础上组建了劳动和社会保障部，将以前一些较为分散的社会保险管理职能集中在一起，归劳动和社会保障部管理。比如，以前由人事部负责的机关事业单位社会保险、由民政部负责的农村社会保险、由卫生部和财政部负责的机关事业单位职工医疗保险、由国务院职工医疗保险制度改革领导小组办公室负责的医疗保险制度改革等职能，在1998年机构改革后都划归给劳动和社会保障部。原来的行业统筹按照其行政区划改为属地管理；养老保险实行省级统筹；医疗保险实行地市级统筹；各项社会保险待遇实行社会化发放。2000年，全国社会保障基金理事会成立。

1998年以后的社会保险管理部门主要是劳动和社会保障部、人事部和财政部。劳动和社会保障部的养老保险司负责基本养老保险、遗属待遇、机关事业单位及企业补充养老保险、养老保险社会化服务等事项的管理；失业保险司负责失业保险的管理；医疗保险司负责医疗保险和生育保险的管理；工伤保险司负责工伤保险的管理（2004年初《工伤保险条例》开始实施，工伤保险司从医保司划分出来单独设立）；农村社会保险司负责农村养老保险的管理；社会保险基金监督司负责社会保险基金的管理。人事部综合管理公务员事务。财政部则负责管理社会保险基金的预算和决算。在国务院机构改革以前，民政部承担了一些社会保险管理职能，改革后民政部则专注于社会救助、社会福利、优抚安置等保障项目。由此，各管理部门的权责关系得以厘清，社会保险管理状况比1998年以前得到很大改善。

我国的社会保险管理从分散的单位管理、管理与运营不分的体制逐步走向统一的、管理与运营相分离的社会化管理体制，在此过程中，国家的统一立法、统一决策得到加强，专门的社会保险管理机构得以建立。这种统一的社会化管理方式大大提高了社会保险制度的管理效率，增强了企业的市场竞争力。社会化管理的方式使社会保险的服务水平大为提升，更好地满足了劳动者的社会保险需求。

值得一提的是，现行的社会保险管理采取了信息化管理方式，把管理理念与信息技术结合起来，形成了社会保险管理信息系统，社会保险的管理效率较以前大有提升。

2008年3月国务院机构改革中,劳动和社会保障部与原人事部的职权被整合划入新组建的人力资源和社会保障部,成为目前我国社会保险管理的主要部门。

在人力资源和社会保障部的主要职责中,社会保障方面的内容如下:拟订人力资源和社会保障事业发展规划、政策,起草人力资源和社会保障法律法规草案,制定部门规章,并组织实施和监督检查,统筹建立覆盖城乡的社会保障体系;统筹拟订城乡社会保险及其补充保险政策和标准,组织拟订全国统一的社会保险关系转移接续办法和基础养老金全国统筹办法,统筹拟订机关企事业单位基本养老保险政策并逐步提高基金统筹层次;会同有关部门拟订社会保险及其补充保险基金管理和监督制度,编制全国社会保险基金预决算草案,参与制定全国社会保障基金投资政策;负责就业、失业、社会保险基金预测预警和信息引导,拟订应对预案,实施预防、调节和控制,保持就业形势稳定和社会保险基金总体收支平衡;会同有关部门拟订机关、事业单位人员工资收入分配政策,建立机关企事业单位人员工资正常增长和支付保障机制,拟订机关企事业单位人员福利和离退休政策。

人力资源和社会保障部有23个内设机构,除办公厅、政策研究司、法规司、规划财务司、就业促进司、人力资源市场司、军官转业安置司(国务院军队转业干部安置工作小组办公室)、专业技术人员管理司、事业单位人事管理司、农民工工作司、劳动关系司、工资福利司、调解仲裁管理司、劳动监察司、国际合作司(港澳台办公室)、人事司和离退休干部局外,各社会保险管理部门的职责如下。

(1) 养老保险司。主要职责:统筹拟订机关企事业单位基本养老保险及其补充养老保险政策,逐步提高基金统筹层次;拟订城镇居民养老保险政策、规划和标准;拟订养老保险基金管理办法;拟订养老保险基金预测预警制度;审核省级基本养老保险费率。

(2) 失业保险司。主要职责:拟订失业保险政策、规划和标准;拟订失业保险基金管理办法;建立失业预警制度,拟订预防、调节和控制较大规模失业的政策;拟订经济结构调整中涉及职工安置权益保障的政策。

(3) 医疗保险司。主要职责:统筹拟订医疗保险、生育保险政策、规划和标准;拟订医疗保险、生育保险基金管理办法;组织拟订定点医疗机构、药店的医疗保险和生育保险管理、结算办法及支付范围；拟订疾病、生育停工期间的津贴标准；拟订机关企事业单位补充医疗保险政策和管理办法。

（4）工伤保险司。主要职责：拟订工伤保险政策、规划和标准；完善工伤预防、认定和康复政策；组织拟订工伤伤残等级鉴定标准；组织拟订定点医疗机构、药店、康复机构、残疾辅助器具安装机构的资格标准。

（5）农村社会保险司。主要职责：拟订农村养老保险和被征地农民社会保障的政策、规划和标准；会同有关方面拟订农村社会保险基金管理办法；拟订征地方案中有关被征地农民社会保障措施的审核办法。

（6）社会保险基金监督司。主要职责：拟订社会保险及其补充保险基金监督制度、运营政策和运营机构资格标准；依法监督社会保险及其补充保险基金征缴、支付、管理和运营，并组织查处重大案件；参与拟订全国社会保障基金投资政策。2015年12月中央编办批复将社会保险基金监督司更名为社会保险基金监管局。

社会保险事业管理中心是人力资源和社会保障部的直属机构。其主要职责是：①拟定社会保险经办机构进行社会保险登记、审核社会保险缴费申报、开展社会保险费征缴以及办理社会保险关系建立、中断、转移、接续和终止工作的办事程序和操作规范并组织实施；②在劳动和社会保障部的统一组织下，汇总编制全国养老、失业、医疗、工伤、生育保险基金的年度、季度、月度财务报告，指导社会保险经办机构执行社会保险基金财务、会计制度；③制定社会保险社会化管理规范，指导社会保险经办机构的社会保险社会化管理工作和做好离退休人员的社会化服务；④承担全国社会保险信息与统计数据的采集、整理、分析以及管理工作，参与全国社会保险信息系统规划建设工作；⑤拟定社会保险基金稽核制度并组织实施，指导社会保险经办机构建立健全防范瞒报、少缴社会保险费和虚报、冒领社会保险待遇的工作制度。

从各部门职责划分可以看出，养老保险司、医疗保险司、失业保险司和工伤保险司、农村社会保险司分别承担对应社会保险项目的社会保险管理职责（就业促进司等也承担部分职责）。社会保险基金监督司是进行内部监督的重要部门。社会保险事业管理中心则是社会保险业务管理部门。

当前，我国社会保险管理已经脱离了原来多头管理、部门之间冲突甚多的局面，主要的社会保险管理职责划归到了人力资源和社会保障部，而其他部门则分担较少的管理职责，显然，我国的管理模式已从分散型管理模式过渡到了统分结合型管理模式。新的社会保险管理模式比较符合社会保险发展的内在要求，也与我国的行政管理体系基本相协调。但是，我国社会保险管理服务的管理体制和社会保险制度依然存在由地区分割和险种分割引起的碎片化问题。例如，社会保险管理权限依据享受者身份分割，全民企事业单位由劳动部门负责，行政单位由人事部门负责；有一些省将管理全民和部分集体企业职工养老保险的事业机构定为行政副厅级，而省级管理社会保险的业务部门一般为处级；还有的省将研究老龄问题的社会团体老龄委定为局级单位等。这些情况为我国今后政府改革社会保险体制、加强社会保险管理增加了新的难度。

政府在社会保险管理体系中占据重要地位，既可以制定规章、制度和办法，又是社会保险管理的行政部门，造成了立法和行政职能划分不清。社会保险行政管理部门是政府的一部分，社会保险业务管理部门是政府派出的经办机构，政府既是政策的制定者，其派出机构又是具体事务的实施者，在政策制定与实施之间，缺乏有效的监督机制。政府还掌握着社会保险基金收支的权利，同时对社会保险基金运行有监督的权利，这种制度设计本身就存在界限不明的问题，容易导致基金被违规使用。我国社会保险组织管理模式是以官设、官管、官办、官督为特色的典型的政府集权管理模式，这种模式排斥了社会保险制度中最重要的责任主体——劳资双方的参与权，对社会保险制度的自我调节、自我发展造成了不良影响。[①] 因此，要加强社会保险的制度建设，对现行社会保险管理模式中的不足进行改进，使科学的制度设计在必要的约束机制和强大的执行能力的配合下发挥出良好的效果。

近年来，各地根据实际情况对经办机构管理进行了多种创新。随着城镇职工基本医疗保险和工伤保险制度改革的实施以及新农合、新农保和城镇居民基本医疗保险和养老保险等制度的建立，社会保险管理服务任务量

---

① 郑功成：《从政府集权管理到多元自治管理——中国社会保险组织管理模式的未来发展》，《中国人民大学学报》2004年第5期，第40~45页。

大幅增加，对效率与质量的要求不断提高。2014年2月7日，国务院总理李克强主持召开国务院常务会议，会议决定合并新型农村社会养老保险（简称新农保）和城镇居民社会养老保险（简称城居保），建立全国统一的城乡居民基本养老保险制度。2月21日颁布《国务院关于建立统一的城乡居民基本养老保险制度的意见》（国发〔2014〕8号），部署在全国范围内建立统一的城乡居民基本养老保险制度，提出到"十二五"末，在全国基本实现新农保和城居保制度合并实施，并与职工基本养老保险制度相衔接；2020年以前，全面建成公平、统一、规范的城乡居民养老保险制度，与社会救助、社会福利等其他社会保障政策相配套，充分发挥家庭养老等传统保障方式的积极作用，更好地保障参保城乡居民的老年基本生活。2017年2月24日，人力资源和社会保障部、财政部关于印发《城乡养老保险制度衔接暂行办法》的通知，要求做好城乡养老保险制度衔接工作，这样会有利于促进劳动力的合理流动，保障广大城乡参保人员的权益，健全和完善城乡统筹的社会保障体系。

国务院办公厅2017年1月19日发布《国务院办公厅关于印发〈生育保险和职工基本医疗保险合并实施试点方案〉的通知》（国办发〔2017〕6号）指出，遵循保留险种、保障待遇、统一管理、降低成本的总体思路，推进两项保险合并实施，通过整合两项保险基金及管理资源，强化基金共济能力，提升管理综合效能，降低管理运行成本。

2018年3月13日，国务院机构改革方案公布，这是改革开放以来第8次规模较大的政府机构改革。根据本轮国务院机构改革方案，新组建的国家医疗保障局作为国务院直属机构，将分散于原人社部的城镇职工和城镇居民基本医疗保险、生育保险职责，原国家卫计委的新农合职责，原国家发改委的药品和医疗服务价格管理职责，原民政部的医疗救助职责，整合在一起，实现集中办公。

社会保险管理的发展趋势是"统一化""社会化"和"规范化"。"统一化"指社会保险的立法要统一，中央和地方的社会保险政策要统一，社会保险基金管理要统一。"社会化"指社会保险的业务管理和服务体系可以采取社会化方式，发挥社区的功能，利用民间组织的力量。"规范化"指社会保险监督不能流于形式，而要独立于社会保险管理部门之外，构建规范的约束机制。

在新的社会保险管理模式下，新的职责分工仍需巩固，各个管理部门之间的关系仍需继续协调，这样才能使新的社会保险管理模式获得长足发展。改进完善社会保险管理服务体系，特别是改革经办管理体制，整合经办资源，统一信息系统和业务经办流程等，例如"五险合一"（"四险合一"）的经办模式提高了经办服务效能。

社会保险管理服务的发展必须按照党的十八大提出的提高公平性、适应流动性、增强可持续性的要求，更新发展理念，变革发展模式。一方面要从以制度构建与覆盖范围拓展为主转变为以提高制度统筹程度与管理绩效为主；另一方面要改革完善社会保险管理服务体系，增强管理服务能力，提高管理服务效率与水平。

补充阅读 2-3　社会保险经办业务流程

用人单位社保新开户流程图

1. 上网登记信息

用人单位登录"北京市社会保险网上服务平台"，依次选择"新参保单位网上登记→初次登录"后，输入单位组织机构代码和单位名称，点击"确定"。进入"单位网上登记—录入信息"界面后，准确录入单位信息，录入完毕后点击"保存"并打印《社会保险单位信息登记表》一式两份。选择"银行缴费方式"的还需打印《北京市社会保险银行缴费协议》及《单位银行信息（附表）》一式两份。

提示：开户银行是下列13家银行的参保单位，请选择"银行缴费方式"：北京银行、中国工商银行、中国建设银行、中国邮政储蓄银行、中国农业银行、农商银行、中信银行、光大银行、广发银行、交通银行、民生银行、招商银行、中国银行。

2. 到银行签协议

（1）选择"银行缴费"方式的，请在办理开户手续前，先到开户银行签订《银行缴费合作意向书》，并在开户业务办理完毕后再次到银行约定缴费方式。

（2）选择"社保缴费"方式的，请在办理开户手续前，持右侧所列信息先到本单位开户银行签订《北京市同城特约委托收款、付款授权书》。

医疗保险：
名称：北京市　区社会保险基金管理中心
账号：
开户行：
12位行号：

社会保险（养老、失业、工伤、生育）：
名称：北京市　区社会保险基金管理中心
账号：
开户行：
12位行号：

第二章 社会保险管理

3.办理开户手续

用人单位携带右侧所列相关材料到社保中心登记科"单位社保新开户"窗口办理单位社会保险开户手续,开户成功后发放《社会保险登记证》。

4.购买数字证书

办理开户手续后,携带以下资料到数字证书窗口购买数字证书。①《组织机构代码证》;②《社会保险登记证》原件及复印件一份;③《营业执照(副本)》或其他批准成立证照原件及复印件一份;④经办人有效身份证件原件及复印件一份;⑤《北京市单位数字证书申请表》一式二份;⑥公章。

5.激活数字证书

持数字证书U盘到业务窗口,填写《申请表》和《承诺书》,同时激活新购买的数字证书。

业务办理完毕

需携带的相关材料:
1.《北京市社会保险单位信息登记表》一式两份。
2.《营业执照》或《法人证书》副本及复印件一份;国家机关单位行政介绍信。
3.《组织机构代码证书》原件及复印件一份。
4.企业(或事业)法人身份证原件及复印件一份。
5.银行开户信息(银行全称、开户名称、账号、交换号)、银行《开户许可证》原件及复印件一份。
6.选择"社保缴费"方式的提交《北京市同城特约委托收款、付款授权书》原件及复印件一份;选择"银行缴费"方式的提交《北京市社会保险银行缴费合作意向书》一式两份。
7.单位公章。

提示: 如共用地税的北京CA证书,请携带证书U盘,并填写《数字证书一证多用授权书》(业务窗口领取、需盖公章)。

资料来源:摘自北京市×区社会保险基金管理中心,《经办业务办理指南与流程图》,2014年3月。

阅读链接:

1.《成都将全面实施社会保险诚信管理制度》,新浪网,http://sc.sina.com.cn/city/csgz/2017-03-10/165726808.html。

思考题:

1. 社会保险管理具有哪些特征?
2. 美国、日本、法国、德国分别采取哪种社会保险管理模式?
3. 社会保险管理体系由哪些部分构成?
4. 我国当前社会保险管理中存在哪些问题?你认为应当如何解决?

第三章　社会保险基金

导入案例

据人社部网站消息，近年来中国政府对社会保险基金的监管不断加强。2012~2016年，全国实地稽核五项社会保险共查出少缴社会保险费153亿元，补缴到账144亿元；查出冒领社会保险待遇金额7.6亿元，冒领追回到账7.1亿元；稽核查出大量违规行为，涉及多家医疗、工伤和生育保险定点医疗机构和定点零售药店，违规金额21.3亿元，追回金额20.7亿元（含罚金）。

党的十八大以来，覆盖城乡的社会保障体系建设取得了举世瞩目的成就，社会保险覆盖范围持续扩大，待遇水平稳步提高，基金收支基本平衡，管理服务不断加强。其中，社会保险基金监管不断加强，主要体现在：第一，基金监管制度建设步伐加快；第二，监管体系逐步健全；第三，投资运营顺利启动；第四，年金市场不断规范；第五，社保基金投资监管不断加强。

社会保险基金是在国家法律保证下，向劳动者及其所在单位强制征缴和财政拨款形式集中起来的由专门机构掌握的、专款专用的资金；是为保障劳动者（有些国家可能普及到全体公民）在年老、伤残、失业、患病、生育等情况发生时的基本生活需要的资金；是社会保障基金的主要组成部分。社会保险基金一般由养老保险基金、医疗保险基金、失业保险基金、工伤保险基金、生育保险基金和其他社会保险项目的基金构成，每项社会保险待遇支出都是关系到广大保险对象基本生活和生存的刚性支出。

资料来源：《5年来全国五项社保查出少缴费153亿，补缴到账144亿》，中国新闻网，http://news.sina.com.cn/o/2017-05-25/doc-ifyfqvmh89166

57.shtml。

社会保险基金为何如此重要？社会保险基金的管理涉及哪些方面？这些是本章将要学习的内容。

章节主要概念

社会保险基金；社会保险基金功能；社会保险基金筹集

思维导图

原则、类型 → 给付 → 社会保险基金 → 筹集 → 模式、费率
社会保险基金 → 监管

第一节　社会保险基金概述

一　社会保险基金的属性

1. 社会保险基金是劳动者创造价值的一部分

马克思在《哥达纲领批判》一书中明确提到，社会总产品只有在对其做了各项必要的扣除后，才能用于劳动者的个人分配。社会总产品的扣除主要包括六项。劳动者向社会和企业提供劳动，其中必要劳动创造的价值，一部分以工资的形式进行正常条件下的劳动力再生产，一部分则以社会保险基金的形式（就是马克思所说的第三、六项，即用来应付不幸事故、自然灾害等的后备基金或保险基金和为丧失劳动能力的人设立的基金）满足特殊条件下的劳动力再生产。劳动者的社会保险是保证劳动者恢复和延续劳动能力以及丧失劳动能力时获得必需生活品的一种手段。

从社会再生产的角度来看，马克思经济理论认为，社会再生产的顺利进行以物质资料的再生产和劳动力的再生产为基本条件。一般来说，劳动力再生产包括两个方面：一是劳动能力的恢复、维持、发展，即劳动者生命、体力、智力的维持与发展；二是劳动力的新陈代谢、更新换代，即生儿育女和繁衍。同时，随着社会再生产的扩大，这里的劳动力再生产还应相应地包括劳动者暂时或永久失去劳动能力时所必需的生活资料的价值，这（劳动者的社会保险基金）也是维持社会正常存在所必需的。[①] 因此，从本质上来说，社会保险基金是劳动者创造的价值的一部分，是劳动者应得利益的重要组成部分。

2. 社会保险基金是用于社会保险事业的后备金

社会保险基金是参加社会保险的广大社会劳动者所创造剩余价值的一种转化形式，是国家在国民收入初次分配中为劳动者建立的具有调剂、互助功能的专项基金，是从国家财政收入、企业收入和劳动者收入中分解出来而用于社会保险事业的后备金，即国民收入经过初次分配形成国家、企业或集体、个人的原始收入，政府再通过法定程序将财政拨款、企业或单位以及个人缴费汇集成社会保险基金，由经办机构向需要帮助的社会成员提供经济援助及发放社会保险待遇，实现国民收入的再分配。社会保险基金确保参保人能够互助互济，社保机构综合考虑、统筹安排，其目标是调节初次分配的不公平，在社会保险基金支付分配时，要保障再分配的公平和公正。因而从社会保险基金的使用方向来考察其性质的话可以发现社会保险基金的设立就是为了满足社会保险待遇的发放，是用于社会保险事业的后备金。

3. 社会保险基金是一种延期的个人消费基金

市场经济中，收入分配的依据是劳动者所拥有生产要素的市场稀缺程度和要素价格。不同要素所有者拥有要素的数量或质量不同，个人能力的不均等，导致其收入也不一致。这种纯粹靠市场调节的结果，使相当一部分劳动者的收入不能满足其劳动力再生产的需要（特别是当劳动者发生失业、生病、工伤等情况时），从而造成社会不稳定的隐患。市场机制在收入分配上的缺陷需要政府通过法律手段实施社会保险制度。从消费角度来看，劳动者的消费可分为即期消费和远期消费，即期消费是用于维持劳动者目前所需的消费，远期消费则是用于劳动者退休后或遇到各种意外时的消费。可见，社会保险基金是一种延期的个人消费基金。

二 社会保险基金的功能

社会保险基金是社会保险制度的物质基础，规模庞大的社会保险基金

[①] 杨一帆、张新明：《对社会保险基金性质的再认识》，《保险研究》2004年第9期，第37~39页。

对于确保社会保险制度的正常运行和促进国民经济的健康发展都起着极其重要的作用。

1. 确保社会保险制度的顺利实施

建立社会保险制度的目的是保障劳动者在遭受风险,丧失生活来源后的基本生活。雄厚的资金是该制度正常运行的保障,而这正是设立社会保险基金的宗旨。只有储备充足的社会保险基金,才能满足各项社会保险待遇的发放,社会保险制度才能得以顺利实施;社会保险基金也只有通过投资运营确保保值、增值,才能应对通货膨胀的风险,才能确保在不增加社会保险缴费率的同时,提高待遇水平。

2. 市场经济的"稳定器"

市场经济条件下,经济运行往往具有周期性的特点,经济膨胀期和衰退期会交替出现。社会保险基金通过保障资金"沉淀蓄水"来达到自动调节经济波动的目的。社会保险基金对市场经济运行过程中出现的这种周期性的经济波动具有一定的调节作用,可以促进市场经济的良性运行。

3. 促进资本市场发展

社会保险基金的建立和发展创造了非银行存储机构,有助于调节当前储蓄结构与储蓄习惯,改变私人存款方式与方向;有助于吸收和提高长期存款份额,鼓励长期投资,特别是有效的投资;有助于促进银行系统和银行服务业的专业化和多样化发展。社会保险基金也能够促进资本市场的发展,提高资金的流动性,推动市场资本化、多元化;社会保险基金对于资本市场的介入还可以推动证券市场的发展;基金的发展可以促进各种新型金融工具的出现;与此同时,为了满足机构投资者的需要,金融服务机构,如"信用评级公司"也会得到相应的发展。从长远来说,养老基金通过风险转移等业务介入国际资本市场,密切了本国资本市场和国际资本市场的联系,促进了资本市场国际化。

三　社会保险基金的特性

1. 法律保障:强制性

社会保险制度作为现代国家社会政策的体现,其建立和实施具有鲜明的强制性特征,因而,必然要以国家法律和政策为依据,并受法律和政策的保护和监督。实施社会保险制度的国家,一般都从法律和政策上要求为这种制度建立基金,并对基金的来源、筹集、储存、管理及运营做出种种法律上的规定,以确保社会保险制度的正常运行。基金管理机构的投资渠道、投资组合方式等都必须符合法律规定;企业和劳动者个人必须依法按时、按规定的保险费率缴纳社会保险费;劳动者个人能够依法按时、足额获得保险给付。

2. 基金使用:严格性

社会保险基金是为保障广大劳动者因年老、失业、疾病、生育、伤残等原因而暂时或永久丧失劳动能力或者失去工作机会时的基本生活而建立的有专门用途的专项资金。社会保险基金的运作一旦出现差错,例如人们的社会保险待遇被停发、少发或欠发,将会引发一系列的社会问题,甚至危及社会稳定。因此,必须对社会保险基金的运用做严格规定,其本金和收益只能用于被保险人的各项保险给付,而不能挪作他用。基金在管理上,按险种分别建账,分账核算,专款专用。

新闻链接 3-1　任何人不得侵占挪用或违规投资社保基金

国务院总理李克强日前签署国务院令,公布《全国社会保障基金条例》。该条例将自 2016 年 5 月 1 日起施行。

全国社保基金条例规定,全国社保基金由中央财政预算拨款、国有资本划转、基金投资收益和以国务院批准的其他方式筹集的资金构成,是国家社会保障储备基金,用于人口老龄化高峰时期的养老保险等社会保障支出的补充、调剂。全国社保基金理事会投资运营全国社保基金,应当坚持安全性、收益性和长期性原则,在国务院批准的固定收益类、股票类和未上市股权类等资产种类及其比例幅度内合理配置资产。国家建立健全全国社会保障基金监督制度。任何单位和个人不得侵占、挪用或者违规投资运营全国社会保障基金。审计署应当对全国社会保障基金每年至少进行一次审计,审计结果应当向社会公布。

虽然已过去十年,但上海市社保基金案仍应引起我们的警惕:社保基金不容侵占、挪用!

资料来源:《社保基金条例公布　任何人不得侵占挪用或违规投资》,搜狐网,http://news.sohu.com/20160328/n442589422.shtml。

3. 给付责任：长期性

通过各种方式积累起来的社会保险基金实质上是对社会保险参保人的负债，当参保人发生年老、失业、疾病、生育、伤残等情况后，社会保险基金就要逐步支付给他们，社会保险基金的给付责任是长期的。如养老保险待遇的给付从其成员退休开始一直要持续到他们死亡为止，可能需要支付十年、二十年甚至更长的时间，绝不能中途停止。

4. 基金的可持续：保值、增值性

社会保险基金除了要满足当期社会保险待遇给付之外，还要将相当一部分资金存储起来，以备将来发放。但这些长期存储起来的基金不可避免地会遭受通货膨胀的侵蚀。为避免基金贬值，同时也为了降低人们的社会保险缴费负担、提高社会保险待遇，世界各国无不通过基金的投资运营来确保社会保险基金的保值、增值。

5. 基金的基础：统筹互济性

社会保险基金的原理是通过立法强制的手段，通过统一征管社会保险资金，集合社会力量以保障社会稳定。按照大数法则原理，集合社会上大多数的人和多数单位的力量共同分担其损失，统筹面越大，就越能充分发挥社会保险基金分散风险、统筹互济的功能。

第二节 社会保险基金管理模式

社会保险基金管理即"社会保险基金财务管理"，是为实现社会保险制度的基本目标和正常稳定运行，按照国家统一的财务制度和社会保险政策、法令以及社会保险机构财务管理目标，通过核算、控制和监督等手段，对基金的运行条件、管理模式、投资运营进行全面规划和系统管理的总称。

按照社会保险基金运营管理主体的不同，可分为公营管理模式和私营管理模式。公营保险又分为国家经营的保险和地方政府或自治团体经营的保险，包括国家强制设立的保险机关经营的保险或国家机关提供补助金的保险；私营保险是由私人投资经营的保险，其形式主要有股份保险公司、相互保险公司、保险合作社和个人经营的保险等。

一　公营管理模式

公营管理模式，是指以建立社会保险基金预算或直接列入财政预算方式管理社会保险基金。在这种模式中，一种是由政府全面负责社会保险基金的管理，包括社会保险基金的收缴、发放、监督、投资等。该模式强调社会保险预算与政府一般预算项目分离，作为专项预算，在政府预算中保持相对独立性，不能直接动用社会保险基金弥补财政赤字。这种社会保险基金管理方式侧重于向一级市场购买国债，定向认购社会保险债券或直接列入财政预算，这都体现了国家财政集中管理的特性。一般来说，依照国家立法推行的基本保障项目（如公共养老金计划）的保险基金多采用公营管理模式，如 OECD 国家、东欧各国、中国、新加坡、印度等。

另一种是政府将其中某一项职能分离出来，如社会保险基金的投资，通过市场化竞争的方式由政府选择投资管理机构（官方机构或半官方机构），并委托其负责基金的投资运营，以便提高社会保险基金的增值能力。这样能够聚集起庞大的社会保险基金，从而实现规模经济。同时，财政集中型可以兼顾社会公平，有利于实现社会保险制度的生活保障和收入替代双重目的，亦可以降低市场竞争的成本，最大限度地实现国家社会发展的目的。但是由于这种投资管理类型强调行政干预，所以在具体业务管理中，极易受制于政治压力，出现低效率的后果。

公营管理模式对政府集中管理的社会保险基金的稳定性要求较高，导致基金投资仅限定于银行储蓄、购买政府债券等领域。投资风险是降低了，但投资收益也随之降低。如果遇到通货膨胀，则实际投资收益率会更低。为避免危机，通常要通过提高缴费率或减少给付来解决，这在实质上还会影响参保人的利益。[1]

在该模式下，社会保险偿付责任最终由政府承担，社会保险基金市场化运营的风险也最终由政府承担。

新加坡的中央公积金制度是公营管理模式的典型代表。新加坡的中央公积金是由政府立法强制、由中央公积金局直接进行全面管理的一个完全

---

[1] 赵丹竹：《论我国基本养老保险基金投资管理模式的选择》，《沿海企业与科技》2006 年第 3 期，第 162～163 页。

积累的强制储蓄计划，独立于政府财政。公积金局实行董事会制，董事会成员均由劳工部部长在得到总理的同意后任命，任期一般不超过3年。现任董事会由主席、总经理和其他13名成员包括2名政府官员、2名雇主代表、2名雇员代表和7名专家组成。中央公积金局隶属于劳工部，但性质是半官方机构，实行董事会领导下的总经理负责制，依法独立工作，其他部门不得干预其日常事务。中央公积金局的主要业务包括征收费用、保存记录、支付待遇和进行投资。相关投资决定由两个政府机构执行：新加坡货币管理局和新加坡政府投资管理公司。其中，新加坡货币管理局负责中央公积金对国债和银行存款的投资管理。而新加坡政府投资管理公司负责把积累的基金投资于国内的住房和基础设施建设等方面，也把资金投资于国外证券市场以获得较高的收益。由新加坡政府投资管理公司管理的资金是中央公积金最大的一个资产池，全部投资于非交易型政府债券。对于公积金成员而言，这部分资金可以获得记账利率。记账利率并不是中央公积金实际收益率，而是按照新加坡三家主要银行一年期存款利率的简单平均数与月末储蓄存款利率的简单平均数进行加权取得（两者的权重比为80%：20%），每季度修订一次。该记账利率不得低于中央公积金法案明确规定的2.5%的最低收益率。这种集中管理体制最突出的优点是运作高效、成本低廉。中央公积金从汇集、运营、储存、结算到待遇发放，都独立于政府财政，因而，政府财政是赤字还是盈余对公积金都没有直接的影响，政府无权动用公积金弥补财政赤字，并且政府财政还负有担保公积金发放的义务。

1986年5月，中央公积金引入核准投资计划，允许公积金成员最多可将20%的普通账户资金，由成员自主投资于股票（限于蓝筹股）、单位信托基金、黄金等。1993年10月，核准投资计划改名为基本投资计划，成员最高投资比例放宽到80%。1997年更名为中央公积金投资计划（CPF Investment Scheme，CPFIS）。2001年，CPFIS分设普通账户投资计划（CPFIS－OA）和专门账户投资计划（CPFIS－SA）。普通账户投资计划可选择的金融工具有三类：第一类为无投资限制，包括定期存款、新加坡政府债券、国库券、法定机构债券、新加坡政府担保债券、年金等；第二类为投资上限不超过35%的部分，包括股票、产业基金（不动产投资信托）、公司债券；第三类为投资上限不超过10%的部分，主要针对黄金等贵金属投资。

二 私营管理模式

私营管理模式,是指将社会保险基金委托给民营的银行、信托公司、基金等金融机构运营管理,通过这些金融机构进行信托投资。这种社会保险基金管理模式具有手续简便、个人拥有充分的选择权等特点。

私营管理较少受政治因素影响,社会保险基金投资管理机构依据市场原则进行投资。由于存在市场竞争,每家社会保险基金管理公司都会努力提高自身的管理效率和基金的投资收益率,以获取更大的市场份额,从而促使社会保险基金的整体管理效率和投资收益率提高。因此,与公营管理模式相比,社会保险基金私营管理的效率一般较高。

智利的养老金管理模式是私营管理模式的典型代表。智利国民的养老保险基金是让获得资格认定的养老基金管理公司来管理养老基金。养老基金管理公司是从事养老保险基金投资、运营、管理和发放的私营公司。养老保险参保人可以选择养老基金管理公司来管理自己养老保险个人账户中的资金,如果不满意也可以更换养老基金管理公司。养老基金管理公司将参保人账户中的资金汇集起来进行投资运作,以实现资金保值增值的目标。得益于高回报率及世界银行的赏识与力推,"智利模板"曾被玻利维亚、萨瓦尔多、墨西哥、哈萨克斯坦等33个国家仿效,其中9个国家几乎照搬了智利的养老金体系。

其间,智利也进行过一些改革,政府只对养老基金管理公司的日常运营进行监管,并在养老基金管理公司破产时提供最终担保,同时设立了专门对养老基金管理公司进行监管的机构——养老基金监管局来对养老基金管理公司的投资运营和养老金的发放进行监管。在这种管理模式下,参保人享有充分的投资选择权,但是过度的竞争又导致社会保险基金管理成本高昂,其中的一个突出表现是营销成本居高不下,如智利的养老基金管理公司为了争夺更大的市场份额,将大量的人力、物力投入基金营销,1990年,养老基金管理公司管理总成本占基金总额不到0.2%,1996年这一指标上升到0.21%,2001年又上升到1.16%[1]。

---

[1] Alejandro Ferreiro Yazigi, *The Chilean Pension System*. Chile: Los Trabajadores Press, 2003, p. 231.

然而，35年后的今天，这一被多国仿效的样板却在本国遭遇瓶颈。智利养老金高报酬率的乐观预期是建立在1985~1991年的高利率环境和企业私有化基础上的。当时智利民众的养老金平均报酬一度高达35%。但近年来，随着通货膨胀带来风险，再加上国际市场上大宗商品价格的走低，智利经济降温显著；基金经理高收费的乱象也进一步使回报率缩水，抬高了养老金运作的成本。数据显示，1981~2013年，储蓄者净回报为实际投资收益的8.6%，但居高不下的手续费却让同一时期的储蓄者净回报率降至约3%。据统计，私人养老基金管理公司（简称AFPs）每月支付的养老金中，91%都低于236美元，相当于智利国内最低工资（379美元）的62%，不及当初承诺的高回报，智利民众退休生活质量急剧下降，家庭的养老负担日趋沉重。

早在2008年，巴切莱特的第一个总统任期内，她就着手进行了养老金的第一轮改革：朝着混合制的方向发展，通过引进基于税收的"团结基金"（Solidarity Fund）来补足低收入阶层的养老金。如今这一改革计划还在不断完善中。新计划将改变当前养老金体系全靠民众自掏腰包的局面，要求企业缴纳一定比例的养老金，扩大现有的养老金规模，在未来实现更均等的发放。

政府在社会保险基金私营管理模式下的作用，主要体现在以下几个方面。

首先，政府必须通过实施一系列的税收优惠政策来保障社会保险基金的安全，以保证"广覆盖"；其次，对于社会保险基金的投资运营，需要政府设置相应机构进行审慎的监管，对各类主体进行市场准入审查，定期公布相关主体的财务信息，监督社会保险投资运营管理机构的投资行为；再次，为了避免社会保险基金管理公司低效率运营，或是经济不景气造成基金亏损情况的发生，政府可以采取最低收益率担保制度。例如成立专门的社会保险基金担保公司，规定社会保险基金管理公司提取的准备金率并制定相应的政策。再以波兰为例，政府每年都会发布一个最低投资回报率，而且在每个季度结束时，政府监管部门会以每个养老基金的资产规模为权重计算出过去24个月中所有养老基金的平均名义收益率。如果养老基金会（私营机构）在一定时期内（通常是连续的24个月）的加权投资回报率低于政府颁布的最低投资回报率，养老基金会就必须想办法弥补这一缺口，否则就会受到养老基金会监察署（Pension Fund Supervisory Office, UNFE）的警告。每个养老基金会必须建立储备账户，这个账户储备的资产相当于养老基金会运营资产的1%~3%。如果动用储备账户的资金仍不能达到政府规定的最低投资回报率，那么这个养老基金会将宣布破产，由国家担保基金弥补基金缺口。国家担保基金由国家证券保管机构（the National Securities Depository Agency）管理，担保基金的资产来自养老基金会向担保基金缴纳的保险费和担保基金的投资收益。如果担保基金出现赤字，政府将承担所有债务。最后，需要制定专门的法律来规范社会保险基金的运作。从国外经验来看，任何成功实施社会保险基金私营管理模式的国家，都建立了系统完备的社会保险基金法规体系，以确保社会保险基金的安全以及社会保险制度的顺利实施。

补充阅读3-1 城乡居民养老保险将入市投资

继目前城镇职工基本养老保险基金已启动入市投资后，城乡居民养老保险也将加入这一行列。2017年11月1日，人社部在情况发布会上透露，目前，我国基本养老保险基金投资稳步开展，下一步，人社部将加强对各社保基金投资的监督管理，研究制定城乡居民养老基金投资运营的相关政策。这意味着，养老金投资只有城镇职工基本养老保险"单打独斗"的局面有望被改变，城镇职工、城乡居民基本养老保险基金都将成为养老金运营投资的资金来源。

目前，我国已有北京、安徽等9个省（区、市）政府与社保基金理事会签署委托投资合同，合同总金额4300亿元，其中1800亿元资金已经到账并开始投资。

按理说，养老金投资资金池迎来新成员，对于城乡居民基本养老保险基金的保值增值以及养老金入市资金规模壮大毫无疑问都是好消息，然而，在业内看来，城乡居民养老保险之所以初期未与城镇职工养老保险一起加入入市投资阵营，就是因为这部分资金归集难度相对较大。

事实上，资金归集困难并非城乡居民基本养老保险独有的难题，即使是已经开始进行统一托管投资的城镇职工基本养老保险也是如此。

因此，要通过养老金入市实现养老保险基金更好的保值增值，在我国还有很长的路要走。

资料来源：《城乡居民养老保险将入市投资》，《北京商报》，http://finance.sina.com.cn/china/gncj/2017-11-02/doc-ifynhhaz1767212.shtml。

第三节　社会保险基金筹资

一　社会保险基金的筹集

社会保险因险种的不同，其基金来源也各不相同。从世界各国社会保险基金的筹集实践来看，目前世界上已经建立起社会保障制度的国家和地区中，筹集社会保障资金的方式主要有两种类型：一是建立个人储蓄账户；二是征收社会保障税（或费）。各国社会保险基金的来源渠道，主要有社会保险缴费、政府资助或补贴、基金的投资运营收入等。一般养老、医疗等保险基金往往要求国家、用人单位和个人三方出资或至少后两方出资，而工伤保险基金、生育保险基金一般不要求劳动者个人出资。

社会保险基金的筹集大致包括以下四种做法：一是靠企业与劳动者个人共同出资形成，目前美国、以色列、新加坡、马来西亚、印度尼西亚等国的老年、残疾和遗属保险，法国、挪威、阿根廷等国的生育保险，芬兰、厄瓜多尔等国的失业保险都采取这种方式；二是靠国家和企业双方出资形成，目前新西兰、韩国、日本、埃及等国的工伤保险，意大利、埃及、美国的失业保险，瑞典等国的医疗保险采取这种筹资模式；三是靠企业全部负担，目前绝大多数国家的工伤保险基金普遍采用这种筹资模式；四是靠劳动者个人、企业和国家三方出资形成，目前世界上大多数国家的社会保险基金都采取这种筹资模式。

在我国，从各个险种资金来源情况来看，除工伤保险和生育保险完全由企业负担外，其他保险项目的基金来源，一般由劳动者个人和用人单位共同缴费。此外，社会保险基金构成还包括国家财政补贴以及基金的投资运营收益和滞纳金等。社会捐赠也是一些国家社会保险基金的来源之一。

二　社会保险基金的筹集模式

各国社会保险基金的筹集模式大致可以分为现收现付制、完全积累制、部分积累制和国家福利制。

1. 现收现付制

这是目前最普遍的社会保险基金筹集模式，有100多个国家实行这种制度。现收现付制是以近期横向收支平衡原则为指导的基金筹集方式，基本上不留积累基金。其中保险基金的预测一般是根据上年度实际开支总额，加上年度预计增支的总额求得。提取比率则根据预测需求总额占工资总额的比例确定。此种筹资方式一般要使提取总额略大于预测支付总额，使支付之后能略有结余。

现收现付制的优点：政策取向是实现相对公平，强调社会保障制度的再分配功能，互济性强；政府通过集中筹集资金，在投资管理中形成规模经济效应，降低投资管理成本，简便易行；可依需求增长及时调整征缴比例保持收支平衡，也可以避免物价上涨带来的基金贬值风险。

现收现付制的缺点：由于这种投资管理类型强调行政干预，在具体业务管理中，极易受制于政治压力，甚至产生渎职和低效率的后果；为追求稳定性，投资往往仅限于银行储蓄、购买政府债券等领域，投资风险降低了，但投资收益也随之降低，如果遇到通货膨胀，则实际投资收益率会更低；当社会保险待遇水平提高，缴费提取比例随之上升时，个人、企业、国家的负担会加重，甚至还将导致支付危机；此外，由于缺乏长远规划，没有必要的储备积累，所以难以应付人口老龄化的危机。

现收现付的筹资方式相对而言适用于费用开支比较稳定的社会保险项目，基金的收付必须同期进行，制度本身的实施效果主要取决于基金筹集范围大小和比率高低而不取决于期间长短或有无积累的社会保险项目，如工伤保险。[1]

2. 完全积累制

完全积累制的创建时间较晚，直到20世纪50年代才在新加坡有了初次实践，但是其发展势头强劲，到21世纪初已在31个国家实行。其中新加坡等19个国家采取公共管理方式，积累基金由政府集中管理和投资；智利等12个国家采取私营管理方式，积累基金由企业或个人自主选择基金管理公司并按市场化的规则进行基金运营。完全积累制将当年的社会保险缴

---

[1] 李怀康、刘雄：《社会保险和职工福利概论》，北京经济学院出版社，1990，第66~70页。

费完全用于社会保险基金积累，并全部计入受益人的个人账户，在达到一定条件后（如退休后）再从社会保险个人账户支取社会保险待遇。这种模式的主要特征是建立个人账户，将雇主与雇员的缴费全部计入雇员的个人账户；保险待遇支付是缴费确定型；个人账户积累基金进行投资运营，缴费额和投资回报率决定保险待遇水平。

完全积累制的优点：社会成员为自己参加社会保险而缴费，这样可以大大提高个人缴费的积极性，同时也可以实现"自我保障"，在人口老龄化高峰到来时，不会引起代际冲突。

完全积累制的缺点：互济性差，没有体现再分配功能，以养老保险为例，完全积累制的筹资模式不能改变那些终生收入低、年老劳动能力下降后的社会成员的困境，也很难抵御社会成员因长寿带来的风险；另外，庞大的基金储备难以抵御通货膨胀等风险。

3. 部分积累制

不少国家在社会保险改革过程中采取了这种模式，扬长避短，将社会保险基金的筹资分成两个部分：社会统筹部分和个人账户部分。社会统筹部分采取现收现付制，保证当前开支需要；个人账户部分采取完全积累制，满足将来开支的需要。这种方式兼取现收现付制和完全积累制二者之长，优点较为突出：这种筹资模式可以避免因社会保险参与人员年龄结构变化而大幅上调缴费率，既不会增加企业生产成本，也可以减轻国家财政补贴上的负担，使之更多地用于国民经济建设；这种筹资模式有利于避开通货膨胀的影响，以实现稳定、持久、可靠的保险待遇。但是，部分积累制也存在缺点：既受到利率、工资增长率、通货膨胀率等经济因素的影响，又受到人口因素变动的影响，收支平衡模型复杂。而且如果社会统筹基金与个人账户基金不严格执行分账管理的话，当社会统筹基金不能满足社会保险待遇发放需要时，就很有可能动用个人账户积累的基金支付社会保险待遇，这样将导致个人账户成为"空账"，仅仅是作为一个社会保险待遇计发的办法，部分积累制实际上又变成了现收现付制。现阶段我国的养老保险基金和医疗保险基金都采取这种模式。

4. 国家福利制

这种模式在北欧国家比较普遍，瑞典、丹麦、荷兰、加拿大、冰岛等国实行的就是国家福利模式。国家福利制的特点是：全民保障，只要是本国的老人，均可以享受养老金待遇。其待遇支付，有的国家一律等额发放，有的只对那些达不到最低养老金标准的老人进行补偿。保障资金来自国家的一般税收。这些国家的社会保险基金采取的是财政支出账户的管理模式，即根据各项社会保险支付的需要决定支出，不存在投资运营环节，其监督机制与财政监督同轨。

国家福利制的优点：管理比较简单，通常通过税收的形式将社会保险费收缴上来，然后再根据领取条件发放社会保险待遇，基本是当期收缴，当期发放，不存在投资运营环节，也就不存在基金贬值的风险；人们领取的社会保险待遇标准基本一致，这样就消除了制度内的不公平因素，不会造成收入差距扩大。

国家福利制的缺点：发放的社会保险待遇较高，导致人们的工作积极性降低；基金可持续性存在一定的风险，即国家福利制以国家财政担保社会保险待遇发放，这样会给国家财政带来较大的负担，容易造成社会保险开支增长快于整个经济的增长，从而使国家财政不堪重负。

三 社会保险基金缴费率的制定

社会保险基金缴费率是指被保险人集体或个人在单位时间内应缴纳的社会保险费与其工资总额或个人工资收入的比率。它是法定的国家、集体和个人对社会保险基金份额的分担。来自劳动者个人和企业的社会保险基金一般分别按各个险种基金的总投资保险费率提取。各个险种的总缴费率等于个人缴费率与企业缴费率之和。有些险种，如工伤保险和生育保险不需要个人缴费，因而该险种的总投保费率则只需要计算企业缴费率。

1. 社会保险基金缴费率的制定原则

在制定社会保险基金缴费率时，必须遵循以下原则。

第一，合理性原则。社会保险费率是否恰当，将直接影响社会保险基金的财务稳定性，是有关社会保险基金能否正常运营的大问题。社会保险费率遵循大数法则原理；同商业保险费率一样，社会保险费率的制定也要依据风险事故发生的概率，并考虑事故发生后的损失分布或保险金给付的水平；社会保险基金缴费率的制定还要以能保证偿付能力和正常的业务费用支出为标准，以历史经验和科学测算得出的计算结果为依据。

第二，收支平衡原则。收支平衡原则要求在一定期限内，社会保险基金筹集到的资金与需要支付的各项开支维持平衡。在现收现付制的基金筹集方式下，这种平衡是一种横向的平衡，即当年（或短期内）提取的基金总额与所需支付的各项开支总和保持平衡；在完全积累制的筹资模式下，这种平衡是一种纵向平衡，即所有社会保险计划参与人在整个缴费期间所提取的基金总和加上基金的投资收益应与其所有的保险给付保持平衡。但与在商业保险费率的制定过程中强调的是被保险人的保险费率与其自身的风险状况相对应所不同的是，在制定社会保险费率时，强调"共济"和"一致"，被保险人缴纳的保险费与其自身的风险状况是不一致的。

2. 社会保险基金缴费率的制定

社会保险基金缴费率的制定是一项十分复杂的工作，要考虑多方面因素的影响和制约。通常依据保险项目的性质、范围、劳动风险发生的频率及损失量大小、单位和国家财政补贴情况，并根据以支定收、合理负担的原则来确定。在制定社会保险基金缴费率时一般按参保者工资的一定比例缴纳，具体公式如下：

劳动者个人缴费率等于劳动者个人缴费额与工资额之比，计算公式是：

$$个人缴费率 = \frac{个人缴费额}{个人工资额} \times 100\%$$

企业缴费率则等于企业缴费额与职工工资总额之比，计算公式是：

$$企业缴费率 = \frac{企业缴费额}{职工工资总额} \times 100\%$$

企业缴费额是指从职工工资中提取的部分，与劳动者的其他收入无关。劳动者的收入来源不仅仅只有工资，还有储蓄利息收入、兼职收入、奖金收入、遗产收入等，由于这些收入难以度量且计算起来非常复杂，因此，各国的社会保险费率一般只按其工资额的一定比例提取，[①] 目前我国也是采用的这种方法。

---

① 侯文若、孔泾源：《社会保险》，中国人民大学出版社，2002，第89~90页。

补充阅读 3-2　国务院办公厅关于印发降低社会保险费率综合方案的通知

国务院办公厅 2019 年 4 月 1 日发布《降低社会保险费率综合方案》（国办发〔2019〕13 号），该方案降低社会保险费率，是减轻企业负担、优化营商环境、完善社会保险制度的重要举措。其主要内容包括四个方面。第一，降低养老保险单位缴费比例。自 2019 年 5 月 1 日起，降低城镇职工基本养老保险（包括企业和机关事业单位基本养老保险，以下简称养老保险）单位缴费比例至 16%。第二，继续阶段性降低失业保险、工伤保险费率。第三，调整社保缴费基数政策。各省应以本省城镇非私营单位就业人员平均工资和城镇私营单位就业人员平均工资加权计算的全口径城镇单位就业人员平均工资，核定社保个人缴费基数上下限，合理降低部分参保人员和企业的社保缴费基数。第四，完善个体工商户和灵活就业人员缴费基数政策。个体工商户和灵活就业人员参加企业职工基本养老保险，可以在本省全口径城镇单位就业人员平均工资的 60% 至 300% 之间选择适当的缴费基数。

资料来源：中华人民共和国人力资源和社会保障部，《国务院办公厅关于印发降低社会保险费率综合方案的通知》，http://www.mohrss.gov.cn/SYrlzyhshbzb/rdzt/jfjf/zcwj/201906/t20190617_320913.html。

第四节　社会保险基金投资运营

一　社会保险基金的投资

社会保险基金的投资是指社会保险投资管理机构依据有关法律规定，运用社会保险基金进行资本投资或实物投资，以期获得预期投资回报的基金运作行为。社会保险基金是为实施社会保险制度筹集的资金。通过社会保险缴费或通过开征社会保险税筹集到的社会保险基金，除了满足当期社会保险待遇给付之外，还有相当一部分资金存储起来，以备将来发放。例如养老保险基金，从筹集到支付需要几十年的时间，必然受到通货膨胀的影响，故而需要保值增值。保值就是通过一定的资金运营方式，保持基金总的购买力不降低；而增值就是在保值的基础上，使其购买力增加。社会保险基金投资主要是购买国债和银行存款，这样的投资渠道为国家经济建设提供直接的资金支持；社会保险基金投资资本市场，有利于促进金融产品的创新和资本市场监管的完善，提高基金的投资收益，既可以缓解国家、单位和个人的缴费负担，又可以应对快速发展的人口老龄化压力。

1. 社会保险基金投资原则

各国在运用社会保险基金进行各项投资活动时，基本遵循以下原则。第一，安全性原则。保证社会保险基金投资资本金及时、足额收回，并取得预期的投资收益。为此，必须将社会保险基金投资的风险分散，即将社会保险基金分别投向多个项目，以避免风险集中和造成重大损失。第二，收益性原则。此原则确保社会保险基金得以抵御通货膨胀的影响，降低市场风险，同时能够保证在减轻国家、企业和个人缴费负担的前提下，提高社会保险的待遇水平。第三，流动性原则。在投资时应有妥善的规则和精确的计算，考虑社会保险基金收入与支出数量变化的趋势，投资资产在不发生价值损失的条件下，保障现款的额度和融通的灵活性，以满足随时支付社会保险待遇的需要。第四，社会性原则。基金的投资应该讲求社会效益，既有利于国民经济增长，又有利于社会的发展进步。更为重要的是，各项投资活动都必须遵循国家有关的政策和法令。

2. 社会保险基金的投资途径

从各国的经验来看，社会保险基金有多种投资途径，一般可分为以下六类。一是将保险基金存入银行或其他信用机构，获得利息收入。这种投资方法风险小，利息收入比较稳定，但收益率较低。二是购买国债。国债是国家发行的债券，有政府财力作支撑，信誉度高，一般可以认为这种投资无风险而利率高于银行存款，利息所得免税，但流动性不如银行存款。三是购买公司债券和金融债券。由于其发行主体为处于市场竞争中的企业或金融机构，有一定的风险，国外的社会保险基金一般投资于那些效益好、信誉度高的企业或金融机构发行的债券，且债券一般都有担保，故相对来说，风险较低。四是把社会保险基金"借"给国家进行项目开发，由政府在预算中支出，列专门项目偿付利息和本金，[1] 如此一来既可以保证

---

[1] 丛树海：《社会保障经济理论》，上海三联书店，1996，第 217~223 页。

基金的增值，又可以直接体现社会保险与政府责任的本质联系，还可以缓解国家在开发某些大型项目时的财政紧张状况。五是将社会保险基金投资于海外证券市场。这种投资途径能够获得较高的收益率，还可以通过资产组合的国际多样化来减少国内资产组合的风险，但是需要承担国际政治经济关系变化带来的风险。六是购买股票或证券投资基金，以期取得投资收益。西方发达国家社保基金投资能够取得较高收益，其中一个很重要的原因就是股票在投资组合中占有较大比重。以智利为例，智利政府自20世纪90年代初开始允许养老基金投资国外证券资产。从90年代开始，智利养老基金的投资收益率几乎年年提高，智利中央银行认为：养老基金具有长期持有的特点，因此可以在一定风险限度内追求较高的回报目标。根据2012年制定的投资政策，每年的投资损失不得超过资产的10%。美国社会保险基金投资证券的比例也在逐年上升，2000年甚至达到52%。但是由于股票投资存在较高的投资风险，在投资管理和技术上需要由专门机构负责社会保险基金的投资项目，以确保基金的安全。

3. 我国社会保险基金的投资情况

我国社会保险基金累计结余数量庞大（表3-1）。随着社会保险事业的发展和改革的不断深入，全国社会保险基金规模不断扩大，从全国范围来看，养老保险、医疗保险、失业保险等五项社会保险基金滚存结余已从2000年的2644.9亿元扩大到2016年的61150亿元（主要是养老保险基金）。要为广大人民提供基本生活保障，决定了社会保险的未来收益应该具有确定性，因此对社会保险基金的投资运营应将安全性放在重要位置，但是面对通货膨胀及人口老龄化速度加快的压力，为实现最初设定的政策目标，客观上要求基金投资管理不仅要使社会保险基金保值，还要增值。目前，我国社会保险基金绝大部分存放在银行或用于购买国债。

表3-1 2007~2019年度我国社会保险基金基本状况

单位：亿元

年度	基金收入	基金支出	基金累计结余
2007	10812	7888	11236
2008	13696	9925	15176
2009	16116	12303	17548

续表

年度	基金收入	基金支出	基金累计结余
2010	18823	14819	21168
2011	24043	18055	26737
2012	28909	22182	32982
2013	35253	27916	42266
2014	39828	33003	48550
2015	46012	38988	55103
2016	53563	46888	61150[1]
2017	67154	57145	75349
2018[2]	57089	49208	86337
2019	59130	54492	55033

资料来源：根据 2007 年劳动和社会保障事业发展统计公报以及 2008~2019 各年度人力资源和社会保障事业发展统计公报数据汇总计算。

说明：1. 2017 年及以后各年度人力资源和社会保障事业发展统计公报均未给出"基金累计结余"，2017~2019 年度该项数据均来自财政部网站"关于 2017 年全国社会保险基金决算的说明"（2018 年度及 2019 年度同）；

2. 2018 年度之前为五项保险基金收入与支出数据；2018 年度为养老保险、医疗保险和工伤保险三项基金收入与支出数据。

以 2016 年为例，全国社会保险基金年末滚存结余 6.12 万亿元，其中"基本养老保险基金"累计结存已经超过 5 万亿元，当年 CPI 上涨 2.0%，同年银行活期利率 0.30%，这就意味着老百姓的保命钱无形中减少了近 900 亿元。庞大的资金规模需要科学完善的社会保险财务管理体制作支撑，以确保基金能够安全有效地运行。

我国的社会保险基金财务制度为 1999 年 7 月 1 日颁布实施的，由财政部和原劳动部联合制定的《社会保险基金财务制度》和《社会保险基金会计制度》。社会保险财务管理制度明确了社会保险基金财务管理的任务、管理体制、基金筹集、基金支付原则和内容，设立财政专户用以接收社会保险费、利息及其他收入。这一财务制度实施以来，特别是近十几年来，社会保险事业发展迅速，由建立、发展到立法不断规范，而社保财务制度却一直沿用至今，已经不能满足现代社会保险事业发展的需要。2017 年 8 月 22 日，财政部、人力资源和社会保障部以及国家卫生计生委联合发布《关于印发〈社会保险基金财务制度〉的通知》（财社〔2017〕144 号）对原规定进行了修订，自 2018 年 1 月 1 日起施行。

由于社会保险基金的投资运营具有比较大的风险，所以我国对社会保险基金的投资比例有明确的限定。银行存款和国债投资的比例不得低于 50%，且银行存款不得低于 10%，在一家银行存款不得高于全国社会保险基金银行存款总额的 50%，企业债、金融债投资的比例不得高于 10%，证券投资基金、股票投资的比例不得高于 40%。[①] 从这些数据不难看出，我国在社会保险基金投资方面限制较多。但是，如果社会保险基金特别是养老保险基金仅仅投资于银行存款，将无法达到保值增值的目的。我国已发行的国债存在品种单一、期限结构不合理、可上市流通国债数量有限等不足，在利率市场化条件下，其收益率也会大打折扣。我国股票市场发展时间较短，监管力度较弱，风险较大，因此国家应尽快完善股票市场的监管，尽可能地减少人为风险。投资基金是世界各国养老保险基金投资的重要渠道，但投资基金的风险也高于银行存款和国债，相对而言，指数基金或指数化投资承担的风险要小得多。我国是发展中国家，西部大开发等各地发展都需要大量的资金进行基础设施建设投资，投资于基础设施建设的风险较小，但缺点是流动性很差，投资资金的回收时间较长。海外市场具有广泛的投资领域，各国在养老保险基金投资管理趋于成熟时，都逐步放开了对海外市场投资的限制比例。我国目前仍实行一定程度的外汇管制，资本这一项下人民币尚不能自由兑换，进行海外投资存在政策制度壁垒。

养老金方面，对社会统筹部分的基本养老保险基金，规定基金结余额预留相当于 2 个月的支付费用外，其余全部购买国债和存入银行专户，严格禁止其他投资。对于已做实个人账户部分的养老金，从辽宁、黑龙江和吉林等试点省份的实践来看，也是主要用于购买国债和银行协议存款。而医疗保险基金、工伤保险基金、生育保险基金除了满足当期发放之外，结余部分也是主要用来购买国债、存入银行或是存放在财政专户里。

传统的劳动保障制度转变为社会保险以后，本身就带来了缺口，因为"老人老办法"只能进行"空账运转"。随着离退休职工增加，历史上形成的养老金缺口必然越来越大。全国老龄工作委员会办公室公布的数字显

---

① 周庆行、李翔：《我国社保基金投资运营的现状及路径选择》，《郑州轻工学院学报》（社会科学版）2007 年第 8 期，第 71 页。

示，到2020年，老年人口将达到2.48亿，老龄化水平将达到17.17%，其中，80岁及以上老年人口将达到3067万人，占老年人口的12.37%。这意味着财政补贴压力越来越大。近十年来，基本养老保险的财政补贴已经超过了一万亿。

国务院于2015年出台了《基本养老保险基金投资管理办法》（以下简称《办法》），对基本养老保险基金的投资运营作了规范，由人力资源和社会保障部、财政部按照本办法规定的养老基金结余额，确定具体投资额度，委托给国务院授权的机构进行投资运营。规定其投资范围包括：银行存款、中央银行票据、同业存单、国债、政策性、开发性银行债券，金融债、企业（公司）债、地方政府债券、可转换债、上市流通的证券投资基金，股票、股权、股指期货、国债期货。该《办法》扩大了投资范围，但投资运营没有明确具体的操作方法，因此社会保险基金的运营到目前为止仍未显现成效。

二　社会保险基金的给付

社会保险基金给付是和社会保险基金缴费相对应的概念，指特定风险（如工伤、疾病）发生并造成经济损失时，由社会保险机关根据社会保险制度规定的条件、标准和方式付给被保险人或其受益人、法定继承人，以保障他们的基本生活需要。社会保险基金的筹集、投资只是满足社会保险基金给付的手段，而只有劳动者领取了社会保险金，才能保障劳动者的基本生活需要，才能真正实现社会保险制度的目标。一般情况下，社会保险金的给付对象是被保险人，在特殊情况下也付给其法定继承人，如被保险人死亡时其家属可以获得的丧葬补助费、抚恤金等。

1. 社会保险基金给付的原则

社会保险基金是用于保障社会保险对象的社会保险待遇，是在国家法律保证下，在全社会范围内向劳动者及其所在单位强制征缴社会保险费并将其与财政拨款集中起来由专门机构管理的、专款专用的经费，社会保险基金只能用于社会保险待遇给付，这是社会保险基金给付的大原则。具体到实践中，社会保险基金的给付一般需要遵循以下原则。第一，统一性原则。社会保险制度是国家立法强制实施的，社会保险基金的给付标准一般是由国家法律政策规定的，在社会保险基金给付过程中必须严格按照国家法律政策统一执行，避免扩大不同地区、不同单位劳动者之间的差异。第二，适度性原则。基金的支付既要维持合理的支付水平，满足保险对象最基本的生活需要，又不能超越生产力发展水平及各方面的承受能力，给付标准必须适度。第三，与时俱进原则。社会保险基金给付时一方面必须将通货膨胀因素考虑在内，另一方面就是随着国民经济的发展逐步提高社会保险基金给付标准，使民众共享国民经济发展的成果。

2. 社会保险基金给付类型

从周期上来看，社会保险基金给付分为定期给付和一次性给付两种。一般长期性保障都采取定期给付方式，如养老保险、由工伤导致的伤残补贴等。短期性保障则多采用一次性给付方式，如短期病假补贴、死亡丧葬费等。

从社会保险基金的支付形式来看，可分为固定比例制和固定金额制两种形式。固定比率制适用于享受社会保险前有劳动收入的社会成员，如养老保险、失业保险等。国家根据经济发展状况和不同的保险项目，确定各个保险项目的保险金支付比例，给付标准是以被保险人在停止工作前一时期的平均工资收入或某一时点上的绝对工资收入为基数，根据被保险人的资格条件不同，乘以一定的百分比来确定。享受社会保险待遇水平的高低，与其在此之前的货币收入高低直接相关。

固定金额制不是以被保险人停止工作前的工资收入为计算基数，而是规定某些统一的资格条件，如是否是该国国民、是否达到一定的年龄等。凡符合规定者，可按固定的数额领取社会保险金。它既适合无劳动能力的社会成员，也适合有劳动能力的社会成员的保险项目，如国民年金、生育津贴、医疗补助等社会保险项目。

（1）根据社会保险的实施范围、基金来源与管理机构等的不同，社会保险基金的给付又可分为"自保公助"型社会保险基金给付模式、"福利国家"型社会保险基金给付模式和"储蓄积累"型社会保险基金给付模式[①]

"自保公助"型社会保险基金给付模式。目前，包括美国、日本在内的世界上大多数国家都采用该模式，其特点是对不同的社会成员选用不同

---

① 邓大松：《社会保险》，中国劳动社会保障出版社，2002，第72~73页。

的保险标准，并以劳动者为核心建立社会保险制度，强调劳动者个人在社会保险方面的责任；社会保险费由国家、雇主和劳动者三方负担，以劳动者和雇主的社会保险缴费为主，国家财政给予适当支持，社会保险基金的给付与社会保险缴费相联系；社会保险缴费中只记录个人缴费情况，不建立以给付为目的的个人账户，实行现收现付制；社会保险基金的给付充分体现互助共济、共担风险的原则。

"福利国家"型社会保险基金给付模式。以英国、瑞典为典型代表，其特点是社会保险按普遍性和统一性的原则建立，所有公民都有获得社会保险待遇的权利，社会保险基金主要通过税收筹集，基金给付范围广泛，除养老、医疗、生育、伤残、失业保险待遇之外，还提供遗属、单亲家庭、住房、教育、护理等众多项目的津贴和补助，而且待遇给付标准较高。

"储蓄积累"型社会保险基金给付模式。以新加坡和智利为代表，其特点是以个人账户为核心，并作为社会保险待遇发放的唯一依据，个人账户资金来自劳动者和用人单位的缴费。个人账户储蓄积累额越高，社会保险基金的给付标准就越高，这种给付模式强调效率性，但互济性差。

（2）以社会保险基金的给付标准划分，可分为工资比例制和均一制两种给付方法

工资比例制又称"工资相关制"，其保险金给付标准是以被保险人停止工作前某一时期的平均工资收入或某一时点上的绝对工资收入为基数，根据被保险人的资格条件，乘以相应的比例确定。我国公务员的养老保险待遇实行的就是工资比例制给付方法，国家机关公务员退休后，其基础工资和工龄工资按本人原标准的全额进行计算，职务工资和级别工资两项之和按规定工资比例计发。

"均一制"的社会保险基金给付标准不以被保险人停止工作前的工资收入为计算基数，而是规定某些统一的资格条件，如缴纳保险费的期限和数量（所有成员同意绝对额标准，不与工资挂钩）、就业年限（或工龄）以及其他收入的水平等。凡符合条件者，可按同一的绝对额标准领取社会保险待遇。均一制的典型例子是英国国民保险制度的基本养老保险金给付，法律规定凡是参加国民保险的公民，达到退休年龄之后，都可以领取数额相同的养老金。

第五节　社会保险基金监管

社会保险基金监管是指由国家监管机构、专职监管部门以及利益相关者依法对基金收缴、管理、支付、投资运营、基金保值增值等过程进行监督管理，对社会保险基金经办机构、运营机构和中介机构的管理过程及结果进行评审、认定和鉴定，以保证社会保险基金管理符合国家有关政策、法规，并最大限度地保障被保险人的利益。

一　社会保险基金监管的必要性

社会保险基金具有保障劳动者在面对年老、伤残、失业、患病、生育等情况时基本生活需要的社会属性，决定了社会保险基金运营应将安全性放在首位，但是为了应对通货膨胀的压力，社会保险基金管理机构又须将积累的资金进行投资运营，实现社会保险基金的保值增值，而风险则难以避免。社会保险基金运营过程中的风险一般分为两类：一类是外部风险，包括市场风险和制度风险；一类是内部风险，包括道德风险以及实施风险。

1. 外部风险

理论上，社会保险基金监管是弥补市场机制失灵的必要措施。市场经济不是完全可以依赖自身调节的完善机制，存在外部性、信息不对称、报酬递增等情况，因而会发生"市场失灵"。这些都要求由政府监管社会保险基金的收支管理和投资运营，以弥补市场机制自身的不足。

数额巨大的社会保险基金需要进入资本市场投资运营以保值增值，但进入资本市场就要承担投资风险。投资风险包括非系统风险和系统风险，合理的投资组合将消除非系统风险。因此，必须通过有效的监管，确保社会保险基金资产组合分散化，把某些风险太大且没有流动性的资产排除在社会保险基金投资计划之外，降低社会保险基金的投资风险，实现保值增值的目标。不过，即使在进行恰当的分散化之后，社会保险基金投资仍然面临市场风险（系统风险），如利率变动、通货膨胀、汇率波动等。当然，时间跨度和持有时间越长,市场风险显现的可能性越低。①

制度风险包括社会保险制度的设计缺陷,政治压力对社会保险基金投资决策的影响,缺少相应的社会保险基金运营的法律、法规。在竞选年度快要来临时,政策制定者可能为了连任,过分注重短期目标,而忽视社会保险基金长期收支平衡。②

2. 内部风险

道德风险是指从事经济活动的人在最大限度地增进自身效用时做出不利于他人的行为。③ 之所以会产生道德风险,是因为从事经济活动的人拥有独家的信息。阿罗④把这类信息优势划分为"隐蔽行动"和"隐蔽信息"。前者包括不能为他人准确观察或臆测到的行动,后者则指从事经济活动的人对事态的性质掌握某些但可能不够全面的信息,这些信息足以保证他们采取的行动是恰当的,但他人不能完全获取。

社会保险基金投资运营过程中存在信息不对称的情况,基金管理机构了解基金的实际财务状况,而参保人和监管机构不了解(因为他们不直接参与社会保险基金的投资管理)。并且,社会保险基金的投资委托期较长,以养老保险为例,从养老保险参保人缴费到受益人领取养老金待遇之间有相当长的时间间隔,这更加剧了社会保险基金投资管理机构与参保人、监管机构之间的信息不对称,从而为社会保险基金投资管理机构产生道德风险提供方便。

在社会保险基金投资运营过程中,还存在实施风险(可分散风险)。在发达的资本市场上有多种多样的投资工具可供社会保险基金选择。如果社会保险基金投资管理机构为了实现高收益而采取冒险投资行为的话,那么,最终受伤害的还是社会保险的参保人。⑤ 监管的主要目标之一就是确

---

① Krishnamurthi, Sudhir. "Applying portfolio theory to DB and DC plans" (paper presented at World Bank Conference, Paris, March 1999), pp. 22 - 24.
② Stanistawa Golinawska and Piotr Kurowski. "Rational Pension Supervision." *CASE Reports*, 36 (2000), pp. 8 - 9.
③ 《新帕尔格雷夫经济学大词典》(第二卷),经济科学出版社,1996,第588页。
④ Arrow, K., The economics of agency. In *Principles and Agents: The Structure of Business*, Boston: Harvard Business School Press, 1985, pp. 37 - 51.
⑤ 唐旭、Baljit Vohra、杨辉生:《中国养老基金的投资选择》,《金融研究》2001年第1期,第54~61页。

保社会保险基金资产组合分散化，同时尽可能把某些风险太大且没有流动性的资产排除在社会保险基金投资机会之外。

正是因为上述风险的存在，为了确保社会保险基金的安全，避免参保人的利益受到损害，世界各国无不对社会保险基金运营实施监管。

二　社会保险基金监管的原则

社会保险基金具有特殊性，它对基金资产的安全性、流动性要求较高，其投资应接受社会保险基金监管部门的监管。社会保险基金的监管部门应监管社会保险基金投资管理机构是否遵循谨慎的投资原则与既定的投资方针，是否有关联交易损害社会保险基金的利益以及其他危害基金利益的违规行为。在实践中，监管部门必须按照基金运行的规律进行监督管理。一般来说，社会保险基金监管应遵循以下原则。

（1）法制性原则。指政府监管机构利用法律手段来管理社会保险基金经办和运营业务：用法律确定监管对象的权利、义务，以及管理和运营的行为标准；确定监管机构的法律地位、监管权威与监管职责及其行为标准和管理办法；确定监管机构与其他机构之间的关系，涉及政策制定部门、中介机构、国内外相关机构。目前社会保险制度比较完善的国家无不制定一套严格的社会保险基金管理法律体系。

（2）安全性原则。指监管机构通过监管，从宏观上维护基金安全与稳健运行，维持社会稳定，保护国家利益；从微观上保护参加社会保险人员的合法权益，防止以权谋私、违规违纪运作，避免基金损失以及由此引发的支付困难。

（3）独立性原则。指监管机构依照法律独立行使行政监管权力，不受其他机关、企业、社团和个人干预，以确保监管的严肃性、强制性、权威性和有效性。主要体现在监管机构与监管对象、其他机构要密切合作，又要划清职责界限，互不干涉、越位。除了要达到最低的审慎性监管要求外，还要对基金的运营机构、运作和绩效等具体方面进行严格监管。

（4）公正性原则。监管机构在履行监管职能时，应以客观事实为依据，以法律规章为准绳，综合运用行政、经济和法律手段，对经办机构及有关机构的行为予以监督检查。监管机构要按照客观、公正、公开的原则，提高执法的透明度，对监管的主体、对象、目的、手段和程序进行统一规范，使被监管者充分了解自己的权利和义务，自觉地依照法律管理基金。

（5）科学性原则。监管机构必须建立严密的监管法规体系和科学规范的监管指标体系，以适应金融业发展和变革的情况，运用先进的科学技术，不断提高监管的质量和效率，推动基金监管水平不断提高。

（6）多方共同监管原则。由于社会保险基金从筹集、投资运营到待遇发放的整个过程涉及税务、金融、财政等方方面面，因此，对社会保险基金的监管，离不开政府多个部门的共同参与。例如，英国社会保险基金的监管机构由国家税务局、社会保障部、职业养老金监管局（OPRA）、财务监督局等部门构成。这些机构分别执行不同的职能对养老金进行监管，其中，职业养老金监管局主要是职业（公司）退休金计划的法定监管者。

三 社会保险基金的监管模式

世界各国通常根据本国的社会保险制度和经济发展状况，从以下两种模式中选择适合本国国情的社会保险基金监管模式。

（1）审慎的监管模式

审慎的监管模式（prudential regulation mode），即根据审慎性原则对社会保险基金进行监管。这种监管模式适合于经济发展比较成熟、金融体制比较完善、资本市场和各类中介组织比较发达、基金管理机构有一定程度发展、相关法律比较健全的国家。在这种监管模式下，监管机构较少干预基金运营的日常活动，而多是依靠审计师、精算师、资产评估机构等中介组织对基金运营进行监管。

以美国为例，基本养老保险由联邦政府集中统一管理，其职能部门社会保障署、卫生保健金融管理局、税务局、财政部以及信托基金委员会等参与运营管理。劳工部下属的劳工福利安全局（Employec Benefits Security Administration，EBSA）是美国对养老金市场进行监管的主要政府职能部门，监管的内容主要是基金运行发展预测和对策研究，主要对管理部门内部运作行为进行监督，EBSA并不直接管理养老基金，而是通过规范养老基金受托人活动的方式间接管理养老基金。美国养老基金监管的法律体系是由多次修订1974年的《雇员退休收入保障法案（ERISA）》为主的一系列法律构成的，科学分工，权责明确，部门之间互相制约，使监督蕴含在管理之中，真正做到了事前、事中监督。美国财政部的国税局也从税收角度对养老保险基金市场承担了部分监管责任，通过颁布条例对养老金计划是否符合税收优惠做出明确规定。

(2) 严厉的监管模式

在严厉的监管模式（draconian regulation mode）下，监管机构的独立性强，一般都是成立专门的监管机构进行监管。这种模式除要求社会保险基金投资运营机构达到审慎性监管的要求之外，还对社会保险基金管理机构的治理、运作和绩效等具体方面进行严格的限量规定，监管机构根据这些规定，通过现场和非现场监管的方式密切监控基金的日常运营。[①]

智利养老基金的监管机构是养老金管理总监署，作为独立的监管机构，总监署的职责主要包括：制定相关法律、法规和实施细则，批准养老基金管理公司的建立和注册，对基金管理公司的日常工作进行监督，对违规行为进行处罚等。养老金管理总监署和养老基金管理公司职能分工十分明确，总监署负责监督与规范，养老基金管理公司是养老基金的法定经营管理者，养老基金管理公司只能管理养老基金，不能经营其他金融资产。养老金管理总监署对养老基金管理公司监管的内容涵盖了投资计划的方方面面，在监管方式上，总监署对基金管理公司实行严格的限量监管，而且智利还非常重视社会监督，基金管理公司定期必须就基金投资计划和收益状况发布公告。1980～1995年，智利相继颁布了20多条重要法规，内容涉及银行和金融机构管理、证券和保险管理局、股票市场和证券代理机构，以确保养老金投资的安全规范运营。波兰、匈牙利等国也采用这种模式。

四 社会保险基金监管的主要内容

社会保险基金监管包括主体和客体两方面。设立国家层面的社会保险基金第三方监管主体，有利于明晰社保基金监管责任，保证社保基金的有效管理，进而保障公民的切身利益，有利于社保基金可持续运转。政府既执行又监管，迫切需要规避利益的第三方机构，确保基金的透明公正。以

[①] 王信：《养老基金运营监管的国际经验及启示》，《经济社会体制比较》2000年第2期，第50~56页。

我国为例，在收支两条线管理体制下，劳动保障、财政、审计等职能部门是社保基金监管的主体，对不同的监督对象发挥不同的监督作用，社会监督、舆论监督则是对基金监管的有效补充，共同维护基金安全。

基金监管的客体，是指依法应当接受基金监管当局监管的机构和个人。社会保险基金监管贯穿于社会保险基金活动的全过程，包括对社会保险基金征缴的监管（主要是监督企业缴费行为，也包括经办机构征缴的社会保险费是否及时、足额转入财政专户，是否被挤占挪用等）、对社会保险基金支付的监管（主要是指监督经办机构是否按规定的项目、范围和标准支付基金，有无挪用支出户基金，收益人有无骗取保险金等行为）、对社会保险基金结余的监管（主要是监督是否有用于平衡财政预算，有无挤占挪用基金及非法动用基金等）以及对社会保险基金财务的监督（主要是监督社会保险经办机构在经办社会保险业务中，是否按照国家社会保险政策、法规，合理组织、筹集、支付、运营社会保险基金）。

五　基金监管的组织体制

各国根据本国的国情，分别建立起行政、监管或分立或统一的监管结构。英国、瑞典等国的监管结构是行政和监管统一的，但其监管部门具有较强的独立性。英国社保基金由社会保障部统一管理，由各相关机构分级执行。就国民保险和社会救助而言，社会保障部不仅是监管机构也是直接经办单位，从个人保险账号的管理、待遇资格的审查到资金的发放，都由社会保障部负责。社会保障部既制定规则，又执行规则，同时还扮演着监督者的角色。在瑞典，社会保险基金由国家社会保障委员会统一进行管理，该委员会设在国家社会保险局内。各级地方政府成立专门的社会保险管理机构，形成从中央到地方独立、统一的专门网络。[①]

美日等国则实行行政与监管的分立。美国负责监管社保基金的机构包括：劳工部、财政部、社会保障署等，其中，联邦社会保障计划的监管以财政部和社会保障署为主，劳工部配合；而私有养老计划的监管以劳工部为主，财政部等配合。具体经办部门是社会保障署，在全国有1000多个分

[①] 施玉龙：《国外社会保险基金监管模式的特点及对我国的启示》，《市场论坛》2011年第11期，第60~61页。

支机构，具体从事社保税缴纳情况记载、受益资格认定、资金发放以及咨询等工作。在日本，监管机构分为中央和地方两级。中央监管机构为厚生劳动省；在地方由都道府县的国民年金课负责有关年金的监管工作，并对所辖市村町进行指导，而保险课则负责健康保险的监管工作。同样，经办机构也分为中央和地方两级。中央经办机构是社会保险业务的中心，负责汇总、处理地方经办机构的参保人资料。地方经办机构是社会保险事务所（全国共304家），负责参保人加入健康保险和年金的资格认定、注册、档案记载和保险费收支等方面的工作。

我国现行的社会保险基金监管体系是以行政监管为核心、审计监管和社会监管为补充的三位一体的社会保险监管体系。《中华人民共和国社会保险法》第78条规定"财政部门、审计机关按照各自职责，对社会保险基金的收支、管理和投资运营情况实施监督"。第79条规定"社会保险行政部门对社会保险基金的收支、管理和投资运营情况进行监督检查，发现存在问题的，应当提出整改建议，依法做出处理决定或者向有关行政部门提出处理建议。社会保险基金检查结果应当定期向社会公布"。因此，现行社会保险基金的监管由三部分组成：一部分为行政监管，由财政和社会保障部门对社保资金征缴、筹集、管理、发放进行监督；另一部分是审计监督，即由审计部门对社会保险遵守财政法规和财务会计制度执行情况进行监督；第三部分为社会监督，由统筹地区人民政府成立的由用人单位代表、参保人员代表、工会代表以及专家等组成的社会保险监督委员会监督，社会保险经办机构定期向社会保险监督委员会汇报社会保险基金的收支、管理和投资运营情况，社会保险监督委员会可以委托会计师事务所对社会保险基金的收支、管理和投资运营情况进行年度审计和专项审计，审计结果向社会公开。尽管国家各级有关部门加强了对基金的管理、检查和审计监督，但三个部门都属于政府的职能部门，社会监督力度十分有限，如果缺失外部权力的制约性监督，那么地方领导挪用社会保险基金的现象将难以避免，瞒报社会保险缴费基数、少缴社会保险费、骗取或违规支付社会保险金等问题仍将时有发生。此外，我国社会保险基金的监管缺乏有效的风险监测、评价、预警和防范系统，没有实现非现场监管和现场检查的有效结合，导致监管缺乏规范化和系统化；对于基金管理公司，缺乏科学有效的监管和市场退出等方面的法律规范等，这在一定程度上增加了社会养老保险基金管理、使用的不确定性和风险性；信息化建设滞后，监管效率不高。因此，为确保社会保险基金的安全完整和保值增值，需充分发挥会计监管和审计监督的管理作用，使社会保险基金管理与运营走到良性循环的轨道上来。

六 构筑社会保险基金的安全网

社会保险基金监管的目的是确保社会保险基金的投资安全，使其在风险最小的前提下获得最大收益。从国际经验来看，为了确保社会保险基金的投资安全，各国政府无不着力构筑社会保险基金的安全网，其措施主要包括：对社会保险基金投资机构进行资格认定（由政府出面审核相关机构是否具备管理社会保险基金的资格，以确保基金投资管理机构的诚信度，确保其不会侵害社会保险参保人的利益）；设置社会保险基金的投资比例限制（包括设置社会保险基金的投资工具限制和投资数量限制，即限制社会保险基金进行股票、债券等高风险投资，限制投资某一种股票的数量，规定社会保险基金对于某一种证券的投资额不得超过社会保险基金资产净值的一定比例）；实施最低相对收益率担保（是一种对社会保险基金投资管理机构的监管和控制措施，保证任何一家社会保险基金投资管理机构的绩效不比其他基金管理机构差太多）；建立完备的信息披露与报告制度（建立完备的信息披露制度有助于提高社会保险基金经办机构、基金管理公司的透明度，减少职工因不完整甚至虚假错误信息导致的风险和损失，有效防范违法、违规行为的发生，降低监管部门的监管成本）以及发挥中介服务机构的监督作用（中介服务机构是指为社会保险基金管理提供服务的投资顾问公司、精算咨询公司、律师事务所、会计师事务所等专业机构，社会保险基金中介服务机构要对社会保险基金的运营管理进行合法、合规检查，及时而客观准确地提供有关资料，使监管机构能够及时采取相应的措施，有效防范社会保险基金运营过程中存在的各种风险）。

完善社保基金监管机制，加强社保经办机构内部审计，加大基金监管力度是维护社会保险制度运行的长期任务。只有不断强化内外监管，才能最大限度地保证基金的安全完整，减少基金风险。

阅读链接：

1. 《人社部：分类推进基本养老保险基金投资运营》，《中国证券报》，http://www.xinhuanet.com/money/2018-07/24/c_129919452.htm。

2. 《新一轮社保降费率，将如何影响你我》，新华网，http://news.xinhuanet.com/mrdx/2016-03/29/c135233135.htm。

3. 《冒领社保入刑，最高可判无期》，《现代快报》，http://news.sohu.com/20140620/n401082767.shtml。

4. 《五年来社保被冒领 7.6 亿 医疗领域成重灾区》，搜狐网，https://www.sohu.com/a/144926082_439958。

思考题：

1. 什么是社会保险基金？
2. 社会保险基金有哪些筹集模式？
3. 社会保险基金投资原则有哪些？
4. 社会保险基金的作用是什么？

第四章　养老保险

导入案例

每年的重阳节前后，老人们会得到格外的关注：领导慰问，亲友来访，政府送来津贴礼品，这些都会让老人家里和养老院里热闹一番。但老人脸上的笑容、节日的喜庆气氛、社会的一时关注，却不能掩盖我国人口老龄化社会的现状，不能缓解养老问题给社会带来的压力，不能化解老人缺养的现实问题。

李小姐前年结婚，去年生下一个女儿，她不无惆怅地表示"自己最美好的时光已经过去了"。李小姐这样描述她为人父母前后的两种生活：以前跟老公都是自己挣钱自己花，背后还有父母支撑。结婚生子后，不仅要养自己，还要供房子，养孩子，照顾退休的父母，还要为孩子将来拼命存钱。李小姐说自己是"忽视自己地活着"。李小姐表示，最大的压力是将来父母年迈身体不好，而女儿又要钱读书的时候："家里四个老人中，两个没有养老保险，老公和我自己也只有一个人有职工养老保险，想想真可怕，所以只能现在拼命挣钱。"

李小姐的问题并不是个案，除了赡养父母和抚养子女的压力，对于独生子女而言，将来自己的养老问题如何解决同样是他们关注的焦点。

"我们将来的养老要比现在的老人难得多，因为现在老年人差不多要有两个以上的子女。但是像我们，只有一个儿子，我的儿子和儿媳妇将来要赡养4个老人——我们夫妇俩还有儿子的岳父岳母。"张女士忧虑重重：将来该怎么办？

"不管是跟我们住、他们自己住，还是送到养老院，现在经济上都有压力。"40多岁的张先生现在"上有老，下有小"，又没有兄弟姐妹，经济实力上显得捉襟见肘。

"未富先老"、计划生育导致的"少养多"造成子女经济压力过大,但这种情况还只是当前各种养老难题中的一个。如今社会节奏加快,年轻人工作繁忙,养老不仅经济上有压力,时间上也忙不过来。"住在家里比送去养老院花费少一些,但我们白天要上班,让他自个待在家里,万一出个什么事儿,可怎么办?"张先生提出的这个问题,可能比经济困难更严重。

资料来源:《中国养老压力大难题多:夫妻需赡养4位老人》,搜狐网,http://news.sohu.com/20111013/n322019444.shtml。

在我国,"养儿防老"的观念一直以来根深蒂固,养老问题也一直被内化在家族、家庭范围内。伴随着计划生育制度的实施,家庭规模缩小,形成了独生子女父母群体。当"只有一个孩子"成为现实之后,"养儿防老"能否持续下去?当独生子女一代逐渐老去,他们的养老问题如何解决?这些问题将在本章进行讨论。

章节主要概念

养老保险;老龄化;企业年金;老年保障

思维导图

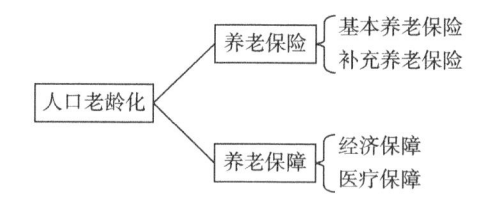

```
                  ┌─ 养老保险 ─┬─ 基本养老保险
                  │            └─ 补充养老保险
    人口老龄化 ──┤
                  │            ┌─ 经济保障
                  └─ 养老保障 ─┴─ 医疗保障
```

第一节 养老保险概述

一 基本概念

1. 老年

很多国家将65周岁以上的人定义为老年人;在中国,60周岁以上的公民为老年人。研究老年学的学者常用不同方式来表述不同含义的年龄:

时序年龄（又称日历年龄、年代年龄、出生年龄）、生理年龄（亦称生物学年龄）、心理年龄、社会年龄等。

时序年龄表示这个人出生以后所经历的年限，但有时不能真实地反映个人机体组织结构和生理功能的不同状况。生理年龄是以个体细胞、组织、器官、系统的生理状态、生理功能以及反映这些状态和功能的生理指标确定的个体年龄，常能如实地反映个体的实际衰老程度。心理年龄是根据个体心理学活动的程度来确定的个体年龄，心理年龄和时序年龄的含义是不一样的，也是不同步的。如有些人会显得年轻而精力充沛，而有些人则显得精神萎靡苍老，未老先衰。社会年龄是根据一个人与其他人交往过程中的角色作用来确定的个体年龄。也就是说一个人的社会地位越高，发挥的作用越大，社会年龄就越成熟。

2. 老龄化

人口老龄化是指人口生育率降低和人均寿命延长导致的总人口中因年轻人口数量减少、年长人口数量增加进而引致的老年人口比例相应增长的动态趋势。国际上通常的看法是，当一个国家或地区60岁以上老年人口占人口总数的10%，或65岁以上老年人口占人口总数的7%，即意味着这个国家或地区处于老龄化社会。人口老龄化的迅速发展，引起了联合国及世界各国政府的重视和关注。20世纪80年代至20世纪末，联合国曾两次召开老龄化问题世界大会，并将老龄化问题列为历届联大的重要议题，先后通过了《老龄问题国际行动计划》《十·一国际老年人节》《联合国老年人原则》《1992至2001年解决人口老龄化问题全球目标》《世界老龄问题宣言》《1999国际老年人年》等一系列重要决议和文件，1997年9月8日，第52届联合国大会通过的《1999年国际老年人年的行动框架》，确定国际老年人年于1998年10月1日国际老年人节开始。联合国确定的国际老年人年的主题是"建立不分年龄人人共享的社会"以期增强人们对人口老龄化问题和老年人问题的重视。

3. 养老保险

国家和社会根据一定的法律和法规，在劳动者达到国家规定的退休年龄，或因年老丧失劳动能力退出劳动领域后，采取一定的方式以保障退休者基本生活的一种社会保险制度。养老保险的产生有其深刻的社会、经济和政治根源，发展过程中得到了大量理论基础的充实，至今已覆盖了世界上绝大多数的国家,发挥了巨大的作用。

4. 老年保障

伴随着人口老龄化,人口高龄化的趋势也比较明显,高龄老人(80岁以上的老年人)占老年人口比重增长的速度更快。同时,很多国家(包括中国)"空巢化"现象也日益凸显。这些都对老年生活服务、健康维护、老年文化、娱乐健身、家庭照料等提出了新的要求。因而,老年人保障应该是经济赡养、生活照料(含重疾与残障护理)和精神文化(含精神慰藉)三位一体的保障。

二 养老保险

(一) 养老保险的特点

养老保险是社会保险制度的组成部分,是社会保险五大险种之一。与其他险种相比,养老保险有如下特点。

(1) 普遍性。每一个人都会经历年老的阶段,因此老年风险具有普遍性和可预见性,养老保险制度是确保老年人口晚年生活幸福和社会稳定的重要制度安排。

(2) 重要性。养老保险因缴费比例高,覆盖面广(养老保险是实际享受人数最多的险种),给付待遇高,领取时间长,在社会保险体系中占据着最重要的位置。

(3) 长期积累性。养老保险涉及的时间跨度很大,从参保人缴纳养老保险费到受益人领取养老金之间有一段 20~40 年的时间间隔,对个人而言,涵盖了劳动者从年轻到死亡的大半个人生。对制度本身而言,其设计、运行管理等往往横跨一个世纪,涉及几代人的社会福利分配,有很强的代际性。

(4) 复杂性。养老对于国家和个人来说,都不是一件易事。养老保险制度设计要考虑社会各方面的承受能力(在所有险种中,养老保险的保险费率是最高的,养老保险支出相应也是最高的),既要考虑经济发展与社会福利之间的平衡,也要考虑制度的可持续发展,在基金的收支、运营、管理等方面都需要周全的考虑。此外,由于"承诺"与"兑现"之间的时间跨度很长,需要最高的信誉度,所以一般由各国政府出面组织实施。

（5）保障方式的多层次性。养老保险制度在几乎所有国家都不是单一形式的。世界银行提出的"三支柱"养老保险方式已经得到了很多国家的认可并付诸实践。

（二）养老保险制度模式

目前世界上大多数国家都建立了养老保险制度，尽管各有其特殊性，但从总体框架上来看，又有许多共同点。按照覆盖范围、保险缴费、收入关联度、保障水平和基金收支与运营的差别，通常将各国的养老保险制度模式分为四大类。

第一，社会保险型。该制度类型以德国为典型，法国、日本等国家也属于这种模式。在此制度下，保险覆盖在业雇员而不是全民；由政府、企业、个人三方共同缴费，政府通过财政补贴、减少税收等手段为养老保险基金做贡献，企业和个人按工资额的一定比例缴费；保险待遇与保险缴费相关联，缴费越多退休待遇越好；实行"现收现付"制。

第二，福利国家型。该制度类型的代表性国家有英国、北欧国家以及英联邦国家。此制度遵循"普惠制"原则，保险覆盖全民，国民达到养老年龄后（无论是否工作过）都可以领取养老金，通常称之为"普遍年金"，待遇与以前工资高低没有太多关系；国内养老服务和设施比较健全；普遍养老金计划的资金完全来自国民税收。有的国家单独列出公民的社会保险费或税，有的国家（如澳大利亚、新西兰、丹麦、加拿大）则不要求公民缴纳这笔费用；有些国家实行普遍养老金计划的同时，也在实行与职业相关联的养老保险，从而确立高水平养老保障的养老金体制；实行"现收现付"制。

第三，国家保险型。该制度类型曾经在社会主义计划经济国家中实行，以前苏联和经济体制改革前的中国为代表，对于稳定社会、保障退休者的晚年生活起到了积极的作用。但是，随着社会经济运行机制的转变和人口老龄化速度的加快，该模式暴露出很多弊端，因此很多国家进行了改革。俄罗斯和中国目前已经放弃了这种保险模式，目前仍有个别国家还在实行。此制度下，保险只覆盖在业职工；国家制定政策，用人单位代表国家实施保险；个人不缴费，由用人单位缴费；保险待遇高低与工资高低紧密关联；实行"现收现付"制。中国目前实行"社会统筹与个人账户相结合"的养老保险模式：统筹账户的"现收现付"和个人账户的"完全积累"。

第四，个人储蓄型。该制度类型以新加坡和智利为典型，东南亚和非洲有十多个国家也在实行这种模式。此制度下，保险覆盖在业雇员；企业和个人缴纳保险费；保险待遇与缴费相关，工资越高缴费越多，保险金也越高；实行"完全积累"制。实行这种模式的国家一般有专门负责管理个人账户养老金运作的专业机构。例如，在新加坡是由一个半官方的中央公积金局统一负责，而智利则可以自由选择不同的市场化的私营基金公司来负责。参保人满足退休条件即可从个人账户定期或一次性获得养老金。

(三) 养老保险收支模式

养老保险制度是通过在"工作期"与"非工作期"之间进行收入分配，以确保人们在非工作期能维持正常的基本生活，使人们对以后的收入有一个持久收入的预期[1]，因此，在基金的收支、运营与管理等方面必须保证制度的可持续发展。为达到收支平衡，各国通常采用的是现收现付制、完全积累制和部分积累制，三种模式各有利弊。

"现收现付制"的原理是现在工作的一代供养已经退休的一代，隔代抚养，养老金从收缴到支付都在现期（通常为1~2年）完成，收支现期平衡，具有较多的"互助共济"色彩。其优点在于管理简单，管理成本较低，且能防范通货膨胀。缺点则是一旦人口抚养比发生较大变化，如人口老龄化等所致抚养比提高，该模式将会对下一代造成分配不公，甚至会使制度的可持续性受到影响。

"完全积累制"的原理是现在工作的自己为未来退休的自己积累养老金，即养老金从筹集到支付在一个生命周期内达到平衡。其优点在于每个人在年轻时为自己积存养老金，缴费多少决定其未来养老金的高低，激励性较强，且不受人口结构变化的影响。缺点则是缺乏"互助共济"性，保值增值、抵御通货膨胀的责任压力大，管理成本高。

"部分积累制"的原理是从下一代参保人那里所筹集到的资金，一部

---

[1] Friedman Milton, *A Theory of the Consumption Function*. Princeton: Princeton University Press, 1957, pp. 103 – 145.

分存入个人账户,为自己的未来预先积累,另一部分现收现付用于上一代人。其优点和缺点亦介于"现收现付制"和"完全积累制"之间。

(四) 养老保险支付责任模式

养老保险有两种支付责任模式:给付确定制和缴费确定制。在给付确定制的约定下,养老保险组织者(通常是政府或企业)担保退休者既定养老水平;在缴费确定制约定下,养老保险组织者并不担保今后的养老水平。

给付确定制,亦称为"受益确定制""待遇确定型"(Defined Benefit,DB),俗称"以支定收",即一旦确定了缴费费率并收取保险费,保险组织者对参保人就有了一个承诺,无论发生什么基金风险均由保险组织者承担,均要保证所承诺的养老金水平。此模式对工资收入较低者有利。

缴费确定制(Defined Contribution,DC)俗称"以收定支",即预先确定现在养老金的缴费额,通常应用于个人账户中的资金运作,养老保险组织者根据参保人现有的缴费能力或意愿收费,组织者负责保险基金运作,但不承诺所收保险费未来能够达到的支付水平,期间发生的各种基金风险主要由参保人自己承担。此模式再分配功能较弱,对高收入者有利。

20世纪70年代以来,世界各国普遍加快对养老保险制度的改革。尽管不同地区的改革存在很大的差异,但总的来说,多数国家是对其现行基本养老保险制度进行小调整。例如,改变享受养老金待遇的资格条件、缴费结构、待遇结构、缴费率,或者对上述几方面进行综合调整。虽然尚不足以解决现行基本养老保险制度存在的根本性问题,但亦成功延缓了现行制度的财务危机。

少数国家对养老保险制度实行了"大改革",支付责任模式由"给付确定型"转变为"缴费确定型",或者由"缴费确定型"转变为"给付确定型";筹资模式由"现收现付制"转变为"完全积累制",或者由"完全积累制"转变为"现收现付制"。但是如下问题,例如采用何种转轨(由老制度转向新制度)办法,国家如何给那些生活贫困或工作不稳定的人提供社会保障网,现收现付筹资模式向完全积累式、缴费确定制转变时,政府必须承担支付当今退休者养老金待遇的责任,原有制度占据怎样的地位等，都需要智慧地加以解决。

无论是哪种改革方式都对养老保险制度产生了一定的影响，虽然也存在各自的问题，但从中可以看到人们对养老保险制度的重视以及对发展养老保险制度的不同思路。

（五）补充养老保险

"三大支柱"是我国养老保障制度的形象比喻。其中，"第一支柱"为基本养老保险，也就是公众平常口中的"养老金"，其特点是政府兜底，带有强制性质；"第二支柱"即补充养老保险，包括企业年金、职业年金等，从国际经验来看，补充养老保险具有投资人自主性强、投资收益较高等特点，是基本养老保险的重要补充项目；"第三支柱"则是以商业养老保险为主的自愿性个人养老金。

补充养老保险制度，是指用人单位在国家有关政策和法规指导下，根据自身经营状况和发展需要而建立的，旨在使职工在退休后的一段时期内能按年度获得一定数额养老金的退休收入保障制度，它是对国家法定基本养老保险的一种有效补充，亦是企业人力资源战略中一项重要的员工福利与激励手段。目前我国按职业分为职业年金和企业年金。

补充养老保险最早产生于19世纪80年代欧美一些国家由农业化社会向工业化社会的转换时期。它是国家根据不同经济保障目标，通过各种经济保障方式的有机结合和相互补充，所形成的老年经济保障制度。[1] 各国补充养老保险计划的全面发展，则是在二战以后，特别是20世纪70年代，由于受经济萧条等因素的影响，主要工业化国家都进行了补充养老保险制度的重大改革。尽管补充养老保险计划在促进经济发展、促进资金市场发展中起着十分重要的作用，但由于一些工业化国家在战后普遍实行高福利的社会政策，补充养老保险计划的发展受到不同程度的限制。补充养老保险计划的保障范围主要指向大中型企业、新兴发展产业及高工薪阶层的职工，而一般小企业、服务行业及收入较低者大都未在保障之列。然而，自20世纪80年代中期以来，为抑制过度膨胀的社会保障支出、应对日趋严重的老龄化挑战，一些工业化国家开始大力发展补充养老保险。

---

[1] 焦凯平：《养老保险》，中国劳动社会保障出版社，2001，第117页。

对于许多国家业已存在的企业补充养老保险计划，可以概括为两种基本形式：以强调缴费为特征的缴费型保险计划和以强调保险金给付为特征的给付型保险计划。补充养老保险计划的保险金给付结构在很大程度上取决于实行何种类型的保险计划。如果补充养老保险费由雇主和雇员共同缴纳，由于实行"以收定支"，可称为缴费确定模式，这一模式已被越来越广泛地采用。补充养老金的计发，一般采取像新加坡的"个人账户"方式。对于企业补充养老保险计划而言，职工享有权的确认和职工流动所引起的各种问题可能是这类计划最严重的缺陷之一。[1] 为解决这一突出问题，自20世纪80年代以来，欧美一些国家开始确认职工对补充养老保险待遇有条件的享有权[2]；也有的是建立一个中心结算部门，集中处理职工流动和转移补充养老保险计划事宜，但其成本太高。为此，一般都是国家通过有关专门立法，决定采取强制性或自愿性计划，确定其所应达到的目标保障面，明确与社会保险计划的关系，制定补充养老保险计划运行的基本规划、投资规则及管理规则等；有的国家还以立法形式保障最低退休收入或通过政府特殊保险计划分散有关风险。

职业年金，是指公职人员在基本养老保险之外的补充养老保险。是事业单位及其职工依据自身经济状况建立的保障制度，事业单位及其职工承担因实施职业年金计划所产生的所有风险。我国机关事业单位自2014年10月1日起开始实施职业年金制度，《国务院办公厅关于印发机关事业单位职业年金办法的通知》于2015年4月6日正式发布。职业年金按计发办法可以分为待遇确定和缴费确定两种基本模式，即DB和DC两种模式，是强制缴纳的。

---

[1] 职工享有权是指参加补充养老保险计划的职工在什么条件下具有退休年金的享有权。当职工在达到退休年龄之前因调动工作或就职于其他企业，往往因缺乏应有的补充养老金享有权而无法获得补充退休收入。因而，这一问题将直接影响劳动力的正常流动，影响劳动力市场的健康发展。与之相关的另一个问题是补充养老保险计划的流动性，即当职工调换工作岗位时，能否和如何将原所在企业的补充养老保险计划提供的补充退休费用转移到新调入企业。

[2] 即在达到退休年龄之前，因各种原因离开所在企业，可视情形享有一定的补充养老保险权利。在有关享有权的条款中，一般规定包括从业年龄和就业期限。

案例 4－1　关于职业年金

小明是一名月收入 6000 元的公务员。以前根据国家对机关、事业单位退休金的规定，小明作为公务员队伍中的一员，退休后按月领取退休金。国家出于公平性等各方面考虑，于 2014 年开始实行机关事业单位与企业职工养老保险并轨。并轨之后，小明作为公务员也需要缴纳养老保险了，而且退休后领取到的基础养老保险金和企业职工的基础养老保险金水平是一致的。

考虑到退休后养老待遇问题，小明的单位为所有职工建立了职业年金。仍在职的小明每个月需要缴纳的职业年金数额为：6000×4%＝240 元。单位按照本单位工资总额的 8% 缴纳职业年金，但具体到个人，实际上也可以认为单位每月为小明缴纳了 6000×8%＝480 元的职业年金。这样算来，小明在职期间，单位每月为小明缴纳职业年金 480 元，小明自己每月缴纳 240 元，即小明每月共缴纳 720 元的职业年金。

若干年过去了，小明到了 60 岁，他该退休了，假设他对应的职业年金计发月份数为 139 个月，其职业年金滚存总额约为 30 万，那么小明退休后可以按月领取职业年金 300000/139＝2158.27 元。因此，除了基本养老金外，小明退休后每月可再增加 2000 多元的职业年金收入，连领 139 个月（不考虑通货膨胀和增值情形）。

资料来源：毛艾琳：《企业社会保险管理实务》，中国工人出版社，2016，第 23 页。

企业年金，是指企业及其职工在依法参加基本养老保险的基础上，自愿建立的补充养老保险制度，是依据国家政策和本企业经济状况，经过必要的民主决策程序建立的享受国家税收优惠支持的养老保障计划，是对国家基本养老保险的重要补充。

个人储蓄养老保险，是由个人自愿参加、自主选择经办机构的一种补充保险方式。由社会保险主管部门制定具体办法，个人根据自己的工资收入情况，按规定缴纳个人储蓄性养老保险费，记入当地社会保险机构在有关银行开设的养老保险个人账户，并按不低于或高于同期城乡居民储蓄存款利率计息，所得利息计入个人账户，归个人所有。当人们达到法定退休年龄经批准退休后，凭个人账户一次性或分次领取储蓄性养老保险金。它居于我国多层次养老保险的第三个层次。个人账户中的养老保险金可随个人跨地区流动而随之转移。没有到退休年龄却死亡的，记入个人账户的储蓄性养老保险金由其指定的或法定继承人继承。

商业养老保险作为商业保险的一种，是以获得养老金为主要目的的长期人身险，是年金保险的一种特殊形式，又称为退休金保险，是社会养老保险的补充。在缴纳了一定的保险费以后，当被保险人年老退休或保期届满时，由保险公司按合同规定支付养老金。商业养老保险也可以当作一种强制储蓄的手段，帮助年轻人未雨绸缪，避免年轻时的过度消费。

第二节　中国养老保险制度改革发展历程

一　基本养老保险制度

全球范围内人口老龄化趋势日益严峻，养老已经成为一个普遍化的社会问题；此外，养老保险的覆盖面广，给付水平高而使其支出在所有社会保险项目中居于首位。因而，同其他国家一样，养老保险在我国的社会保险体系中占据了最重要的位置。

（一）基本养老保险制度的产生

中华人民共和国成立后，政府就把建立社会保险作为当务之急，养老保险制度在随后的几十年里得到了充分发展和不断完善。政务院于1951年2月23日第73次政务会议上通过了《中华人民共和国劳动保险条例》（以下简称《劳动保险条例》）并于1953年1月2日进行了修订，这是一个包括养老、疾病、工伤、生育等多方面内容的综合性社会保险法规，该条例规定企业职工的养老保险费由企业负担。自此，企业职工退休养老保险制度建立。1955年，国务院将养老保险覆盖范围扩大到全体国家机关和事业单位的工作人员。1958年，《国务院关于工人、职员退休处理的暂行规定》，将企业职工退休从《劳动保险条例》中分离出来，与机关工作人员退休合并，形成了包括企业、机关事业单位的范围更为广泛的养老保险制度。20世纪60年代初，我国城镇集体经济得到了一定的发展，第二轻工业部和全国手工业合作总社于1966年颁布了《关于轻工业、手工业集体所有制企业职工、社员退休统筹暂行办法》，将集体所有制企业职工纳入养老保险。

(表4-1)

表4-1 我国内地基本养老保险制度创建期主要法律法规

时间	法律法规	主要内容
1949年9月	中国人民政治协商会议通过《共同纲领》	提出了在企业中"逐步实行劳动保险制度",为在全国建立统一的劳动保险制度确立了法律依据。
1951年2月	政务院颁布《中华人民共和国劳动保险条例》	新中国成立后第一个内容完整的社会保险法规,它对职工的退休养老、疾病医疗、工伤待遇、生育待遇等多项社会保险及其管理做了规范。
1953年1月2日	政务院颁布《关于中华人民共和国劳动保险条例若干修正的决定》,劳动部发布该条例实施细则的修正草案,与中华全国总工会联合发布修正有关劳动保险待遇支付的通知	进一步扩大了劳动保险覆盖的范围,工、矿、交通事业的基本建设单位和国家经营建筑公司均实行劳动保险。
1955年12月	《国家机关事业单位工作人员退休暂行办法》、《国家机关工作人员退休处理暂行办法》《国家机关工作人员退职处理暂行办法》《国家机关工作人员病假期间生活待遇试行办法》和《国务院关于处理国家机关工作人员退职、退休时计算工作年限的暂行规定》一并颁布	建立了政府机关、事业单位和民主党派的工作人员的单独退休制度。
1956年	《劳动保险条例》的实施范围进一步扩展	扩展到商业、外贸、粮食、供销、合作、金融、民航、石油系统、地质、水利、水产、国营农牧场及林场等。职工的养老保险是作为劳动保险制度整体中的一个组成部分,统一筹集劳动保险基金,然后再分项支付包括养老、医疗、工伤等在内的各项劳动保险待遇。
1958年2月	《国务院关于工人、职员退休处理的暂行规定》	涉及企业职工和政府部门的工作人员,保险范围扩大到不足100名职工的企业。统一企业与机关事业单位养老保险制度。
1958年3月	《国务院关于工人、职员退职处理的暂行规定》	重新制定企业和机关统一执行的退职办法,企业与机关工作人员退休(退职)合并。
1964年4月	《国务院关于工人、职员退休处理的暂行规定》《关于轻、手工业集体所有制企业职工、社员退职处理暂行办法》	养老保险制度包括了集体所有制企业职工

(二) 基本养老保险制度的调整

1966~1976年的"文化大革命"时期，全国总工会最先被撤销，其后，劳动部也于1970年被撤销，社会保险事业处于无人管理的状态，企业职工的退休、退职工作基本处于停滞状态。1969年颁布的《关于国营企业财务工作中几项制度的改革意见（草案）》规定企业的劳保开支在营业外列支，个人不需缴纳养老保险费，这意味着企业职工的退休养老问题全部由其所在单位负责；同时机关事业单位工作人员的养老保障制度中，个人不需缴纳养老保险费，所需经费则由国家财政予以拨款，使原来规定实施的劳动保险丧失了统筹调剂机制，演变为实施范围小、单位负责、国家包办、封闭运行的"国家—单位保障型"养老保障制度。

1978年，经第五届全国人民代表大会第二次会议通过、由国务院颁布的《关于工人退休、退职的暂行办法》和《关于安置老弱病残干部的暂行办法》，分别按照参加工作时间和工作年限，发给职工相当于月工资60%~90%的退休金，并且规定不得低于25元/月的最低标准。这两个"办法"又将工人和干部两种退休制度分开，实行两种不同的体制和机制。

1978年之后，随着经济体制和劳动制度改革的全面展开，中国的社会保障制度也得到重建恢复，但这一时期的养老保险制度客观上仍然是计划经济体制下退休养老制度的延续（表4-2）。

表4-2 我国内地基本养老保险制度调整期主要法律法规

时间	法律法规	主要内容
1969年2月	财政部《关于国营企业财务工作中几项制度的改革意见（草案）》	规定"国营企业一律停止提取劳动保险金，企业的退休职工、长期病号工资和其他劳保开支在营业外列支。"社会保险的统筹工作停止。
1978年5月	国务院《关于工人退休、退职的暂行办法》	做出全民所有制企业、事业单位和党政机关、群众团体的工人退休、退职的规定，集体所有制企业参照执行。
1978年5月	国务院《关于安置老弱病残干部的暂行办法》	对老弱病残干部以及离退休干部的各项待遇做出了规定。
1980年9月	国务院《关于老干部离职休养的暂行规定》	对于年老体弱、不能坚持正常工作的老干部离职休养（简称离休）的待遇做出规定。

(三) 基本养老保险制度的改革探索

20世纪80年代初，我国开展了以城市为重点、以搞活国有大中型企业为中心的经济体制改革，企业开始转变成为自主经营、自负盈亏的经济实体，成为独立的商品生产者和经营者，经济转轨，政企分开，企业走向市场，现代企业制度普及开来，劳动力也开始流动起来，企业间养老金负担畸轻畸重，单位养老保险模式的弊病日益凸显；从社会层面看，中国老龄化时代急速到来，客观上也要求改革现行的养老保险制度，一些地区和部门开始进行养老金社会统筹的改革试点工作。

1986~1988年，国务院批准铁路、邮电等5个部门实行养老保险行业统筹。1991年，国务院颁布《关于企业职工养老保险制度改革的决定》，对企业职工养老保险改革做出全面的调整：提出构建社会基本养老保险、企业补充养老保险及个人储蓄养老保险相结合的多层次养老保险体系；养老保险费由国家、企业和个人三方共同负担；实行社会统筹和部分积累相结合的筹资模式；统筹层次由县市起步逐步向省级过渡，最终实现全国统筹；由劳动部门负责管理企业职工的养老保险工作（表4-3）。

表4-3 我国内地基本养老保险制度改革探索期主要法律法规

时间	法律法规	主要内容
1982年2月	中共中央《关于建立老干部退休制度的决定》	建立老干部离休退休和退居二线的制度，对老干部离休退休年龄的界限以及待遇等做出了规定。
1985年1月	劳动人事部保险福利局《关于做好统筹退休基金与退休职工服务管理工作的意见》	统筹养老金有了明确的国家政策。
1986年7月	国务院《国营企业实行劳动合同制暂行规定》	决定国有企业新招聘的工人一律实行劳动合同制，并实行养老保险个人缴费制度，迈出了建立社会保险制度的第一步。
1991年6月	国务院《关于企业职工养老保险制度改革的决定》	规定社会养老保险费用由国家、企业和个人三方共同负担，实行社会统筹，逐步建立起基本养老保险与企业补充养老保险和职工个人储蓄性养老保险相结合的制度。
1992年1月	人事部《关于机关、事业单位养老保险制度改革有关问题的通知》	各地据此相继开展了机关事业单位养老保险改革试点探索。

续表

时间	法律法规	主要内容
1993年11月	《中共中央关于建立社会主义市场经济体制若干问题的决定》	正式提出建立"统账结合"的养老保险模式:"城镇职工养老和医疗保险金由单位和个人共同负担,实行社会统筹和个人账户相结合"。
1995年3月	国务院《关于深化企业职工养老保险制度改革的通知》	开始实行企业和个人共同承担的"统账结合"模式;但机关和事业单位未列入改革范围,形成了养老保险"双轨制"模式。

补充阅读4-1 养老保险制度变革的背景

首先,经济改革动摇了传统退休养老保险的制度基础。在城镇经济体制改革阶段,国有企业改革成为整个经济体制改革的核心环节。1988年《中华人民共和国企业破产法(试行)》的生效,意味着将有越来越多的国有企业在优胜劣汰中走向破产。这等于宣告了由单位支撑的传统退休养老制度将不再有稳定的组织基础与经济基础。

其次,传统退休养老保险制度自身面临着无法自拔的困境。在单位保障制下,由于退休养老制度的非社会化、封闭性和单一层次性,职工老化与企业老化几乎同步,在职职工与退休职工比直线上升。最终出现两个后果:一是企业失去竞争的能力而成为国家负担,政府必须通过巨额的财政补贴才能维持企业的生存并保障退休人员的生活,而这与市场经济体制要求相悖;二是企业因经营状态无法改变,只能拖欠退休人员的退休养老金,最终可能诱发社会风险。

最后,对外开放让中国看到了各国养老保障制度改革的趋势和某些共同的发展取向。这使我们逐渐认识到传统退休养老制度的内在缺陷,从而推动了这一制度的改革进程。

资料来源:郑功成等:《中国社会保障制度变迁与评估》,中国人民大学出版社,2002,第87页。

(四)基本养老保险制度的试验性改革

1997年7月,通过总结各地试行经验,权衡各方利弊,国务院颁布了《关于建立统一的企业职工基本养老保险制度的决定》(国发〔1997〕26号),正式向全国推广"社会统筹与个人账户相结合"的养老保险模式。此后,国务院等相关机构颁布了多项法令,养老保险制度开始走向统一。

1998年劳动和社会保障部成立，结束了社会保险事务多部门交叉管理的局面，促使社会保险事业的管理体制更加规范化。1999年《社会保险费征缴暂行条例》的颁布更标志着我国养老保险体制开始走向法制化的轨道。2000年8月，党中央、国务院决定建立"全国社会保障基金"，同时设立"全国社会保障基金理事会"，负责管理运营全国社会保障基金。全国社会保障基金是中央政府集中的社会保障资金，是国家重要的战略储备，主要用于弥补今后人口老龄化高峰时期的社会保障需要。2000年12月25日，国务院颁布《关于印发完善城镇社会保障体系试点方案的通知》，决定对社会统筹基金与个人账户基金进行分账管理，做实个人账户等，并于2001年7月1日正式在辽宁省试点，随后扩大至其他省市（表4-4）。

养老保险制度的改革，实现了由国家包揽费用向国家、企业、个人三方共同分担养老保险费用的新机制；实现了由"企业自保"向"社会统筹互济"的转变，在较大范围内实现了社会互济。

表4-4 我国内地基本养老保险制度深化改革期主要法律法规

时间	法律法规	主要内容
1997年7月	国务院《关于建立统一的企业职工基本养老保险制度的决定》	明确了企业和个人分别应当承担的养老金缴费比例；提高社会保险管理服务的社会化水平；将基本养老保险范围扩大到"城镇所有企业及其职工"；逐步由县级统筹向省或省授权的地区统筹过渡。
1997年12月	劳动部办公厅《关于印发〈职工基本养老保险个人账户管理暂行办法〉的通知》	进一步规范职工基本养老保险个人账户管理：个人账户建立时间从各地按社会统筹与个人账户相结合的原则，建立个人账户时开始；之后新参加工作的人员，从参加工作当月起建立个人账户。
1998年5月	国务院《关于实行企业职工基本养老保险省级统筹和行业统筹移交地方管理有关问题的通知》	决定加快实行企业职工基本养老保险省级统筹，并将基本养老保险行业统筹移交地方管理。
1998年7月	财政部等部委《关于对企业职工养老保险基金失业保险基金管理中有关违纪问题处理意见的通知》	强化对养老保险基金的管理。
1999年2月	国务院《关于进一步做好国有企业下岗职工基本生活保障和企业离退休人员养老金发放工作有关问题》	一方面提出进一步完善"三条保障线"制度；另一方面要求切实做好企业离退休人员养老金发放工作；做好养老保险行业统筹移交地方管理后的有关工作。

续表

时间	法律法规	主要内容
1999年12月	劳动和社会保障部、财政部《关于建立基本养老保险省级统筹制度有关问题的通知》	规定各地要严格按照国家和省级政府规定的统筹项目和办法计发基本养老金；制定省级调剂金的管理使用办法，提高管理使用的透明度。
2000年12月	国务院《关于印发完善城镇社会保障体系试点方案的通知》	国务院确定，只选择辽宁省在全省范围内进行完善城镇社会保障体系试点；其他省、自治区、直辖市自行决定是否进行试点，如决定试点，可确定1个具备条件的市进行试点。
2001年12月	劳动和社会保障部《关于完善城镇职工基本养老保险政策有关问题的通知》	对参加城镇企业职工养老保险的人员，不论因何种原因变动工作单位，包括转制、跨统筹地区流动以及与企业解除或终止劳动关系的人员，城镇个体工商户等自谋职业者和采取各种灵活方式就业的人员的缴纳养老保险费及其管理工作做出了明确规定。
2000年10月	劳动和社会保障部《关于提前退休人员养老金计发有关问题的复函》	对试点城市国有破产工业企业提前退休人员的退休金计发办法做出规定。
2003年3月	劳动和社会保障部《关于调整基本养老保险个人缴费比例的通知》	调整企业职工个人缴纳基本养老保险费比例到8%。

（五）基本养老保险制度的深化改革

在充分调查研究和总结东北三省完善城镇社会保障体系试点经验的基础上，国务院于2005年12月3日颁布了《关于完善企业职工基本养老保险制度的决定》（以下简称《决定》），对养老保险的发展做出了新的规定：从2006年1月1日起，职工缴纳基本养老费的比例由本人缴费工资的11%调整为8%，并全部记入个人账户，企业缴费部分不再划入个人账户。未参加过基本养老保险统筹，且已经没有生产经营能力、无力缴纳养老保险费的城镇集体企业，不再纳入养老保险统筹范围，其已退休职工本人由民政部门按企业所在地城市居民最低生活保障标准按月发放生活费。《决定》中还明确提出自由职业人员和城镇个体工商户应参加基本养老保险，具体办法由各省（自治区、直辖市）人民政府规定。企业缴费比例一般不超过企业工资总额的20%，个人缴费比例为8%，由用人单位代扣代缴。财政每年对中西部地区和老工业基地给予养老保险资金补助。2007年，中央财政给予养老保险资金补助873亿元、地方财政补助260亿元。城镇个体工商户和灵活就业人员参加基本养老保险的缴费比例为当地上年度在岗职工平均工资的20%，其中8%记入个人账户。尽管我国统筹账户与个人账户相结合的城镇职工基本养老保险制度建设取得了巨大成就，但也面临着养老金分散化、缺乏激励效应、便捷性差、个人账户"空账"运行和制度缴费负担过重等问题。在养老保险基金投资回报率低于工资增长率的情况下，做实个人账户政策难以为继，大部分省份现行"统账结合"基本养老保险的个人账户实质上是一种名义记账工具。

专栏4-1 隐性债务与空账问题

养老保险基金的筹集方式，可以分为基金制和现收现付制两类。现收现付制是下一代为上一代缴费，根据当期支出需要组织收入，本期征收，本期使用；基金制是由个人在其年轻时按一定比例自我积累形成的、以个人账户形式保有的养老基金，用以保障其自身年老时的基本经济生活安全。

养老保险隐性债务的转制成因主要是在我国养老金筹资模式从现收现付制向基金制转变过程中，出现了养老金缴费的代际断层，造成"老人"和"中人"的个人账户没有积累，无法按照基金制养老保险制度"自我积累、自我保障"的基本原则获得养老金。

然而，由于这部分人已经对旧的养老制度做出了自己的贡献，所以拥有（现在和将来）获得养老金的权利，这样就产生了基金的筹集和支付的实际情况与其基本原则之间的矛盾，形成了在基金制养老保险体制下国家对"老人"和"中人"的某种负债。这笔由隐性契约所造成且需在一定时期支付的养老金费用，通常不体现在政府公共部门财政状况的评估中，而是隐含在当前或未来的福利承诺中，形成了所谓的隐性债务。从这个意义上说，"新人"（新制度实施后参加工作人员）不存在隐性债务。

由于老职工没有个人账户积累，而仅靠社会统筹部分根本无法保障他们的基本经济生活，再加上有些企业采取各种手段逃避或拖延缴费，社会统筹部分相应减少。同时，由于目前隐性债务并不是由财政负责，而是由劳动与社会保障部门负责，而劳动与社会保障部除了"中人"和"新人"缴纳的个人账户养老金之外，没有其他的收入来源，因此不得不依靠当前基本养老保险制度中的缴费积累来支付目前退休职工的养老金，用社会统筹基金向个人账户透支就成为必然，进而造成了个人账户"空账"运行。于是，待二三十年后，"中人"和"新人"退休后却无法兑现个人账户的积累，一旦赡养率和替代率达到一定的比例限度时，隐性债务的危机就会爆发。

为了解决养老保险制度的"二元结构"问题，2008 年国务院发布《事业单位工作人员养老保险制度改革试点方案》，决定在山西、上海、浙江、广东、重庆 5 省市开展试点工作，与事业单位分类改革配套推进。试点的主要内容包括：养老保险费用由单位和个人共同负担，退休待遇与缴费相联系，基金逐步实行省级统筹，建立职业年金制度，实行社会化管理服务等。2010 年《社会保险法》颁布，就基本养老保险关系转移接续问题等做出明确规定，并将省级统筹作为养老保险统筹的长远目标。该法在确定我国养老保险制度模式的基础上，对其未来发展指明了方向。

案例 4-2　异地养老保险转移接续

　　蒋乃群的户籍在江苏南京，1962 年起他在南京汽车制造厂任职，为全民固定工，连续工龄 30 年。在此期间，他于 1987 年随企业参加南京市的社会统筹。1992 年，50 岁的蒋乃群从南汽办理离职手续，南下深圳，应聘于一家外企。同时，他的档案也从南汽调入南京市人事局人才服务中心。按照深圳有关地方法规的规定，蒋乃群从 1995 年 6 月开始在深圳参加社会保险，缴纳社保费，直到 2002 年 4 月正式退休。

　　2002 年 4 月 7 日，年满 60 岁的蒋乃群收到了深圳市社保局的退休通知：他已到退休年龄，该局停止收取其社保费。蒋乃群本以为自己从此可以过上"老有所养"的休闲生活，没想到，麻烦才刚刚开始。很快，深圳市社保局通知蒋乃群：根据《深圳经济特区企业员工社会养老保险条例》第 23 条的规定，非深圳户籍员工必须及时缴费累计满 15 年，才能享受按月领取养老金的待遇，而他在深圳的实际缴费年限只有 7 年，因此，他不具备在深圳市按月领取养老金的条件。

　　"我在南汽工作的 30 年，按照国务院的规定是'视同缴费'，再加上在深圳缴费的 7 年，累计 37 年，现在却领不到养老金！这晚年生活怎么过呢？"

为了争取自己晚年的生活保障，2002年5月，蒋乃群找到南京市劳动和社会保障局，要求解决其退休养老问题，但得到的答复竟是"无法办理"，该局养老处负责人告诉蒋乃群，按照劳动部的规定，在哪里缴纳社保费就应该在哪里领取养老金，所以，他应该在深圳领取养老金，因为南京没有他的社保号码。

无奈之下，蒋乃群所能做的就是把南京市劳动社会保障局的答复意见反馈给深圳市社保局。同时，他还向深圳市社保局表明，根据《国务院关于建立统一的企业职工基本养老保险制度的决定》第5条的规定，他此前在南汽工作的30年应视同缴费30年，这已大大超过了深圳方面缴费15年的规定。

但深圳市社保局答复蒋乃群，按照《〈深圳经济特区企业员工社会养老保险条例〉若干实施规定》，非深圳户籍员工未在深圳缴费的工作时间不视为缴费年限。因此，他不符合在深圳按月领取养老金的条件。如果其户籍所在地社保机构不接受其交保费的积累额（即个人账户），只能把该个人账户一次性退还给本人，就此结束社会保险关系。蒋乃群7年的个人账户积累额大约有1万多元。

对于这样的处理结果，蒋乃群当然无法接受。他认为："我参加社会保险的目的就是为了退休后能老有所养，1万多元怎么解决我在深圳的养老问题呢？"

"深圳市社保局不承认我在南京的视同缴费年限，那南京市劳动保障局总该承认吧！"2002年6月，蒋乃群又找到南京市劳动保障局。这一次，南京市劳动保障局告诉蒋乃群，国家劳动和社会保障部办公厅2002年5月30日给上海社保部门的一份《关于对户籍不在参保地的人员办理退休手续有关问题的复函》中有关于他这种情况的答复：第一，参保人员因工作流动在不同地区参保的，不论户籍在何处，其最后参保地的个人实际缴费年限，与其在其他地区工作的实际缴费年限及符合国家规定的视同缴费年限，应合并计算，作为享受基本养老金的条件；第二，参保人员达到法定退休年龄时，其退休手续由其最后参保地的劳动保障部门负责办理，并由最后参保地的社会保险经办机构支付养老保险待遇。

当蒋乃群拿着上述文件再次来到深圳市社保局讨要自己的养老金时，该局工作人员却说，该文件发出日期是2002年5月30日，而他的退休日期是2002年4月7日，文件内容对其不发生效力。当年11月，深圳市社保局在《关于蒋乃群养老保险待遇问题的答复》中更进一步表示：劳社厅函〔2002〕190号文件和《深圳经济特区企业员工社会养老保险条例》（以下简称《条例》）的规定直接相冲突，按照《立法法》第65条规定，特区法规在经济特区范围内适用，而该文件仅仅是劳动和社会保障部办公厅对上海社保部门发出的一个复函，并非是具有普遍约束力的法规，在法律效力上远远低于作为特区法规的条例。因此，对于蒋乃群的养老保险待遇问题只能适用《条例》，而不能适用劳社厅函〔2002〕190号文件。绕了一大圈，蒋乃群的养老金问题又回到了原地。两地社保机构都引法据规，而个人的无奈和愤懑在政策法规面前显得苍白无力。但蒋乃群还是要问："那我该去哪领我的养老金呢？"

2004年3月29日，蒋乃群向南京市白下区法院递交了诉状，起诉南京市社保局不履行办理退休手续的法定职责。同时，他还将市人才服务中心作为第三人起诉到法庭，他认为"当年人才中心和其签订的托管合同中有代办养老保险的规定。但10年来，该中心只管每年收取管理费，没有尽到通知义务，致使原告在不知情的情况下，只在深圳参加了社会养老保险"，因此，该中心对他领不到养老金的问题应负主要责任。蒋乃群要求法院判决南京市劳保局立即为他办理在南京的退休手续并按月计发养老金，同时补发拖欠的养老金本金和利息及精神损失费1万元。4月，白下区法院开庭审理了此案。6月9日，该法院作出一审判决，驳回蒋乃群的诉讼请求，因为他没有证据证明他及相关企业按规定为其缴纳了养老保险费用。

现在，由于退休养老没有解决，蒋乃群不得不继续工作，2003年全年长期出差。谁不想有个安详的晚年，但他工作了一辈子，到头来还是老无所养啊！

资料来源：何雪峰：《我该到哪里领养老金？》，《南方周末》2004年7月1日，第9版。

思考题：请问导致蒋乃群无法领取养老金的原因是什么？你认为有何解决办法？

分析思路：可参见国务院第93次常务会议通过的《城镇企业职工基本养老保险关系转移接续暂行办法》。

"十二五"时期我国机关事业单位养老保险制度的改革以及城镇居民养老保险制度和农村居民养老保险制度的整合，标志着我国养老保险制度改革迈出了关键步伐,基本实现了制度全覆盖,建立起了城镇职工养老保险、城乡居民社会养老保险以及机关事业单位养老保险制度,养老保险参保人群覆盖面不断扩大,基金规模不断扩大,为"十三五"时期社会养老保险发展奠定了基础。

"十二五"末到"十三五"前期,我国养老保险制度的深化改革主要在机关事业单位养老保险改革和城镇居民养老保险制度两个方面。机关事业单位养老保险制度改革进入实质性操作阶段,自2015年人社部、财政部印发《关于贯彻落实〈国务院关于机关事业单位工作人员养老保险制度改革的决定〉的通知》以来,全国各省区市都出台了相应的实施办法,机关事业单位与企业职工养老保险制度基本实现并轨,近4000万名"体制内"机关事业单位人员将和"体制外"企业职工一样缴纳养老金。截至2016年年底,我国已经进一步制定了实施细则、经办规程以及信息系统建设的指导意见等相关配套文件,绝大部分省区市启动参保缴费和待遇支付工作。2014年,农村和城镇养老保险体系进行重大改革,新型农村社会养老保险和城镇居民社会养老保险合二为一,在全国范围内建立统一的城乡居民养老保险制度,城乡居民基本养老保险基金由三部分组成,分别为个人缴费部分、集体补助部分、政府补贴部分,保险待遇由基础养老金和个人账户养老金组成,明确了养老保险待遇领取条件、转移接续与衔接、经办管理服务与信息化建设等方面的内容。截至2016年年底,城乡居民基本养老保险稳步实施,参保率达到98%以上,基本实现了全面参保,60岁以上居民每月均可获得一定的养老金,用于维持基本生活(表4-5)。

表4-5 我国内地基本养老保险制度发展完善期主要法律法规

时间	法律法规	主要内容
2005年11月	劳动保障部、财政部《关于扩大做实企业职工基本养老保险个人账户试点有关问题的通知》	扩大做实个人账户试点工作应遵循的原则以及基金的管理运营等。
2005年12月	国务院《关于完善企业职工基本养老保险制度的决定》(国发〔2005〕38号)	明确提出城镇各类企业职工、个体工商户及灵活就业人员都应参加企业职工基本养老保险,并进一步明确该类群体参加养老保险的实施办法。

第四章　养老保险

续表

时间	法律法规	主要内容
2007年1月	劳动和社会保障部《关于推进企业职工基本养老保险省级统筹有关问题的通知》	进一步明确省级统筹工作的重点,并且规定了企业职工基本养老保险省级统筹标准,包括基本养老保险缴费、待遇、省级基金预算与业务规程。
2007年2月	劳动和社会保障部、财政部《关于进一步扩大做实企业职工基本养老保险个人账户试点工作有关问题的通知》	进一步扩大试点,推动做实个人账户试点工作全面深入地开展;在确保基本养老金发放的前提下提高做实个人账户比例。
2008年3月	《国务院事业单位工作人员养老保险制度改革试点方案》	规定实行事业单位工作人员社会统筹与个人账户相结合的基本养老保险制度,基本养老保险费由单位和个人共同负担,同时要求在参加基本养老保险的基础上,事业单位建立工作人员职业年金制度。
2009年12月	《国务院办公厅关于转发人力资源社会保障部财政部〈城镇企业职工基本养老保险关系转移接续暂行办法〉的通知》	详细规定了参保人员跨省流动就业转移基本养老保险关系的计算方法。
2010年10月	《中华人民共和国社会保险法》	对基本养老保险的覆盖范围、养老保险费征收、养老保险待遇等做出规定;提出国家建立和完善新型农村社会养老保险制度;建立和完善城镇居民社会养老保险制度。
2014年2月	人力资源和社会保障部、财政部《关于印发〈城乡养老保险制度衔接暂行办法〉的通知》	对于参加城镇职工基本养老保险、城乡居民基本养老保险需要办理衔接手续的人员的养老保险关系以及待遇领取地等做出规定;已经按照国家规定领取养老保险待遇的人员,不再办理城乡养老保险衔接手续。
2014年12月	《国务院关于建立统一的城乡居民基本养老保险制度的意见》	决定2020年以前,全面建成公平、统一、规范的城乡居民养老保险制度,与社会救助、社会福利等其他社会保障政策相配套,充分发挥家庭养老等传统保障方式的积极作用,更好地保障参保城乡居民的老年基本生活。
2015年1月	《国务院关于机关事业单位工作人员养老保险制度改革的决定》	决定改革机关事业单位工作人员养老保险制度,实行社会统筹与个人账户相结合的基本养老保险制度,改革基本养老金计发办法。
2015年3月	《人力资源和社会保障部、财政部关于贯彻落实〈关于机关事业单位工作人员养老保险制度改革的决定〉的通知》	规定了参保范围;单位和个人缴费基数;明确延迟退休人员参保政策;制定了机关事业单位职务职级(技术等级)和工作年限相对应视同缴费指数表。

续表

时间	法律法规	主要内容
2016年11月	《人力资源和社会保障部关于城镇企业职工基本养老保险关系转移接续若干问题的通知》	对转移接续问题做出几项具体规定：关于视同缴费年限计算的问题；缴费信息历史遗留问题的处理；临时基本养老保险缴费账户的管理；一次性缴纳养老保险费的转移以及城镇企业成建制跨省转移养老保险关系的处理等。
2017年1月	《人力资源和社会保障部办公厅关于印发〈机关事业单位基本养老保险关系和职业年金转移接续经办规程（暂行）〉的通知》	提出机关事业单位基本养老保险关系和职业年金转移接续经办规程的基本内容和要求；建立工作分析报告制度。
2017年6月	《国务院办公厅关于加快发展商业养老保险的若干意见》	提出到2020年，基本建立运营安全稳健、产品形态多样、服务领域较广、专业能力较强、持续适度盈利、经营诚信规范的商业养老保险体系，商业养老保险成为个人和家庭商业养老保障计划的主要承担者。

补充阅读4-2 养老金并轨为解决公平性问题

经过多年的政策准备，2015年1月14日，《关于机关事业单位工作人员养老保险制度改革的决定》发布，标志着养老金"双轨制"正式终结，3700万名机关事业单位工作人员与企业员工一样，将纳入统一的养老保险制度体系。

与养老金"并轨"改革相配套的是机关事业单位工资制度改革。经过多年的探索，在全面深化改革的背景下，此时的养老金与工资改革方案被相关专家认为已经成熟，能从制度上根本解决"双轨制"所导致的社会不公平问题。

人力资源和社会保障部副部长胡晓义表示，对于"中人"（已退休的"老人"沿用老办法，新参加工作的"新人"采取新办法）来说，养老保险将来的待遇结构将是"2+1+1"——基础养老金+个人账户养老金，另外两个"+1"分别是过渡性养老金和职业年金。

这次改革以后，机关事业单位及其工作人员将同企业及其员工一样履行缴费义务，由用人单位按职工工资的20%缴纳养老保险费、个人按本人工资的8%缴纳养老保险费。与过去较高的替代率（即养老金占本人退休前工资的比例）相比，机关事业单位退休人员的基本养老金的替代率水平将会明显下滑。

为了弥补改革前后的养老金待遇差,在过渡期内对改革前参加工作、改革后退休的人员在享有基本养老金之外,还将发给过渡性养老金,以确保过渡期内退休的人员待遇水平不降低。过渡性养老金,对于"中人"来说也就是过去年份没有缴费而视同缴费计算的养老金。此外,作为补充养老保险的"职业年金"制度也需要同步建立。

资料来源:《人社部社保所长:养老金并轨为解决公平性问题》,腾讯网,http://new.qq.com/cmsn/20150311036919。

二 补充养老保险制度

补充养老保险是多层次养老保险制度中的一个重要的组成部分。世界上许多国家都实行补充养老保险制度,但在名称、筹资渠道、支付办法等方面因各国情况不同而有差异。各国对补充养老保险的表述各有不同,有"职业年金""补充退休金""私人年金"等,我国早期称之为"补充养老保险"。这种保险具有以下共性:主要由企业或行业制定,政府对补充养老保险不承担直接的责任,只是在税收等方面给予支持;不能替代基本养老保险的作用,只是补充性质的养老保险。

中国内地的补充养老保险制度产生的时间不长,但其在中国养老保险体系中发挥着越来越重要的作用,作为基本养老保险制度的重要补充,是我国正在完善的职工养老保险体系的"第二支柱"。它的基本功能就是为职工在退休后提供一部分收入来源,更好地保障企业职工退休后的生活。

(一) 企业年金

1991年,国务院下发《国务院关于企业职工养老保险制度改革的决定》,首次提出"国家提倡、鼓励企业实行补充养老保险",并在2000年国务院下发的《完善城镇社会保障体系试点方案》中,正式更名为企业年金。2003年12月30日,劳动和社会保障部第7次部务会议通过《企业年金试行办法》(2004年5月1日起正式施行,原劳动部1995年12月29日发布的《关于印发〈关于建立企业补充养老保险制度的意见〉的通知》同时废止),规定了建立企业年金必须具备的条件:依法参加基本养老保险并履行缴费义务；具有相应的经济负担能力；已建立集体协商机制。建立企业年金，应当由企业与工会或职工代表通过集体协商确定，制定企业年金方案，报劳动保障行政部门备案；同时对企业建立企业年金的决策程序、资金来源、管理办法、待遇给付、企业年金基金管理机构、投资运营等提出了指导性意见，构筑了我国当前企业年金制度的基本框架，标志着我国开始全面推行企业年金制度。

为配合《企业年金试行办法》的颁布实施，同年还发布了《企业年金基金管理试行办法》《企业年金基金管理机构资格认定暂行办法》和《关于印发〈企业年金基金管理运作流程〉、〈企业年金基金账户管理信息系统规范〉和〈企业年金基金管理机构资格认定专家评审规则〉的通知》等。上述一系列法律法规的出台，促使企业年金的管理和运行逐渐走向规范化，同时也是企业年金快速发展的转折点，市场化和信托制的现代企业年金模式得以确立。2000 年，我国建立企业年金的企业仅有 1.62 万家，参加职工 560.33 万人，基金累计结余 191.9 亿元；至 2016 年末，全国建立企业年金的企业达 7.63 万家，参加职工人数达 2325 万人（比 2000 年增加了 3.2 倍），基金累计结存 11075 亿元（比 2000 年增加了 56.7 倍）（见表 4-6，表 4-7）。

表 4-6　2000~2019 年我国企业年金发展情况

年份	建立企业年金的企业数（家）	参加企业年金职工人数（万人）	占职工基本养老保险参保职工的比重（%）	企业年金基金累计结余（亿元）
2000	16247	560.33	5.36	191.9
2001	—	193	2.10	49
2006	24000	964	6.82	910
2007	32000	929	6.11	1519
2008	33100	1038	6.26	1911
2009	33500	1179	6.64	2533
2010	37100	1335	6.88	2809
2011	44900	1577	7.31	3570
2012	54737	1846.55	8.04	4821.04
2013	66100	2056	8.50	6035
2014	73300	2293	8.98	7689

续表

年份	建立企业年金的企业数（家）	参加企业年金职工人数（万人）	占职工基本养老保险参保职工的比重（%）	企业年金基金累计结余（亿元）
2015	75500	2316	8.83	9526
2016	76300	2325	8.36	11075
2017	80000	2331	7.96	12880
2018	87400	2388.17	7.93	14770.38
2019	95963	2547.94	8.17	17985.33

说明：2002~2006年的数据缺失。

资料来源：历年《人力资源（劳动）和社会保障事业发展统计公报》以及各年度全国企业年金业务数据摘要。

表4-7 2007~2019年企业年金加权投资收益率

年份	投资组合数（个）	资产金额（亿元）	当年加权平均收益率（%）
2007	212	154.63	41.00
2008	588	974.90	-1.83
2009	1049	1591.02	7.78
2010	1504	2452.98	3.41
2011	1882	3325.48	-0.78
2012	2210	4451.62	5.68
2013	2519	5783.60	3.67
2014	2740	7402.86	9.30
2015	2993	9260.30	9.88
2016	3207	10756.22	3.03
2017	3568	12537.57	5.00
2018	3929	14502.21	3.01
2019	4327	17689.96	8.30

说明：1. 组合数和资产金额为期末全部组合情况。

2. 当年加权平均收益率计算的样本为投资运作满当年的投资组合，计算方法为样本组合收益率的规模加权，以上年末和当年4个季度末平均资产规模为权重；组合收益率为单位净值增长率。

3. 年平均收益率为2007年以来历年收益率的几何平均。

资料来源：《2019年度全国企业年金基金业务数据摘要》，第77页。

截止到2019年底，中国已经有近9.6万家企业试行企业年金制度，积累了近1.8万亿资金，世界银行预测中国2030年年金将达到15万亿元。作为养老体制三大支柱之一的企业年金，是欧美企业最重要、最普遍的激励机制。成熟市场国家60%以上的企业设计了企业年金计划，其中美国企业年金对劳动力的覆盖率达到了57%，英国为60%，德国为65%，法国则为80%。相比之下，中国还远远落后于西方发达国家。21世纪20年代，我国老龄化达到高峰，而我国企业年金发展的严重滞后和养老保障面临的挑战必将给养老保障制度带来空前压力。为此，2011年2月，人力资源和社会保障部等四部委发布了新修订的《企业年金基金管理办法》，自2011年5月1日起施行。2016年12月20日，人力资源和社会保障部第114次部务会审议通过新的《企业年金办法》，自2018年2月1日起实施，2004年5月1日施行的《企业年金管理办法》同时废止。

专栏4-2 我国有关企业年金的规定

我国法律并未强制所有企业建立企业年金，仍旧是鼓励各企业根据实际情况自愿建立。企业年金的管理目前遵循2011年发布的《企业年金基金管理办法》。

这一办法中明确规定了企业年金理事会或法人受托机构（简称受托人）、企业年金基金账户管理机构（简称账户管理人）、企业年金基金托管机构（简称托管人）和企业年金基金投资管理机构（简称投资管理人）各自应具备的条件、应履行的职责及终止条件。

1. 受托人条件及职责

受托人，是指受托管理企业年金基金的企业年金理事会或符合国家规定的养老金管理公司等法人受托机构。受托人应具备下列条件：①经国家金融监管部门批准，在中国境内注册；②注册资本不少于1亿元人民币，且在任何时候都维持不少于1.5亿元人民币的净资产；③具有完善的法人治理结构；④取得企业年金基金从业资格的专职人员达到规定人数；⑤具有符合要求的营业场所、安全防范设施和与企业年金基金受托管理业务有关的其他设施；⑥具有完善的内部稽核监控制度和风险控制制度；⑦近3年没有重大违法违规行为；⑧国家规定的其他条件。

受托人应当履行下列职责：①选择、监督、更换账户管理人、托管人、投资管理人以及中介服务机构；②制定企业年金基金投资策略；③编制企业年金基金管理和财务会计报告；④根据合同对企业年金基金管理进行监督；⑤根据合同收取企业和职工的缴费，并向受益人支付企业年金待遇；⑥接受委托人、受益人查询，定期向委托人、受益人和有关监管部门提供企业年金基金管理报告；发生重大事件时，及时向委托人、受益人和有关监管部门报告；⑦按照国家规定保存与企业年金基金管理有关的记录至少15年；⑧国家规定和合同约定的其他职责。

2. 账户管理人条件及职责

账户管理人，是指受托人委托管理企业年金基金账户的专业机构。账户管理人应当具备下列条件：①经国家有关部门批准，在中国境内注册的独立法人；②注册资本不少于5000万元人民币；③具有完善的法人治理结构；④取得企业年金基金从业资格的专职人员达到规定人数；⑤具有相应的企业年金基金账户信息管理系统；⑥具有符合要求的营业场所、安全防范设施和与企业年金基金账户管理业务有关的其他设施；⑦具有完善的内部稽核监控制度和风险控制制度；⑧国家规定的其他条件。

账户管理人应当履行下列职责：①建立企业年金基金企业账户和个人账户；②记录企业、职工缴费以及企业年金基金投资收益；③及时与托管人核对缴费数据以及企业年金基金账户财产变化状况；④计算企业年金待遇；⑤提供企业年金基金企业账户和个人账户信息查询服务；⑥定期向受托人和有关监管部门提交企业年金基金账户管理报告；⑦按照国家规定保存企业年金基金账户管理档案至少15年；⑧国家规定和合同约定的其他职责。

3. 托管人条件及职责

托管人，是指受托人委托保管企业年金基金财产的商业银行或专业机构。托管人应当具备下列条件：①经国家金融监管部门批准，在中国境内注册的独立法人；②净资产不少于50亿元人民币；③取得企业年金基金从业资格的专职人员达到规定人数；④具有保管企业年金基金财产的条件；⑤具有安全高效的清算、交割系统；⑥具有符合要求的营业场所、安全防范设施和与企业年金基金托管业务有关的其他设施；⑦具有完善的内部稽核监控制度和风险控制制度；⑧国家规定的其他条件。

托管人应当履行下列职责：①安全保管企业年金基金财产；②以企业年金基金名义开设基金财产的资金账户和证券账户；③对所托管的不同企业年金基金财产分别设置账户，确保基金财产的完整和独立；④根据受托人指令，向投资管理人分配企业年金基金财产；⑤根据投资管理人的投资指令，及时办理清算、交割事宜；⑥负责企业年金基金会计核算和估值，复核、审查投资管理人计算的基金财产净值；⑦及时与账户管理人、投资管理人核对有关数据，按照规定监督投资管理人的投资运作；⑧定期向受托人提交企业年金基金托管和财务会计报告；⑨定期向有关监管部门提交企业年金基金托管报告；⑩按照国家规定保存企业年金基金托管业务活动记录、账册、报表和其他相关资料至少15年；⑪国家规定和合同约定的其他职责。

4. 投资管理人条件及职责

投资管理人，是指受托人委托投资管理企业年金基金财产的专业机构。投资管理人应当具备下列条件：①经国家金融监管部门批准，在中国境内注册，具有受托投资管理、基金管理或资产管理资格的独立法人；②综合类证券公司注册资本不少于10亿元人民币，且在任何时候都维持不少于10亿元人民币的净资产；基金管理公司、信托投资公司、保险资产管理公司或其他专业投资机构注册资本不少于1亿元人民币，且在任何时候都维持不少于1亿元人民币的净资产；③具有完善的法人治理结构；④取得企业年金基金从业资格的专职人员达到规定人数；⑤具有符合要求的营业场所、安全防范设施和与企业年金基金投资管理业务有关的其他设施；⑥具有完善的内部稽核监控制度和风险控制制度；⑦近3年没有重大违法违规行为；⑧国家规定的其他条件。

投资管理人应当履行下列职责：①对企业年金基金财产进行投资；②及时与托管人核对企业年金基金会计核算和估值结果；③建立企业年金基金投资管理风险准备金；④定期向受托人和有关监管部门提交投资管理报告；⑤根据国家规定保存企业年金基金财产会计凭证、会计账簿、年度财务会计报告和投资记录至少15年；⑥国家规定和合同约定的其他职责。

企业代表和职工代表等人员组成企业年金理事会，依法管理本企业的企业年金，不得从事任何形式的营业性活动。企业及其职工作为委托人，应同受托人、账户管理机构、托管人和投资管理人订立书面合同，合同应当报劳动保障行政部门备案。

（二）职业年金

国务院于2008年2月29日研究并原则通过《事业单位工作人员养老保险制度改革试点方案》（以下简称《方案》）。《方案》提到："为建立多层次的养老保险体系，提高事业单位工作人员退休后的生活水平，增强事业单位的人才竞争能力，在参加基本养老保险的基础上，事业单位建立工作人员职业年金制度。"自 2009 年 1 月 20 日起,国务院选定广东、山西、上海、浙江、重庆等五省市作为先期试点省份,并在首批试行事业单位建立职业年金制度作为补充养老保险方案。

2015 年 1 月 14 日,国务院下发《关于机关事业单位工作人员养老保险制度改革的决定》(以下简称《决定》),提出建立职业年金制度。机关事业单位在参加基本养老保险的基础上,应当为其工作人员建立职业年金。单位按本单位工资总额的 8% 缴费,个人按本人缴费工资的 4% 缴费。同时,《决定》也明确提出"实现改革前与改革后待遇水平相衔接"。就基本养老保险金而言,改革后的待遇水平必定要低于现有的退休金水平,但如果同步发展职业年金,总体养老金水平应当不会下降。2015 年 4 月 6 日,中国国务院办公厅印发《机关事业单位职业年金办法》,作为《决定》的配套举措,对机关事业单位职业年金的发放、转移、领取等方面做出明确规定。

2015 年 10 月,党的十八届五中全会通过的《中共中央关于制定国民经济和社会发展第十三个五年规划建议》中对建立更加可持续发展的社会保障制度提出了明确要求,并提出了完善职工养老保险和发展职业年金的要求,成为近期养老保险制度改革的关键性举措。2017 年年初,职业年金体现在机关事业单位人员的工资条中,机关事业单位的养老保险制度改革进入关键期,也进入了养老保险制度改革细则的制定期与实施期。

专栏 4-3 我国职业年金相关规定

一、职业年金的性质

第一,社会养老保险只是"基本养老保险",解决"温饱"问题;想要保障晚年生活质量,还需要有所补充。因此从本质上看,职业年金是社会养老保险的补充。

第二,职业年金既不是社会保险,也不是商业保险,而是一项单位福利制度。它是劳动者在职时,由单位和个人共同缴费,国家提供税收优惠,各级财政给予相应的补助,在管理上实行个人账户管理,在基金的运作上实行市场化运作的一项补充养老保险制度。

第三,职业年金是职工工资的延期支付,这种延期支付的目的是为未来的退休养老做准备,以避免基本养老保险不足时所带来的生活水平的下降。

第四，职业年金也可以看作福利激励（即人力资源管理中职工薪酬福利方面的激励，既可以提高职工工作效率和积极性，稳定单位劳动力队伍，也可以用来吸引和留住一些优秀管理和技术人才，提高单位的综合实力），还可以看作"合理避税"与"个人生命周期优化资源配置"。

二、机关事业单位职业年金规定

国务院办公厅于2015年3月27日印发《机关事业单位职业年金办法》（国办发〔2015〕18号），规定了机关事业单位职业年金的缴纳、管理与领取等各项事宜。同时，法律规定各机关事业单位必须为职工建立职业年金。

1. 缴费

职业年金基金由下列各项组成：①单位缴费；②个人缴费；③职业年金基金投资运营收益；④国家规定的其他收入。

职业年金所需费用由单位和工作人员个人共同承担。单位缴纳职业年金费用的比例为本单位工资总额的8%，个人缴费比例为本人缴费工资的4%，由单位代扣。单位和个人缴费基数与机关事业单位工作人员基本养老保险缴费基数一致。根据经济社会发展状况，国家适时调整单位和个人职业年金缴费的比例。

2. 管理

职业年金基金采用个人账户方式管理。个人缴费实行实账积累。对财政全额供款的单位，单位缴费根据单位提供的信息采取记账方式，每年按照国家统一公布的记账利率计算利息，工作人员退休前，本人职业年金账户的累计储存额由同级财政拨付资金记实；对非财政全额供款的单位，单位缴费实行实账积累。实账积累形成的职业年金基金，实行市场化投资运营，按实际收益计息。单位缴费按照个人缴费基数的8%计入本人职业年金个人账户；个人缴费直接计入本人职业年金个人账户。

职业年金基金应当以具有相应资格的投资运营机构作为投资管理人，负责职业年金基金的投资运营；应当选择具有相应资格的商业银行作为托管人，负责托管职业年金基金。委托关系确定后，应当签订书面合同。职业年金基金投资运营收益，按规定计入职业年金个人账户。职业年金基金必须与投资管理人和托管人的自有资产或其他资产分开管理，保证职业年金财产独立性，不得挪作其他用途。

职业年金的经办管理工作，由各级社会保险经办机构负责。

3. 迁移

工作人员变动工作单位时，职业年金个人账户资金可以随同转移。工作人员升学、参军、失业期间或新就业单位没有实行职业年金或企业年金制度的，其职业年金个人账户由原管理机构继续管理运营。新就业单位已建立职业年金或企业年金制度的，原职业年金个人账户资金随同转移。

4. 领取

符合下列条件之一的可以领取职业年金。①工作人员在达到国家规定的退休条件并依法办理退休手续后，由本人选择按月领取职业年金待遇的方式。可一次性用于购买商业养老保险产品，依据保险契约领取待遇并享受相应的继承权；可选择按照本人退休时对应的计发月数按月计发职业年金，发完为止，同时职业年金个人账户余额可被继承。本人选择任一领取方式后不再更改。②出国（境）定居人员的职业年金个人账户资金，可根据本人要求一次性支付给本人。③工作人员在职期间死亡的，其职业年金个人账户余额可以被继承。未达到上述职业年金领取条件之一的，不得从个人账户中提前提取资金。

职业年金相关税收政策，按照国家有关法律法规和政策的相关规定执行。

（三）商业保险、个人储蓄、投资等其他养老保障

中国人历来就有爱存钱不爱消费的习惯，所以，一般有条件的人都会为自己的未来储存一部分资金以防老来所需。随着养老保险制度的改革与完善，商业保险制度已经在社会保障制度中占有很重要的地位，商业保险制度是独立于机关事业单位养老保险制度和城乡居民基本养老保险制度之外的商业性质的保险，另外两者一定程度上具有强制性，而商业保险具有自愿性。可以将商业保险分为传统型、分红型、万能型、投资连结保险等形式，以促进国内公民在养老保险体系内进一步完善自己的保险配置，使公民具有更多的保障。目前，商业保险制度已经在大中城市被广泛宣传，并得到了公民的认可。

2014年1月1日起，中国开始根据国际惯例，对企业年金、职业年金实施个税递延优惠，也就是说，个人缴纳企业年金涉及的个税，可以延迟

到退休领取保险金时再缴纳，降低其当期税务负担。2015年的政府工作报告提出推出个人税收递延型商业养老保险。2015年1月底召开的"2015年中国全国保险监管工作会议"亦强调，要推进养老和健康险税优政策尽快落地实施。

国务院办公厅2017年6月29日发布《关于加快发展商业养老保险的若干意见（国办发〔2017〕59号）》，商业养老保险成为个人和家庭商业养老保障计划的主要承担者、企业发起的商业养老保障计划的重要提供者、社会养老保障市场化运作的积极参与者、养老服务业健康发展的有力促进者、金融安全和经济增长的稳定支持者。2015年，财政部、税务总局和保监会已经推出商业健康保险个人所得税政策试点，涉及北京、上海、天津等31个城市，试点地区个人购买符合规定的健康保险产品的支出，按照2400元/年的限额标准在个人所得税前予以扣除。

根据国务院办公厅印发的《关于加快发展商业养老保险的若干意见》，2017年年底前启动个人税收递延型商业养老保险试点，同时研究制定商业保险机构参与全国社会保障基金投资运营的相关政策。2017年6月21日，李克强总理主持召开国务院常务会议，确定加快发展商业养老保险的措施，完善社会保障体系助力老有所养。会议要求，加大政策扶持，落实好国家支持保险和养老服务业发展的相关财税政策，加快个人税收递延型商业养老保险试点，支持商业养老保险机构有序参与基本养老保险基金投资管理，为商业养老保险资金参与国家重大项目和民生工程等建设提供绿色通道和优先支持。加大监管力度，督促保险机构提高服务质量，维护消费者合法权益，切实防控风险。（表4-8）

表4-8 我国内地补充养老保险主要法律法规

时间	法律法规	主要内容
1991年6月	国务院下发《国务院关于企业职工养老保险制度改革的决定》	首次提出"国家提倡、鼓励企业实行补充养老保险"。规定：企业补充养老保险由企业根据自身经济能力，为本企业职工建立，所需费用从企业自有资金中的奖励、福利基金内提取；劳动部门下属的社会保险管理机构，是非营利性的事业单位，经办基本养老保险和企业补充养老保险的具体业务。[1]

---

[1] 焦凯平：《养老保险》，中国劳动社会保障出版社，2001，第121页。

续表

时间	法律法规	主要内容
1994 年	全国人大通过《中华人民共和国劳动法》	第 75 条规定:"国家鼓励用人单位根据本单位实际情况为劳动者建立补充养老保险。"
1995 年 12 月	原劳动部下发《关于建立企业补充养老保险制度的意见》	提出建立规范企业补充养老保险的若干政策意见。明确提出补充养老保险采用"个人账户"方式管理,将我国补充养老保险定位为以收定支的缴费确定型模式
1998 年	成立劳动和社会保障部	国务院办公厅将制定补充保险政策和承办机构资格的认定标准以及对补充保险基金实施监督,列为劳动和社会保障部的职能之一。
2000 年底	国务院下发了《完善城镇社会保障体系试点方案》	正式将企业补充养老保险更名为企业年金。提出:有条件的企业可以为职工建立企业年金,企业年金实行基金完全积累,采用个人账户方式管理,费用由企业和个人缴纳,企业缴费在工资总额 4% 以内的部分,可以在成本中列支。年金实行市场化管理和运营。
2001 年 7 月	国务院发布《关于同意辽宁省完善城镇社会保障体系试点实施方案的批复》	企业建立企业年金应具备三个条件。大型企业、行业可以自办企业年金,鼓励企业委托有关机构经办企业年金。管理和运营企业年金的机构要经国家劳动保障行政部门会同财政部门的认定和批准。
2003 年 12 月 30 日	经劳动和社会保障部第 7 次部务会议通过,自 2004 年 5 月 1 日起正式施行《企业年金试行办法》	《企业年金试行办法》对企业建立企业年金的基本条件、决策程序、资金来源、管理办法、待遇给付、企业年金基金管理机构、投资运营等提出了指导性意见。
2004 年 2 月 23 日	中华人民共和国劳动和社会保障部、中国银行业监督管理委员会、中国证券监督管理委员会、中国保险监督管理委员会以联合规章的形式发布了《企业年金基金管理试行办法》,该办法自 2004 年 5 月 1 日起正式实行。	该办法是企业年金基金管理的重要法规,对企业年金的治理结构、企业年金基金管理和市场服务主体行为等方面都做出了规定。
2004 年 12 月	劳动和社会保障部公布了《企业年金基金管理机构资格认定暂行办法》和《关于印发〈企业年金基金管理运作流程〉、〈企业年金基金账户管理信息系统规范〉和〈企业年金基金管理机构资格认定专家评审规则〉的通知》	前者对企业年金基金管理机构的资格认定进行了规范,后者在加强企业年金基金管理、规范企业年金市场运作、保障企业年金基金财产安全等方面做了详细的规定。

续表

时间	法律法规	主要内容
2008年3月	国务院《关于印发事业单位工作人员养老保险制度改革试点方案的通知》	提出"在参加基本养老保险的基础上，事业单位建立工作人员职业年金制度"。
2014年8月	国务院《国务院关于加快发展现代保险服务业的若干意见》	明确提出适时开展个人税收递延型商业养老保险的试点；要求："把商业保险建成社会保障体系的重要支柱。商业保险要逐步成为个人和家庭商业保障计划的主要承担者、企业发起的养老健康保障计划的重要提供者、社会保险市场化运作的积极参与者。支持有条件的企业建立商业养老健康保障计划。支持保险机构大力拓展企业年金等业务。充分发挥商业保险对基本养老、医疗保险的补充作用。"
2015年1月	国务院《关于机关事业单位工作人员养老保险制度改革的决定》	明确规定："机关事业单位在参加基本养老保险的基础上，应当为其工作人员建立职业年金。单位按本单位工资总额的8%缴费，个人按本人缴费工资的4%缴费。工作人员退休后，按月领取职业年金待遇。"
2015年10月	中共中央《关于制定国民经济和社会发展第十三个五年规划建议》	要求"发展职业年金、企业年金、商业养老保险。"
2017年6月	国务院办公厅《关于加快发展商业养老保险的若干意见》	要求"依托商业保险机构专业优势和市场机制作用，扩大商业养老保险产品供给，拓宽服务领域，提升保障能力"。目标是"到2020年，基本建立运营安全稳健、产品形态多样、服务领域较广、专业能力较强、持续适度盈利、经营诚信规范的商业养老保险体系，商业养老保险成为个人和家庭商业养老保障计划的主要承担者"。
2017年12月	人力资源和社会保障部、财政部联合发布《企业年金办法》	对企业年金方案的订立、变更和终止，企业年金基金筹集，账户管理，企业年金待遇以及管理监督做出了明确规定。

新闻链接4-1 确保商业养老保险"养命钱"安全可靠

"商业养老保险资金和社保基金一样，都是老百姓的'养命钱'、'活命钱'，必须确保这些资金安全可靠运营。各保险机构务必守住这一底线。"李克强总理在2017年6月21日的国务院常务会议上强调。当天会议确定了加快发展商业养老保险，以完善社会保障体系，助力"老有所养"。

"'养命钱'最重要的是'安全第一',这样老百姓才有意愿购买。运营这类资金,不能期望高回报。"总理明确要求,商业养老保险不能按照商业银行或开发性金融的操作方式来运作,而是要遵循这个行业的商业化运作原则,实现保值和合理回报。

李克强说,发展商业养老保险要坚持以市场化原则为导向,不能通过垄断竞争"强买强卖"或利用行政手段"拉郎配""乱摊派"。通过提供个性化和差异化的养老保障服务,吸引人民群众主动参保。

"对于我们这个拥有13多亿人口、每年新增城镇劳动力1500多万人的大国来说,就业的弹性和灵活性越来越大,就业的新模式也越来越多,这已成为一种趋势。与之相伴生的则是人口老龄化问题日益突出。统计显示,我国60岁以上老人已超过2亿。"总理说,"要从根本上适应人口老龄化和就业形态新变化,满足人民群众日益增长的养老保障需求,必须进一步完善社会养老保障体系,而商业养老保险是其中的重要组成部分。"

总理在会上提出明确要求,各部门要加大政策扶持力度,落实好国家支持保险和养老服务业发展的相关财税政策,加快个人税收递延型商业养老保险试点,支持商业养老保险机构有序参与基本养老保险基金投资管理,为商业养老保险资金参与国家重大项目和民生工程等建设提供绿色通道和优先支持。加大监管力度,督促保险机构提高服务质量,维护消费者合法权益,切实防控风险。

"大家要认识到,这事关乎就业养老等民生大事,关乎中华民族的发展未来,各部门要相互支持、通力合作,支持商业养老保险事业加快发展。"李克强最后说。

资料来源:《李克强:确保商业养老保险"养命钱"安全可靠》,腾讯网,https://news.qq.com/a/20170622/055343.htm。

三 城乡居民养老保险

中国内地城乡居民养老保险制度的建立,几经调整,仍在不断完善。

(一)农村养老保险制度

新中国成立以后很长一段时间内,我国内地农村的养老保障以"五保"供养制度为主,该制度也确实发挥了重要的作用。尽管严格来说,五保供养制度应属于社会保障体系中较低层次的社会救助活动，但是这一制度开创了我国农村社会养老的先河，对农村社会养老保险制度的产生和发展都有着重要的意义。

从20世纪80年代初起，我国一些农村地区开始尝试建立老年农民养老保险制度。1982年全国有11个省市3457个生产队实行养老金制度，养老金由大队、生产队根据经济状况按比例分担，从队办企业的利润和公益金中进行支付。[①] 这是我国最早的较完全意义上的农村社会养老保险实践。

为适应计划生育政策和家庭联产承包责任制的普遍推行，国家"七五"计划中提出"建立中国农村社会保障制度雏形"的任务。据此，民政部于20世纪80年代中期开始要求并指导各地探索建立农村社会保障新制度。据有关资料统计，到1989年，全国已经有19个省、自治区和直辖市的190多个县（市、区）进行了农村养老保险方面的探索，800多个乡镇建立了乡（镇）本位或村本位的养老保障制度，并积累了一定的资金。[②] 最初建立乡镇、村为主体的社区型养老保险的村镇，主要集中在苏南、上海郊区等东南沿海经济较为富裕的地区。

这一时期农村养老保险制度的主要特点：养老金的筹集以集体经济提供资金为主，个人不承担缴费义务，经费直接受到集体经济经营效益的影响，难以形成稳定可靠的经费来源；养老保险以村、企业或乡镇为单位管理，缺乏监督和制约机制，积累资金的管理安全性差，流失严重，到了农民领养老金时可能难以兑现。民政部也因此认识到，建立农村社会养老保险制度要由县（市）以上政府颁布办法并组织实施，资金的筹集应符合以自我保障为主，辅之以集体、国家的必要支持，个人、集体、国家三方合理负担的基本原则。

1990年，国务院做出了关于城镇社会保险主要由劳动部负责，农村社会保险由民政部负责的决定。次年，民政部开始在山东省组织较大规模的试点，并于1992年将《县级农村社会养老保险基本方案（试行）》印发全国。同年，民政部在江苏省张家港召开"全国农村社会养老保险工作会议"，提出"积极领导、稳步前进"的工作方针，自此，农村社会养老保

---

① 蒋月：《社会保障法概论》，法律出版社，1999，第227页。
② 侯海涛、李波：《最新社会保险工作实务全书》，企业管理出版社，1997，第1067页。

险在全国逐步发展起来。1993年,国务院批准民政部成立农村社会保险司,1994年组建农村社会养老保险管理服务中心。此后,民政部结合对试点经验的总结,有计划地扩大试点,进一步在有条件的地区建立农村社会养老保险制度。从1995年开始,农村社会保险的工作重点从过去的以发展为主逐步转移到管理与发展并重。到1997年,已基本形成了中央部委、省、地(市)、县、乡、村多级工作网络和上下贯通的管理体系,在农村大部分地区初步建立了农村社会养老保险制度。[1]

1998年3月,国务院机构改革方案决定将农村社会保险管理职能划入新成立的劳动和社会保障部,要求实行社会保险的统一管理,同时提出对农村社会养老保险进行整顿规范,但没有提出操作细则。同时,由于自1996年以来我国利率连续下调,养老保险账户的利率也相应下调,使投保农民对政府和制度产生日益严重的不信任感,再加上其他一些因素的影响,全国大部分地区农村社会养老保险工作出现了参保人数下降、基金运行难度加大等困难,一些地区的农村养老保险工作甚至陷入停滞状态。1999年7月,国务院指出目前我国农村尚不具备普遍实行社会养老保险制度的条件,决定对已有的业务实行清理整顿,停止接受新业务,有条件的地区应逐步向商业保险过渡。

这一时期的农村养老保险制度经历了从繁荣到衰退的转变,形成了具有鲜明时代特色的养老保险制度。其特点包括:以自我保障为基础,采取个人缴费为主、集体补助为辅、国家政策扶持的方式筹集资金,体现了"自助为主、互助为辅"的原则;建立个人账户,资金所有权明确,按账户中的积累额确定发放标准;制定不同的缴费标准,使制度更具灵活性,适应农民收入不稳定的特点;实行农村务农、务工和经商等各类人员社会养老的一体化,有利于农业劳动者在不同岗位之间自由流动。

2009年9月,国务院印发《关于开展新型农村社会养老保险试点的指导意见》,正式启动新农保试点。首批试点覆盖面达11.8%,2010年扩大至23%左右,计划在2020年之前基本实现对农村适龄居民的全覆盖。根据规定,新农保试点采取"保基本、广覆盖、有弹性、可持续"的基本原则;基金由个人缴费(目前为每年100元、200元、300元、400元、500

---

[1] 王以才:《谁来赡养中国老农》,《中外管理导报》1999年第2期,第14~15页。

元5个档次)、集体补助、政府补贴构成;普惠与激励相结合,农民个人缴纳的养老保险费全部计入个人账户,政府给予补贴,年满60周岁的农村老年居民都可以领取由政府支付的基础养老金(每人每月55元)。2010年颁布的《社会保险法》第21条再次明确:新型农村社会养老保险待遇由基础养老金和个人账户养老金组成;参加新型农村社会养老保险(简称"新农保")的农村居民,符合国家规定条件的,按月领取新型农村社会养老保险待遇。

(二) 城镇居民养老保险制度

城镇居民养老保险(简称"城居保")是覆盖城镇户籍非从业人员的养老保险制度。所有年满16周岁(不含在校学生)、不符合职工基本养老保险参保条件的城镇非从业居民,可在户籍地自愿参保。

2011年7月1日,城镇居民养老保险在全国层面试点推行,这是继2009年新型农村社会养老保险试点后党中央、国务院为加快建设覆盖城乡居民的社会保障体系做出的又一重大战略部署,是促进和谐社会建设的一项重大民心工程,意味着我国人人都"老有所养"的千年夙愿将基本得以实现。

截至2011年11月底,两项试点参保人数达2.62亿,其中领取待遇人数6622万。加上各地自行的试点,总参保人数达到3.02亿,领取待遇人数7966万。北京、天津、辽宁、上海、江苏、浙江、福建、山东、海南、重庆、西藏、陕西、青海、宁夏、新疆等15个省区市已经实现新农保和城镇居民养老保险两项制度全覆盖。

城居保的基本特点一是广覆盖、保基本。以"广覆盖"为目标,筹资标准和待遇标准与经济发展及各方面承受能力相适应,低水平起步,先解决"从无到有"的问题,并随着经济社会发展逐步完善制度和提高保障水平,再循序渐进解决"由低到高"的问题。二是自愿参加、重激励、有弹性。城镇居民养老保险实行"政府主导和居民自愿相结合"的原则,引导群众自愿参保,同时,运用财政补贴手段,通过激励引导,扩大覆盖面。设置多个缴费档次,参保人自主选择,制度上鼓励多缴多得,权利与义务对应。三是责任共担。城居保实行政府主导和居民自愿相结合的原则,个人(家庭)和政府合理分担责任,权利与义务相对应。在新制度初建阶段，政府责任必须首先到位。

其中，政府的投入责任体现在：城镇居民参保缴费环节给予财政补助，政府对符合领取城乡居民养老保险待遇条件的参保人全额支付基础养老金。这其中，中央财政对中西部地区按中央确定的基础养老金标准给予全额补助，对东部地区给予50%的补助。地方人民政府应当对参保人缴费给予补贴，对选择最低档次标准缴费的，补贴标准不低于每人每年30元；对选择较高档次标准缴费的，适当增加补贴金额，给予适当鼓励，例如，对选择500元及以上档次标准缴费的，补贴标准不低于每人每年60元。对城镇重度残疾人等缴费困难群体，地方政府为其代缴部分或全部最低标准的养老保险费；同时在养老金待遇支付环节给予财政补助。城居保的养老金由个人账户养老金和基础养老金两部分构成，个人账户养老金水平由账户储存额，即个人缴费和政府补贴总额来决定，基础养老金则由政府全额支付。参保居民年满60周岁，可按月领取包括基础养老金和个人账户养老金在内的养老金。已年满60周岁、符合规定条件的城镇居民，不用缴费，可按月领取基础养老金。

（三）城乡居民养老保险制度

新农保与城居保这两种养老保险制度在制度设计上有很多共同之处，都是由政府主导建立的社会养老保险制度，基本原则是"保基本、广覆盖、有弹性、可持续"。实行个人缴费、政府补贴相结合，社会统筹和个人账户相结合，都设立了个人账户，个人向账户里缴费，缴费公式也类似，其中新农保每人每年缴费从100元到500元不等，共有5档选择，城居保每人每年从100元到1000元有10档选择；两种制度养老金发放公式也类似，都是到60岁就开始每月固定领取养老金，跟以前的缴费记录没有任何关系。

中国是老年人口最多的国家之一，人口老龄化呈现逐步加速趋势。建立统一的城乡居民基本养老保险制度，使全体人民公平地享有基本养老保障，是中国经济社会发展的必然要求和推进"新四化"建设的需要。这也是中国的基本养老保险制度改革迈出的重要一步。

由于新农保和城居保两种制度极为类似，又是先后设立；更重要的是，城居保制度的参保人数很少，有些省份在2011年城居保起步之初直接就将两种保险制度"合二为一"了。

国务院总理李克强 2014 年 2 月 7 日主持召开国务院常务会议，听取 2013 年全国人大代表建议和全国政协委员提案办理工作汇报，决定合并新型农村社会养老保险和城镇居民社会养老保险，这将有助于应对老龄化社会的挑战。这是一项具有实质意义的改革突破，意味着我国开始从城乡制度分别建设的阶段，进入到打破公共服务城乡二元制度、推进制度并轨的新阶段；意味着全体人民能够公平地享有基本养老保障。

国务院 2014 年 2 月 21 日发布《国务院关于建立统一的城乡居民基本养老保险制度的意见》（国发〔2014〕8 号），要求建立全国统一的城乡居民基本养老保险制度，加强社会保障体系建设。同时提出，按照党的十八大精神和十八届三中全会关于整合城乡居民基本养老保险制度的要求，依据《中华人民共和国社会保险法》有关规定，在总结新型农村社会养老保险（新农保）和城镇居民社会养老保险（城居保）试点经验的基础上，国务院决定，将新农保和城居保两项制度合并实施，在全国范围内建立统一的城乡居民基本养老保险（以下简称"城乡居民养老保险"）制度。

"十二五"末，全国基本实现新农保和城居保制度合并实施，并与职工基本养老保险制度相衔接。2020 年前，全面建成公平、统一、规范的城乡居民养老保险制度，与社会救助、社会福利等其他社会保障政策相配套，充分发挥家庭养老等传统保障方式的积极作用，更好地保障参保城乡居民的老年基本生活。同时，城乡养老保障制度有效并轨后，城乡居民享受制度上无差别、水平大致相当的养老保障，在制度模式、筹资方式、待遇支付等方面将实现无差距对接。但在养老保险水平上，还有一个逐步提高的过程，使养老保险对城乡居民的保障程度进一步提高。

2017 年 10 月 18 日，习近平同志在十九大报告中指出，加强社会保障体系建设。全面建成覆盖全民、城乡统筹、权责清晰、保障适度、可持续的多层次社会保障体系，全面实施全民参保计划，完善城镇职工基本养老保险和城乡居民基本养老保险制度，尽快实现养老保险全国统筹，建立完善统一的城乡居民基本医疗保险制度和大病保险制度，完善失业、工伤保险制度，建立全国统一的社会保险公共服务平台。

截至 2019 年末，城乡居民基本养老保险参保人数达 53266 万，其中，实际领取待遇人数 16032 万。2019 年，共为 2529.4 万建档立卡贫困人口、

1278.7万低保对象、特困人员等贫困群体代缴城乡居民养老保险费近42亿元，为2885.5万贫困老人发放养老保险待遇，6693.6万贫困人员从中受益。全国5978万符合条件的建档立卡贫困人员参加基本养老保险，基本实现了贫困人员基本养老保险应保尽保。全年城乡居民基本养老保险基金收入4107亿元，基金支出3114亿元。2019年末，城乡居民基本养老保险基金累计结存8249亿元。[①]

第三节 养老保障

联合国在《世界人口展望》2017年修订版报告中，对未来世界人口发展趋势进行了分析和展望。从全球范围来看，人口预期寿命从2000～2005年的男性65岁、女性69岁上升到2010～2015年的男性69岁、女性73岁。如果拿2017年作为基础，目前全球60岁及以上人口为9.62亿，到2050年这一年龄层的人口数量将是现在的两倍多，达到21亿，2100年则是现在的三倍多，将达到31亿。联合国老龄化议题"世界人口老龄化：1950－2050"中也指出：就全球而言，老年人口每年以2%的速度增长，比整个人口增长速度快得多。预期至少在今后25年内，老年人口将继续比其他年龄组人口更快速地增长。人口老龄化是持续性的。在20世纪内，老年人的比例不断增长，预计这个现象在21世纪将继续存在。例如，老年人的比例在1950年是8%，在2000年是10%，预测在2050年将达到21%。根据美国普查的研究，世界性的人口老龄化是"历史上未曾出现的社会现象"。

国际上通常把60岁以上人口占总人口比例达到10%，或65岁以上人口占总人口比例达到7%作为国家或地区进入老龄化社会的标准。以前者为标准，我国自2000年已进入老龄化社会；以65岁以上人口占总人口比例的数据为参考，我国此指标从2002年的7.3%上涨至2012年的9.4%。2015年，我国60岁以上人口达到2.22亿，占总人口的16.15%；2020年，我国老年人口达到2.64亿，老龄化水平达到17.17%，其中80岁以上老

[①] 中华人民共和国人力资源和社会保障部：《2019年度人力资源和社会保障事业发展统计公报》，http://www.mohrss.gov.cn/gkml/ghtj/tj/ndtj/202009/t20200911_385449.html。

年人口将达到3067万人；2025年，60岁以上人口将达到3亿，成为超老年型国家。另据联合国统计，到本世纪中期，中国将有近5亿人口超过60岁，而这个数字将超过美国人口总数。

发达国家老龄化进程长达几十年至100多年，如法国用了115年，瑞士用了85年，英国用了80年，美国用了60年，而我国只用了18年（1981~1999年）就进入了老龄化社会，而且老龄化的速度还在加快。近十年65岁及以上人口逐年增加，人口红利逐渐消失，这意味着人口老龄化的高峰即将到来，同时创造价值的劳动力也在减少，因此，老年人面临养老、医疗以及精神赡养等诸多社会问题，其严重性和迫切性不言而喻。

2015年修订的《中华人民共和国老年人权益保障法》提出，逐步改善保障老年人生活、健康、安全以及参与社会发展的条件，实现老有所养、老有所医、老有所为、老有所学、老有所乐；国家建立多层次的社会保障体系，逐步提高对老年人的保障水平。

一 老有所养——经济保障

2010年人口普查的问卷调查反映出中国老龄人口的资产结构：大部分人靠家庭，25%靠养老金，20%左右（尤其是农村居民）靠自己劳动[①]，这个指标反映了老年人经济保障问题的严峻性。2014年农村和城镇养老保险体系进行重大改革，在全国范围内建立了统一的城乡居民养老保险制度，基本实现了全民参保，60岁以上居民每月均可获得一定的养老金，使我国老年人在一定程度上能够获得最基本的经济保障。养老社会保险、社会救助与社会福利构成老年人经济保障网。在《中华人民共和国老年人权益保障法》中，国家承诺"对经济困难的老年人给予基本生活、医疗、居住或者其他救助"；"根据经济社会发展水平和老年人的实际需要，增加老年人的社会福利"；"国家根据经济发展以及职工平均工资增长、物价上涨等情况，适时提高养老保障水平"。此外，目前很多地方政府已经建立了80周岁以上低收入老年人高龄津贴制度。国家-社会-个人（家庭）共同做好老年保障，"国家鼓励慈善组织以及其他组织和个人为老年人提供物

[①] 《2016年中国人口老龄化带动老年经济的发展》，中国产业信息网，http://www.chyxx.com/industry/201612/475993.html。

质帮助"。

这些政策的实施在一定程度上改善了老年人的经济状况。2016年10月9日,民政部、财政部和全国老龄办发布的第四次中国城乡老年人生活状况抽样调查结果显示,农村老年人收入增长速度快于城镇。2014年,我国城镇老年人年人均收入达到23930元,比2000年增加16538元;农村老年人年人均收入达到7621元,比2000年增加5970元。扣除价格因素,城镇老年人收入年均增长率为5.9%,农村老年人收入年均增长率为9.1%。

二 老有所医——医疗保障

加强老年人医疗保障和卫生服务,增进老年人健康,是提高老龄社会全民健康水平和生命质量的重要内容。随着老龄化的加剧,对医疗保险的需求进一步增加,卫生部关于《中国健康模式转轨和服务需求变化及其对经济社会的影响》报告指出,人口老龄化带来的医疗需求量负担到2025年将增加47%,如果考虑到各年龄组人口的医疗费用按GDP年增长率同比增长,我国医疗需求费用到2025年将达到65亿元以上。

(一) 医疗保险

2016年10月9日,民政部、财政部和全国老龄办发布的第四次中国城乡老年人生活状况抽样调查结果显示,2015年,城乡享有医疗保障的老年人比例分别达到98.9%和98.6%,医疗保障制度基本实现了老年人全覆盖。各地普遍将老年常见病、慢性病等大额医疗费用纳入社会统筹基金支付范围,减少退休人员个人的支付比例。

(二) 补充医疗保险

国家积极采取多种补充性医疗保障措施,努力减轻老年人的医疗费用负担。实行公务员医疗补助办法,由财政为包括退休人员在内的国家公务员提供医疗费用补助。有条件的企业建立了补充医疗保险,承担基本医疗保险待遇以外的医疗费用。同时发展并推广多层次、多方面的商业保险,如商业医疗保险、健康保险和高龄伤害保险等。

(三) 医疗救助

国家积极探索建立城市社会医疗救助制度,通过财政拨款、彩票公益金和社会捐助等多种渠道筹集医疗救助基金,对困难群众就医给予补助。

推动各地建立大额医疗费用补助办法，由个人或企业缴费筹资，为患大病、重病以及长期慢性病的职工及退休人员解决超过统筹基金最高支付限额以上的医疗费用；要求各地为70岁以上农村老年人参加新型合作医疗给予适当政策优惠，照顾老年人的特殊需求；积极建立农村医疗救助制度，采取政府拨款和社会捐助相结合的措施筹集救助资金，资助农村"五保"老年人和困难群众参加新型农村合作医疗；对因患大病个人医疗费负担过高、影响家庭基本生活的贫困农民给予适当补助，在一定程度上缓解老年人基本医疗负担。

（四）疾病预防与健康促进

早在20世纪90年代，国家就已经制定了《老年医疗保健"八五"规划（1991—1995年）》，把老年医疗保健工作纳入《全国健康教育与健康促进工作规划纲要（2005—2010年）》《中国护理事业发展规划纲要（2005—2010年）》《中国精神卫生工作规划（2002—2010年）》等一系列卫生工作发展规划。成立全国老年卫生工作领导小组和老年卫生工作专家咨询委员会，加强对全国老年卫生工作的指导协调和科学决策。国家鼓励有条件的大中型医疗机构开设老年病专科或老年病门诊，积极为老年人提供专项服务。根据区域卫生规划，建立能够提供老年病防治、老年康复和临终关怀等服务的医疗卫生服务机构。各地积极引导基层医疗卫生机构向社区卫生服务机构转型，开展老年保健、医疗护理和康复等服务。

2016年10月，中共中央、国务院印发《"健康中国2030"规划纲要》（以下简称《纲要》）要求"加强老年常见病、慢性病的健康指导和综合干预，强化老年人健康管理。推动开展老年心理健康与关怀服务，加强老年痴呆症等的有效干预"。《纲要》进一步要求"推进中医药与养老融合发展，推动医养结合，为老年人提供治疗期住院、康复期护理、稳定期生活照料、安宁疗护一体化的健康和养老服务，促进慢性病全程防治管理服务同居家、社区、机构养老紧密结合"。

（五）长期护理保险

在2012年10月10日举行的卫生部新闻发布会上，卫生部疾病预防控制局副局长孔灵芝女士透露，中国老年人的精神疾病发病状况不容乐观："关于我国现在60岁以上人群的抑郁症和老年痴呆患病率的比例，根据部分地区调查结果，60岁以上的人群老年期痴呆患病率4.2%。关于抑郁症的患病率，北京市有一个调查结果显示65岁以上人群抑郁症患病率是4.4%。"相关国际研究表明，由于自身生理机能的衰退、社会适应能力的下降及诸多环境因素的影响，老年人已成为精神疾病的多发高危人群，65岁以上人口中精神疾病患病人口总计占高龄存活人口的26%。中国老龄科学研究中心《2010年中国城乡老年人口状况追踪调查》的课题报告显示，中国目前有城乡失能和部分失能老人4031万。失能老人为1213万，其中城镇438万，占36.1%，农村775万，占63.9%；部分失能老人为2818万，其中城镇971万，占34.5%，农村1847万，占65.5%。2015年，全国城乡失能、半失能老年人口约为4063万。据世界卫生组织统计，世界抑郁症老人占老年人口的7%~10%，老年痴呆的发病率达到4.2%，截至2015年，我国痴呆老年人总数已超1000万。这些老人的失能状况将会持续较长时间，因而他们的日常生活全部或部分需要他人长期护理。这些老人及其家庭难以支付长期护理服务所需的高额费用，政府的补助力度有限，远无法满足不断增长的长期护理服务需求。

2016年10月9日，民政部、财政部和全国老龄办发布的第四次中国城乡老年人生活状况抽样调查结果显示，我国老年人照护服务需求持续上升。2015年，我国城乡老年人自报需要照护服务的比例为15.3%，比2000年的6.6%上升近9个百分点。上门看病（38.1%）、上门做家务（12.1%）、康复护理（11.3%）在城乡老年人居家养老服务需求项目中排名前三位。

2016年6月人力资源和社会保障部办公厅《关于开展长期护理保险制度试点的指导意见》指出，探索建立长期护理保险制度，是应对人口老龄化、促进社会经济发展的战略举措，是实现共享发展改革成果的重大民生工程，是健全社会保障体系的重要制度安排。目标是"探索建立以社会互助共济方式筹集资金，为长期失能人员的基本生活照料和与基本生活密切相关的医疗护理提供资金或服务保障的社会保险制度"。要求用1~2年试点时间，积累经验，力争在"十三五"期间，基本形成适应我国社会主义市场经济体制的长期护理保险制度政策框架。

《纲要》要求"推动居家老人长期照护服务发展，全面建立经济困难的高龄、失能老人补贴制度，建立多层次长期护理保障制度"。以北京市为例，海淀区试行了自愿参保的商业性长期护理保险，解决了一部分失能老人的日常护理问题，但采用自愿参保形式不利于扩大覆盖范围，设定15年的最低缴费年限也无法实现即时享受保障。2017年在石景山区研究建立政策性长期护理保险制度，坚持政府制度引领，作为多层次社会保障体系中的一项托底政策，由政府、社会和个人三方筹集资金，当期参保、当期受益，为参保职工和城乡居民提供长期护理保障。

三　老有所乐——老年人精神文化生活

加强老年人文化建设，为其提供良好的精神生活环境，满足老年人的精神文化需求和物质文化需求，才能够保持社会的稳定和谐发展。民政部、财政部和全国老龄办2016年发布的第四次中国城乡老年人生活状况抽样调查结果显示，老年人精神文化生活与时俱进，闲暇生活更加注重品质和时尚。

旅游已成为老年人休闲生活的新选择。调查显示，2000年经常去旅游的老年人比例只有2.5%；2014年8.7%的老年人有外出旅游支出；2015年13.1%的老年人明确表示未来一年计划外出旅游。此外，一份调查报告显示，29.4%的中老年人平时会唱歌跳舞；20.33%的中老年人会养植物、动物；16.09%的中老年人会书法画画；24.58%的中老年人会看电视和听广播；45.36%的中老年人会选择散步、跑步；旅游、登山是近几年在中老年人中盛行的运动方式，比例达23.7%；11.83%的中老年人选择打太极、练剑等晨练活动；8.1%的中老年人会选择打球作为锻炼的主要方式。

《"十三五"国家老龄事业发展和养老体系建设规划》强调，要发展老年教育，繁荣老年文化，加强老年人精神关爱。完善覆盖城乡的公共文化设施网络，在基层公共文化设施内开辟适宜老年人的文化娱乐活动场所，增加适合老年人的特色文化服务项目。推动公共文化服务设施向老年人免费或优惠开放，为老年人开展文化活动提供便利。文化信息资源共享、农村电影放映、农家书屋等重大文化惠民工程增加面向老年人的服务内容和资源。广泛开展群众性老年文化活动，培育老年文化活动品牌。鼓励创作发行老年人喜闻乐见的图书、报刊以及影视剧、戏剧、广播剧等文艺作品。鼓励制作适合微博、微信、手机客户端等新媒体传播的优秀老年文化作品。加强数字图书馆建设，拓展面向老年人的数字资源服务。加强专业人才和业余爱好者相结合的老年文化队伍建设。

增加对中老年人文化娱乐活动的关注。让中老年人过上多姿多彩的晚年生活，需要家庭、社区、政府的多方支持，积极拓展活动平台，促进中老年人文化建设发展。

四 老有所学——老年教育

《老年教育发展规划（2016—2020年）》指出，我国的人口老龄化规模大、速度快，但是现在还处于一个比较好的时期，即低龄化时期。在2.2亿的老年人里，60～65岁的老人有8400万，占了所有老年人口的35%，60～69岁的老人占比达56%。老年人对养老有了更多新的需求，对老年教育的新需求也非常迫切。

1973年，世界上第一所老年大学创办于法国。随着中国老龄人口的增多，20世纪80年代，老年大学在中国许多地方兴起。老年大学的办学方式非常灵活，既有固定场所集中授课，也能远程授课。但目前老年教育远不能适应老年人需求，大约有7万多所老龄大学，在校的学生将近1000万，供求矛盾成为最大瓶颈，"一座难求"成为焦点，其中发展是最紧迫的问题。在这个背景下，加强老年教育非常有必要。

2017年6月国务院办公厅印发的《关于制定和实施老年人照顾服务项目的意见》提出，老年教育资源向老年人公平有序开放，减免贫困老年人进入老年大学学习的学费，提倡乡镇（街道）、城乡社区落实老年人学习场所，提供适合老年人的学习资源。教育部职业教育与成人教育司副巡视员谢俐表示，通过优先发展城乡社区老年教育，促进各级各类学校开展老年教育和推动老年大学面向社会办学等一系列措施，可有效扩大老年教育资源供给。加强老年教育支持服务，运用信息技术服务老年教育，创新老年教育发展机制，鼓励社会力量参与老年教育，促进老年教育和相关产业联动发展。

五 老有所为——老年人力资源开发

我国人口的平均期望寿命1990年男性为68.40岁，女性为71.72岁。据预测，到2050年，中国人口平均期望寿命男性为78.5岁，女性为82.9岁。按我国一般退休年龄（女性55岁，其中女性工人50岁；男性60岁）计算，届时人生1/4的时间将处于赋闲状态。老年人力资源具有独特的经验优势、智力优势和文化优势等。退休者中还包括大批身体健康、专业成熟、经验丰富的低龄老人①，他们有继续工作的能力和动机，并且不需专门培养。退休后如果不能及时调整心态，加上失去工作锻炼，退休老人与同龄工作老人相比，更易衰老和患病。而目前我国已退休的高级专业技术人员达80多万，占在职高级专业技术人员的40%，他们中的90%是年龄在70岁以下的低龄老人。但截至2010年底，我国大约有70%的老年人是70岁以下、身体健康且具有劳动能力的低龄老年人，但其中仍在就业的仅有39%，老年人口总的就业率为43.7%。因此，加快开发利用老年人力资源，使一部分消费人口转化为生产人口，可以使老年人力资源的社会价值得以实现，个人生活得到改善，还可以为国家创造财富，减轻国家和社会负担，减轻财政压力。

六 养老服务业——促进老龄产业大发展

2015年11月，国务院办公厅发布《关于加快发展生活性服务业，促进消费结构升级的指导意见》，以满足日益增长的养老服务需求为重点，完善服务设施，加强服务规范，提升养老服务体系建设水平。鼓励养老服务与相关产业融合创新发展，推动基本生活照料、康复护理、精神慰藉、文化服务、紧急救援、临终关怀等领域养老服务的发展。积极运用网络信息技术，发展紧急呼叫、健康咨询、物品代购等适合老年人的服务项目，创新居家养老服务模式，完善居家养老服务体系。引导社会力量举办养老机构，通过公建民营等方式鼓励社会资本进入养老服务行业，鼓励境外资本投资养老服务行业。鼓励探索创新，积极开发贴合农村实际需求的养老服务方式。

2017年6月国务院办公厅印发的《关于制定和实施老年人照顾服务项目的意见》提出，发展居家养老服务，为居家养老服务企业发展提供政策支持。鼓励与老年人日常生活密切相关的各类服务行业为老年人提供优先、便利、优惠的服务；大力扶持专业服务机构并鼓励其他组织和个人为居家老年人提供生活照料、医疗护理、精神慰藉等服务；鼓励和支持城乡社区社会组织和相关机构为失能老年人提供临时或短期托养照顾服务（表4-9）。

---

① 根据人口学划分，60~69岁为低龄老人，70~79岁为中龄老人，80岁及以上为高龄老人。

表4-9 我国养老保障相关法律法规

时间	法律法规	主要内容
2004年12月	中国保险监督管理委员会关于印发《加快发展养老保险的若干指导意见》的通知	保险公司要以市场为导向,加大产品开发力度,完善养老保险产品体系,满足不同收入水平下多元化的养老保障需求。同时,要大力推进销售模式创新,加强服务网络建设,增强服务便捷性。
2008年3月	国务院办公厅转发全国老龄委办公室和发展改革委等部门关于加快发展养老服务业意见的通知（2015年失效）	要求:进一步发展老年社会福利事业;大力发展社会养老服务机构;鼓励发展居家老人养老服务业务;支持发展老年护理、临终关怀服务业务;促进老年用品市场开发。
2011年12月	国务院办公厅关于印发社会养老服务体系建设规划（2011—2015年）的通知（2016年失效）	加强社会养老服务体系建设,是解决失能、半失能老年群体养老问题、促进社会和谐稳定的当务之急。
2012年5月	卫生部等15部门关于印发《中国慢性病防治工作规划（2012—2015年）》的通知	提出:关口前移,深入推进全民健康生活方式;拓展服务,及时发现管理高风险人群;规范防治,提高慢性病诊治康复的效果;提高慢性病综合防控能力。
2013年9月	国务院关于加快发展养老服务业的若干意见	要求到2020年,全面建成以居家为基础、社区为依托、机构为支撑的,功能完善、规模适度、覆盖城乡的养老服务体系。
2014年8月	国务院《关于加快发展现代保险服务业的若干意见》	要求"构筑保险民生保障网,完善多层次社会保障体系";把商业保险建成社会保障体系的重要支柱;创新养老保险产品服务;发展多样化健康保险服务。
2015年5月	国务院《关于积极发挥新消费引领作用加快培育形成新供给新动力的指导意见》	提出:顺应生活消费方式向发展型、现代型、服务型转变的趋势,重点发展居民家庭服务、健康养老服务等贴近人民群众生活、需求潜力大、带动力强的生活性服务业;适时推进医疗、养老等行业营业税改征增值税改革试点,扩大增值税抵扣范围;鼓励保险机构开发更多适合医疗、养老、文化、旅游等行业和小微企业特点的保险险种;依法盘活农村建设用地存量,重点保障农村养老、文化及社区综合服务设施建设用地,合理规划现代农业设施建设用地。
2015年10月	中共中央关于制定国民经济和社会发展第十三个五年规划的建议	积极开展应对人口老龄化行动,弘扬敬老、养老、助老社会风尚,建设以居家为基础、社区为依托、机构为补充的多层次养老服务体系,推动医疗卫生和养老服务相结合,探索建立长期护理保险制度。全面放开养老服务市场,通过购买服务、股权合作等方式支持各类市场主体增加养老服务和产品供给。

续表

时间	法律法规	主要内容
2015年11月	国务院办公厅转发卫生计生委等部门关于推进医疗卫生与养老服务相结合指导意见的通知	要求：到2017年，医养结合政策体系、标准规范和管理制度初步建立，到2020年，符合国情的医养结合体制机制和政策法规体系基本建立，医疗卫生和养老服务资源实现有序共享，覆盖城乡。建立健全医疗卫生机构与养老机构合作机制。
2016年6月	人力资源和社会保障部办公厅《关于开展长期护理保险制度试点的指导意见》	试点目标：探索建立以社会互助共济方式筹集资金，为长期失能人员的基本生活照料和与基本生活密切相关的医疗护理提供资金或服务保障的社会保险制度。利用1~2年试点时间，积累经验，力争在"十三五"期间，基本形成适应我国社会主义市场经济体制的长期护理保险制度政策框架。
2016年6月	《中华人民共和国老年人权益保障法（2015年修正）》	国家和社会应当采取措施，健全保障老年人权益的各项制度，逐步改善保障老年人生活、健康、安全以及参与社会发展的条件，实现老有所养、老有所医、老有所为、老有所学、老有所乐；国家建立多层次的社会保障体系，逐步提高对老年人的保障水平；国家建立和完善以居家为基础、社区为依托、机构为支撑的社会养老服务体系。
2016年10月	中共中央国务院印发《"健康中国2030"规划纲要》的通知	要求加强康复、老年病、长期护理、慢性病管理、安宁疗护等接续性医疗机构建设；健全治疗-康复-长期护理服务链；促进健康老龄化。
2016年12月	国务院办公厅《关于全面放开养老服务市场提升养老服务质量的若干意见》	提出目标："到2020年，养老服务市场全面放开，养老服务和产品有效供给能力大幅提升，供给结构更加合理，养老服务政策法规体系、行业质量标准体系进一步完善，信用体系基本建立，市场监管机制有效运行，服务质量明显改善，群众满意度显著提高，养老服务业成为促进经济社会发展的新动能。"并要求大力提升居家社区养老生活品质；提升农村养老服务能力和水平；提高老年人生活便捷化水平。
2017年2月	国务院《关于印发"十三五"国家老龄事业发展和养老体系建设规划的通知》	要求完善医养结合机制；加强老年人健康促进和疾病预防；加强老年康复医院、护理院、临终关怀机构和综合医院老年病科建设；促进老年人体育健身；繁荣老年消费市场；加强老年人精神关爱；加强老年人力资源开发；发展老年志愿服务。

续表

时间	法律法规	主要内容
2017年6月	国务院办公厅《关于加快发展商业养老保险的若干意见》	提出到2020年，基本建立运营安全稳健、产品形态多样、服务领域较广、专业能力较强、持续适度盈利、经营诚信规范的商业养老保险体系，商业养老保险成为个人和家庭商业养老保障计划的主要承担者。
2017年6月	国务院办公厅《关于制定和实施老年人照顾服务项目的意见》	提出：全面建立针对经济困难高龄、失能老年人的补贴制度，并做好与长期护理保险的衔接；发展居家养老服务，为居家养老服务企业发展提供政策支持；推进老年宜居社区、老年友好城市建设；推动扩大法律援助覆盖面；支持城市公共交通为老年人提供优惠和便利；每年为65周岁及以上老年人免费提供包括体检在内的健康管理服务；加大推进医养结合力度；积极开展长期护理保险试点；老年教育资源向老年人公平有序开放；支持老年人开展文体娱乐、精神慰藉、互帮互助等活动。
2017年7月	国务院办公厅《关于加快发展商业养老保险的若干意见》	深化商业养老保险体制机制改革，推动商业保险机构提供企业（职业）年金计划等产品和服务，鼓励商业保险机构投资养老服务产业。
2017年8月	财政部、民政部、人力资源和社会保障部《关于运用政府和社会资本合作模式支持养老服务业发展的实施意见》	着力推动政府和社会资本合作促进养老服务领域供给侧结构性改革，优化养老服务领域资金资源投入使用方式，发挥社会力量的主体作用，激发社会活力，提高养老服务供给效率和能力，促进多层次、多渠道、多样化的养老服务更加方便可及。
2019年4月	国务院办公厅《关于推进养老服务发展的意见》	要求：建立养老服务综合监管制度；继续深化公办养老机构改革；大力推进养老服务业吸纳就业。
2019年7月	国务院《关于实施健康中国行动的意见》	要求实施老年健康促进行动。到2022年和2030年，65~74岁老年人失能发生率有所下降，65岁及以上人群老年痴呆患病率增速下降；到2022年和2030年，70岁及以下人群慢性呼吸系统疾病死亡率下降到9/10万及以下和8.1/10万及以下。
2019年9月	民政部《关于进一步扩大养老服务供给 促进养老服务消费的实施意见》	要求：大力发展城市社区养老服务；积极培育居家养老服务；有效拓展农村养老服务；创新优质老年用品供给；加强社区养老服务设施建设；推进居家和社区适老化改造。

续表

时间	法律法规	主要内容
2020年2月	发展改革委、民政部、财政部《关于印发〈养老服务体系建设中央补助激励支持实施办法〉(2020年修订版)的通知》	财政部、民政部在安排年度福利彩票公益金补助地方老年人福利类项目资金时,通过工作绩效因素(占8%权重),对激励省份予以资金倾斜。
2020年4月	民政部、住房城乡建设部、国家卫生健康委、应急管理部、市场监管总局《关于做好2020年养老院服务质量建设专项行动工作的通知》	要求:推行全国统一的养老机构等级评定制度;建立健全养老服务综合监管制度;开展养老服务人才培训提升行动。

案例4-3 居家养老服务

空巢老人L婆婆,现年83岁,患有高血压等老年常见病,眼睛曾有黄斑病、听力尚好、动作利落,居住在某服务社区的一栋居民房7楼。L婆婆有一子一女,女儿已于5年前去世,儿子Y常年在美国生活和工作,每年仅国庆期间回来看望母亲,平常与母亲主要以电话联系。在过去两年,L婆婆曾经接受过居家养老服务,有专门照顾人员居家清洁、洗澡抹身等;同时,儿子Y也曾请了一名阿姨W上门照顾L婆婆,照顾的内容亦包括居家清洁等,并通过前来探望L婆婆的远房亲戚了解两个照顾者的称职情况。

居家养老服务的人员从其与阿姨W偶尔见面的互动中得知双方的待遇等差异,对对方受到的各种不同待遇都有不平衡情绪。在照顾过程中,居家养老服务人员表示L婆婆有打人的行为,并常常要求她探出身子擦窗户,高空作业让其面临危险,以致于作为长者服务正式资源的居家养老服务部随即停止了对L婆婆的照顾服务。这个变化让儿子Y紧张了起来,尤其在今年曾经出现L婆婆在家中跌倒,被邻居发现并联系居委会、被家综社工送去医院的事件,更增加了儿子Y的担忧。今年国庆期间儿子Y回国探望母亲,亦要求居家养老服务部和家综重新为L婆婆提供服务。

儿子Y为L婆婆的求助过程是这样的:他首先联系了居家养老服务部,与负责人沟通了解中断对L婆婆照顾的原因,他表示并不相信L婆婆曾有打人行为和要求专门照顾人员从事高空作业,并指责居家养老服务部不作为;然后前往居委会希望居委会协助,强调了照顾长者是政府责任的说法，从而与居委会发生了口角；Y最后来到家综办公室寻找社工，马上要求社工为L婆婆提供居家养老服务。

社工的跟进呈现以下过程：让Y了解目前对L婆婆的照顾—了解Y的要求及澄清期望强调责任—确定下一步照顾L婆婆的做法。

首先，社工表示L婆婆作为社区重点探访跟进的长者对象，社工每周至少探访一次，邻里义工每周不定时上门，做到了对L婆婆情况的随时掌握。同时对Y与居家养老服务部的沟通情况做了了解，告诉儿子Y，社工正在想办法为L婆婆重新联系相关服务资源。

随后，社工进而与儿子Y进行沟通，使其了解L婆婆的真实需求。社工在过去服务中得知，L婆婆曾希望随儿子去美国生活，然而儿子Y则认为母亲年老，意识糊涂才会如此想。在与社工沟通过程中，Y不断强调了政府和社会照顾长者的责任，亦表示自己回国的难处。Y表示曾经安排母亲到社区的老人院生活，但母亲却在住了几天后因为不习惯，于是依然选择在家生活。社工肯定Y照顾母亲的做法，但亦提醒Y，在中国照顾老人首先是成年孩子的责任，政府和社会是以辅助的方式协助照顾。但这一沟通过程却让儿子Y觉得社工、政府等方面都在推卸责任，因此多次扬言要把母亲的经历报上媒体，通过媒体施压，让母亲重新得到照顾。

找媒体的做法让年轻的社工感到了压力。于是社工再次上门与L婆婆和Y进行沟通，对L婆婆的情况重新进行了梳理，同时了解Y的具体想法，并走访了该区居家养老服务部，得知负责本社区的居家养老服务部明确不再接纳L婆婆的案例。

社工经过评估后，首先确定L婆婆现在确实需要长者照顾服务，但Y对母亲的照顾责任也需要强化。在社工的指引下，街道与儿子Y见面，并联系了另外一个居家养老服务部为L婆婆提供服务。

L婆婆一直空巢在家生活，亲人不在身边，她能够直接依赖的是社区邻里、居委会、居家养老服务和偶尔来探望的亲戚，最主要的依赖对象却常年远隔重洋。从增强社会支持来看，本个案目前还不能完全结案，社工需要始终如一强化儿子Y对老人的照顾责任，儿子照顾责任也是L婆婆的支持资源，对于目前已经链接起来的资源力量，社工亦要定期跟进了解发挥的情况，持续让L婆婆的生活更有保障、安全和丰富。

资料来源：《8旬空巢老人重获居家养老服务个案分享》，社工中国网，http://practice.swchina.org/case/2014/1216/19613.shtml。

相关知识：

"养老服务"是个庞大的服务体系，仅以居家养老服务为例，主要包括：生活照料服务（包括助餐服务、起居服务、助浴服务、卫生清理服务和代办服务等）；医疗保健服务（包括预防保健服务、医疗协助服务、康复护理服务、健康咨询服务和老年人健康档案建档及管理等）；家政服务（如安装维修家具与家电、家电等清洗服务、管道疏通服务及其他家政类服务）；精神慰藉服务（例如谈心、交流等精神支持服务和心理疏导服务）；此外还包括提供文化体育服务、法律咨询服务以及其他老年人需要的服务。

新闻链接 4-2　在家门口得到养老服务是件幸福的事

初秋时节的湖南衡阳暑热未消，但位于该市石鼓区的华雅老年人康养中心内，却是舒适宜人。8月18日上午，83岁的谢文骅老人来到华雅老年人康养中心的书画室继续练字，他指着刚写的那句"颐养天年、笑迎夕阳"对记者说："能够在家门口得到养老服务，真的是一件很幸福的事。"

老伴去世后，谢文骅一直不愿意搬离老房子去子女那儿居住。X老年人康养中心知道后主动对接，承担起一日三餐配送、上门打扫卫生、监测老人健康状况等服务事项，让老人实现了养老不离家的愿望。如今在衡阳，这类"小而美、专又精"的社区养老机构越来越多，它们从家具、设施的适老化设计入手，在精细管理、温情服务方面下工夫，充分满足了老人的生活需要。

在中心城区，对新建居住区制定养老服务设施建设专项规划，按总建筑面积5‰配套建设养老服务设施并无偿提供，单处用房建筑面积不得少于200平方米，推动养老服务设施直接进小区；针对老旧小区历史欠账较多的问题，由政府、事业单位和改制企业腾退闲置房产后，无偿提供给社区使用；对属于市场资源的场地，由政府回购或给予租赁费补贴，建成的社区养老服务设施移交当地民政部门调配。

同时，衡阳市还对社区养老服务用房建设实行奖补政策，对达到验收要求的社区养老服务设施给予10万元/个、街道综合性居家养老服务中心20万元/个、示范性街道综合养老服务中心50万元/个的一次性建设补助，有效支持了基础设施的功能升级。

充分发挥市场作用，引入社会力量深度参与，是衡阳市居家和社区养老服务发力的重点领域。近年来，该市通过鼓励社区与社会组织或连锁企业合作，为居家养老提供专业化、一站式服务，让老年人安享有温度、有质量的晚年生活。

衡阳市冶金医院打造康复养老中心，探索社区嵌入式养老服务模式，为所在的冶金街道辖区内的老年人提供"医、养、护"一体化养老服务，推行失能、失智、特困老人急需的"家庭照护床位"，让老年人不出户、不出社区就能享受到医疗护理服务。79岁的罗秀凤老人是原衡阳市冶金厂的退休职工，曾做过心脏搭桥手术，是第一批报名住进康复养老中心的老人。她说："很舍不得离开这个工作生活了几十年的地方，如今这里家院融合，在家里就实现了健康养老、快乐养老、安心养老。"

铺设好服务网络，搭建好养老平台，剩下的就是从老人的需求出发，在提升服务水平上出实招、下苦功。

与此同时，衡阳市加快搭建养老服务信息平台，正通过构建"市－区－街道－社区－小区"五级服务网络，建立从家庭到社区的无缝对接，打造社区养老15分钟生活圈。目前，正在整合调配医疗、家政、送餐、助浴、护理、心理咨询、志愿服务、社会工作等各类服务资源，为居家老年人及时提供各种"点菜式"上门服务。

为缓解中心城区养老机构护理型床位不足的情况，衡阳市正以年满60岁以上失能半失能老人或年满85岁以上高龄、空巢、独居的轻度失能老人为服务对象，在全市5000个家庭试点建设"家庭照护床位"，依托专业服务队伍或经专业化培训的家属，借助信息平台和智能设备，为有需求的失能半失能老年人提供线上线下相结合的家庭照护服务。

资料来源：《在家门口得到养老服务是件幸福的事》，《中国社会报》，http://www.cncaprc.gov.cn/llsy/index_2.jhtml。

第四节　国外养老保险

养老保险是社会保险体系中最重要的险种，也是人们最为关注的险种之一。养老保险发展至今已有近130年的历史，其理论内容也随着实践的发展而日益丰富起来。

现代意义上的养老保险制度，或员工退休制度，是工业社会的产物。在传统农业社会中，家庭担负着多重责任，它既是生产者、消费者，也是赡养老人的基本单位。工业革命以后，工厂制度建立，各行各业兴起，劳动力流动频繁，子女远离父母。人类从农业社会发展到工业社会，城市化进程加快以及家庭模式由多代型向核心型转变，巨大的变化使家庭保障不再可靠，因而需要探索一种更适合社会现实的新的模式，即实现向社会养老保险模式转化。

1889年德国俾斯麦政府颁布的《老年、残疾、死亡保险法》被普遍认为是世界上养老保险制度正式建立的标志，德国是第一个建立现代养老保险制度的国家。该法要求雇主和雇员共同供款，虽然覆盖对象有限——主要是伤残退休职工，且保障水平很低，但它由政府立法强制实行，通过第二次分配惠及社会弱势群体，并具备了现代养老保险制度的基本要素。它的产生标志着人类的文明和社会的进步。从此以后，养老保险制度在世界各国纷纷出现，从欧洲、澳洲、美洲一直扩展至全世界。一些西欧国家于20世纪最初20年分别建立了养老保险制度。20世纪30年代的大萧条以后，罗斯福"新政"中的一项重要措施就是颁布《社会保障法案》，建立了老年、遗属和残障保险。十月革命胜利后的苏联和一些东欧国家，曾先后建立了覆盖范围广泛的由国家承担全部责任的养老保险制度。我国在20世纪50年代也建立了类似于前苏联的养老保险体系。

美国社会保障署《全球社会保障—2002》（SSA "*Social Security Programs Throughout the World—2002*"）一书收集了全球173个国家的社会保障数据，包括亚洲国家29个，阿拉伯国家14个，撒哈拉以南非洲国家38个，拉丁美洲及加勒比地区国家34个，东欧及前苏联国家23个，欧洲及北美国家30个，大洋洲及其他国家5个。其中明确规定退休年龄的国家共有170个。

各个国家根据自己的国情建立养老保险制度，在不同的历史时期，制度也有可能不同。德国是第一个建立社会养老保险的国家，其类型是雇主和雇员共同供款的养老金制度；20世纪40年代末英国建立的养老金制度，开创了福利国家的先河；20世纪50年代新加坡建立了中央公积金制度，是一种"国营强制性储蓄积累"模式；20世纪80年代初智利进行养老金私有化改革，建立了"民营强制性储蓄积累"的养老保险模式，等等。20

世纪 70 年代以来，世界各国普遍加快对养老保险制度的改革。这些改革，既有对细枝末节的"修补"，也有大胆的创新。

本节根据通常的基本划分方式介绍几个典型国家。

一 德国的养老保险制度

德国于 1889 年颁布了《老年、残疾和遗属保险法》，它成为世界上第一个建立真正现代意义的养老保险制度的国家。但法定养老保险制度最初只适用于工人，1911 年后扩展到职员和遗属。1992 年 1 月 1 日起，全德国开始实行统一的养老金法。德国的养老保险由法定义务养老保险、企业补充养老保险和私人养老保险组成。法定义务养老保险具有强制性，缴费率按照现收现付制一年一定。根据法律的规定，所有的工人和职员都参加法定义务养老保险，其经费来源于雇员、雇主和国家三方。养老保险现已成为德国最重要的社会保险制度，主要针对年老、丧失或部分丧失就业能力、丧失职业能力和遗属四类情形，分别提供年老养老金（领取对象为在一年半中失业 52 周以上、年满 65 岁、缴纳 15 年以上保险费的男性和年满 60 岁、缴纳 15 年以上保险费的女性）；就业能力降低养老金（领取者必须是在丧失就业能力之前已经缴纳了 15 年以上保险费的投保人）；丧失职业能力养老金（领取者必须是在丧失职业能力之前，就已经缴纳了 20 年保险费的投保人）；投保人死亡后的遗属养老金（投保者死亡后，由其配偶和未成年子女领取）。

德国长期以来一直以其拥有"慷慨"养老保障体系美名的"唯一支柱"法定养老保险模式为傲。但是，"内""外"因素迫使德国不得不对养老保险制度进行改革：首先，1970 年代初期，德国经济陷入了长达 10 年的滞涨危机；其次，人口问题——1970 年代 OECD 国家的总和生育率（Total Fertility Rate，TFR）纷纷下降到世代更替水平之下（指平均每位育龄妇女生育两个孩子的界限之下）。德国在最低时期总和生育率甚至低到 1.28，即使德国政府采用了各种政策例如先后建立了"儿童金""父母金"和"抚养金"等社会福利措施来促进和鼓励生育，但成效甚微。人口出生率和死亡率下降的同时，德国人口预期寿命却明显延长，1980~1985 年，男性预期寿命增长为 70.3 岁，女性为 76.8 岁，到了 1995~2000 年，德国男性预期寿命增长为 73.9 岁，女性增长为 80.2 岁。由此，老年群体迅速扩大，老龄化趋势明显加速，而在经济全球化和国际竞争不断加剧的情况下提高征收养老保险费率的空间又是有限的，所以德国养老保险改革势在必行。

20世纪80年代科尔政府执政时期，德国的社会保障制度改革已经拉开帷幕。科尔政府以新自由主义理论为指导（较少的企业税可以产生出更多的利润，引发更多的投资，从而达到增加更多劳动岗位的目标）采取了降低工资，削减社会福利等降低成本的措施。但是，大众收入减少、降低社会福利标准以换取企业界的经济利益，这种政策是不利于德国中下阶层的，社会收入水平发生分化，贫富差距日益扩大，逐渐成为危害社会稳定的潜在因素。1998年施罗德的成功当选标志着科尔时代的结束。

90年代末施罗德政府实施的相关改革可以说是对80年代改革的继续和推进，养老金改革的目标是开源节流。例如，1999年的《养老保险改革法案》规定，用分等级的工作能力下降养老金取代原来的无职业能力和无工作能力养老金，在一般劳动力市场上只能每天工作3小时以下的养老金制度参加者，可以获得全额工作能力下降养老金，只能工作3~6小时者，可以获得半额工作能力下降养老金，能够工作6小时及以上者，不能领取工作能力下降养老金。到2001年，德国对个人养老保险和企业补充养老保险做出了创新性的改革，其养老金改革的主要目的是缓解人口老龄化及经济增速下降带来的养老金给付压力。通过提高政府财政补贴以及减少养老金费用减免等措施，维持养老制度的收支平衡。

新一轮的养老金改革法案（"里斯特改革"，Riester Reform）的重心是将德国的养老金由现收现付制度转变为多支柱制度。为了弥补法定应领养老金的减少，职业养老金和个人储蓄计划得到了加强。对企业补充养老保险也进行了诸多改革，企业年金享有诸多税收上的优惠政策和直接的财政补贴。同时规定所有员工都必须参加私人养老保险制度，凡参加私人养老保险制度者可从政府得到相应数额的补贴，补贴方式有三种：基础补贴、子女补贴和税收优惠。政府将每年拿出700亿欧元用来补贴养老保险基金。私人养老金制度的规模目标是占整个养老金的15%，并逐步增加到20%~30%。

2002年11月建立的"促进德国社会保险可持续发展委员会"于2003年8月提交了改革方案，包括在2030年以前将德国的法定退休年龄由65岁延长到67岁，以应对人均寿命延长给养老金支付体系带来的压力，与此相应还规定给一些特殊的从事高强度劳动的人员和残疾人等一定程度的宽限。2004年3月11日，联邦议会通过了长期稳定养老金保险条例。根据该条例，养老金保险制度改革的目标是将养老津贴标准在税前工资所占的比重从目前的48%降低到40%，同时将养老金缴费比例由19.5%上调至22%。

2003年3月14日，施罗德政府在国会宣布了"2010年规划"的改革计划及其随后制定颁布的一系列削减社会福利的改革措施，涉及经济和社会发展的许多方面，其目标是在中短期内打造现代化的德国福利体制，创造就业岗位、降低失业率，拉动德国经济指数稳步攀升走出低迷状态。改革酝酿阶段最为令人担心的养老保险金改革，逐渐取得了退休者的理解和支持，尽管这项举措的出台对退休者的切身利益有很大的触动，尤其是对明显带有老龄化趋向的德国社会而言，此举所牵扯的利益范围之广、利益波动之大，令人担忧。然而，以"2010年规划"为标志的施罗德政府的社会保障改革还是取得了一定的成绩。

2008年，美国爆发了次贷危机。这次危机为过去几十年发达国家的养老金制度改革敲响了警钟。严重的经济衰退，使养老金制度面临严峻的资金问题。金融危机对养老资金产生了巨大的冲击，人们的养老储蓄在危机期间遭受了巨大的亏损。仅OECD国家在2008~2009年间，养老基金就损失了10%以上。[1] 2010年欧债危机的到来使养老金制度雪上加霜。当年，德国强制性国家养老金收入为2513亿欧元，其中财政补贴达到了25%[2]。而人口老龄化问题也考验着德国养老保险制度的可持续性。该国65岁以上人口占总人口的比重是20.8%，而世界平均水平是7.7%；老年抚养比为31.6%，而世界平均水平是11.7%[3]。

默克尔总理上台后，出台了一系列改革措施，例如将法定的退休年龄从2012年起由65岁延长至67岁。这种延迟退休的政策针对1947年以后出生的人，并注重循序渐进，平稳过渡：对于1947年出生的人，2012年

---

[1] OECD. OECD Global Pension Statistics. http://www.oecd.org/finance/private-pensions/global-pensionstatistics.htm.

[2] 于秀伟:《从"三支柱模式"到"三层次模式"——解析德国养老保险体制改革》,《德国研究》2012年第2期,第71页。

[3] United Nation. World Population Prospects: the 2010 Revision. https://www.mendeley.com/catalogue/85bd7979-954a-3667-88f8-0d239acdaaed/.

的退休年龄提高到 65 岁零 1 个月；1948 年出生的人，退休年龄将再增加 1 个月；1958 年出生的人，退休年龄提高到 66 岁；1958 年以后，每晚出生一年，退休时间延长两个月。这样，1964 年及以后出生的人，法定退休年龄将提高到 67 岁。对于参加养老保险达到 45 年的人，依然可以在 65 岁退休时领取全额养老金；参加养老保险达到 35 年的人，可以在 63 岁申请提前退休，但必须承担一定比例的养老金损失——根据距离法定退休年龄相差的月数，每个月养老金将被扣除 0.3%。

为了进一步提升企业养老保险的覆盖率（尤其对低收入劳动力），2016 年 11 月德国联邦劳动部长 Andrea Nahles 提出新的企业养老保险改革提案，建议允许企业为员工投保不保证收益的确定缴费型养老保险计划。这是德国历史上首次真正引入纯粹的确定缴费型模式，在此之前企业投保的确定缴费型养老保险产品仍需保证最终投资回报率不低于 0%。目前德国的私人养老保险体系主要由商业私人养老保险产品、里斯特养老金及吕鲁普养老金构成。

总体来看，德国养老保险制度改革一个是养老保险收支模式的几次改革：1957 年以前一段很长的时期内曾经使用过完全积累制；1957 年首相阿登纳的养老保险改革建立了德国现代养老保险的基本制度框架，由基金积累模式转向现收现付的财政支付方式；2001 年的"里斯特改革"方案将养老金由现收现付制度转变为多支柱下的现收现付制加积累制。另一个是养老金征收挂钩指标：1957～1991 年以总工资指数为调整指数；1992～1998 年以净工资指数为调整指数；1999～2000 年以人口因子为调整指数。再有就是由"唯一支柱"转变为"多支柱"的制度。

德国养老保险制度安排情况（以法定养老保险为例）。

1. 资金来源

德国法定养老保险的资金主要来源于缴费。全国的养老保险费率完全一样，只有采矿业在养老保险待遇和缴费方面与其他行业有所不同。缴费以投保雇员的毛工资为计量基数，由雇员和雇主各付一半，至 2030 年将提高为 22%。此外，法定养老保险每年获得国家补贴，约占其总支出的 1/5。

2. 享受资格

养老金待遇一般包括养老金、残疾者和丧失工作能力者养老金、失业养老金和妇女养老金。不同类别养老金的领取条件不同，基本条件包括年满 65 岁，累计缴费 35 年。投保时间 35 年以上的残疾人可于 60 岁领取全额养老金，其他人员提前领取养老金都要打折。

3. 待遇水平

养老金的标准由参保人的报酬积分和养老金现值共同决定，其中养老金现值全国统一，一年一定；报酬积分取决于个人缴费期内历年工资收入与全国平均工资比值之和。个人缴费水平越高，缴费期限越长，预期获得的养老金就越多。养老金水平每年调整，调整幅度取决于毛工资增长率、净工资增长率和净养老金水平。[①] 目前改革的目的是降低退休金水平，从 2010 年的 53% 降为 2020 年的 46%，进而再降到 2030 年的 43%，并且将一直低于里斯特养老金水平，两者的差距呈扩大趋势（德国公民只要同保险公司、银行或基金签订私人退休养老金合同，就可以得到国家的补助。从 2008 年起，国家把对无子女的德国公民的里斯特退休金的补助金额提高到每年 185 欧元）。

4. 管理体制

德国经办法定养老保险的机构独立于政府，具有独特的法律地位并享有资金管理权，其预算也与国家预算相脱离。国家只对养老保险机构是否遵守法律进行监督。各养老保险机构依据自我管理原则，设立由投保人和雇主各推举半数代表组成的委员会进行自我管理。根据德国养老保险法，养老保险机构除了发放养老金外，还要积极地采取预防措施，以避免雇员因丧失劳动能力而过早退出职业生活从而只依靠养老金度日。

二 英国的养老保险制度

19 世纪末 20 世纪初，伴随着英国工业革命后期经济发展速度的下降，人口平均寿命的不断延长，老年贫困已成为当时英国严重的社会问题。1908 年，英国颁布了其历史上第一部由国家完全承担费用和管理实施的养老金法案。最初该法案规定，所有年龄在 70 岁以上、在英国居住达 20 年的老人经过财产收入状况调查，年收入低于一定条件者即可按照法案规定每周领取养老金。第一部缴费型养老金法案《寡妇、孤儿、老年人缴费养老金法案》于 1925 年颁布。该法案规定所有符合条件者皆可按相同标准

---

① 鲁全：《德国劳资自治的社会养老保险》，《法治日报》2010 年 10 月 19 日，第 10 版。

缴纳养老费用。该法案的推出使个人与国家之间有了一定的权利义务划分。

为了缓解社会矛盾，集中力量应对二战，英国社会保险与相关服务委员会于1942年发表了著名的《社会保险与相关服务报告》，即社保历史上著名的《贝弗里奇报告》。战后，通过颁布实施《国民保险法》（1945年）、《国民救助法》及《国民保健法》（1948年），英国建立起了相对完善的国民保险制度、国民救助制度及国民保健制度，强化国家干预在社保体系中的作用，建成了"福利国家"。

20世纪中叶，随着经济的发展，人民生活水平的提高，民众对养老生活亦有了更高的需求。由此，国家介入了福利领域，试图建立从摇篮到坟墓的福利政策。但养老金计划始终为其主体之一。1958年，英国发表了《养老金制度白皮书》，主张建立和实施与收入相联系的养老金制度；1959年颁布新的《国民保险法》，引入国家分级养老金计划，在定额养老金之外，提供额外的收入关联养老金。

1975年颁布的社会保障法案强制雇员必须加入收入关联养老金计划，但是如果已经加入职业养老金计划，在该计划提供的养老金不低于收入关联养老金的条件下，可以选择继续留在原有职业养老金计划中。

1979年，撒切尔政府上台执政，实施"撒切尔主义"，在新自由主义理念的指导下，为应对财政危机以及社会道德危机（所谓高福利政策"养懒汉"）所导致的越来越大的养老待遇支付压力，推行了养老金制度新一轮改革。

1986年颁布新的社会保障法案，在帮助穷人的同时，强调个人的责任和义务：改革国家收入关联养老金计划，降低养老金领取者的养老津贴水平，规定与收入相联系的养老金的基础为领取者一生的平均收入，而不再是20年内的最高平均收入；提升私营职业养老金计划的地位，要求企业必须为职工建立职业养老金制度；允许由保险公司和其他金融中介机构提供"个人养老金计划"（Personal Pension Schemes，PPSs），并鼓励个人通过储蓄、参加保险等方式为自己提供补充养老金。

1995年，养老金法案（Pensions Act 1995）出台，对国家基本养老保险制度进行改革。延长女雇员的退休年龄，规定从2010年开始到2020年，逐步将妇女领取养老金的年龄提高到和男雇员一致的年龄，即65岁；加强养老金计划的管理，特别是私营养老金计划的监管（1991年发生了挪用养老金基金的事件），由此成立了职业养老金监管局（the Occupational Pensions Regulatory Authority）。

90年代末，布莱尔工党政府上台。布莱尔政府提出了著名的"第三条道路"，力求在撒切尔主义与社会民主主义之间寻找"第三条道路"。因此，一方面延续撒切尔夫人对养老金适度的私有化改革，另一方面则通过政府干预对弱势群体的福利进行了改革。

1999年颁布了《福利改革与养老金法案》（Welfare Reform and Pensions Act 1999），推行了新的改革方案，提出建立国家第二基本养老金制度，该制度主要是为贫困者提供养老金，推出存托型养老金计划，并加强老年妇女养老权益的保护以保障其基本生活。

2002年，国家第二养老金计划建立，国家收入关联养老金计划被废止。该计划针对中低收入及由于伤残疾病而无法获得足够养老金的人群而设立。同年，养老金委员会（the Pensions Commission）成立，负责对英国私人养老金和储蓄进行审查，它是由劳动与养老金部领导的非政府公共部门。

2004年出台的养老金法案建立了新的养老金监管机构——养老金监管局（the Pensions Regulator），以替代之前的职业养老金监管局。同时，建立养老保障基金，防止因养老金计划破产而导致养老金受益人资金流失。2005年，面对越来越严重的养老金支付压力，英国政府又开始了新一轮的养老保险制度改革。一方面，逐步提高退休年龄，规定国家公务人员领取养老金年龄由原来的60岁提高到65岁；普通公民则由65岁延长至76岁才可领取全额退休金；而对于高收入人群来说，他们能够领取全额退休金的年龄已经提高到了70岁。

根据专家意见和经过全民讨论，2006年，政府公布了两个重要的关于养老保险改革的白皮书：《有保障的退休：一个新的养老保险体系》和《个人账户：一个储蓄的新方法》，并最终形成2007年《养老金法案》，对2010年后的养老体系进行了大刀阔斧的改革。该法案扩大了基本国家养老金计划的覆盖范围，同时推迟了法定退休年龄，并成立了国家就业储蓄信托基金（National Employment Savings Trust）。

2008年美国爆发的次贷危机以及2010年的欧债危机，使养老金制度雪上加霜，此外，人口老龄化亦进一步引发财政问题。2010年，英国65

岁以上人口占总人口的比重是 16.6%，而世界平均水平是 7.7%。英国的老年抚养比为 25.2%，而世界平均水平是 11.7%。[1] 改革中，英国政府采取了"开源节流"的对策。

2011 年实施的养老金法案中加快了延迟退休年龄的步伐：到 2020 年将从 65 岁提高到 66 岁，比原计划（2007 年的养老金法案）提前了 6 年；2026～2028 年从 66 岁提高到 67 岁（比原计划提前 10 年）。

2012 年，英国为那些没有被纳入私人养老金计划的员工引入了全国范围内的自动注册退休储蓄制度。这种新机制进一步扩大了职业养老金计划的覆盖率，目前已覆盖了劳动人口的 43.3%[2]。税收优惠政策同样提高了养老金计划的覆盖率。英国在历次改革中均加大了对中低收入群体的扶持力度。

2013 年，英国养老金与工作部公布了最新的养老金改革方案，建议从 2016 年 4 月起引入统一费率的单层的国家养老金；同时提高了公民的缴费年限，由 30 年提高至 35 年。因此，公民如果想要领取全额的养老金就必须推迟退休，这也是一种变相延长退休年龄的方法。该方案按预定计划于 2017 年 4 月起实施。该方案合并了原先的基本国家养老金以及国家第二养老金计划。新的计划更有利于目前处于弱势地位的女性就业者以及个体从业人员。

英国的养老保险体系可以分为三个半层次。第一个层次为基本国家养老金，面向所有参加国民保险缴费的公民；第二层次为附加国家养老金，面向受雇人士；第二层半是英国政府为受雇人士设立的个人账户系统；第三层次为自愿性的私人养老金制度。

英国的养老保险制度由三个支柱组成。第一个支柱是实行现收现付的国家基本养老保险，由两部分组成：一部分是符合领取养老金条件的退休人员都可以得到相等数额的基础年金，是一种强制性缴费制度，由国家财政、雇主和职工共同负担；另一部分是于 1978 年正式实施的政府收入关联养老金计划，它根据个人的实际缴费年限和基数区别确定。大多数英国退

---

[1] United Nation. World Population Prospects: the 2010 Revision. https://www.mendeley.com/catalogue/85bd7979-954a-3667-88f8-0d239acdaaed/.

[2] OECD. OECD Pensions Outlook 2012. http://www.oecd.org/daf/fin/private-pensions/50560110.pdf.

休人员同时得到国家基本养老金与国家辅助养老金。从2016年4月开始，英国对上述两部分养老金进行合并，形成了一个新的定额给付养老金。第二个支柱由职业年金计划和强制性的个人年金账户构成，它是英国养老保险体系中最重要的组成部分。目前，第二支柱养老金实行缴费确定型（DC）和待遇确定型（DB）两种制度，但越来越多的职业年金计划正在从待遇确定型（DB）转向缴费确定型（DC）。第三个支柱为个人自愿性的商业养老保险。通过个人购买商业保险，为个人将来退休后仍能维持较高的生活水平提供保障。

本节主要介绍英国养老保险制度，以其第一支柱——强制性、广覆盖和低水平的国家养老金为例。

1. 资金来源

国家基本养老保险筹资通过征收国民保险税的方式实现，由皇家税收总署统一征收，面向有雇主的雇员、自营职业者和没有正式职业的自愿缴纳者等群体，实行不同的缴费规则。国民保险总缴费率为25.8%，其中雇主和雇员的缴费率分别为13.8%、12%。雇员收入低于封顶线部分按12%缴纳，高于封顶线部分减按2%缴纳。同时，英国实行免征额制度，低于免征额的部分，雇主和雇员都不需要缴费。国民保险税纳入国家保险基金，用于支付社会保险待遇，涵盖免费医疗保健、无工作能力福利金、就业及援助津贴、缴费型求职者津贴、丧亲津贴、生育津贴等，养老保险约占80%。

2. 享受资格

除达到退休年龄外，雇员必须在工作期间向英国社会保障部的缴费署缴纳国民保险费，才具有领取基本养老金的完整资格。雇员一旦达到退休年龄则停止缴纳国民保险费，并有资格申请领取国家基本养老金。基本养老金根据个人国民保险缴费记录发放。合格缴费年限是指在该财政年度的52周里，个人的工资收入均高于当年度的免税额。缴费达到规定年限，才能领取全额养老金，否则就要被削减。缴费者只要缴费满10年，就可获得一定比例的养老金。如前所述，英国法定退休年龄将继续推迟，原为男性65岁，女性60岁，但到2020年女性退休年龄将提高到65岁，到2046年退休年龄将统一提高到68岁。如果个人选择推迟领取养老金，政府将上调其今后领取的养老金或给予其一定数量的一次性奖励。个人每推迟5周领取养老金,其养老金增加1%。个人如果连续推迟12个月领取养老金,还可以选择一次性领取养老金,推迟领取的养老金采用高于市场水平的浮动利率(英格兰银行基本利率+2%)进行计息。

3. 待遇水平

虽然英国是福利国家的典型代表,但养老金给付水平并不高。2012年,英国平均收入者养老金税前替代率仅为32.6%,远低于OECD组织34个成员国54.4%的平均水平。

4. 管理体制

财政部下属的皇家海关和税务总署负责国民保险基金预算的编制和国民保险费的统一征收;工作和养老金部负责社会保险制度制定及待遇发放。前者隶属于财政部,负责基金收缴并进行记录。每年,英国皇家海关和税务总署负责编制国民保险基金的收支预算及决算数据表,并将其作为英国财政部预算及决算总报告的一部分向英国国会报告。工作和养老金部及其下属的业务单位负责社会保障政策的制定,按照政府的社会保障福利改革计划发放相关津贴。此外,英国还成立了专门的政府精算署(Government Actuarial Department, GAD),隶属于财政部,是能够提供独立的精算咨询服务的单位。其雇员均为政府公务员,原则上实行自收自支,当出现收不抵支时,缺口由政府财政弥补。

三 美国的养老保险制度

(一) 美国养老保险制度基本情况

1935年,罗斯福总统签署了《社会保障法》,是西方主要工业化国家中最后一个实施社会养老保险立法的国家,这与美国社会一直存在的个人对自己命运负责的固有信念是一致的。《社会保障法》以失业保险、养老保险和社会救济为主要内容。在养老保险方面,该法规定,除政府雇员、农场工人、临时工、商船海员、教育、宗教与慈善机构雇员外,其他年收入在6000美元以下的所有雇员都必须参加全国性的养老保险制度;凡在就业后缴纳社会保险税,且年满65岁的公民,都可领取老年退休金。[①] 该法

---

① 叶响裙:《中国社会养老保障:困境与抉择》,社会科学文献出版社,2004,第61页。

案中的基本养老金具有强制缴费性、与参保人收入相关联等特征，领取养老金不必进行生活状况调查。老年退休基金筹集以税收形式由雇主和雇员共同承担。养老金的运营遵守市场规则，缴费较多的人，退休之后也获得更多的养老金，对收入再分配的影响不大。之后又通过一系列立法，扩大养老保险的受益范围，并对退休年龄、养老保险基金调整指数等做出调整。

至1980年的40多年间，美国养老保险基金模式一直是现收现付制，即以同一个时期正在工作的一代人的缴费来支付已经退休的一代人的养老金的保险财务模式，基本采取"收支相抵、略有节余"的原则，在全国范围内统筹调剂。1970年，当年积累还有203亿美元，可以支付全国13个月的养老退休金。但到了80年代，由于物价迅速上升，失业人数增加，尤其是老龄化的来临，老年抚养比过大对财政造成很大的影响。1983年美国国会通过决议，提高养老金的缴税率和缴税上限，改"现收现付制"为"部分积累制"：保险计划内的缴税需保证留出一定的储备基金，这部分基金能够满足一定时期内养老保险计划的增支所需。当年征集了社会保障基金2500亿美元，支付退休养老金等约2200亿美元，收支相抵，结余300亿美元，转入社会保障信托基金，由社会保障署管理，进行社会投资，主要用来购买国家债券，通过保值增值，逐年积累，准备经过30年累积起一笔相当可观的资金，以应付2020年前后出现的养老金支付高峰。

另外，养老保险体系也在逐步完善。第二次世界大战以后到60年代末、70年代初，美国社会保障制度改革取得重大进展，建立了三个层次的养老保障体系，沿用至今并不断发展。为此，美国1974年通过了《雇员退休收入保障法》，1978年通过了《美国国内税收法案》，1986年通过了《税法改革修正案》，2001年通过了《经济增长与减税调和法案》，2002年通过了《企业改革法案》。这些法案引导雇主为其雇员建立补充养老保险制度，并鼓励发展个人养老储蓄，以作为基本养老保险的补充。现行养老保险体系主要由三大支柱构成：第一支柱是由政府主导、强制实施的社会养老保险制度，即联邦退休金制度；第二支柱是由企业主导、雇主和雇员共同出资的企业补充养老保险制度，即企业年金计划；第三支柱是由个人负责、自愿参加的个人储蓄养老保险制度，即个人退休金计划。这三大支柱俗称"三脚凳"，分别发挥政府、企业和个人的作用，相互补充，形成合力，为退休人员提供多渠道、可靠的养老保障。

1. 第一层次

国家法定养老保险。又叫老年遗属保险，这是由政府主导、强制实施的社会养老保险制度，即联邦退休金制度。该计划由联邦政府负责，投保人在工作期间缴纳社会保障税，在退休后按照规定领取养老金。其资金来源主要是联邦收入税、社会保障收入本身的课税、财政部的一般资金、投资收益等。

获得法定养老保险金的条件：美国联邦政府的法律规定，职工退休年龄不分男女都是 65 岁，同时必须纳税 40 个季度（具有 10 年缴费年限），才能享受待遇。领取数额由所获得的资格分数量决定。全额领取需要 40 个资格分，不足 40 分时，领取的保险金按比例减少。退休金计发与实际退休年龄挂钩，1960 年及以后出生者的法定退休年龄均为 67 岁。到法定退休年龄才退休者，可领取全额退休金。联邦退休金制度不实行强制退休，在法定退休年龄之前退休者，退休金减额发放，每提前一个月养老金减发 0.56%，最早可以提前至 62 岁退休；鼓励在法定退休年龄之后退休，每延后一个月退休金增加 0.25%，如 70 岁退休，则可拿全额退休金的 130%，年满 70 岁以后才退休者，退休金不再继续增加，仍是全额退休金的 130%。

2. 第二层次

企业补充养老保险。即企业年金计划，是由企业主导、雇主为雇员提供的，雇主和雇员共同出资的企业补充养老保险制度，其费用主要由雇主承担，联邦政府向雇主提供税收优惠政策。1875 年，美国运通公司为其雇员建立了世界上第一个正式的养老金计划。在很多发达国家，企业年金发展的时间相对较长，法律完善，形成了稳定的制度并具有成熟的管理经验，企业年金已成为养老保险制度中的重要支柱。1978 年美国税收通则的 401 条 k 款授权企业可采用新型的限制性储蓄计划向雇员提供退休福利，并给予一定的税收优惠。此退休金计划被称为 401（k）计划（其主要内容见下文）。

3. 第三层次

个人退休计划。又叫个人退休账户，是由个人负责、自愿参加，通过储蓄或共同基金投资等方式实施的私人养老保险计划，联邦政府对这项计划给予一定的税收优惠。个人退休账户有两种，一种是普通个人退休账户，可以享受延后纳税优惠，任何人都可以建立普通个人退休账户，每人每年投入的数额没有最低限制或其他要求,但有最高限制;另一种是个人退休特别账户,不享受延后纳税优惠,但持有此账户满 5 年和年龄超过 59.5 岁时,通过个人特别账户获得的收入可免交个人所得税,个人申报所得税、调整年收入在 95000 美元以下和夫妻联合申报所得税、调整年收入在 150000 美元以下者可以建立个人退休特别账户。

(二) 企业年金计划——401(k)计划

美国的私人养老金制度历史相对较长,从 20 世纪 80、90 年代过分强调雇主缴款责任的固定收益养老金计划,到今天较为现代的固定缴款养老金计划,虽然计划设计很成功,但覆盖范围仍然有限,受惠者主要是私人企业的雇员,2011 年美国 60% 接近退休年龄的家庭参加了 401(k)退休计划。由于在美国固定缴费(DC)计划市场处于主导地位,而个人收入税延迟支付和雇主缴费在税前扣除,同时由于 401(k)计划参与的自愿特性,雇主可以把 401(k)计划作为一种减少养老成本的机会,因此,该计划目前已经为美国大型企业广泛采用。

美国雇主为雇员提供的最普遍的退休福利计划即 401(k)计划。20 世纪 80 年代之前,美国不少私人企业由雇主全额承担雇员退休金,特别是在工会组织力量强大的企业,雇主被迫对退休工人的各种福利大包大揽。这种退休福利方式虽对员工有利,却加重了雇主的经济负担,不利于企业经营和发展。1978 年,美《国内税收法》新增第 401 条 k 项条款,1979 年得到法律认可,1981 年又追加了实施规则,20 世纪 90 年代得到迅速发展。该项条款规定,政府机构、企业及非营利组织等不同类型雇主,为雇员建立积累制养老金账户可以享受税收优惠,越来越多的企业选择了雇主和雇员共同出资、共同建立退休福利制度的方式,通常称之为 401(k)计划。401(k)退休计划不是全民福利计划,是美国对私人企业退休金制度改革的产物,这一退休计划改变了过去由雇主一方单独为雇员提供退休福利的局面,形成了雇主与雇员共同负担退休福利的格局。该项目计划属于"延税型":雇主和雇员每个月按照规定比例将资金投放到退休账户上,这些投资当年不必缴纳个人所得税。雇员在 59.5 岁时可以开始从退休账户上提取退休金,按照每年的收入状况来缴纳个人所得税。

提供 401(k)计划的雇主,一般会指定一个基金公司管理雇员的 401

(k) 账户，通常有各种不同类型的投资组合供员工选择，有定期存款、股票基金、债券基金、指数基金以及平衡基金等，投资标的从最保守的货币市场到最激进的新兴市场。雇员自主进行投资决策，并承担投资风险。

2001年经济增长和税收救济协调法增加401（k）、403（b）、457、SIMPLE计划和IRAs缴费的额度，允许年龄50岁以上的个人追加缴费，允许设立税后罗斯401（k）和设立税收延付403（b）计划，提高方便性。[①] 其中403（b）计划（覆盖教育机构、教堂、公立医院和非营利组织的工作人员）和401（a）及457计划（覆盖州和地方政府以及一些免税机构的雇员），与401（k）计划类似。

雇主作为计划发起人和受托人负责401（k）计划的创立、设计和日常管理，同时公司为雇员提供投资选择、监控投资计划实施。事实上，几乎所有雇主都将这些工作外包给一些金融服务公司，如银行、共同基金、保险公司和第三方管理人。目前在美国存在两种具有代表性的模式。一是托管人模式。在托管人管理模式下，401（k）计划雇主委托托管人决定计划资产如何投资。二是参与者管理模式。参与者管理模式是目前最普遍的管理模式。在参与者管理模式下，发起人提供三种不同风险的投资对象供计划参与者选择。这些投资包括：股票、债券、货币市场基金投资或混合型基金，也可以直接投资股票、债券和现金账户等。一些公司的401（k）计划还提供购买本公司股票的选择，雇员可以在任何时间，在这些投资中进行资金再分配。美国劳工部颁布的自律监管规则要求雇主应该提供三种不同风险的投资选择并允许计划成员定期改变选择。

经验表明，有效的税收制度安排和完善的养老基金监管立法是美国私人退休基金市场401（k）计划成功发展的重要保障。

补充阅读4-3 安然事件

安然公司成立于1985年，主要从事天然气的采购和出售，是世界上最大的天然气采购商和出售商，同时也是最大的电力交易商。2000年，

---

① 肖汉平：《美国401（k）计划与IRA运作机制研究》，《证券市场导报》2005年11月号，第10页。

在美国《财富》杂志的"美国500强"中位列第7，在世界500强中位列第16，并在《财富》杂志的调查中连续六年荣获"最具创新精神的公司"称号，连续六年排名居于微软、英特尔这些大公司之前。

安然最主要的创新成就，来自对金融工具的创造性"运用"。通过错综复杂的关联企业结构，加上安然的报表操作手法，安然的收入与利润逐年猛升。随着安然收入和利润的"稳定"增长，其股票价格在1995年后开始急剧上涨，从15美元左右升至2000年底90.75美元的顶峰。

但是安然在关联交易及相关信息披露上均存在极大问题。安然把大量债务通过关联企业隐藏起来，运用关联交易大规模操纵收入和利润额，采用模糊会计手法申报财务报表。这些欺诈、误导股东的做法在2001年7月首次引起分析师的注意。在当年的10月份，《华尔街日报》连续报道安然许多关联企业的细节，一直深藏于安然背后的其合伙公司被媒体披露，这些合伙公司被安然用来转移账面资产，安然对外的巨额借款经常被列入这些公司，而不出现在安然的资产负债表上。2001年10月22日，美国证券交易委员会（SEC）对安然展开调查。至此，安然事件终于爆发。

2001年11月，市场对安然完全丧失信心，投资者将安然股价推到低于1美元的水平。在不到一年的时间内，安然股价已经缩水至原来的1/350。这意味着，上一年度从安然退休的员工获得的50000美金的公司股票，已经不值150美元。

安然事件造成的后果极大：一方面，作为能源界巨头的安然的倒下，对整个行业都产生了深远的影响；另一方面，为安然进行审计的安达信公司也随之信誉破产，使曾经的"五大会计师事务所"直接变成"四大"，直到今天，商学院的学生仍在讨论安然事件的案例。最后，美国401（k）计划中存在的潜在风险在此次事件中浮出水面。1980年，一位叫Ted Benna的税务专家忽然发现：从字面上来说，员工的个人退休基金，即使并不是从企业利润中提取的，而是员工自己掏钱建立的，但只要这笔基金交给公司用于继续投资，也符合401（k）的定义。Benna的这一惊人发现彻底改变了401（k）款的性质。从此，各大企业纷纷成立这样的退休账户——员工把自己工资的一部分存入该账户，个人账目独立，账户总资产统一管理，用于再投资，通常是购买本企业的股票。很明显，员工不会心甘情愿把自己的钱拿出来交给企业投资。为鼓励员工，企业一般都采取"配套资金"的办法，即员工拿一笔钱，企业会从自己的利润中配套拿出30%~50%存入员工的401(k)退休账户。企业使用员工年金的钱进行的所谓"再投资",通常就是购买企业自己的股票。这样,万一企业陷入困境,股票大跌,员工退休账户就大大缩水。如果企业破产,而员工401(k)计划上的本企业股票又未及时抛出,则员工退休基金可能化为乌有。安然事件爆发后,大量的安然员工面临的就是这样的绝境!

四 新加坡的养老保险制度

中央公积金(Central Provident Fund, CPF)制度是新加坡整个社会保障体系的基础。该制度于1955年7月正式建立并实施,其最初目的是为职员提供足够的储蓄,以便在退休后或者丧失工作能力时有所依靠。经过几十年的改革和发展,目前中央公积金制度已经演化成为一个综合性的社会保障储蓄计划。它不仅能满足中央公积金计划会员在养老、购房和医疗方面的需要,还能满足投资理财等方面的需要,并且可以通过保险计划向公积金计划会员及其家庭提供经济方面的保障,如1968年推出的公共租屋计划,1984年推出的医疗储蓄计划,1995年推出的填补医疗储蓄计划等。新加坡的中央公积金制度覆盖了90%以上的新加坡人口。该制度不仅解决了新加坡的养老难题,而且为新加坡的社会经济稳定发展提供了重要的保障,通常被认为是东亚乃至世界范围内养老保险制度成功运行的典范。

新加坡中央公积金的筹措方式为强制性储蓄,规定由雇主和雇员双方缴费(雇员包括公共部门和私人部门雇员),并且多数年份二者的缴费率相同。政府虽不承担缴费责任,不对公积金征税,但为公积金的支付进行担保,承担让利、让税的义务。

根据新加坡中央公积金条例的规定,55岁以下的会员拥有的个人账户分为普通账户(公积金的72.5%)、保健储蓄账户(公积金的17.5%)和特别账户(公积金的10%)。年满55岁后,会员账户分为退休账户和保健储蓄账户。

在新加坡,每个就业者无论其受雇单位的性质,都在公积金拥有户口,每月要向公积金缴纳一定比例的个人工资(表4-10)。

表4-10 新加坡中央公积金的缴纳比率

单位：%

雇员年龄	雇员缴纳比率（占工资的百分比）	雇主缴纳比率（占工资的百分比）	总缴纳比率（占工资的百分比）
35岁以下	16	20	36
36~45岁	16	20	36
46~55岁	16	20	36
56~60岁	6	12.5	18.5
61~65岁	3.5	7.5	11
65岁以上	3.5	5	8.5

资料来源：转引自周弘《国外社会福利制度》，中国社会出版社，2005，第369页。

不同年龄段的雇员不仅缴费费率不同，而且划入普通账户、保健储蓄账户和特别储蓄账户的比例也不相同。在会员55岁的时候，普通账户和保健账户转换，个人账户就变成退休账户和保健储蓄账户两类了。

为了避免公积金账户为支付住房、医疗等其他项目而影响养老金的积累，政府规定会员达55岁后必须在其退休账户中保留一笔最低存款额，以供退休生活之需，即最低存款额计划。如果达不到最低存款额的要求，也可以由子女或配偶选择以现金或公积金储蓄转移来填补。在会员年龄达到55岁和在退休账户达到最低存款额这两个要求后，可一次性地提取其公积金。在下列情况下也可提取其公积金：永久离开新加坡、终身残疾或神志不清。若会员死亡，其公积金也可以作为遗产由指定受益人申请提取。

20世纪80年代，新加坡开始进行养老保险制度"并轨"的改革。此前，一般企业雇员享受的是中央公积金制度，而公务员享受的则是退休金。为了公平性，也为了建立合理的激励机制和挽留人才的机制，增加用人制度的灵活性，1986年，新加坡开始了公务员退休金制度改革，采取"老人老办法，新人新办法"的循序渐进的策略：新入职的"新人"只能选择中央公积金，而在职的"老人"则可以选择转为中央公积金，或者是继续选择退休金。但极少数的高层公务员，以及包括部长在内的政治任命职位、检察官和法律部门的领导层等，并不在那次改革的范围内。直到2013年4月，公务员的退休制度才彻底取消，"并轨"完成。但是，"并轨"并不意味着一定要压低公务员的待遇。退休金取消，取而代之的是中央公积金外加相应的与服务挂钩的"待遇包",一方面作为保留人才的长期激励机制,另一方面则是增大违法的代价,促使公务员守法,特别是年资较深的公务员。

新加坡通过中央公积金局对公积金进行统一的企业化管理。下设理事会,成员由劳工部部长委任,理事会向劳工部部长负责。理事会有领导成员9人,其中政府代表、雇主代表和雇员代表各2人,由教授、专家、博士等所谓"中性"人士组成的代表3人。理事会设主席1人。理事会领导下设具体管理机构:总经理1人,直接管理副总经理和内务审计部;副总经理之下设立五部一处,即雇主服务部、成员服务部、计算机服务部、团体服务部、财政部和人事处。

中央公积金局通过该管理机构对公积金进行管理。该局是一个准金融机构,负责资金的汇集、结算、使用和储存等,同时又是一个独立的系统,单独核算,自负盈亏,独立于新加坡的财政之外,不受政府财政收入结果的左右。财政虽无权动用公积金存款,却负有"担保偿还"的义务。公积金存款大部分投资于政府发行的债券,并以政府实际持有的资产作担保,所以既能保证投资安全,又有稳定的利息收益。

阅读链接:

1.《13亿人未富先老?》,《三联生活周刊》,http://www.lifeweek.com.cn/2005/0113/10831.shtml。

思考题:

1. 养老保险制度的特征是什么?
2. 何谓"空账问题"?
3. 建立补充养老保险制度的意义与作用是什么?
4. 请简述美国401(k)计划并分析其对中国的启示。

第五章 医疗保险

导入案例

小王大学毕业后就进入 A 公司工作，作为职场新人的他工作相当勤奋，似乎很少见到他不加班的日子。勤劳的小王一心扑在工作上，似乎忘了如何去照顾自己。晚上加班晚了，单位食堂已经没饭了，小王觉得也不饿，于是可能这一顿就不吃了；因为天天早出晚归，小王平时一天睡眠时间不过 6 个小时，就等着到周末蒙头大睡来补觉；平时工作忙，没时间锻炼，周末睡觉也起不来锻炼。好心的同事提醒小王要注意身体健康，小王觉得自己是年轻人身体好，无所谓，重要的是要趁年轻多拼搏。

长期不规律饮食、睡眠不足、不锻炼，导致小王的健康大不如前。但他仍旧觉得无所谓，年轻人不都是这样吗？直到有一天晚上，小王照例没有吃饭继续加班时，突然感到腹部剧痛，连站起来的力气都没有。同事见情况不妙帮忙打了 120 把他送到医院。经检查，小王系由胃溃疡导致的胃出血，需要住院治疗。但是小王刚工作几年，没攒下多少钱，他十分担心这住院的医疗费怎么办。到医院看望小王的单位领导知道后，安慰他说："不用担心，你有医疗保险，可以报销一定比例费用。"

小王单位领导口中的"医疗保险"是什么？其作用和意义又如何？这些就是本章我们主要学习的内容。

章节主要概念

疾病风险；医疗保险；疾病预防；健康促进

思维导图

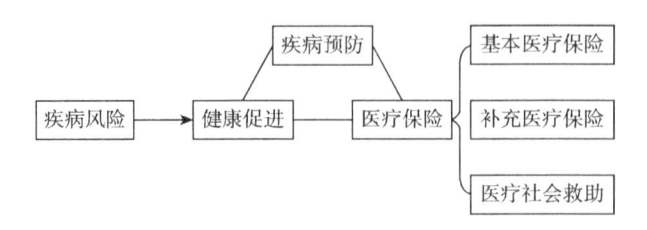

疾病风险 → 健康促进 → 疾病预防
健康促进 → 医疗保险 → 基本医疗保险 / 补充医疗保险 / 医疗社会救助

第一节 医疗保险概述

一 基本概念

1. 疾病风险

风险，是指意外事故发生的可能性。风险的发生是不可避免的，是不以人们意志为转移的客观存在，亦有其偶然性。此外，风险发生的时间、地点、对象及危害程度难以预测，因此又具有突发性。

健康与疾病是人类生活中始终存在的一对矛盾。一方面，人类自身受到生、老、病、死等自然规律的支配，影响和危害身体健康的事件总有发生；另一方面，人类在进行物质资料生产，向自然界索取生活资料的过程中，乃至在日常生活中，常常有可能遭遇各种自然灾害和意外事故。因此，疾病风险与其他风险一样，具有可能发生的客观性和不可预知性及偶然性等共同点，但疾病风险也有其自身的特点。可以说，疾病风险是危害严重、涉及面广、复杂多样，直接关系每个人基本生存利益的特殊风险。

2. 健康

在人类发展的历史长河中，人们对健康和疾病的认识是不断变化和深入的，人们对健康的理解也越来越深刻。在古代，能活着的人就被认为是健康的人；在近代，通过检查在身体上没有发现疾病的人就是健康的人；而在现代，人们不仅追求身体的健康，同时注重心理的健康。随着社会的进步和科技的发展，人们的注意力已经从解决温饱问题转移到注重生活质量上来。而健康作为生活质量的一个基本的评价标准，已经成为当今社会和个人极为关注的一个话题。世界卫生组织在1948年的宪章中对健康的定义是："健康是身体、心理和社会适应的完好状态，而不仅仅是没有疾病和虚弱。"1978年国际初级卫生保健大会上发表的《阿拉木图宣言》重申：健康不仅是疾病与体虚的匿迹，而是身心健康社会幸福的总体状态，是基本人权，达到尽可能高的健康水平是世界范围内的一项最重要的社会性目标，而其实现，则要求卫生部门及其他多种社会及经济部门的行动。1989年，世界卫生组织又一次深化了健康的概念，认为健康包括躯体健康（physical health）、心理健康（psychological health）、社会适应良好（good social adaptation）、道德健康（ethical health）。近年，在欧洲还提出了环境健康的新概念。

3. 医疗

医疗是人类征服疾病、满足其健康需求的一种社会实践活动的手段。人类对疾病的认识是不断深化的，人类征服疾病的过程也将是漫长的。医疗有广义与狭义之分。狭义的医疗是指医务人员运用医学科学知识和医学科学技术诊疗疾病的过程；广义的医疗是指医疗技术人员运用医学科学知识与技术及社会科学知识为防病、治病、提高人类抵御疾病风险的能力、增进健康而斗争的过程。

医疗并不只是技术问题，更重要的是机制问题，是通过某种组织形式，利用人类有限的资源来实现人类最大限度的健康。近代人类社会在这一方面做了许多探索，医疗保险就是其中最重要的形式之一。

4. 医疗保险

医疗保险（Medical Insurance）是一个比较宽泛的概念，既可以专指由政府提供的社会医疗保险，也可以指由市场提供的商业医疗保险。疾病和受伤对于个体而言，存在着一定的偶然性、不可预测性，但对一个由相似个体组成的大型群体而言，这种风险则是可以预测的。因此，医疗保险是遵循大数法则，通过保险的方式分担和补偿疾病风险所带来的经济损失的制度安排。

本章所讲的医疗保险指的是社会医疗保险，即由国家组织的一项制度安排：由特定的组织或机构经办，按照强制性或自愿原则，在一定区域的参保人群中筹集医疗保险基金，当参保人（被保险人）因病、受伤或生育接受医疗服务时，由保险人（特定的组织或机构）提供经济补偿的一系列政策、制度与办法。

5. 健康保障

健康保障制度是人们获得健康这一人类基本权利的有效方式。从更宏观的视角来看，医疗保险可以视作健康保障的一个组成部分，其主要作用体现在"保基本"，即保障参保人基本的医疗需求。除此以外，健康保障还应该包括：疾病预防、健康促进和医疗救助三个环节。其中，疾病预防主要通过各项干预措施使人民"不生病、少生病、生小病"。任何疾病的发生都是从"未病"到"已病"，"治未病"是医学的首要原则，即预防的原则，预先采取措施，防止疾病的发生、发展、转变及复发，这是祖国医学的重要组成部分，是我国几千年来医疗实践的经验总结，也是世界各国的共识。健康促进是"促使人们提高维护和改善他们自身健康的过程"。[1]"要使人们尽一切可能让他们的精神和身体保持在最优状态，宗旨是使人们知道如何保持健康，在健康的生活方式下生活，并有能力做出健康的选择。"[2] 美国健康促进杂志的最新表述为，"健康促进是帮助人们改变其生活方式以实现最佳健康状况的科学（和艺术）。最佳健康被界定为身体、情绪、社会适应性、精神和智力健康的水平。生活方式的改变会得到提高认知、改变行为和创造支持性环境等三方面联合作用的促进。三者当中，支持性环境是保持健康持续改善最大的影响因素。"[3] 医疗救助是医疗保障中的最低保障，达到低收入群体能够"病有所医"的目的。目前，我国已经初步建成覆盖城乡的居民医疗保险制度体系，即在制度层面上已经初步形成了以基本医疗保险制度（包括城镇职工基本医疗保险、新型农村合作医疗、城镇居民基本医疗保险[4]）为主体，以各种形式的补充医疗保险（公务员补充医疗保险、大额医疗互助、商业医疗保险和职工互助保险等）为补充，以医疗社会救助为底线的多层次医疗保障体系的基本框架。

二 医疗保险

（一）医疗保险的特征

除社会保险各个项目共同特征外，医疗保险还具有以下几点独特的

---

[1] 1986 年 11 月 21 日在加拿大渥太华召开的第一届健康促进国际会议上发表的《渥太华宪章》。
[2] 世界卫生组织前总干事布伦特兰在 2000 年的第五届全球健康促进大会上的讲话。
[3] 转引自邹维《健康促进理念应用于提升医学生职业素养》，《吉林教育》2013 年第 25 期。
[4] 自 2018 年 1 月 1 日起，"新型农村合作医疗"与"城镇居民医疗保险"合并为"城乡居民基本医疗保险"。

特征。

第一,保障对象的全民性。在社会保险各个项目中,医疗保险的保障对象最为广泛,原则上应该覆盖全体公民。这是由于相比失业、工伤、生育等风险,疾病风险的侵害是个体在其生命各个阶段中难以回避的侵害。

第二,保障项目的综合性。医疗保险的保障项目包括对被保险对象的医疗费用的经济补偿、救治期间收入损失的补偿,以及预防保健、宣传教育(理论上应该包括这两项,但目前我国医疗保险未涵盖,因此还存在争议)等一系列的医疗服务。同时,医疗保险又与工伤、生育、养老保险项目交织在一起。如生育保险因为涉及医疗问题,本身就包括医疗保险的内容,现已并入医疗保险。

第三,医疗保险利益主体涉及多个方面,更具复杂性。首先,医疗保险涉及医疗方、患者、医疗保险机构以及用人单位等多方之间的复杂权利关系;其次,为了确保医疗保险资源的合理利用,还存在合理引导和控制医疗服务享受者和提供者行为的问题;最后,医疗保险不仅与国家经济发展有关,还涉及医疗保健服务的需求和供给。这些都是其他社会保险项目所没有的。

第四,医疗保险补偿具有短期性与经常性,且费用难以控制。由于疾病风险的随机性、突发性,医疗保险的补偿也只能是短期的、经常的,并且医疗保险通常是按照病情的严重程度及由此而引起的医疗费用的多少进行补偿,但疾病风险的发生频率高,且轻重程度不同,对医疗技术要求很高,医疗开支难以事前确定,对经济和生活的影响也因人而异,有时足以置患者于困境。因此,医疗保险相对于其他社会保险项目来讲,风险预测和费用控制难度更大。

第五,医疗保险保障手段的服务性。医疗保险保障手段是为劳动者提供医疗服务,是具有专门性和复杂性的技术服务,需要运用最新的医疗器械设备和治疗技术,这种服务在很大程度上取决于现代医学科学和生命科学的发展水平。[①]

(二)医疗保险的筹资机制

医疗社会保险基金一般是指根据国家法律规定,由参加医疗保险的用

[①] 任正臣:《社会保险学》,社会科学文献出版社,2001,第189页。

人单位及个人按照一定的缴费比例缴纳医疗保险费所汇集而成的资金。社会医疗保险筹资是医疗保险制度运行的前提，因而是社会医疗保险健康持续发展的核心问题。一般而言，医疗社会保险基金由专门的医疗保险经办机构组织经营和管理，其目的主要在于偿付被保险人在保险范围内发生的医疗服务费用。

1. 筹资原则

筹资机制首先要保证基金的可持续，既要求确保基金当期收支平衡，更要求着眼于医保基金的长期平衡。从国际经验来看，医疗保险筹资的基本原则多为"现收现付、收支平衡、略有结余"。其中，现收现付指根据当期支出确定当期收入，即通过预测当前可能发生的被保险人医疗费用支出来确定这一时期内参保人及其用人单位应缴纳的资金；收支平衡指当期医疗保险基金的支出同收入应大致相等，若出现收不抵支的情况则可能导致医疗保险基金"穿底"等不良后果；略有结余指在保障当期医疗保险基金收入和支出大致平衡的前提下尽量满足当期收入略大于支出，即支付完当期所有保障范围内的医疗保险费用后，医疗保险基金仍有结余。采用这一原则主要考虑到以下几点：第一，尽量避免物价波动及货币贬值可能给医疗保险基金带来的负面影响；第二，体现医疗保险的共济性，同时保持医疗保险基金的运行效率；第三，操作简便。

2. 资金来源

工业革命后，欧洲出现了"共济会""友好社"等民间保险形式，其实质是劳动者自愿筹资组成互助团体，当其成员生病时可以提供资金支持。这种形式的民间保险在一定程度上缓解了疾病给劳动者个体造成的损失，但是随着社会的发展，特别是医疗费用的上涨，这种筹资形式难以为继。

在这一背景下，政府组织的医疗保险应运而生。其中，德国政府于1883年颁布的《疾病保险法》是世界上第一部社会保险法律，该法规定某些行业中工资少于限额的工人应强制加入疾病保险基金会；同时基金会强制工人和雇主缴纳基金。从这一时期开始，政府介入国民医疗和健康管理。

第五章　医疗保险

补充阅读 5-1　改变历史进程的疾病

一些人在阅读历史故事时,常会发出这样的感叹"人类创造历史!"事实上,历史是由多种因素综合作用的结果,例如疾病就曾扮演改变人类历史进程的角色。雅典大瘟疫、罗马"安东尼"瘟疫、查士丁尼鼠疫、欧洲中世纪黑死病、美洲大陆的天花以及西班牙流感等疾病的流行,都曾在短时间内导致当地人口锐减,进而造成政治统治瓦解,文明衰落。暴发于公元6世纪的查士丁尼鼠疫便是其中的代表之一。

当时东罗马帝国(亦称拜占庭帝国)以君士坦丁堡(今伊斯坦布尔)为首都,在西罗马帝国衰落后,一直以纯正罗马帝国继承者自居。在公元527年,著名的政治家查士丁尼成为拜占庭帝国皇帝。他雄心勃勃地计划收复西罗马帝国失地,并重现罗马帝国昔日的辉煌。为此,查士丁尼任命著名军事将领贝利撒留为元帅,向波斯帝国宣战。正在查士丁尼的军队大举收复失地之时,一场瘟疫席卷而来。这场瘟疫所到之处哀鸿遍野,据说由于感染者死亡速度太快,数量庞大,以至于来不及挖掘坟墓,死尸就留在路上发臭、腐烂。根据统计,这次瘟疫大约使拜占庭帝国人口减少1/3,君士坦丁堡的情况尤为严重,甚至连查士丁尼大帝本人也死于这场瘟疫。正是这场瘟疫,使原本胜利在望的罗马帝国复兴运动戛然而止,烜赫一时的东罗马帝国也衰落下去,可以说这导致了罗马对于欧洲文明统治地位的丧失,进而使欧洲文明进入一个"黑暗时代"。

根据对当时情况记载的分析,这次瘟疫应属于鼠疫。因此这次瘟疫大流行也被称为"查士丁尼鼠疫"。这是人类历史上第一次大规模鼠疫暴发。这次鼠疫暴发主要是由于当时气候温暖,城市人口密集而公共卫生条件差,特别是当时的人们缺乏基本的卫生常识。可以说,正是这次鼠疫的流行,导致了欧洲文明的衰落。

对此有兴趣的同学不妨查找资料,了解人类历史上其余几次瘟疫大流行导致的后果。

资料来源:翰墨编委会:《瘟疫正在蔓延》,北京理工大学出版社,2011,第30~38页。

现代医疗保险的资金来源主要有三个方面:被保险人的缴费;被保险人所在用人单位的缴费;政府资金支持。其中,个人和用人单位缴费是医疗保险基金的主要来源。政府对医疗保险提供支持的途径主要有以下几种：第一，为公务员缴纳医疗保险费；第二，对某些没有能力缴费的人群，例如老人、低收入者实行补贴，将其纳入医疗保障范畴；第三，在医疗保险基金出现赤字时进行补助。

各国多以收入尤其是工资收入作为缴费基数，至于个人、单位和政府在医疗保险基金来源中各自所占的比重，由于不同国家和地区情况存在差异，因此通常由各国政府自行确定。

3. 筹资方式

医疗保险费用的筹资方式有多种，包括固定保费金额，按个人工资（收入）的一定比例征收，或是按照地区卫生条件确定缴费等级等。其中，与个人工资（收入）挂钩是最常见的一种形式。这主要是考虑到医疗保险的效率与公平，同时确保缴费水平与个人工资（收入）维持相对固定的合理水平，保障参保人能够承担得起医疗保险费。国际上，医疗保险费用的筹资方式按保险模式大致可分为四类：以英国为代表的国家卫生服务模式，是以国家税收为筹资来源，资金来源稳定，主要依赖国家财政预算，个人不予承担或少量承担医疗费用；以德国、韩国等为代表的社会医疗保险模式，雇主和雇员按一定比例缴纳保险费；以美国为代表的商业保险市场筹资机制为主的多元化体系；以新加坡为代表的私人缴费为主的储蓄筹资机制，政府强制雇主和雇员向公积金管理机构缴费，建立一个以个人或家庭为单位的医疗储蓄账户，用以支付家庭成员医疗费用。

（三）医疗保险给付项目

当被保险人生病后，第三方经办机构将按照事先约定的条件和待遇标准向被保险人提供医疗服务或者为其报销医疗费用。为了保障医疗保险基金有效运行，以及被保险人的合法权益，通常医疗保险的给付需要遵循一定的原则。这包括收支平衡原则、权利与义务对等原则、合理偿付原则。其中收支平衡原则不再赘述。权利与义务对等原则是社会保险的基本原则之一，是指个人和用人单位在履行法律规定缴费义务的前提下，依法享受合理的医疗保险待遇的权利。在医疗保险中，这体现在两个方面：从参保人角度看，被保险人及其用人单位需要按时、足额缴纳医疗保险费，之后发生的规定范围内的医疗费用才有可能获得医疗保险报销；若无故停止缴费，则丧失相关权利。从定点医疗机构角度看，需要按照合同履行为参保人提供医疗服务的义务，才能获得医疗服务经济补偿。合理偿付的原则指偿付仅限定在医疗保险保障范围内所发生的费用（例如《国家基本医疗保险、工伤保险和生育保险药品目录》《基本医疗保险和工伤保险诊疗项目目录》《基本医疗保险和工伤保险医疗服务设施项目范围》目录上的药品、检查、治疗方式等）；以参保人实际所发生或支出的医疗费用为限；偿付仅限于参保人患病就医所发生的直接医疗费用（如就医路费、伙食费、陪护费、以及其他特需生活服务费用等不偿付）；不属于医疗社会保险覆盖范围，或属于覆盖范围但是没有参保，或参加医疗社会保险但没有按时、足额缴纳保险费的，均没有理由和权利享受医疗社会保险费用偿付。

根据经济情况、医疗卫生水平以及重点关注健康领域的不同，各国医疗保险给付项目有所不同，一般以医疗服务为主，包括：住院服务、全科医师服务、专科医师服务、辅助性服务（如拍 X 光片、化验等实验室检查）、护理服务、康复服务以及药品服务等，主要指医生开具处方药以及药品供应。也有些国家还包括：牙科保健服务，如牙科检查、牙齿修复等；精神卫生服务，如心理咨询、治疗和监护等；预防保健服务，包括妇女产前、产中、产后保健（在我国实行医疗保险与生育保险合并之前，这几项归为生育保险）、计划免疫、健康体检等。

（四）医疗保险支付方式

传统的医疗费用支付仅涉及医、患双方，即医生提供医疗服务，患者直接向医生支付医疗费用。但是医疗保险的支付关系还涉及第三方经办机构，因此支付方式相应转变为：参保人及其用人单位向社会保险经办机构缴纳医疗保险费；医疗服务提供者（医生及医院）向参保人提供医疗服务之后，参保人向医疗服务提供者支付一定比例的费用（自付费用），社保经办机构向医疗服务提供者支付规定的医疗费用。在支付方式由简单的"双向经济关系"演变到"三角经济关系"时，医疗保险中的道德风险问题也就难以避免了（加上复杂的医疗技术等问题）。

医疗保险支付方式依据支付方的不同，可以大致分为第三方支付方式和需方支付方式，两者各自有几种不同的类型。不同的支付方式会影响参保人以及医疗服务提供者的行为，同时医疗保险经办机构可以通过合理选择支付方式从而促进医疗保险资源的有效利用。

1. 第三方支付方式

第三方支付即医疗保险经办机构向医疗服务提供方进行费用支付的方式。常见的支付方式包括：按服务项目付费、按人头定额付费、总额预算制、定额付费以及按病种付费。

按服务项目付费（fee-for-service，FFS），这是一种传统的支付方式，即医疗保险经办机构按照医疗服务提供方的医疗服务记录进行支付。这种付费方式的优点是操作方便，根据实际发生的医疗服务项目进行事后付费即可。但是由于这种支付方式缺少对医疗服务提供方的约束，因此存在"供方诱导的过度消费"倾向，难以控制医疗费用，且医疗保险经办机构的审核、管理的难度较大。

按人头定额付费（per capita），是指医疗服务提供方和医疗保险经办机构事先根据被保险人数约定好一个单位定额，在一定时期内医疗保险经办机构根据这个定额一次性向医疗服务提供方进行支付，之后医疗服务提供方要向参保人提供所有合同规定范围内的服务，而不再另行收费，即医疗机构的收入与服务人数成正比，被保险人数越多，医疗服务提供方收入越多，而提供的医疗服务越多，收入越少。这种支付方式的优点是方便控制医疗服务的成本，但缺点是医院会选择相对健康、病情简单的患者，推诿病情反复、严重的患者，并可能诱导医疗服务提供方为节约费用而降低服务质量。

总额预算（global budget），是指由医疗保险经办机构与医疗服务提供方协商确定一个年度预算总额，并据此进行支付。这种方式同按人头定额付费类似，消除了医院提供过度医疗服务的经济动因，促进医疗行为的规范化，有助于控制医疗费用，合理预算，且手续简便，管理成本较低。但是由于超出预算的服务费用无法获得追加支付，需要由医疗服务提供方自行承担亏损，因此同样可能诱导其降低服务质量。

定额付费（fixed payment），是指按照医疗保险经办机构与医疗服务提供方事先确定的单日住院费用标准和单次门诊费用进行支付。这种支付方式与每名病人实际花费无关，与住院天数和门诊人数相关。这种支付方式的优点是可以控制每日住院和单次门诊的费用，问题是可能诱导延长住院时间。

按病种付费（diagnosis related groups，DRGs），是指将疾病分为若干组，并根据疾病的轻重缓急将每组疾病分为9级，在支付时先核定病人的病种和级别，之后一次性付费。这种支付方式的优点是鼓励减少住院时间，有利于控制医疗费用。但是缺点是核算方式复杂，如何为一个病人进行恰当的DRGs分组较难，全面实施起来难度大，管理成本高，并且医院可能在自身利益的驱动下，在诊断界限不明时，使诊断升级，诱导病人分解住院。

2. 需方支付方式

需方支付，即被保险人向医疗服务提供方付费的方式。为了规避免费医疗条件下可能出现的"道德风险"，要求被保险人自负一定比例的医疗费用。需方支付方式主要有：定额自负、扣除保险、共付保险、限额保险。

其中，定额自付（co-payment）指被保险人每次接受门诊或住院服务后都自付一定数额的医疗费用。扣除保险（deductibles）指首先设定一个起付线，在起付线以下的部分由被保险人自行承担。共付保险（co-insurance）指第三方支付医疗费用的同时，参保人也需要支付一定比例的费用。限额保险（limits and maximums）是指首先设定一个封顶线，超过封顶线部分费用由被保险人自行承担。

第二节 中国医疗保险制度改革发展历程

正如上一节所讲的，目前我国已经初步建成覆盖城乡的居民医疗保险制度体系，即在制度层面上已经初步形成了以基本医疗保险制度为主体，以各种形式的补充医疗保险为补充，以医疗社会救助为底线的多层次医疗保障体系的基本框架。其中，基本医疗保险制度包括城镇职工基本医疗保险、新型农村合作医疗和城镇居民基本医疗保险[1]，城镇职工基本医疗保险是基本医疗保险的主体。

---

[1] 2019年全国范围内统一的城乡居民医保制度全面启动实施。

一 基本医疗保险制度

（一）城镇职工基本医疗保险制度

1. 改革前传统城镇职工医疗保险制度

20世纪50年代初，我国在城镇职工范围内建立起了医疗保险制度，该制度由劳保医疗和公费医疗两部分构成。前者是根据1951年政务院颁布的《劳动保险条例》及1953年劳动部公布试行的《劳动保险条例实施细则修正草案》等相关法规、政策建立和发展起来的。后者是根据1952年政务院发布的《关于全国各级人民政府、党派、团体及所属事业单位的国家工作人员实行公费医疗预防的指示》以及《国家工作人员公费医疗预防实施办法》建立起来的。二者共同构成了我国传统的"劳保－公费医疗"制度（表5－1）。这一阶段，大体完成了传统医疗保障制度的基本立法，其框架体系沿袭至今。

表5－1 我国传统的"劳保－公费医疗"制度

	劳保医疗	公费医疗
保障对象	国有企业职工及直系亲属，集体企业参照执行	全国各级人民政府、党派、团体及所属事业单位的国家工作人员，受长期抚恤的在乡革命残废军人和住荣军院、校的革命残废军人
资金来源	由企业行政方面或资方缴纳劳动保险金	各级财政
待遇	诊疗费、手术费、住院费及普通药费等，即除挂号费、营养品、整容、矫形等少数项目外，全部或大部分由劳保医疗经费开支	同劳保医疗
资金管理	劳动保险基金由工会基层委员会管理；调剂金由省、市工会组织或产业工会全国委员会管理；中华全国总工会对所属各省、市工会组织、各产业工会全国委员会的调剂金，有统筹调用之权	经费列入财政预算，由各级卫生行政部门设立的公费医疗管理机构进行管理，专款专用

说明：根据《劳动保险条例》（1951年2月26日）、《劳动保险条例实施细则修正草案》（1953年1月26日）、《关于全国各级人民政府、党派、团体及所属事业单位的国家工作人员实行公费医疗预防的指示》（1952年6月27日）以及《国家工作人员公费医疗预防实施办法》（1952年8月30日）整理。

这种传统的城镇职工医疗保障体制是与当时高度集中的计划经济相适应的，以城镇有工资收入的职工为主要对象，并惠及亿万城镇居民（劳保医疗涵盖了职工家属），改变了旧中国缺医少药的历史，在保障城镇职工身体健康、恢复和促进经济社会发展方面发挥了积极的作用。但是，该项制度在实施过程中制度设计和实践上的不足同时也体现出来，其中最为突出和普遍的问题是经费超支。

传统"劳保－公费医疗"制度实质是"单位－国家保险型"医疗保险，这就决定了企业和国家在制度推行过程中的地位，存在政府包揽过多，管理行政效率低，公共资源分配不公，风险共担能力低等一系列问题。该制度除了部分昂贵药品、住院期间的伙食费以及看病的交通费之外，医疗费用基本全额偿付，雇员无须再承担任何费用。一方面，由于缺乏约束，"吃劳保""人情药""大处方"等现象严重，致使传统"劳保－公费医疗"最终入不敷出；另一方面，经费没有稳定保障，普遍存在企业欠费、机关挂账的现象，职工的基本医疗保障问题难以解决。

2. 城镇职工医疗保险制度的改革

中国共产党第十一届三中全会宣告了中国将把以经济建设为中心作为党和政府工作的主基调。此后，在改革开放的过程中，中国社会保障的制度背景开始经历重大变化。在这种变化之中，传统职工医疗保障制度逐步失去了自身存在的基础。

（1）第一阶段（1981年~1985年8月）：企业和单位自发变革

由于1985年以来，国家对企业推行了一系列改革，例如拨款改贷款、承包制引入企业、自负盈亏、自主经营等，劳保医疗制度已难以为继。置身于市场经济中的企业从80年代中期就开始自发地进行了限制职工医疗费用的劳保医疗制度改革；公费医疗单位也采取了一系列相应的限制性措施，例如路费、医疗咨询费、气功费等费用要求自理，部分地方实行超额部分单位报销，其余自理，或超额部分自理等。

（2）第二阶段（1985年9月~1994年）：各地试点

在总结各地改革经验和借鉴国外经验的基础上，从1994年开始，国务院在江西省九江市、江苏省镇江市进行医疗保险制度改革试点，也就是"两江"试点，其目标是建立社会统筹医疗基金与个人医疗账户相结合的社会保险制度。1989年3月4日，国务院批转了《国家体改委1989年经济体制改革要点》，正式确定在丹东、四平、黄石、株洲四市进行医疗保险制度改革试点，在深圳、海南进行社会保障制度综合改革试点。卫生部和财政部于1989年8月联合颁发了《公费医疗管理办法》，对公费开支和自费范围分别做了较为详尽的规定，对享受范围所做规定更为细化。劳保医疗的改革进一步深化：1992年9月7日，劳动部颁布了《关于试行职工大病医疗费用社会统筹的意见》。其后，实施的范围逐步从县市扩大到地级市乃至大城市。

国务院办公厅于1992年5月4日发出《关于进一步做好职工医疗制度改革工作的通知》，成立由八个部门组成的医疗制度改革小组，负责推进和指导全国医改工作。此后，卫生部于1992年5月21日成立了公费医疗制度改革领导小组，下设了全国公费医疗管理与改革办公室。同时下发了《关于加强公费医疗制度改革试点工作的通知》。劳动部也于1993年10月8日印发了《关于职工医疗保险制度改革试点的意见》，对统筹基金做了修正，提出变单一的大病统筹基金为由个人专户金、单位调剂金和大病统筹金三金组成的医疗保险基金。改革传统制度、建立新型医疗保障制度已逐渐成为共识。

补充阅读 5-2 "两江模式"

1994年11月，国家体改委、财政部、卫生部和劳动部决定在江苏镇江和江西九江进行"统帐结合"模式的试点，简称"两江模式"。"两江模式"对账户的管理实行三段通道式管理，即个人账户段→自费段→社会统筹段捆在一起管理。其主要特点是保险可以覆盖不同所有制的企业和行业、事业单位职工。

覆盖范围：基本上覆盖了全体城镇职工，但不包括乡镇企业职工和城镇个体户。

资金筹集：用人单位将上年度在职职工工资总额与离退休人员费用总额之和的10%确定为当年单位筹资比例，职工个人缴费按本人年工资额的1%提取，社会统筹医疗基金与职工个人医疗账户相结合。

资金管理：个人缴费的1%和社会统筹基金的50%左右划归个人账户。个人账户的本金、利息为个人所有，只能用于个人支出，可以结转使用和依法继承，但不能提取现金和挪作他用。另外，镇江市从统筹基金中提取10%的风险调节基金，以预备支付突发情况和大的流行病的费用。

结算方式：医疗费用先从个人医疗账户支付，个人账户用完后，再由个人自付年工资的5%，然后进入社会统筹基金支付段。社会统筹部分支付时，个人要负担一定比例，分段计算，费用愈大，负担比例愈小。退休人员自付比例为在职职工的50%。但是在实施时，出现"全家用一卡，跑步进入统筹段"等钻空子现象。

医疗保险管理："两江"都成立了医疗保险管理委员会负责政策制定，九江由市社会保险局负责企业职工的医疗保险，由机关事业单位医疗保险机构负责本系统职工的医疗保险。镇江统一由社会保险局管理，基金管理中心由卫生局公费办、劳动局保险管理处的企业职工大病医疗保险科和社会保险局的基金管理科合并组成，负责业务工作。

"两江模式"把两个账户捆在一起进行管理，两个账户的资金全部由医保机构掌管，全部使用到医疗方面，从理论上讲是科学的。同时建立了筹资机制和基金管理运行机制，对于控制医疗费用过度上涨，提高个人的费用意识有一定的作用，有利于职工在年轻健康的时候考虑到年老有病的时候。但其弊端也是十分明显的：第一，筹资工作难度大，特困企业无力缴费，经济效益好的企业不愿参保；第二，对医院的定额结算促使医院分解处方、重复门诊、多次住院、推诿重病人；第三，个人账户通过一个自付段与社会统筹基金相互贯通，约束作用相对较弱，容易出现统筹基金超支与个人账户"空账"的现象，挤占统筹，共济失调；第四，该模式对管理水平的要求相对较高，把大量繁杂的门诊治疗与开药费用审批报销工作进行统管，工作量太大，手续繁杂，不便于患者就医。而且由于医保机构要统管原来由各单位分别管理的业务，必然削弱了统筹基金管理力度。

(3) 第三阶段（1995～1998年）：统一领导，扩大试点地区

1996年4月，国务院在江苏省镇江市召开全国职工医疗保障制度改革扩大试点工作会议，决定在九江、镇江医疗改革取得经验的条件下在全国范围内扩大改革试点。截至1998年1月，先后有苏州、威海、石家庄等38个城市开始了改革试点（包括先期试点的镇江、九江共40个城市）。至此，全国代表性的改革模式大致可分为三大类：第一类是以深圳市为代表的"混合型"；第二类是以镇江市、九江市为代表的"统账结合型"；第三类是以海南省为代表的"双轨并行式"。试点的实践证明，实行社会统筹

和个人账户相结合的医疗保险制度符合我国国情。在取得试点经验的基础上，国务院制定了医疗保险制度改革的实施方案。坚持"低水平、广覆盖"，保障职工基本医疗需求，基本医疗保险费由政府、单位和个人共同负担。

3. 现行城镇职工医疗保险制度的确立

1998年底，国务院召开全国城镇职工医疗保险制度改革工作会议，部署改革工作。会后下发了《国务院关于建立城镇职工基本医疗保险制度的决定》（以下简称《决定》），明确了城镇职工医疗保险制度改革的目标、原则和主要政策。2000年7月，国务院在上海召开全国城镇职工基本医疗保险制度和医药卫生体制改革工作会议，要求"三政并举"，同步推进医疗保险、医疗机构和药品流通体制改革，明确了三项制度改革的任务和具体部署，这是党中央、国务院从维护广大人民群众的根本利益出发，深化改革、促进发展、保持稳定的全局高度，经反复研究而做出的决策和部署。

这次全国城镇职工医疗保险制度改革，旨在解决三个问题：一是实行用人单位和职工个人共同缴纳医疗保险费，建立基本医疗保险基金，切实保障职工基本医疗；二是建立统筹基金和个人账户相结合的基本医疗保险制度，发挥互助共济和个人自我保障的作用，形成医、患、保三方制约机制，控制医疗费用过快增长，遏制医疗资源浪费；三是将原公费和劳保医疗实行统一管理，在全国实行新的医疗保险制度。改革的基本思路是"低水平、广覆盖、双方负担、统账结合"。"低水平"是指基本医疗保险的水平要和我国社会主义初级阶段的生产力发展水平相适应，相应的筹资水平要根据目前我国财政和企业的实际承受能力确定；"广覆盖"是指基本医疗保险要覆盖城镇所有用人单位和职工，不论是国有单位，还是非国有单位，不论是效益好的企业，还是效益差的企业，都要参加基本医疗保险；"双方负担"是指改变过去职工医疗费用由国家和企业包揽、个人不承担医疗保险责任的状况，实行基本医疗保险费用由单位和个人共同合理负担；"统账结合"是指基本医疗保险实行社会统筹和个人账户相结合，建立医疗保险统筹基金和个人账户，并明确各自的支付范围，统筹基金主要支付大额医疗费，个人账户主要支付小额医疗费（改革的主要政策见表5-2）。

表5-2 《国务院关于建立城镇职工基本医疗保险制度的决定》主要内容

原则	覆盖范围	基金来源	结算方式	医疗保险管理		
				基金管理	监督管理	经办管理
与社会主义初级阶段生产力发展水平相适应、城镇所有用人单位及其职工都要参加、用人单位和职工双方共同负担、社会统筹和个人账户相结合、属地化管理,地市级统筹。	所有城镇用人单位:企业(国有企业、集体企业、外商投资企业、私营企业等)、机关、事业单位、社会团体、民办非企业单位及其职工。	单位缴费率为职工工资总额的6%左右,个人缴纳工资的2%左右。随着经济发展,用人单位和职工缴费率可做相应调整。	实行社会统筹和个人账户相结合的管理模式。个人账户主要支付门诊和小病医疗费,统筹基金主要支付住院或大病医疗费,设起付标准和最高支付限额。	基本医疗保险基金要纳入财政专户,专款专用,任何单位和个人不得挤占和挪用。社会保险经办机构的事业经费由各级财政预算解决,不得从基金中提取。建立健全基金的预决算制度、财务会计制度和社会保险经办机构的内部审计制度。	基本医疗保险实行属地化、社会化的管理,执行统一的政策、统一的待遇标准和统一的社会化管理,基本医疗保险基金统一筹集、使用和管理。统筹地区要设立由政府有关部门代表、用人单位代表、医疗机构代表、工会代表和有关专家参加的医疗保险基金监督组织,加强社会监督。	社会保险经办机构要根据中西医并举,基层、专科和综合医疗机构兼顾,方便职工就医的原则,负责确定定点医疗机构和定点药店,并同定点医疗机构和定点药店签订合同,明确各自的责任、权利和义务。

4. 对现行职工基本医疗保险的总结

职工基本医疗保险制度是社会保障体系的重要组成部分,是由用人单位和职工共同参加的一种社会保险,按照用人单位和职工的承受能力和经济社会的发展水平,来确定参保人员的基本医疗保障水平,具有广泛性、共济性、强制性的特点,并贯彻属地化管理原则,实行地市级统筹,覆盖城镇所有用人单位及其职工。所有企业、国家行政机关、事业单位和其他单位及其职工必须履行缴纳基本医疗保险费的义务。基本医疗保险实行个人账户与统筹基金相结合,保障广大参保人员的基本医疗需求,主要用于支付一般的门诊、住院医疗费用。

实行个人账户的目的是建立职工个人自我积累机制,以利于加强个人责任感,强化职工个人医疗消费行为的自我约束。个人账户资金来源主要是由职工个人缴纳的基本医疗保险费、按照规定划入个人账户的用人单位缴纳的基本医疗保险费、个人账户存储额的利息、依法纳入个人账户的其他资金构成。账户的本金和利息为个人所有,只能用于基本医疗保险,但可以根据参保人员的实际情况结转使用和继承。在职职工按本人缴费工资基数的一定比例划入;退休人员以缴费单位上年度职工年平均工资为基数划入,但本人养老金高于缴费单位上年度职工年平均工资的,以本人上年度养老金为基数划入。

与医疗保险个人账户结余资金较多形成对比的是,社会统筹账户——三类基本医疗保险包括城镇职工医疗保险、城镇居民医疗保险和新农合的情况并不乐观。尽管个人账户绝对数在不断增大,但是由于无法在医疗保险"大盘子"里共济使用,所以如果改成家庭账户,将政府责任与家庭责任结合起来,则更符合中国特有的家庭收入代际转移需求。但是,个人账户改革不可"一刀切",应针对居民个人、家庭需求逐步改革。因此,各地仍在试点改革。例如,镇江市把个人账户分设为一级、二级,参保人员通过二级账户"五助"功能,能够帮助自己和家庭成员减轻经济负担,提高医疗保障水平。重庆市从2015年1月1日起扩大了职工医疗保险个人账户资金的使用范围,包括退休人员缴纳职工大额医疗互助保险费、购买商业保险、用于亲属友人就医和在药店购买保健食品四个方面。

基本医疗保险定点医疗机构是指经统筹地区劳动和社会保障局认定,取得定点资格,由统筹地区和区、县医疗保险事务经办机构确定,并签订协议,为参加基本医疗保险的职工和退休人员提供医疗服务的医疗机构。在医疗保险中,医、保、患三方都有各自的利益,都要维护自身利益的最大化,从而形成了微妙的博弈关系。社保部门和卫生部门应结合地方机构改革,健全医疗保险基金监管机构,完善内部监管机制;同时卫生部门应加强对定点医疗机构的管理,从制度上避免从业人员挤占、挪用、骗取医疗保险基金的行为。

补充阅读5-3 职工基本医疗保险待遇

1. 职工基本医疗保险门诊医疗待遇

①普通门诊:参保人员在定点医疗机构(含社区卫生服务中心)发生的门诊医疗费用或定点零售药店发生的购药费用由个人医疗账户支付,个人医疗账户用完后,发生的门诊医疗费用和购药费用由个人自付。

②慢性病种门诊：经鉴定通过慢性病病种和重性精神类疾病审批的参保人员，在一个医保年度内，个人账户用完后，发生医疗保险支付范围内的门诊医疗费用，由医保基金给予适当补助。

③特殊病种门诊：经确认登记患有恶性肿瘤、严重尿毒症等特殊病种及进行器官移植的参保人员，在门诊发生的除特定治疗项目以外的医疗费用，可按规定享受门诊医疗补助，即在一个医保年度内，个人账户用完后，在门诊发生医疗保险支付范围内的医疗费用，由医保基金给予适当补助。

若未按规定，在非定点医疗机构发生的门诊医疗费用和零售药店发生的费用，医保基金不予补贴。

2. 职工基本医保特殊病种病人可享受的待遇

患恶性肿瘤、需要血液透析及进行肾、骨髓等移植的参保职工，除享受普通病人享受的门诊住院待遇外，还可以享受的待遇有：①普通门诊慢性病医疗补助；②门诊特定项目统筹报销；③参加职工补充医疗保险的参保职工，在门诊进行的特定项目的个人负担比例、住院起付标准和统筹部分个人负担比例可享受减半。

3. 职工基本医疗保险规定的急诊病种

职工基本医疗保险规定的急诊病种包括：急性外伤；突发性腹痛；突发高热（39摄氏度以上）；急性中毒、中暑、淹溺、烧伤、触电；突发性大出血（大咯血）；突发性呼吸困难；各类休克；脑血管意外；急性脏器衰竭；急性过敏性疾病危及生命；昏迷或有抽搐症状；突发性视力障碍；急性尿潴留；剧烈呕吐和腹泻；体腔内异物。

4. 参保职工医疗保险个人账户资金的划入标准

对此全国各地自行设立标准，以北京市为例，根据《北京市基本医疗保险规定》（北京市人民政府令第158号）和《关于建立全市退休人员统一补充医疗保险的通知》（京劳社医发〔2006〕9号）规定，职工个人缴纳的基本医疗保险费全部记入本人的个人账户；再从用人单位缴纳的基本医疗保险费中拿出一部分划入参保人员的个人账户。在职人员分为35岁以下、35岁至45岁、45岁以上三档；退休人员分为70岁以下和70岁以上两档。具体的划入比例为：不满35周岁的职工按本人月缴费工资基数的0.8%划入；35周岁以上不满45周岁的职工按本人月缴费工资基数的1%划入；45周岁以上的按本人月缴费工资基数的2%划入。从2006年4月起，70岁以下退休人员个人账户按每人每月100元，

70岁以上退休人员个人账户按每人每月110元划入。

2020年8月26日,国家医保局正式向社会公布《关于建立健全职工基本医疗保险门诊共济保障机制的指导意见(征求意见稿)》。意见拟规定普通门诊费用医保可以报销,报销比例从50%起步。同时,职工医保个人账户计入办法也将改变,医保单位缴费部分不再计入个人账户,全部计入统筹基金。

5. 基本医疗保险统筹基金不予以支付的医疗费用

包括在非本人定点医疗机构就诊的,但急诊除外(急诊可以在任何一家定点医疗机构就诊);在非定点零售药店购药的;因交通事故、医疗事故或者其他责任事故造成伤害的;本人吸毒、打架斗殴或者因其他违法行为造成伤害的;因自杀、自残、酗酒等原因进行治疗的;在国外或者中国香港、澳门特别行政区以及台湾地区治疗的;按照国家和本市规定应当由个人自付的;自行就医(未到指定医院就医或不办理转诊单)、自购药品、公费医疗规定不能报销的药品和不符合计划生育的医疗费用;出诊费、伙食费、陪客费、营养费、输血费(有家庭储血者,按有关规定报销)、冷暖气费、救护费、特别护理费等其他费用;矫形、整容、镶牙、假肢、脏器移植、点名手术费、会诊费等;报销范围内,限额以外部分。

补充阅读5-4 职工医保个人账户将改革

2020年8月26日,国家医保局发布《关于建立健全职工基本医疗保险门诊共济保障机制的指导意见(征求意见稿)》,向社会公开征求意见。其中一条是"在职职工个人账户由个人缴纳的基本医疗保险费计入,计入标准原则上控制在本人参保缴费基数的2%以内,单位缴纳的基本医疗保险费全部计入统筹基金"。对此,国家医保局给出的解释是:减少划入个人账户的基金主要用于支撑健全门诊共济保障,提高门诊待遇。这意味着今后部分门诊也可以进行报销。同时门诊将划入统筹基金:建立门诊共济保障机制,从高血压、糖尿病等群众负担较重的门诊慢性病入手,逐步将多发病、常见病的普通门诊医疗费纳入统筹基金支付范围。同时将收窄个人账户使用功能,其中公共卫生、养生保健等项目将不再予以报销。

（二）城乡居民基本医疗保险制度

1. 农村合作医疗制度

（1）传统农村合作医疗制度

我国在 20 世纪 30 年代初的陕甘宁边区就建立起保健药社与卫生合作社。新中国成立后，一些地方在土地改革后的农业互助合作运动的启发下，由群众自发集资创办了具有公益性质的保健站和医疗站。可以说，从新中国成立到 50 年代末，农村合作医疗处于各地自发举建的阶段。1956 年，全国人大一届三次会议通过的《高级农业生产合作社示范章程》中规定，合作社对于因公负伤或因公致病的社员要负责医疗，并且给予一定量劳动日作为补助，从而首次赋予集体介入农村社会成员疾病医疗的职责。随后，许多地方开始出现以集体经济为基础，集体与个人相结合、互助互济的集体保健医疗站、合作医疗站或统筹医疗站。1959 年 11 月，卫生部在山西省稷山县召开全国农村卫生工作会议，正式肯定了农村合作医疗制度。此后，这一制度遂在广大农村逐步扩大。1965 年 9 月，中共中央批转卫生部党委《关于把卫生工作重点放到农村的报告》，强调加强农村基层卫生保健工作，极大地推动了农村合作医疗保障事业的发展。到 1965 年底，全国已有十多个省、自治区、直辖市的一部分市县实行了合作医疗制度，并进一步走向普及化。到 1976 年，全国已有 90% 的农民参加了合作医疗，从而基本解决了广大农村社会成员看病难的问题，书写了新中国农村医疗保障事业发展光辉的一页。合作医疗是由我国农民自己创造的互助共济的医疗保障制度，在保障农民获得基本医疗卫生服务、防止农民因病致贫和因病返贫方面发挥了重要的作用。它为世界各国，特别是发展中国家所普遍存在的问题提供了一个范本，不仅在国内受到农民群众的欢迎，而且在国际上得到好评。在 1974 年 5 月的第 27 届世界卫生大会上，第三世界国家对中国的农村合作医疗制度普遍表示热情关注和极大兴趣。联合国妇女儿童基金会在 1980~1981 年年报中指出，中国的"赤脚医生"制度在落后的农村地区提供了初级护理保障，为不发达国家提高医疗卫生水平提供了样本。世界银行和世界卫生组织把我国农村的合作医疗称为"发展中国家解决卫生经费的唯一典范"。

80 年代农村承包责任制推行，随着乡村公共积累下降，管理不力，各级卫生行政部门又未能及时加强引导,加上制度本身存在缺陷,农村合作医疗制度遭到了破坏,并开始走向低潮。绝大部分村卫生室(合作医疗站)成了乡村医生的私人诊所。据1985年全国10省区市45个县的调查,农村居民中仍参加合作医疗的仅占9.6%,而自费医疗则占到81%,1986年支持合作医疗的村继续下降到5%左右。80年代后期,农村社会成员的医疗问题又引起了有关政府部门的重视,一些地方在总结历史经验的基础上,根据农村的发展变化,亦对传统的合作医疗制度因地制宜做了改进,从而呈现出不同的模式。

补充阅读 5-5　新中国成立初期消灭血吸虫病

"借问瘟君欲何往,纸船明烛照天烧。"是毛主席所写的《送瘟神》,描写的就是新中国成立初期的消灭血吸虫病运动。血吸虫病是一种人兽共患的传染病,对人的身体健康和生命安全都有严重的危害。考古学研究发现,血吸虫病在中国已经流行超过两千年,主要分布于长江中下游及其以南地区,对当地造成了极其恶劣的影响。根据统计,1919~1949年,江苏省昆山县因血吸虫病流行,有102个村庄毁灭。该县巴城乡顶家浜村原有66户,281人,1939~1949年就有121人死于血吸虫病,28户灭门绝代。由于血吸虫病流行范围广,危害程度高,因此新中国成立初期的50年代,就由毛主席号召发起了"消灭血吸虫病"运动。

由于血吸虫尾蚴主要寄生于钉螺体内,人接触了被污染的水源后会感染血吸虫病,因此在消灭血吸虫病运动中,"灭螺"成为主要的任务之一。此外,各疫区还成立了血吸虫病防治所,主要通过血液涂片等方法进行血吸虫病筛查,并进行针对性治疗。当时采取了领导、专家和基层血防所三结合的方式开展大规模流行病学调查研究和群众性的防治工作,收到良好成效。到1959年2月中旬,全国有190多个县(市)达到消灭或基本消灭血吸虫病的标准,并且积累了丰富的防治经验。

资料来源:王溪云等:《中国血吸虫病防治策略的回顾与展望——庆祝建国60周年血防成就回顾》,《江西科学》2009年12月,第871~876页。

为恢复和重建农村合作医疗制度,我国政府于1994年开始在全国开展"中国农村合作医疗制度改革"的试点及研究。1997年1月,中共中央、国务院在《关于卫生改革与发展的决定》中提出要积极稳妥发展并完善合作医疗制度，同时确定了合作医疗的原则。尽管做出种种努力，但农村合作医疗制度的资金筹集仍旧存在问题，导致全国村覆盖率仍旧不高，例如在重建高峰的1997年，农村覆盖率仅有17%[①]。

(2) 新型农村合作医疗制度

由于"以个人投入为主，集体扶持，政府适当支持"的农村合作医疗恢复和重建工作面临筹资难问题，我国政府迈出了财政为农村合作医疗筹资的步伐，从而诞生了新型农村合作医疗制度（简称"新农合"）。

2003年1月23日，国务院办公厅转发卫生部、财政部和农业部《关于建立新型农村合作医疗制度的意见》（表5-3），要求从2003年起，各省、

表5-3 《关于建立新型农村合作医疗制度的意见》主要内容

筹资标准	筹资补偿	支付	医疗保险管理		
^	^	^	组织管理	基金管理	医疗服务管理
采取个人缴费、集体扶持和政府资助相结合的筹资机制。个人每年的缴费标准不应低于10元/人/年，经济发达地区可以相应提高缴费标准。	有条件的乡村集体经济组织应对本地新型农村合作医疗制度给予适当扶持；鼓励社会团体和个人资助新型农村合作医疗制度；中央财政为中西部参加新型农村合作医疗的农民补助10元/人/年，地方省、市、县级财政再补助10元/人/年。[②]	基金主要补助参加新农合农民的大额医疗费用或住院医疗费用；有条件的地方可实行大额医疗费用补助与小额医疗费用补助相结合的办法；年内没有动用农村合作医疗基金者，要安排进行一次常规性体检；各省、自治区、直辖市要制订农村合作医疗报销基本药品目录。	一般采取以县（市）为单位进行统筹，省、地级人民政府成立由卫生、财政、农业、民政、审计、扶贫等部门组成的农村合作医疗协调小组；县级人民政府成立由有关部门和参加合作医疗的农民代表组成的农村合作医疗管理委员会，负责有关组织、协调、管理和指导工作。	农村合作医疗基金由农合医疗管理委员会及其经办机构进行管理，设立农村合作医疗基金专用账户。审计部门要定期对农村合作医疗基金收支和管理情况进行审计。	各地区要根据情况，在农村卫生机构中择优选择农村合作医疗的服务机构，并加强监管力度，实行动态管理。要完善并落实各种诊疗规范和管理制度，保证服务质量，提高服务效率，控制医疗费用。

---

① 顾昕、方黎明：《自愿性与强制性之间——中国农村合作医疗的制度嵌入性与可持续性发展分析》，《社会学研究》2004年第5期，第1~18页。

② 2006年，卫生部等7部委局联合下发《关于加快推进新型农村合作医疗试点工作的通知》，其中提到从2006年起，中央财政对中西部地区除市区以外的参加新型农村合作医疗的农民由每人每年补助10元提高到20元，地方财政也要相应增加10元。

自治区、直辖市至少要选择两到三个县市先行试点，取得经验后逐步推开，到2010年实现在全国建立基本覆盖农村居民的新型合作医疗制度的目标，以减轻疾病给农民带来的负担。新型农村合作医疗制度是由政府组织、引导、支持，农民自愿参加，个人、集体和政府多方筹资，以大病统筹为主的农民医疗互助共济制度，重点解决农民的因病返贫、因病致贫问题。

自2003年起，新型农村合作医疗的试点工作在全国各地陆续开展。截至2010年底，新农合覆盖人数达8.35亿，成为世界上覆盖人口最多的一项医保制度，报销比例达到60%，缩小了与城镇职工医保的差距。[①]

2009年，中国做出深化医药卫生体制改革的重要战略部署，确立新农合作为农村基本医疗保障制度的地位。2011年2月17日国务院办公厅发布《医药卫生体制五项重点改革2011年度主要工作安排》（国办发〔2011〕8号）明确，2011年政府对新农合和城镇居民医保补助标准均由上一年每人每年120元提高到200元；城镇居民医保、新农合政策范围内住院费用支付比例力争达到70%左右。2012年起，各级财政对新农合的补助标准从每人每年200元提高到每人每年240元。其中，原有200元部分，中央财政继续按照原有补助标准给予补助，新增40元部分，中央财政对西部地区补助80%，对中部地区补助60%，对东部地区按一定比例进行补助。农民个人缴费原则上提高到每人每年60元，有困难的地区，个人缴费部分可分两年到位。新生儿出生当年，随父母自动获取参合资格并享受新农合待遇，自第二年起按规定缴纳参合费用。

新型农村合作医疗是农民群众依靠政府和社会主义集体经济力量，按自愿互利互助原则建立起来的一种以大病统筹为主的互助共济的医疗保障制度。该制度有利于用较低的费用，保障农民得到基本医疗保健服务，有利于减轻患重病农民的经济负担，调整病人合理流向，使有限的卫生资源得到有效利用。尽管取得了一定成绩，但在实践中新型农村合作医疗仍旧存在一定的问题。例如，对新农合定点医疗机构的监管及新农合基金的安全使用等方面缺乏法律法规依据和支持；难以形成吸引农民参保的激励机

[①] 资料来源于卫生部长陈竺在十一届全国人大常委会第十八次会议联组会议上，就国务院关于深化卫生体制改革工作情况回答委员询问时的讲话。

制,农民参保人数少;同时由于逆向选择问题,疾病风险高的农民更倾向于参保。上述三项因素导致基金筹资水平低、抵御风险能力不足,部分地区甚至出现透支趋势,地方财政不堪重负。

补充阅读 5-6 保定农民自锯病腿

2012年1月的一天,保定农民郑某感到臀部和大腿疼痛,并很快发展到难以走路。在村卫生室简单治疗后,随后又到保定市、北京市多家医院进行诊治,最终被确诊为双下肢动脉血栓,属于疑难病症。由于担心医疗费用高,家庭无力负担,因此郑某选择回家休养并进行保守治疗,结果逐渐发展到小腿出现大面积溃烂,2012年的农历二月开始流脓,农历三月底发现有蛆往外爬,且整日疼痛难忍。因溃烂处生蛆,每天起床,被子里有蛆,郑某觉得看着恶心,就想动手锯掉病腿。2012年4月14日,趁着老婆出门,郑某找出一把小钢锯和一把小刀开始自锯病腿。由于下肢血液循环不畅,一开始锯腿时流血不多,肌肉腐烂,割时并无知觉,但当锯到骨头时,郑某感到疼痛难忍,于是咬着缠着毛巾的痒痒挠,最终自行锯掉病腿(根据医学专家的解释,可能郑某由于患病导致腿的血管、肌肉等都已坏死,因此在没有大出血的情况下其"自锯病腿"的可能性是存在的。但从科学、人道等任何角度看,医生们都表示绝对不希望看到患者"自我手术",因为"这样做非常可能危及生命"!)。

据悉,郑某实际上已经参加了新农合,如果他愿意是完全可以到正规医院进行截肢手术的,因为截肢等手术属于新农合的报销范围,并不存在即使参加了新农合也被逼"自锯病腿"的惨剧。

资料来源:《河北保定一农民自锯病腿事件焦点追踪》,新华网,http://news.xinhuanet.com/local/2013-10/12/c_117690029.htm。

思考题:你认为这个新闻的启示是什么?

2. 城镇居民基本医疗保险制度

城镇居民医疗保险是以没有参加城镇职工医疗保险的城镇未成年人和没有工作的居民为主要参保对象的医疗保险制度。它是继城镇职工基本医疗保险制度和新型农村合作医疗制度推行后,党中央、国务院进一步解决广大人民群众医疗保障问题,不断完善医疗保障制度的又一重大举措。其建立的标志为 2007 年国务院出台的《关于开展城镇居民基本医疗保险试点的指导意见》（国发〔2007〕20 号）（表 5－4）。该文件要求 2007 年在有条件的省份选择 2 至 3 个城市启动试点，2008 年扩大试点，争取 2009 年试点城市达到 80%以上，2010 年在全国全面推行，逐步覆盖全体城镇非从业居民。

城镇居民基本医疗保险制度的保障对象主要为城镇非从业居民，城镇居民医疗保险的基本原则是低水平起步、自愿参保、属地管理以及统筹协调。

表 5－4 《关于开展城镇居民基本医疗保险试点的指导意见》主要内容

参保范围	筹资水平	缴费和补助[1]	费用支付	医疗保险管理		
				组织管理	基金管理	服务管理
不属于城镇职工基本医疗保险制度覆盖范围内的中小学阶段的学生、少年儿童和其他非从业城镇居民。	根据各地经济发展水平以及成年人和未成年人等不同人群的基本医疗消费需求确定筹资水平	以家庭缴费为主，政府给予适当补助。对试点城市参保居民，政府每年按不低于人均 40 元给予补助。其中，中央财政从 2007 年起每年通过专项转移支付，对中西部地区按人均 20 元给予补助。[2]	医保基金重点用于参保居民的住院和门诊大病医疗支出，有条件的地区可以逐步试行门诊医疗费用统筹。确定起付标准、支付比例和最高支付限额。	原则上参照城镇职工基本医疗保险的有关规定执行。	将城镇居民基本医疗保险基金纳入社会保障基金财政专户统一管理，单独列账。	原则上参照城镇职工基本医疗保险的有关规定执行，具体办法由试点城市劳动保障部门会同发展改革、财政、卫生等部门制定。

说明：1. 人力资源和社会保障部、财政部联合印发的《关于做好 2015 年城镇居民基本医疗保险工作的通知》指出，2015 年各级财政对居民医保的补助标准在 2014 年的基础上提高 60 元，达到人均 380 元。其中，中央财政对 120 元基数部分按原有比例补助，对增加的 260 元按照西部地区 80%、中部地区 60%的比例给予补助，对东部地区各省份分别按一定比例给予补助。同时，为了平衡政府与个人的责任，建立政府和个人合理分担可持续的筹资机制，2015 年居民个人缴费在 2014 年人均不低于 90 元的基础上提高 30 元，达到人均不低于 120 元。

2. 人力资源和社会保障部、财政部印发的《关于做好 2016 年城镇居民基本医疗保险工作的通知》要求，2016 年各级财政对居民医保的补助标准在 2015 年的基础上提高 40 元，达到每人每年 420 元。其中，中央财政对 120 元基数部分按原有比例补助，对增加的 300 元按照西部地区 80%、中部地区 60%的比例补助，对东部地区各省份分别按一定比例进行补助。居民个人缴费在 2015 年人均不低于 120 元的基础上提高 30 元，达到人均不低于 150 元。

第五章 医疗保险

专栏 5-1 大学生医保问题

大学生医保原属公费医疗制度范畴，但是在 2008 年之后改革为城镇居民基本医疗保险。改革的背景在于 2004 年发生的一起焦点事件。当时就读于清华大学的学生张某某因腹泻至少 4 次到校医院看病，但校医院诊断为肠炎并且不同意转院，在病情被拖延了将近 4 个月后，张某某自费到北医三院就诊并被确诊为肠癌晚期，在昏迷中离开人世。事件经过媒体报道后引起广泛关注，很多人产生这样的疑问：校医院为什么不同意转院？这主要是因为当时实施的一项政策：北京市大学生所享受的公费医疗，要求学生就医产生的医疗费用由政府承担 80%，直接划拨给学校，剩下的 20% 由学校和学生负担，学校可以视自身经济情况，决定全额或部分报销。由于一些学校顾虑"剩下的 20%"可能最终主要由学校支出，更由于政府承担部分只限于计划内招生，所以高校校医院就会在用药标准、是否同意转院上动心思。由此我们不难看出，"低标准，全包式"的医疗保障体制应该从根本上加以改革。

2008 年 11 月 7 日，人力资源和社会保障部、教育部、卫生部和财政部联合召开电视电话会议，对贯彻落实国务院办公厅下发的《关于将大学生纳入城镇居民基本医疗保险试点范围的指导意见》（以下简称《指导意见》）做出了部署。根据《指导意见》，大学生参加城镇居民基本医疗保险的个人缴费标准和政府补助标准，按照当地中小学生参加城镇居民基本医疗保险的相应标准执行。

例如，北京市规定各类全日制普通高等学校（包括民办高校）、科研院所中接受普通高等学历教育的全日制非在职学生都应参加城镇居民基本医疗保险；要求每人每学年缴费 100 元，其中个人缴费 50 元，高校注册地所在区县财政补贴 50 元（京籍学生按原办法办理）。参保后学生可以享受的待遇包括：住院的医疗费用；恶性肿瘤放射治疗和化学治疗、肾透析、肾移植（包括肝肾联合移植）后服抗排异药、血友病、再生障碍性贫血（以下简称"特殊病种"）的门诊医疗费用；急诊抢救留观并收入住院治疗的，其住院前留观 7 日内的医疗费用；急诊抢救留观死亡的，其死亡前留观 7 日内的医疗费用。在一个医疗保险年度内，第一次及以后住院的起付标准均为 650 元；参保人员发生的医疗费用中，起付标准以上部分由个人和大病医疗保险基金按比例分担，其中医疗保险基金支付 70%，个人负担 30%。在一个医疗保险年度内，学生儿童大病医疗保险基金累计支付的最高限额为17万元。不予报销的情形包括：在非本人定点医疗机构就诊的，但急诊住院除外；因交通事故、医疗事故或者其他责任事故造成伤害的；因本人吸毒、打架斗殴或者因其他违法行为造成伤害的；因自杀、自残、酗酒等原因进行治疗的；在国外或者中国香港、澳门特别行政区以及台湾地区治疗的；按照国家和本市规定应当由个人负担的。

资料来源：《关于非北京生源大学生参加本市学生儿童大病医疗保险的通知》（京人社办发〔2009〕75号）。

展开讨论　这些人如何上医保？

在学习了我国基本医疗保险制度后，请同学们思考并讨论快递员、演员、淘宝店主这些人员应该如何上医保，如果要上医保，他们分别应该由哪种基本医疗保险制度进行保障。

同学们还可以列举其他一些从业人员，并在班级内讨论这些人又应该如何上医保，应该由哪种医保制度进行保障。

3. 城乡居民基本医疗保险制度

随着我国经济社会发展进入新常态，城镇化快速发展，农村人口加速向城镇聚集，重复参保、重复投入、重复建设等问题日益突出，造成管理资源和资金浪费，影响了人力资源合理流动。整合城乡居民医保制度，让城乡居民共同享有统一的医保制度安排，是适应经济社会发展新形势的迫切需要，也是全面深化医药卫生体制改革的重要内容。基本医疗保险在医药卫生体制改革中具有基础性作用，新农合、城镇居民医保二元机制造成了制度分设、管理分割、经办分散等弊端，制约了医疗保险制度的可持续发展。整合城乡居民基本医疗保险制度，能够有效解决政策分散化问题，使保障更加公平、管理服务更加规范、医疗资源利用更加有效，更是维护社会公平正义的必然要求。城镇居民基本医疗保险和新农合两种制度的存在，使城镇居民和农村居民在参保缴费、用药目录、实际享受的医疗服务等方面都有差别。整合城乡居民医保制度，将会摒弃城乡医保分设造成的身份差别，让广大城乡居民享受同样的医疗保险权益。

2016年1月3日，《国务院关于整合城乡居民基本医疗保险制度的意见》（国发〔2016〕3号）提出按照全覆盖、保基本、多层次、可持续的方针，加强统筹协调与顶层设计，遵循先易后难、循序渐进的原则，从完善政策入手，推进城镇居民医保和新农合制度整合，逐步在全国范围内建立起统一的城乡居民医保制度，推动保障更加公平、管理服务更加规范、医疗资源利用更加有效，促进全民医保体系持续健康发展。整合基本制度的政策包括：统一覆盖范围（城乡居民医保制度覆盖范围包括现有城镇居民医保和新农合所有应参保、参合人员）；统一筹资政策（坚持多渠道筹资，继续实行个人缴费与政府补助相结合为主的筹资方式，鼓励集体、单位或其他社会经济组织给予扶持或资助）；统一保障待遇（遵循保障适度、收支平衡的原则，均衡城乡保障待遇，逐步统一保障范围和支付标准，为参保人员提供公平的基本医疗保障）；统一医保目录（统一医保药品目录和医疗服务项目目录，明确药品和医疗服务支付范围）；统一定点管理（统一医保定点机构管理办法，强化定点服务协议管理，建立健全考核评价机制和动态的准入退出机制）；统一基金管理（执行国家统一的基金财务制度、会计制度和基金预决算管理制度）；鼓励有条件的地区理顺医保管理体制，统一基本医保行政管理职能。具体实施形式：实施统一的城乡居民医疗保险制度，规定不同的档次，由城乡居民自主选择；在保持新农合和城镇居民医保两种不同制度的基础上，实现行政管理的统一；实现经办系统至少是信息平台的统一。

其后，国家相关部门又分别于2017年、2018年、2019年及2020年发布了《关于做好城乡居民基本医疗保险工作的通知》，要求提高城乡居民基本医疗保险筹资标准，一是提高财政补助标准，二是提高个人缴费标准；健全待遇保障机制，落实居民医保待遇保障政策；发挥医疗救助托底保障作用（表5-5）。

表5-5 《关于做好城乡居民基本医疗保险工作的通知》主要内容
（2017~2020年度）

标准年度	筹资标准		保障待遇		
	个人缴费（元/年）	财政补助（元/人/年）	政策范围内住院费用支付比例	大病保险政策范围内支付比例（％）[1]	贫困人口的支付比例（％）
2017	180	450[2]	—	—	—

续表

标准年度	筹资标准 个人缴费（元/年）	筹资标准 财政补助（元/人/年）	保障待遇 政策范围内住院费用支付比例	保障待遇 大病保险政策范围内支付比例（%）	保障待遇 贫困人口的支付比例（%）
2018	220	不低于490元[3]	—	—	—
2019	250	不低于520元[4]	由50%提高至60%	起付线原则上按上一年度居民人均可支配收入的50%确定，低于该比例的，可不做调整。	起付线降低50%，支付比例提高5%，全面取消建档立卡贫困人口大病保险封顶线。
2020	280	不低于550元[5]	达到70%	起付线降低并统一至居民人均可支配收入的一半，政策范围内支付比例提高到60%，鼓励有条件的地区探索取消封顶线。	脱贫攻坚期内农村建档立卡贫困人口起付线较普通参保居民降低一半，支付比例提高5个百分点，全面取消农村建档立卡贫困人口封顶线。

资料来源：根据人力资源和社会保障部、财政部《关于做好2017年城镇居民基本医疗保险工作的通知》（人社部发〔2017〕36号）；国家医保局、财政部、人力资源和社会保障部、国家卫生健康委《关于做好2018年城乡居民基本医疗保险工作的通知》（医保发〔2018〕2号）；国家医疗保障局、财政部《关于做好2019年城乡居民基本医疗保障工作的通知》（医保发〔2019〕30号）；国家医保局、财政部、国家税务总局《关于做好2020年城乡居民基本医疗保障工作的通知》（医保发〔2020〕24号）汇总。

说明：1. 2018年城乡居民医保人均新增财政补助中的一半（人均20元）用于大病保险，重点聚焦深度贫困地区和因病因残致贫返贫等特殊贫困人口，完善大病保险对贫困人口降低起付线、提高支付比例和封顶线等倾斜支付政策。2019年新增财政补助一半用于提高大病保险保障能力（在2018年人均筹资标准上增加15元，为35元）。

2. 2017年度中央财政对西部、中部地区分别按照80%、60%的比例进行补助，对东部地区各省分别按一定比例进行补助。省级财政要加大对困难地区倾斜力度，进一步完善省级及以下财政分担办法。

3. 2018年度中央财政对基数部分的补助标准不变，对新增部分按照西部地区80%和中部地区60%的比例安排补助，对东部地区各省份分别按一定比例补助。省级财政要加大对深度贫困地区倾斜力度。

4. 2019年度中央财政对各省、自治区、直辖市、计划单列市实行分档补助。省级财政要加大对深度贫困地区倾斜力度。

5. 2020年度中央财政按规定对地方实行分档补助，地方各级财政要按规定足额安排财政补助资金并及时拨付到位。

以北京市为例，根据《北京市人力资源和社会保障局印发〈北京市城乡居民基本医疗保险办法实施细则〉的通知》（京人社农合发〔2017〕250

号），2017年城乡居民基本医疗保险规定如下（表5-6、表5-7）。

表5-6　北京市城乡居民基本医疗保险筹资缴费标准

单位：元

筹资标准	个人缴费标准		
1640（其中财政补助1430）	学生儿童	老年人	劳动年龄内居民
	180	180	300

表5-7　北京市城乡居民基本医疗保险保障待遇标准

单位：元，%

分类	起付标准			报销比例			封顶线
	一级及以下	二级	三级	一级及以下	二级	三级	
门诊待遇	100	550		50%	55%		3000
住院待遇	300	800	1300	80%	78%	75%	20万

根据《关于调整城乡居民基本医疗保险筹资标准及相关政策的通知》（京医保发〔2019〕25号），2020年本市城乡居民基本医疗保险筹资缴费标准见表5-8；同时，2020年1月1日起，本市城乡居民在各区医院、区中医院等区属三级定点医疗机构发生的住院、特殊病种门诊医药费用，报销比例由75%提高到78%。另根据《关于调整城乡居民基本医疗保险门诊最高支付限额的通知》（京医保发〔2019〕31号），自2020年1月1日起，城乡居民基本医疗保险参保人员在一个医疗保险年度内发生的门急诊医疗费用，基金最高支付限额由3000元提高到4000元；城乡居民大病保险起付标准为30404元。

表5-8　北京市城乡居民基本医疗保险筹资缴费标准（2020年）

单位：元

分类	财政补助			个人缴费标准		
	学生儿童	老年人	劳动年龄内居民	学生儿童	老年人	劳动年龄内居民
市级财政补助	575	1860	845	300	300	520
区级财政补助	1035	2320	1305			

为落实2020年国务院《政府工作报告》和2019年第167次市委常委

会关于"建立城乡居民医保筹资动态增长机制"的工作要求，进一步完善统一的城乡居民基本医疗保险制度，北京市医疗保障局、北京市财政局发布《关于调整 2021 年城乡居民基本医疗保险筹资标准及相关政策的通知》（京医保发〔2020〕29 号），2021 年北京市城乡居民基本医疗保险筹资缴费标准见表 5-9；同时，2021 年 1 月 1 日起，本市城乡居民在各区医院、区中医院等区属三级定点医疗机构发生的住院、特殊病种门诊医药费用，报销比例由 75% 提高到 78%；城乡居民基本医疗保险参保人员在一个医疗保险年度内发生的门急诊医疗费用，基金最高支付限额由 4000 元提高到 4500 元。

表 5-9 北京市城乡居民基本医疗保险筹资缴费表（2021 年）

单位：元

分类	财政补助			个人缴费标准		
	学生儿童	老年人	劳动年龄内居民	学生儿童	老年人	劳动年龄内居民
市级财政补助	592	1900	875	325	340	580
区级财政补助	1053	2360	1335			

补充阅读 5-7 城乡居民医疗保险个人账户取消

早在 2019 年，国家医保局和财政部联合发布的《关于做好 2019 年城乡居民基本医疗保障工作的通知》中就规定："实行个人（家庭）账户的，应于 2020 年底前取消，向门诊统筹平稳过渡；已取消个人（家庭）账户的，不得恢复或变相设置。"

城乡居民基本医疗保险制度（以下简称居民医保）整合了原有的城镇居民基本医疗保险（以下简称城镇居民医保）和新型农村合作医疗（以下简称新农合）两项制度。其中，新农合于 2003 年起开始推行，主要解决大病医疗费用，为提高农村居民参保积极性，扩大制度的覆盖面，在建立大病统筹基金的同时，建立了个人（家庭）账户，主要用于支付小额门诊费用。城镇居民医保于 2007 年起开始推行，开展门诊统筹，不设个人账户。新医改推进过程中提出普遍开展门诊统筹，各地新农合的个人（家庭）账户随之逐步向门诊统筹过渡。特别是随着 2016

年城乡居民医保的整合，制度保障能力不断提升，大部分地方取消了新农合个人（家庭）账户，但也有个别地方保留了这一做法。

对于为何取消个人账户，主要原因是居民医保个人（家庭）账户的作用在于支付参保人在门诊发生的医疗费用，在制度建立初期对树立个人参保意识、促进个人参保缴费、迅速扩大参保覆盖面等发挥了积极作用，但这一方式还存在一定局限性，而且随着居民医保筹资标准提高和保障能力增强，实践中其弊端逐步显现。一是额度很小，保障不足，实际上难以起到门诊保障的作用。二是共济能力差，仅限于个人或家庭使用，削弱了基金整体保障能力。三是易诱发滥用。居民医保门诊保障向门诊统筹过渡和转换，相对于原有的个人（家庭）账户，可以在全体参保人中实现互助共济，提高居民医保基金的共济能力，符合社会保险风险共担的基本原则，有利于为参保人提供更加公平的医保待遇，为解决上述弊端提供了有效途径。

各地推进门诊统筹后，可将门诊小病医疗费用纳入统筹基金支付范围，群众在基层医疗机构发生的常见病、多发病的门诊医疗费用均可报销，比例在50%左右。同时，为减轻参保群众的门诊大病负担，对于一些主要在门诊治疗且费用较高的慢性病、特殊疾病（如恶性肿瘤门诊放化疗、尿毒症透析、糖尿病患者胰岛素治疗等）的门诊医疗费用，也纳入统筹基金支付范围，并参照住院制定相应的管理和支付办法。

资料来源：国家医疗保障局网站，http://www.nhsa.gov.cn

二　补充医疗保险制度

补充医疗保险是相对于基本医疗保险而言的，包括企业补充医疗保险、商业医疗保险、社会互助和社区医疗保险等多种形式（也包括目前尚未并轨至国家基本医疗保险制度的公务员补充医疗保险），是基本医疗保险的有力补充，也是多层次医疗保障体系的重要组成部分。

（一）公务员补充医疗保险

《国务院办公厅转发劳动保障部财政部关于实行国家公务员医疗补助意见的通知》（国办发〔2000〕37号）指出："实行国家公务员医疗补助是在城镇职工基本医疗保险制度基础上对国家公务员的补充医疗保障，是保持国家公务员队伍稳定、廉洁，保证政府高效运行的重要措施。"劳动保障部、财政部《关于实行国家公务员医疗补助的意见》（2000年4月29日）规定了"补助水平要与当地经济发展水平和财政负担能力相适应，保证国家公务员原有医疗待遇水平不降低，并随经济发展有所提高"的原则。筹资方式是"按现行财政管理体制，医疗补助经费由同级财政列入当年财政预算，具体筹资标准应根据原公费医疗的实际支出、基本医疗保险的筹资水平和财政承受能力等情况合理确定。医疗补助经费要专款专用、单独建账、单独管理，与基本医疗保险基金分开核算。"费用支出"主要用于基本医疗保险统筹基金最高支付限额以上，符合基本医疗保险用药、诊疗范围和医疗服务设施标准的医疗费用补助；在基本医疗保险支付范围内，个人自付超过一定数额的医疗费用补助；中央和省级人民政府规定享受医疗照顾的人员，在就诊、住院时按规定补助的医疗费用"。

目前，很多城市机关事业单位已经取消了公费医疗，参加城镇职工医保，并且通过建立市直机关事业单位补充医疗保险制度适当提高医疗保障水平。例如，南昌市市直机关事业单位参加城镇职工基本医疗保险、大病医疗保险，同时建立单位补充医疗保险。该保险是市直机关事业单位工作人员和退休人员在参加城镇职工基本医疗保险的基础上，单位为适当提高其医疗保障水平而建立的补充性保险。北京市各区县所属机关事业单位公务员2010年公费医疗改革全面施行，年内全部纳入基本医疗保险。2012年元旦起，北京市22万名市级公费医疗人员被正式纳入医保。

公务员补充医疗保险具体实施办法和补助标准，由各地按照收支平衡的原则做出规定。例如广东省中山市公务员补充医疗保险费以上年度全市职工月平均工资为缴费基数，按以下比例逐月缴纳：用人单位按缴费基数15%的比例缴纳，在职公务员个人按缴费基数3%的比例缴纳；人事行政关系在该市的享受国务院特殊津贴的专家、在职人员个人按缴费基数3%的比例缴纳，市财政按缴费基数的15%进行补贴；退休人员由市财政按缴费基数的18%进行补贴；规定以外的参加公务员补充医疗保险的退休人员，由用人单位按缴费基数18%的比例缴纳。

（二）大额医疗互助保险

大额医疗互助保险在参加基本医疗保险的基础上，由用人单位按本单位职工和退休人员缴费基数的1%，职工和退休人员个人每人每月按2元钱缴纳大额医疗互助保险费（大额医疗每月缴纳的钱数各个地区不同）。参加基本医疗保险市级统筹的用人单位及职工和退休人员，在参加基本医疗保险的同时，应当参加大额医疗互助保险。职工和退休人员缴纳了大额医疗互助保险费即享受大额医疗互助保险待遇，发生超过基本医疗保险统筹基金最高支付限额的医疗费用时由大额医疗互助保险支付其医疗费用。参加大额医疗互助保险的最终目的就是提高医疗服务质量，缓解经济压力，实现医疗费用报销。大额医疗互助保险支付医疗费用的范围与基本医疗保险相同。

参加大额医疗互助保险的职工，当发生住院医疗费用时，对于基本医疗保险给付标准和起付线以上个人自付部分，可以由大额医疗互助保险予以报销一定比例。另外参保职工发生肾透析、器官移植等手术后，需要服用抗排异药物或是放疗、化疗所产生的费用，在1500元至10000元的部分，可由大额医疗互助保险报销其中的40%。

（三）城乡居民大病保险

大病保险是对城乡居民因患大病而发生的高额医疗费用给予报销，目的是解决群众反映强烈的"因病致贫、因病返贫"问题，使绝大部分人不会再因为疾病陷入经济困境。2012年8月30日，国家发展和改革委、卫生部、财政部、人社部、民政部、保险监督管理委员会六部委发布《关于开展城乡居民大病保险工作的指导意见》（发改社会〔2012〕2605号），明确针对城镇居民医保、新农合参保（合）人大病负担重的情况，引入市场机制，建立大病保险制度，减轻城乡居民的大病负担，大病医保报销比例不低于50%。该制度努力推动医保、医疗、医药互联互动，是促进政府主导与市场机制作用相结合，提高基本医疗保障水平和质量的有效途径，也是进一步体现互助共济，促进社会公平正义的重要举措。

大病保险保障对象为城镇居民医保、新农合的参保（合）人。从城镇居民医保基金、新农合基金中划出一定比例或额度作为大病保险资金。以避免城乡居民发生家庭灾难性医疗支出为目标，合理确定大病保险补偿政策，实际支付比例不低于50%；按医疗费用高低分段制订支付比例，原则上医疗费用越高支付比例越高。随着筹资、管理和保障水平的不断提高，逐步提高大病医疗费用报销比例，最大限度地减轻个人医疗费用负担。

补充阅读 5-8　"太仓模式"

　　太仓模式是江苏省太仓市大病医疗保险制度改革的创新工作经验。2008年，太仓市新型农村合作医疗制度从卫生部门纳入人社部门，与城镇居民基本医保并轨，实现城乡居民基本医保并轨，并与城镇职工基本医保制度并存，形成由人社部门统一管理的基本医保体系，执行统一的筹资标准，实行统一的财政补助，享受统一的医保待遇。基于统一的医保制度体系，再加上太仓市医保基金自1997年医保改革至今始终存在结余，2011年4月，太仓市出台《关于社会医疗保险大病住院医疗实行再保险的规定（试行）》，7月正式启动。太仓市大病保险城镇职工与城乡居民采取差异化缴费、公平化保障机制。"以此体现大病保险向弱势群体倾斜的制度设计目的。"

　　根据制度设计，太仓医保经办机构将医保统筹基金的部分结余，通过向商业保险机构招标的方式建立全面合作关系，旨在建立一个大病保险补偿机制，在享受基本医疗保险待遇的基础上，对参保人员发生的大额住院自付医疗费用进行再次补偿，职工医保和城乡居民医保都统一纳入全市大病再保险，职工和城乡居民统一享受同样的保障待遇。2011年度，太仓社保部门从医保资金中筹集了2168万元，以职工每人每年50元、居民每人每年20元的标准，从基本医保统筹基金中直接划出一部分建立，委托商业保险公司经办，为全市所有参保人员购买了大病补充医疗保险。这只相当于全市当年医保资金累计结余的3%，差不多是累计资金的一个利息钱，丝毫不影响医保资金的安全性，却在当年使2604名大病患者获益。该制度为个人自负医疗费用超过1万元的参保人员提供上不封顶的累进比例补偿，职工和城乡居民享受同样的保障待遇。

　　2012年4月19日，国务院医改办副主任徐善长来太仓考察后认为，太仓大病医疗保险的"太仓模式"大病再保险的创新实践，为我国大病保险制度设计奠定了基础。7月31日，中国人保集团董事长吴焰来太仓调研后认为，太仓做法是打破城乡二元分割、实现城乡统筹、保障均等的创新之举，是政府职能与保险机制有机结合的创新模式。8月25日，国务院医改办主任孙志刚专程去太仓实地考察了大病医疗保险的"太仓模式"大病再保险工作，他充分肯定了大病医疗保险的"太仓模式"的价值，认为太仓从基本医保统筹基金中拿出一部分资金进行大病保险的探索，很有价值、很有意义，在现有体制下，用这种办法解决了患大病发生高额医疗费用的问题，健全了全民医保体系，值得在全国推广。太仓首创的"太仓模式"大病再保险被引入国家医保新政，大病医疗保险的"太仓模式"也因此引发了全国关注。

（四）企业补充医疗保险

企业补充医疗保险涵盖在国家多层次的医疗保险体系中。企业在参加城镇职工基本医疗保险的基础上，国家给予政策鼓励，由企业自主举办或参加的一种补充性医疗保险形式，以保证该企业职工医疗保险待遇水平不降低。

筹资模式：企业补充医疗保险费在工资总额5%以内的部分，企业可直接从成本中列支，不再经同级财政部门审批；不得划入基本医疗保险个人账户，也不得另行建立个人账户或变相用于职工其他方面的开支。费用支付包括：基本医疗保险统筹基金起付线以下完全由个人支付的部分；起付线以上，最高支付限额以下个人按比例支付的部分；最高限额以上，大额医疗费用补助保险最高支付限额以下个人按比例支付的部分。以上三部分保险责任由企业补充医保根据企业筹资能力按不同比例赔付。

三　医疗社会救助

阿拉木图宣言中指出："健康是基本人权，达到尽可能高的水平，是社会范围内的一项重要的社会指标。"随着社会的不断发展，不可避免地带来了贫富差距问题，公平与效益之间的矛盾日益突出。如何在保证高效率的同时，兼顾社会的公平？除了利用税收等政策缩小收入差距之外，还必须在政府的主导下，对贫困人群实行医疗社会救助，以保障他们的基本生存权。《社会救助暂行办法》（2014年5月1日起施行）规定，国家建立健全医疗救助制度，保障医疗救助对象获得基本医疗卫生服务。

救助对象包括：最低生活保障家庭成员；特困供养人员；县级以上人民政府规定的其他特殊困难人员。医疗救助方式：对救助对象参加城镇居民基本医疗保险或者新型农村合作医疗的个人缴费部分，给予补贴；对救助对象经基本医疗保险、大病保险和其他补充医疗保险支付后，个人及其家庭难以承担的符合规定的基本医疗自负费用，给予补助。例如，对救助对象部分医疗费用实行减免，一般是免收普通挂号费，减收检查费、一般性诊疗费和床位费等；对救助对象因患大病自付医疗费用按一定比例给予补助等。

各地采取了不同的方式，例如，兴办各种医疗救助服务机构、"慈善医院"，对救助对象直接提供医疗服务；对救助对象发放一定金额的"医疗优惠券"，在接受医疗服务时可以券代金；通过临时救济以及发动社会力量等多种形式对救助对象进行救助。

此外，国家还建立了疾病应急救助制度，对需要急救但身份不明或者无力支付急救费用的急重危伤病患者给予救助。符合规定的急救费用由疾病应急救助基金支付。疾病应急救助制度应当与其他医疗保障制度相衔接。

专栏 5-2 职工未在参保地就医相关问题

随着我国人口流动性的增强，劳动者不再像过去一样是"单位人"，而是依据个体的薪酬、发展等方面的需要，经常在不同用人单位之间"跳槽"。例如有些年轻人可能上半年还在北京工作，下半年发现上海有更好的工作机会就直接去上海工作了。而由于我国城镇职工基本医疗保险实行的是属地化管理，地市级统筹，因此在人口流动性增强这一大背景下，越来越多的人涉及异地就医这个现实问题。除此以外，还有一些人由于各种各样的原因，例如因公出差或是长期派驻外地等，也需要临时在其医保地区以外的统筹地区就医，也同样牵涉异地就医问题，因此这一现实问题值得在此单独做出说明。

1. 跨统筹地区流动

对于跨统筹地区跳槽的劳动者，在与原用人单位解除劳动关系时，需要由原用人单位出具《社会保险中（终）止缴费通知表》，意味着该劳动者自通知之日起，在原统筹地区的社会保险缴费终止。劳动者到新用人单位入职时，需要向新用人单位提供该表，并由新用人单位为其重新在新统筹地区上社保，并开始按月缴纳社会保险费。如果是由劳动者个人导致的迟交该表，未及时在新统筹地区接续社会保险关系，造成的社会保险费断缴及其后果，将由劳动者个人负责。目前我国各个统筹地区都对断缴医疗保险对劳动者待遇影响做出了一定的规定，例如某些地区规定，劳动者在续缴医疗保险后，不能即时享受医疗保险待遇，需要有6个月的"缓冲期"，在此期间劳动者尽管在缴纳医疗保险，但是一旦生病，其医疗费用将无法由医疗保险报销，需要自行负担。因此对于劳动者个人而言，确保跨统筹地区流动时社会保险关系的及时转移接续是很有必要的。

2. 异地就医费用结算及报销问题

近年来，我国异地就医费用结算改革取得新进展。人力资源和社会保障部、财政部、国家卫生和计划生育委员会2014年11月18日公布的《关于进一步做好基本医疗保险异地就医医疗费用结算工作的指导意见》要求，到2016年全面实现跨省异地安置退休人员住院医疗费用直接结算。2016年12月9日，人社部、财政部联合印发了《关于做好基本医疗跨省异地就医住院医疗费用直接结算工作的通知》，明确了目标任务、基本原则、主要政策、结算模式、经办规程、部级平台和省级平台责任，以及信息系统的建设等一些重大问题。

我国现有的异地就医报销政策主要有两种。一种是已经开通了异地就医即时结算的地区，包括区域性、点对点的异地就医结算，以及在全省范围内实现了异地就医即时结算的地区。在这些地方，患者不需要自己"垫支"，看病就医时，直接刷卡就可以实现即时结算。另一种是还没有实现异地联网结算的地区，这就还需要患者先行垫付，再回参保地报销。

(1) 异地就医即时结算地区的医保报销

目前，各地普遍实现了统筹地区内基本医疗保险医疗费用直接结算，解决了参保人员看病先垫付资金、再到医疗保险经办机构报销的问题。国家异地就医结算系统已于2016年12月初通过了初步验收，社保卡也将在2017年基本实现全国一卡通。未来，我国将把就医结算与医疗服务统一起来。结算和服务统一之后，整个就医过程就变成一个链条，从挂号、就诊、开处方，到拿化验单、取药，今后都可以用社保卡完成。参保人员在异地就医时只需在医生工作站上刷卡，纸质处方、电子处方就可以直接开齐，医保费用也将实现实时结算，这将极大地提高就医的效率。

(2) 尚未实现异地联网结算地区的医保报销

尽管我国正积极推进异地就医联网结算，但仍有一些地区尚无法实现异地就医实时结算，特别是跨省就医情况更为突出。对于在职人员此类异地就医的医保报销，有两种常见情况：一是在一段时期内被单位派驻其他地区；二是临时出差时发生医疗服务需求。

①长期派驻外地人员

对于长期派驻外地人员，应变更个人就医定点医院。这需要劳动者先通过参保单位或街道社保所到区县医保中心（即领取《医疗保险手册》的部门）进行异地安置审批，在当地申领一张《××市医疗保险异地安置（外转医院）申报审批单》，填写好相关内容。之后到异地医院医保部门（即劳动者所选的要去城市医院的医保办公室）盖章。把《××市医疗保险异地安置（外转医院）申报审批单》返回到申请地经办机构，等待批准。异地审批期限为一年（即办理日期开始至次年的当天），一年内不能变更；审批期限到期后，如异地安置人员仍需保留异地就医，应重新审批。

异地就医的门诊和住院报销需出示费用的收据和清单、处方底方、明细表、医保手册、疾病诊断证明书等材料。同时要开具一张就诊医院的等级证明，交用人单位（或社保所）汇总，报区、县医保中心审核结算。异地定点医院发生的医疗费用可以通过邮寄报销单据、家人代报的办法返回原所在城市报销，报销范围和报销标准等完全按照所在城市的医保待遇标准执行，报销款可由家人代领或设立专用存折领取。

由于不同城市的医疗保险政策规定不尽相同，异地就医的人员对于具体的政策还需要咨询当地的医疗保险管理部门。

②因公出差期间突发急病

参保人员因公出差期间，因急病在外地住院所发生的急诊医疗费用可以由医疗保险报销。但是参保人员需要及时通知单位，且所在单位应由负责医疗保险的经办人员持因公出差证明信，并加盖单位行政公章（证明信须写明姓名、性别、年龄、类别、出差地址、事由、时间、病种病情），到当地医疗保险经办机构办理登记手续，逾期不办者，其医疗费医疗保险统筹金不予支付。

国家医疗保障局、财政部于2020年9月28日发布《关于推进门诊费用跨省直接结算试点工作的通知》（医保发〔2020〕40号），决定在京津冀、长三角、川渝贵云藏12个省（区、市）进行门诊费用跨省直接结算试点。这意味着今后异地就医不仅可以进行住院费用直接结算，门诊费用也可进行实时结算。对于12个试点地以外的地区，2020年10

月10日前可以进行试点申请;11月底前完成系统改造;12月底前验收、试运行。

思考题:现在有部分老年人在退休后选择离开其过去长期工作和生活的地方,而到子女所在的城市跟子女一起生活,他们被称为"老漂族"。请问这些人员需要就医时,他们的医疗保险待遇该如何享受呢?

新闻链接5-1 医保全国联网明确时间表 异地就医结算将全面实现

人力资源和社会保障部于2017年6月2日召开推进基本医疗保险跨省异地就医住院医疗费用直接结算工作视频会,要求人社部门确保在线备案人员跨省异地就医住院医疗费用全部实现直接结算。

据介绍,解决异地就医直接结算问题,共分三步走。第一步是实现省内异地就医的直接结算;第二步是实现异地退休安置人员跨省异地就医住院费用直接结算;第三步是实现所有符合转诊条件人员的异地就医住院费用直接结算。在线备案则是异地就医费用直接结算的必要条件。

据悉自去年以来,基本医保全国联网和跨省异地就医住院医疗费用直接结算工作取得了突破性进展,一是建章立制基本完成;二是系统建设顺利完成,国家系统于去年底正式上线试运行,部分群众已享受到直接结算带来的实惠;三是基金收付基本顺畅,为全面开展工作奠定了基础。

资料来源:《医保全国联网明确时间表异地就医结算将全面实现》,湖南民生网,http://www.hnmsw.com/show_article_63801.html。

专栏5-3 关于医疗期

一些劳动者常常有这样的疑问:偶尔生病需要去看医生可以请半天到一天的病假,那么如果是动手术或需要住院一段时间呢?还是请病假吗?这期间的工资能否照常领取呢?事实上,这种职工用于治疗疾病的一段时间被称为医疗期,医疗期的长短与劳动者工作年限和在某一单位工作年限相关,大概为3~24个月。

1. 医疗期的确定

根据我国《企业职工患病或非因工负伤医疗期规定》,参加工作不同年限的职工，一般享有从3个月到24个月不等的医疗期，具体确定医疗期的方法如下。

（1）劳动者参加工作的实际年限在10年以下，在本用人单位工作的年限在5年以下的，其享有的医疗期为3个月；劳动者在本用人单位工作满5年以上的，其享有的医疗期为6个月。

（2）劳动者实际工作的年限在10年以上，在本用人单位工作的年限在5年以下的，其享有的医疗期为6个月；5年以上10年以下的，医疗期为9个月；10年以上15年以下的，医疗期为12个月；15年以上20年以下的，医疗期为18个月；20年以上的，医疗期为24个月。

（3）对患有某些特殊疾病的职工，如癌症、精神病、瘫痪等，如果在24个月的医疗期内尚不能经治疗得到痊愈的，经企业和劳动主管部门的批准，可以为劳动者适当延长医疗期。

虽然法律法规规定了各种不同情形下的医疗期，但是实际上医疗期还可以由用人单位与劳动者通过合同进行约定，当然合同约定的医疗期只能长于或等于法律规定的时间而不能短于法律规定的时间，否则此约定不会产生法律效力。医疗期与用人单位是否为员工办理了社会医疗保险没有必然的联系，用人单位是否为员工办理社会医疗保险不会影响员工在生病需要治疗时获法律规定的医疗期。

2. 医疗期待遇的确定

首先，职工病假期间的工资并不等同于最低工资标准，单位可以按低于最低工资标准支付。这是因为，根据劳动部《关于贯彻执行〈中华人民共和国劳动法〉若干问题的意见》中相关规定的解释，最低工资指劳动者在法定工作时间内履行了正常劳动义务的前提下，由其所在单位支付的最低劳动报酬。可见，获得最低工资保障的条件，一是劳动者在法定工作时间内正常工作，二是劳动者履行了劳动义务。若职工患病住院，显然不可能在法定工作时间内履行正常的劳动义务，因而企业可以不按最低工资标准的规定而按照低于最低工资的标准发放病假工资，这符合法律规定，也是合理的。

其次，病假工资虽然可以低于当地的最低工资，但是为了保障患病职工在医疗期的生活水平不受太大的影响，国家对病假工资发放的最低标准又做出了限制，用人单位应按不低于最低工资80%的标准向患病治疗的职工支付工资。从国家规定来看，对于患病需要治疗而处于医疗期的员工，因其未能在法定工作时间内履行正常劳动义务，所以可以不受最低工资标准的保护，但单位仍然应以最低工资标准为依据发放医疗期内的工资报酬。

3. 关于特殊疾病的医疗期问题

劳动部《关于贯彻〈企业职工患病或非因工负伤医疗期规定〉的通知》劳部发〔1995〕236号第2条规定："关于特殊疾病的医疗期问题，根据目前的实际情况，对某些患特殊疾病（如癌症、精神病、瘫痪等）的职工，在二十四个月内尚不能痊愈的，经企业和劳动主管部门批准，可以适当延长医疗期。"也就是说，癌症患者的医疗期至少是24个月。

第三节 新医改：建立统一化的覆盖城乡居民的多层次医疗保障体系

"看病贵"和"看病难"的问题，以及医疗保障覆盖的不公平性，已经成为当前中国最大的社会问题。医疗体制中出现的种种问题已经引起全社会的关注，政府对此也高度重视，将医疗体制的进一步改革提上了议事日程。

新医改始于2003年"非典"带来的公共卫生危机。2006年确定了新医改由政府主导，建立覆盖城乡居民的医疗卫生制度，恢复医院的公益性。2007年，新医改方案向全球公开征集建议，世界银行和世界卫生组织都为新医改提供了建议方案。方案确定以后，又经过了全球著名医改专家评审。2008年10月，在国家发改委网站上公布了《关于深化医药卫生体制改革的意见（征求意见稿）》，收到了两万多条意见，经过5个多月广泛征求意见，2009年4月医改方案最终确定，中共中央、国务院发布《关于深化医药卫生体制改革的意见》和《医药卫生体制改革近期重点实施方案（2009—2011）》。新医改提出"有效减轻居民就医费用负担，切实缓解'看病难、看病贵'"的近期目标，以及"建立健全覆盖城乡居民的基本医疗卫生制度，为群众提供安全、有效、方便、价廉的医疗卫生服务"的长远目标。

新医改实施最初的五年，主要做了五项重点工作：促进基本公共卫生服务逐步均等化；加快推进基本医疗保障制度建设；初步建立国家基本药物制度;健全基层医疗卫生服务体系以及推进公立医院改革试点。通过大幅增加政府在医疗筹资方面的投入(2009~2014年,各级政府累计投入约3万亿元),初步建成包括职工医保、城镇居民医保和新农合三项基本医疗保险在内的全民基本医保制度。三大医疗保险项目覆盖的人口比例超过了95%。

除了依靠政府财政投入从供需两端解决医保、医疗和医药三个传统领域内的积弊外,新医改还试图依托地方试点,寻求技术、资本与平台的创新,吸纳社会资源,协同推进改革。①

长期以来,中国的医疗保险制度呈现"分散化"的特点:城镇职工、机关事业单位、新农合、城镇居民……随着我国医疗保险制度改革的深入,特别是新医改以来,制度逐步整合:企业的"劳保医疗"已为"城镇职工基本医疗保险"所替代,事业单位的"公费医疗"也已基本并入"城镇职工基本医疗保险"。进一步的发展趋势就是"城乡统筹",打破城乡分割的管理体制——管办分离、资源分散以及固化的城乡二元结构,使城乡居民更公平地享受医疗保障。

2016年以来,在我国的医保领域发生了不少大事,从整合城乡居民医保到长期护理险制度试点,挑起人口老龄化重担,再到医保全国联网、跨省异地就医直接结算转入落实阶段,这些政策的出台落地,都与职工和居民的医保权益密切相关。

1. 整合城乡居民医保

自2018年1月1日起,"新型农村合作医疗"与"城镇居民医疗保险"合并为"城乡居民基本医疗保险"详见本章第二节"一、基本医疗保险制度""(二)3. 城乡居民基本医疗保险制度"。

2. 长期护理险制度试点

我国在2000年就已进入老龄化社会,长期护理已经成为经济社会发展亟待解决的一个社会性难题。一方面,长期护理的社会需求旺盛;另一方面,家庭护理功能弱化,长期护理跟不上,同时,由于长期护理保障不足,不少老人在需要护理时选择长期住院,导致医疗资源浪费。2016年6月,人力资源和社会保障部办公厅发布《关于开展长期护理保险制度试点的指

---

① 于君博:《新医改的未来:启动存量改革》,《中州学刊》2016年第8期,第56~61页。

导意见》(以下简称《意见》),将利用1~2年时间试点,探索建立以社会互助共济方式筹集资金,为长期失能人员的基本生活照料和与基本生活密切相关的医疗护理提供资金或服务保障的社会保险制度,首批试点城市共15个。《意见》规定,试点阶段,可通过优化职工医保统账结构、划转职工医保统筹基金结余、调剂职工医保费率等途径筹集资金,并逐步建立多渠道、动态筹资机制。对符合规定的长期护理费用,长期护理保险基金支付水平总体控制在70%左右。在试点起步阶段,由医保基金结存来承担部分筹资责任,不增加企业和个人负担。长远来看,个人和企业将适当缴费。

至2018年6月底,试点覆盖了5700万人,18.45万人享受了待遇。筹资渠道有国家、个人、单位、财政、医保,部分地方还有一些社会捐助和福彩基金作为补充。地方政府的积极性很高,除了15个试点城市以外,自愿试点的城市已经有50个,并且范围还有扩大趋势。到2020年12月,作为全国首批长期护理保险试点城市,成都市该制度覆盖参保人员867万人,待遇支付2.96万人,47.42万人次,基金支付5.83亿元。

2020年9月16日,国家医保局、财政部发布《关于扩大长期护理保险制度试点的指导意见》(以下简称《意见》)指出,试点阶段从职工基本医疗保险参保人群起步,重点解决重度失能人员基本护理保障需求,优先保障符合条件的失能老年人、重度残疾人。此前的试点城市包括上海、成都、广州、济南等35个城市,此次扩大试点的城市一共有14个,包括天津、福州、南宁、昆明等。文件也要求未来长期护理保险的运行要"低水平起步","从职工起步逐步扩展到全民",逐步摸索出一项适合中国实际情况的制度。

3. 异地就医结算转入落实阶段

2016年12月,人社部、财政部发布《关于做好基本医疗保险跨省异地就医住院医疗费用直接结算工作的通知》,明确2016年底基本实现全国联网,启动跨省异地安置退休人员住院医疗费用直接结算工作。2017年开始逐步解决跨省异地安置退休人员住院医疗费用直接结算,年底扩大到符合转诊规定人员的异地就医住院医疗费用直接结算。截至2020年11月底,全国住院费用跨省直接结算定点医疗机构数量为41357家,国家平台备案750.13万人,累计结算687.51万人次,发生医疗费用1663.95亿元,基金支付982.19亿元。此外，国家医疗保障局、财政部于2020年9月28日发布的《关于推进门诊费用跨省直接结算试点工作的通知》（医保发〔2020〕40号），决定在京津冀、长三角、川渝贵云藏12个省（区、市）进行门诊费用跨省直接结算试点，同时试点以外地区可自行申请进行试点。截至2020年11月底，12个试点地区普通门诊费用跨省直接结算累计达到267.06万人次，医疗总费用6.6亿元，医保基金支付3.81亿元。

4. 药品流通体制改革

医疗保险改革以来一直提倡的医疗保险、医疗卫生和药品流通体制改革"三改并举"（三个改革方向一是城镇职工基本医疗保险改革；二是医药分开核算，分别管理；三是医院分类管理）在新医改时期得到强化，特别是2016年以来，公立医院推广医药分开、取消药品加成，2017年全面推开。例如自2017年4月8日起，北京3600多家医疗机构推行医药分开综合改革。这次医药分开综合改革的核心内容包括，取消药品加成和挂号费、诊疗费，所有药品实行零差价销售，设立医事服务费；对435个医疗服务项目价格进行有升有降的调整并重新规范；在保证药品质量、安全的前提下，组织实施药品阳光采购。2019年11月29日，国务院深化医药卫生体制改革领导小组印发《关于以药品集中采购和使用为突破口进一步深化医药卫生体制改革若干政策措施的通知》（国医改发〔2019〕3号）在总结评估全国范围推进国家组织药品集中采购和使用试点经验做法、进一步完善相关政策措施的基础上，坚持市场机制和政府作用相结合，形成以带量采购、招采合一、质量优先、确保用量、保证回款等为特点的国家组织药品集中采购模式并不断优化。要求推动构建全国统一开放的药品生产流通市场格局，加强医疗机构用药规范管理，健全全国药品价格监测体系。

专栏5-4 医药改革

对于医药领域改革，听到的最多的一句话就是"破除以药养医"，那么什么是"以药养医"呢？这其实与我国过去的药品定价机制有关。

1. 传统药品定价制度

（1）收支两条线管理。2000年7月1日，卫生部、财政部颁布《医院药品收支两条线管理暂行办法》，其中规定：医院药品收入扣除药品支出后的纯收入即药品收支结余，实行收支两条线管理。医院药品收支结余上交卫生行政部门,统一缴存财政专户,经考核后,统筹安排,合理返还。这一政策的初衷是为了避免出现医生、医院将药品结余装进私人腰包的现象(在20世纪90年代,一些医院中存在医生给患者开非必需药品的现象,其目的就是获取药品的"回扣")。但是这一政策并未能在根本上解决该问题,仍有部分医院将不合理的药品收入计入医生奖金,多开药的现象没能得到很好控制。

(2) 药品加成制。2006年,发改委《关于进一步整顿药品和医疗服务市场价格秩序的意见》中规定:"县及县以上医疗机构销售药品,以实际购进价为基础,顺加不超过15%的加价率作价。"该制度被称为"药品加成制度"。这一制度的初衷是控制医院在销售药品时的获利空间,从而避免出现医生多开药的情形。但是由于药品的成本价是由药企报送的,因此仍存在医院-企业共谋,变相提价获利的可能。同时,对于一些上市时间已久的老药品,其研发成本早已稀释,因此实际成本可能低于药企报送的成本价。事实表明,药品加成制并未能够很好地起到控制药价的作用,一些医院倾向于开大处方,其收入的一半来自药费,百姓的药费也占医疗费用一半以上。于是在2012年4月,国务院办公厅印发《深化医药卫生体制改革2012年主要工作安排》的通知,声明公立医院改革将取消药品加成。但是药品加成制取消之后是否能够一劳永逸地解决"以药养医"的问题?取消后是否会产生新的问题?特别是由于我国公立医院属于弱行政化事业单位,医生(特别是年轻医生)的收入并不高,这也是造成部分医生和医院从药品中谋取额外收入的诱因之一。那么取消药品加成制后,医生的收入如何保障?这些都是在医药改革时不可忽略的问题。

(3) 政府定价和指导价格。1996年,《药品价格管理暂行办法》实施,我国药品采购实行中央和省两级管理体制——在上述范围内,属于国家基本药物及国家医保目录中的处方药,垄断生产经营的药品,由国家发改委定价,约1900种;属于国家医保目录中的非处方药,及地方医保增补的药品,由各省(区、市)价格主管部门定价,约800种。同时药品采购实行招标制,通过政府统一采购,降低药品进入医院时的价格,防止企业和医院之间通过商业贿赂抬高药价。一种药品,只有先在卫计委中标,才能进入医院的采购名单。但是这种做法反而给滋生腐败提供了空间,例如山东方明药业生产的规格为2毫升20毫克的盐酸萘福泮注射液,出厂价为每支0.32元,中标价为18.49元,医院零售价为

21.26元，中间利润竟然高达6500%以上。更大的问题在于一些国家为了保障老百姓基本医疗需求而确定的低价药，由于售价低，药品生产企业停止生产，反而使老百姓买不到药。

2. 药品价格改革

在国家发改委2015年4月发布的《关于印发推进药品价格改革意见的通知》（发改价格〔2015〕904号）中规定，"2015年6月1日起，除麻醉药品和第一类精神药品外，取消原政府制定的药品价格；医保基金支付的药品，由医保部门会同有关部门制定医保支付标准，引导市场价格合理形成"，即取消最高零售价定价权。同年6月，国家卫生计生委推出公立医院药品集中采购改革方案，并探索药品价格形成的新机制。在这一轮药品价格改革中，分类定价成为关键。

（1）用量较少的低价药品被纳入低价药目录，由医院直接挂网采购，不再经过省级招标。

（2）对于部分普通药品，仍延续过去省级招标定价的方式，但是在招标环节中进行改革，通过降低药品价格，惠及患者。2020年6月，国家要求各省削减原省级增补药品目录，统一国家药品目录。同时，国家开展"4+7"（即北京、上海、天津、重庆、沈阳、大连、厦门、广州、深圳、成都、西安）集中带量采购试点，通过国家组织开展药品集中采购试点，以明显降低药价，减少企业交易成本，指导医院规范用药。流通领域，2017年1月9日国务院《关于在公立医疗机构药品采购中推行"两票制"的实施意见（试行）的通知》中提出的"两票制"就是指通过减少流通环节，降低药价从而破除"以药养医"。

（3）部分高价专利药实行药价谈判制度。2014年11月发布的《推进药品价格改革方案（征求意见稿）》中提出："专利药品（包括医保目录外的专利药品）、独家生产的中成药等市场竞争不充分的药品，建立多方参与的谈判机制形成价格；医保目录外的血液制品、国家统一采购的预防免疫药品等通过招标采购或谈判形成市场交易价格。"药价谈判将由卫计委牵头，连同卫生、地税、医院代表和药企代表等各方组成谈判小组。2019年我国完成新医改以来最大规模药价谈判中共有约97种药品价格通过此方式确定。

但是新的药品定价制度是否会导致新的问题？例如2015年曾经有报道称"绍兴推行医药分离改革，费用不降反而停掉老百姓的救命药"，厂商与医院药价谈判失败，使前列腺癌症患者所需的"诺雷得缓释植入剂"停止供应。有鉴于此，或许在未来新药品价格制度推行过程中还需要多方合作，加强管理和监督。

5. 调整医疗服务价格，进一步强化和完善医疗服务管理

我国公立医院"管办分开"的改革探索始于 21 世纪初。自 2005 年起，北京市海淀区、上海市、无锡市、成都市等地相继开展了区域范围内的卫生系统"管办分开"改革探索。2009 年国家医改方案中明确将"管办分开"作为公立医院管理体制改革的核心内容。首先是公立医院补偿机制的改革。长期以来政府对公立医院的投入不足，并执行低于成本的医疗服务价格，由此形成了"以药养医"的公立医院补偿模式，这也被认为是造成公立医院公益性淡化和"看病贵"的重要原因，补偿机制的改革成为公立医院改革的难点和重点。2009 年国家医改方案明确提出将公立医院补偿由服务收费、药品加成收入和财政补助三个渠道逐步改为服务收费和财政补助两个渠道。政府加强对公立医院的投入，传染病医院、职业病防治医院、精神病医院、妇产医院和儿童医院等在投入政策上予以倾斜。引导公立医院加强公益性和专业化管理，通过制度设计激励公立医院在保证医疗服务质量的同时保持较高的服务效率是顺利推进补偿机制改革的关键。通过公立医院内部运行机制改革、内部绩效考核和评估、医院流程再造、信息化支撑的医院精细化管理等一系列医院管理改革以及住院医师规范化培训和医师多点执业等激励机制，进一步完善了医院管理，提高了医疗服务水平。

2016 年 7 月 1 日，国家发展改革委、国家卫生计生委、人力资源和社会保障部以及财政部四部门制定了《关于印发推进医疗服务价格改革意见的通知》（以下简称《通知》），认为推进医疗服务价格改革是价格机制改革和深化医药卫生体制改革的重要任务，对推动医疗机构建立科学合理的补偿机制，促进医药卫生事业健康发展具有重要作用。《通知》提出"各地要按照'总量控制、结构调整、有升有降、逐步到位'的原则，统筹考虑各方面承受能力，合理制定和调整医疗服务价格，逐步理顺医疗服务比价关系，并与医保支付、医疗控费政策同步实施，确保群众费用负担总体不增加"。医疗服务价格改革要与公立医院补偿机制、公立医疗机构薪酬

制度、药品流通体制、医保支付、分级诊疗、医疗行为监管等改革协同推进、衔接配套,增强改革的整体性、系统性和协同性,形成政策合力。

分级诊疗制度是新医改以来推行的一项重大制度,主要包括:推进医联体建设、开展家庭医生签约服务和远程医疗。2019年重点工作方向为引导医联体特别是"医共体"有序发展,开展城市紧密型医疗集团和县域医共体试点,促进优质医疗资源下沉,打破行政隶属关系,形成服务、责任、利益和管理"四个共同体"。国家卫生健康委员会(以下简称"国家卫健委")会同中医药局联合印发了《关于开展城市医疗联合体建设试点工作的通知》及《关于推进紧密型县域医疗卫生共同体建设的通知》,先后确定了118个医联体建设试点城市和567个紧密型县域医共体试点县,家庭医生签约服务进一步提质增效。截至2018年底,全国共开展签约服务的家庭医生团队38.2万个,重点人群家庭医生签约覆盖3.2亿人,覆盖率达71.3%,比2017年提高了0.9个百分点。远程医疗服务助力分级诊疗。截至2018年底,开展远程医疗服务的三级公立医院1452家,二级公立医院2746家,分别比上年增加302家和504家。其中,基层医疗卫生机构建立远程医疗服务网络的三级公立医院1124家,二级公立医院1386家。三级公立医院、二级公立医院开展远程医疗服务分别为608.6万人次、368.1万人次,比上年分别增加406.9万人次、222.6万人次。[①]

专栏5-5 公立医院人事制度改革

人事制度改革是公立医院改革绕不过去的一个话题。目前,我国公立医院在内部管理上存在着较为明显的"金字塔层级"。除此以外,公立医院人事制度中还存在着缺乏规范化住院医师培训制度;考核指标设置不科学;薪酬水平无法体现服务价值;事业单位体系缺乏合理人员流动与退出机制等问题。其中绩效考核和薪酬水平问题可能诱发"以药养医"现象。而事业单位编制一方面导致体制内员工没有重大错误基本不会被开除,缺乏适当的惩罚措施,导致技术不到位的医生得不到有效的培训,也没有适当的惩罚措施,继续在岗;另一方面使医生成为从属于单位的"单位人",不能跨单位流动,对于一些有特殊医疗需求的患者,

---

① 梁万年等:《中国医改发展报告(2020)》,社会科学文献出版社,2020,第16页。

只能跨地区就医，从一定程度上导致"看病难"问题。在这些问题中需要引起注意的是缺乏严格的规培制度。长期以来，我国无规范化住院医师培训制度，学生从医学院校毕业，未经二级学科培养，就直接分配到医院从事临床工作，以后的能力和水平相当程度上取决于所在医院的条件，严重影响了医疗队伍整体素质的提高。规培制度全称为住院医师规范化培训，简言之，就是让医学生毕业之后先在临床进行轮转，积累临床经验，培训结束之后才正式成为临床医生。事实上，我国早在1993年就由卫生部印发了《关于实施临床住院医师规范化培训试行办法的通知》，此后各地逐步开展了不同规模、不同水平的住院医师规范化培训的前期探索。但是由于缺乏监督，规培制度的落实各地情况不同。

2015年5月17日，国务院发布《国务院办公厅关于城市公立医院综合改革试点的指导意见》（国办发〔2015〕38号）（以下简称《意见》）。《意见》中针对当前公立医院改革中的主要难点进行了梳理，并指明了未来的改革方向。其中包括：落实公立医院人事管理、内部分配、运营管理等自主权；强化医务人员绩效考核；深化编制人事制度改革，灵活用人机制；合理确定医务人员薪酬水平；加强人才队伍培养和提升服务能力，落实住院医师规培制度等。这些指导意见可以视为对公立医院存在的人事管理问题的回应。

6. 改革的前景：健康中国

2016年8月19日至20日在京召开的全国卫生与健康大会上，习近平主席出席并发表重要讲话。他强调，没有全民健康，就没有全面小康。要把人民健康事业放在优先发展的战略地位，以普及健康生活、优化健康服务、完善健康保障、建设健康环境、发展健康产业为重点，加快推进健康中国建设，努力全方位、全周期保障人民健康，为实现"两个一百年"奋斗目标、实现中华民族伟大复兴的中国梦打下坚实的健康基础。习近平强调："当前，医药卫生体制改革已进入深水区，到了啃硬骨头的攻坚期。要加快把党的十八届三中全会确定的医药卫生体制改革任务落到实处。要着力推进基本医疗卫生制度建设，努力在分级诊疗制度、现代医院管理制度、全民医保制度、药品供应保障制度、综合监管制度5项基本医疗卫生制度建设上取得突破。"

十九届四中全会公报《中共中央关于坚持和完善中国特色社会主义制

度推进国家治理体系和治理能力现代化若干重大问题的决定》提出，"坚持应保尽保原则，健全统筹城乡、可持续的基本养老保险制度、基本医疗保险制度，稳步提高保障水平。加快落实社保转移接续、异地就医结算制度，规范社保基金管理，发展商业保险"。"强化提高人民健康水平的制度保障。坚持关注生命全周期、健康全过程，完善国民健康政策，让广大人民群众享有公平可及、系统连续的健康服务。深化医药卫生体制改革，健全基本医疗卫生制度，提高公共卫生服务、医疗服务、医疗保障、药品供应保障水平。加快现代医院管理制度改革。坚持以基层为重点、预防为主、防治结合、中西医并重。加强公共卫生防疫和重大传染病防控，健全重特大疾病医疗保险和救助制度。优化生育政策，提高人口质量。积极应对人口老龄化，加快建设居家社区机构相协调、医养康养相结合的养老服务体系。聚焦增强人民体质，健全促进全民健身制度性举措"。

努力让全社会更加公平正义地享受公共医疗卫生产品及服务是改革的核心价值追求。展望未来，"健康中国"目标的确立，意味着改革的核心价值追求与关键推力绝不可能发生改变。

新闻链接 5-2 医改深水区的"三明路径"

"没有全民健康，就没有全面小康。"而要保障全民健康，关键要有一个健康的医疗卫生体制。三年来，福建省三明市坚持公立医院的公益性定位，全面实施医疗、医药、医保"三医联动"的医疗卫生体制综合改革，探索出一条"三明路径"。

"三明医改"的突破口选择了"三医联动"中最难的一块硬骨头，即医药流通领域。三明市规定所有二级以上公立医院实行药品零差价销售的同时，严格监控大处方、大检查，对药品招标采购严格执行"两票制"，即药品从生产企业到医院的过程中只允许开两次增值税发票，减少流通环节中的加价行为

三明市严控医生诊疗行为的同时，在全国率先对 22 家公立医院实行全员目标年薪制，年薪与岗位工作量、医德医风、社会评议挂钩，不与药品、检查、耗材等收入挂钩，由原来的"以药养医"变成"以技养医"。

深化改革前，三明市经过调研分析发现，城镇职工医保、城镇居民医保和新农合由人社和卫生计生部门分别经办，造成了重复参保、互相

攀比、管理成本高、资金使用效率低，这也是医保基金收不抵支的重要原因。三明市将26家经办机构整合，实现"三保合一"。

三明医改，真正实现了药品费用大幅度下降、医务人员收入显著上升，医保基金从亏损转为盈余，初步实现了患者、医院、医生和政府多方共赢。

资料来源：《医改深水区的"三明路径"》，《新闻联播》2015年12月12日。

第四节　国外医疗保险经验

欧洲是医疗保险的发源地。工业化的发展改变了一家一户的生产方式，大量的农民和手工业者成为产业雇佣工人。恶劣的工作条件、污秽拥挤的生活环境，工人生病不仅会造成收入损失，甚至工作也会受到巨大威胁。在社会保险制度尚未出现的情况下，产业工人自发地采取各种方法应对疾病，共同分担风险。他们成立了一些"共济会""友谊会"等，大家出钱，以解决工人的生、老、病、死等问题。不仅同行业的工人，而且同一地区的农民也相继组织起互助性团体，筹集资金，以便在患病时互相帮助。因此，这种医疗保险从一开始，就具有一种人们团结协作、互助互济的社会自助特征，而明显不同于一般商业性保险。

医疗保险作为适应社会化大生产需要的劳动力再生产的社会化形式，最早起源于18世纪产业革命时代的欧洲大陆。它是资本主义制度的经济、政治发展到一定阶段的产物，是现代意义上的社会保障形式。1883年，德国政府颁布了世界上第一个社会保障性质的强制性医疗保险——《医疗保险法》，规定收入低于一定标准的工人，必须参加疾病基金会。继德国之后，奥地利、挪威、英国、法国等也相继通过立法实施医疗保险。20世纪上半叶，医疗保险在欧洲逐渐以各种形式推广，覆盖人群从低收入工人扩大到较高收入的工人。保险范围也随着医疗技术的进步和医疗服务的科学化、组织化而不断扩大，从医疗服务、药品，扩大到住院医疗，后来又发展到牙科、眼科等。1922年，医疗保险由欧洲发展到其他国家。亚洲如日本也在全国建立起欧洲式的强制性医疗保险。1924年，医疗保险扩大到发展中国家。由于缺医少药，南美洲的智利采取了与欧洲不同的做法：不是像欧洲其他国家那样向私人医生交费，而是为受保人建立医疗和急救设施，雇佣医生，向他们支付报酬。20世纪50年代，埃及、利比亚、土耳其等国家纷纷仿效这一做法。到80年代，医疗保险已发展到85个国家。迄今，全世界已有160多个国家和地区实施了医疗保险制度。

实行医疗保险制度的国家，由于各自的经济发展水平不同，传统文化不同，价值理念不同，其制度运行也呈现出不同的特点。综观世界各国的医疗保险制度，形式多种多样，研究者也从不同的角度进行了不同的分类。目前国际上普遍实行的几种医疗保险制度模式，侧重于从医疗保险资金的筹集方式的角度，以医疗保险筹资机制为核心，兼顾医疗服务的供给性质与关系、结合费用的偿付机制，可以划分为四大类型：以英国为代表的全民医疗服务模式、以德国为代表的社会医疗保险模式、以美国为代表的商业医疗保险模式以及建立在储蓄制基础上的新加坡中央公积金模式。

一 英国

1. 基本医疗保险制度

英国在学习德国经验的基础上于1911年建立起医疗保险制度。但是，二战后在贝弗里奇报告的指导下，于1948年建立了完全不同于德国"保险"模式的全新的全民健康服务计划（National Health Service，NHS）。该计划又被称为"国家医疗保险制度"，由主管社会服务的国务秘书直接向议会负责关于医疗服务运作的问题，医疗服务由国家经办，实行中央集权管理。其卫生费用纳入国家预算，主要来源于一般税收，国家财政投入占总卫生经费的90%以上。此外，该体系重视全科医生（general practitioner，GP）在整个卫生服务中的中心地位，实施社区综合性卫生服务和初级卫生保健。个人自付部分的医疗费用很少，向全体国民提供免费或低费用的医疗服务，体现公平性和福利性。体系分为初级保健、医院服务、医疗专家服务三个层级，其中第一个层级初级保健提供基层医疗服务，直接与居民联系。居民平时选好自己的全科医生，登记注册，就可在任何时候都得到服务。但是个人改变注册有一定困难，以此限制个人选择自由。全科医生主要负责对日常小病及慢性病提供医疗咨询、检查诊断、治疗等服务，在必要的时候向医院转送病人。此层级服务大多免费，发生的费用由病人签字，然后由地方家庭卫生服务委员会支付，采取人头包干付费的方法。但小外科手术、夜间服务、上门服务等项目收费。第二个层级医院服务的特点是完全由政府办医院，负责投资、直接雇佣工作人员、提供全部医疗费用。然而由于国家卫生服务体系提供的住院医疗服务需要通过全科医师转诊，所以一些非急诊手术往往需要等待很长的时间（一年左右）才能入院。为了缩短手术排队等候的时间及享受较为优越的住院条件，英国全国约有11%的人口选择了附加的私立医疗保险，作为享有国家卫生服务的补充。第三个层级医疗专家服务专门针对一些疑难杂症，提供专家诊断、治疗。在药品方面，多数药品由全科医师开处方配给（94%靠零售药店销售），处方使用标准的国家规定的形式，小部分药品由医院处方提供。药店经营处方用药，每个处方收取一定的费用。儿童、孕妇、老人、收入低于贫困线者及一些慢性病人免收手续费。这种"覆盖全体国民"的做法为一些国家所效仿。其优势为覆盖全体公民，公平性好，政府将筹集的医疗保险基金直接拨给公立医院或个人，有利于更好地预防疾病并实施基础医疗卫生保健等。但是在实施过程中，其弊端也逐渐显现：由于中央控制、垄断医疗服务的提供，医院为完成政府下达的降低成本的目标，忽视患者需要，存在逆向激励机制增加医疗服务成本的问题，因而效率问题始终是争议和制度调整的焦点。

1980年代，撒切尔政府实行收缩型的社会保障政策，于1990年通过《全民医疗服务和社区医疗法案》（*The National Health Service and Community Care Act*），对免费医疗体制进行改革：对医疗服务供方引入市场机制，大多数医院从公立部门转为独立于政府部门的类似于非营利性组织的"基金机构"（Trusts），有权决定可采用的医疗技术和医疗价格，并向医院购买医疗服务。1997年工党领袖布莱尔出任首相后，提出了"新英国、新经济"的口号，试图在减轻国家财政负担的前提下不降低国民的健康福利，发挥社区等第三部门在医疗保障中的积极作用，变"消极福利"为"积极福利"，强调没有责任就没有权利，既要适当提高医疗保障经费以保证必要的医疗供给水平，也要进行费用控制。例如在增加医疗卫生费用解决医疗供求矛盾问题的同时也规定，有些治疗项目所产生的费用必须由患者自己支付，如患者应当自己支付看牙或购买某些药物的费用；同时实行分级诊疗制度，以防止医疗资源的浪费。2015年英国大选时，三大重要议题是医疗、移民和经济问题。2017年英国提前大选中,各竞选党派竞选宣言中主要关注的除了"脱欧",就是税收政策、医疗和大学学费。例如,工党宣称"将停止对国家医疗服务预算的削减,提高员工(服务、工作)水平,降低候诊时间",并"计划增收税款486亿英镑用于教育和保健";自由民主党宣称"开设医疗保健税,可能通过改革国民保险系统来支付健康和社会保健费用",同时承诺"将额外增加拨款35亿英镑用于精神健康服务";目前执政的保守党宣称"为国家医疗服务(NHS)增加80亿英镑预算,要求海外员工和学生为享受NHS服务付费";苏格兰民族党支持提高英国最低薪资水平并反对进一步削减福利,称"希望废除英国'三叉戟'(Trident)核威慑系统的重启规划,这样做可以每年释放出30亿英镑的资金,从而用于医疗、教育和儿童看护"。可见,国家医疗服务(NHS)的改革是英国政党及国民十分关注的议题。

2. 补充医疗保险

英国的补充医疗保险主要是附加型补充医疗保险。参保对象是自愿投保人,参加私人部门医疗保险者大多为"雇主和经理"阶层等,一般是雇主或者个人缴费,或者是雇主和个人联合缴费;在基金管理方面,由保险人按照商业保险的一般运作原理进行管理,政府适当提供税收优惠。

参加私人健康保险的人在享受NHS服务的基础上,可以使自己有更多的选择和便利。例如有的补充医疗保险的私营医疗保险公司对参保人使用自费病房、自费病床以及到私人医院就诊的费用予以支付;还有的私营医疗保险公司根据客户需求设计各种健康保险计划和健康管理服务,并且积极参与英国医疗卫生体制改革。

补充阅读5-9 我国的"分级诊疗制度"

我国在进行医疗体制改革时,在充分借鉴英国医疗服务(NHS)体系管理经验的基础上,为更好地解决"看病难"问题,提出推行"分级诊疗制度"。分级诊疗制度的原则是"基层首诊,双向转诊,急慢分治,上下联动",即要求患者就医时首先到一级医院(社区医院)就医,经过社区医院全科医生诊断后,确认病情较为严重的,可以向上级医院转诊。当重病患者经过二级或三级医院治疗后病情稳定时,可以再转回一级医院进行后续康复和治疗。同样地，对于经过二级或三级医院诊断，患有慢性病需要长期服某种药品的患者，也可以转回一级医院进行治疗。推行分级诊疗制度，有助于缓解当前患者就医过度集中于三甲医院所造成的"看病难"问题，同时有助于医疗资源的更有效利用。

但是在看到优点的同时，我们也需要正视潜在的问题。一方面，由于我国当前公立医院，特别是三甲医院规模过大（例如郑一大附院病床数达到1万张，而美国顶级医院梅奥医院的病床数不足1500张），所以医保机构在监管时面临挑战，当推进分级诊疗制度遇到阻力时需要花费相当多的精力。另一方面，患者的观念仍未扭转，有相当一部分患者仍旧认为看病一定要去三甲医院，因为三甲医院医生医术高，治疗见效快。这一错误观念在导致三甲医院人满为患、一号难求的同时，又使一些一级医院门可罗雀、无病可看。针对这些问题，一些地区尝试进行改革，例如东莞地区规定，若患者不在社区医院进行首诊则不予报销，还有一些地区规定提高社区医院就诊医保报销比例，以此激励患者去社区医院首诊。当然也有一些地区试图取消三甲医院门诊，让三甲医院逐步转型为只接收下级医院转诊上来的疑难杂症患者。分级诊疗制度在推行时还面临的一个问题是我国广大地区一级医院全科医生的普及率不高，医学素养方面存在欠缺。这或许是一个在长远来看更为关键，也更为棘手的问题。

二 德国

1. 法定医疗保险

德国是世界上最早建立社会保险制度的国家，1883年颁布《疾病保险法》建立疾病基金，覆盖低收入的产业工人，坚持社会团结的原则。该模式亦被称为社会医疗保险模式，是国家通过立法的形式强制实施的一种集资型医疗保险制度，其医疗保险基金主要由雇主和雇员按工资的一定比例缴纳，政府酌情补贴，参保者及其家属因患病、受伤或生育而需要医治时，由社会医疗保险机构提供医疗服务和物资帮助。此模式在管理体制上属于计划与市场相结合的体制。政府并不直接出面管理社会医疗保险，而是由一个社会机构来执行。该模式的特点是具有公平的医疗保险筹资制度，实行"总额预算，超支分担"的支付制度，具有高福利的医疗保障供给和独立的护理保险。日本、法国等亦是如此。

德国没有统一的医疗保险承办者，而是以区域和行业划分，社会保险组织同医疗服务的提供者签订合同，后者按照合同中的规定为参保人提供医疗服务。参保人自由选择医生和医疗服务，而由保险组织与医院进行结算；各医疗保险组织由职工和雇主代表所组成的委员会实行自主管理，并具有独立法人资格，调整保费标准、增设服务项目等均由该委员会来决定；高收入者可选择退出该制度而购买私人保险，但收入低于一定水平的雇员必须参加保险。

由于医疗成本不断增加，德国联邦政府通过了一系列改革法案试图对医疗费用支出进行干预。例如：1977年对急诊设定支出上限，对医生协会实行总额预算制；1982年增加药品自付部分；1984～1986年引入总额预算制；1989年通过卫生改革法案，制定了药品参考价，增加了病人共付部分，并适当地减少了原有的一些服务项目，如丧葬费、安装假牙费、配戴隐形眼镜费等；1993年通过医疗体制改革法案，对疾病基金进行风险调整，规定将支出增长限制在工资增长以内，对医院的支付更多地以打包形式，对医生实行处方药预算制，政府从财政上支持，激励医院自愿执行按病种付费政策；1997年规定雇员有权选择疾病基金；2003年7月德国政府通过《医疗体制现代化法》（*The Health System Modernization Law*），对其医疗保险体制进行改革，主要是适度地增加参保人责任，例如提高缴费基数，投保人在缴纳法定医疗保险金时，不仅将工资收入计入缴费基数，连同其他非工资性收入也一并计入；建立以家庭医生为中心的护理模式，将门诊与住院服务有机地结合起来；从2004年起在德国强制实施按病种分类收费（DRG Diagnosis Related Groups, Diagnosebezogene Fallgruppen）制度。2006年，推出《医疗体制改革要点》，主要内容包括：从2009年1月1日起建立联邦范围内统一的健康基金，统一全国范围内的法定医保费率；建立全德统一的法定医疗保险总会，代表不同类型和地区的医保公司实行自我管理的总原则，允许其与第三方（医院、医生和制药厂等）签订提供不同类型服务的合同，增加保险服务种类，加强新型医保服务内容；全面推进《用药经济法》的实施，通过法律手段限定最高药价，在控制总成本的基础上间接惠及其成员；加大政府财政责任，逐步增加联邦补贴，到2016

年将可以完全满足支付儿童医疗费用的需要，同时减少不必要的行政干预；更加注重医疗服务的多样化和人性化，预防与提高服务质量相结合。

2. 补充医疗保险

德国医疗保险制度的主要特点是多元化保险：法定医疗保险是主体医疗保险，私人保险处于从属地位，是补充医疗保险。在德国，所有获得收入的人群和其他特定的群体必须参加法定医疗保险（GKV），该保险覆盖了德国大约88%的人口；收入超过一定数额的人可以自由选择参加法定医疗保险或者私人医疗保险（PKV），私人医疗保险涵盖了大约9%的人口（不仅包括希望得到特殊服务的人群，还有那些没有被包括在法定医疗保险中的自雇者以及现职或已经退休的长期在公共部门工作的人员）；剩下约2%的人口属于享受国家免费医疗的永久公务员、法官、士兵、社会救济接受者等。

2006年推出的《医疗体制改革要点》规定，私人医保的基本保费不能超过法定医保的最高标准；参保对象是自愿投保人；保险费完全按照等价交换的原则厘定，遵循"谁投保、谁受益"的原则，但参保者需要为其配偶和子女单独支付保险费；保险人按照商业保险的一般运作原理对基金进行管理，同时接受联邦保险监督管理办公室的监管，政府适当提供税收优惠；实行按项目付费的方式支付医疗费用，支付不参加法定医疗保险（GKV）人群的医疗保险费用和GKV不包括的医疗保险项目。

三 美国

1. 法定医疗保险

美国现行的医疗保险实行的是国家医疗保险与私人医疗保险相结合的制度。政府虽然实施了几项公共保险制度，但仅覆盖了少部分人群，大部分居民都参加由私人或社团举办的商业性医疗保险组织。后者又称商业型医疗保险模式，是把医疗保险当作一种特殊商品，主要通过市场机制来筹集费用和提供服务。此模式下，公共医疗保障经费来源于联邦政府税收以及州政府税收、法定医疗保险基金收入（政府向雇主和雇员强制征收工薪税形成联邦住院保险信托基金，全部社会医疗保险的治疗费及管理费用都由此基金支付）；补助医疗和少数族裔的免费医疗基金主要由政府筹集（来自其一般收入），联邦政府和州政府各负担50%。医疗服务的供给、医疗服务的价格等是通过市场竞争和市场调节来决定的，政府干预较少。其国家医疗保险体现出很明显的英国色彩，即"公费医疗"。不同的是，英国为全民免费医疗，而美国为穷人免费医疗。通常认为，1965年建立的"老年和残障健康保险"——医疗照顾制度（Medicare）和医疗救助制度（Medicaid），加上军人医疗保险、儿童健康保险（CHIP）、印第安人健康保险（HIS），可算作美国国家医疗保险制度的主体（图5-1）。

```
                          ┌─────────────────────────────────┐
                          │  老年和残障健康保险（Medicare）    │
                          └─────────────────────────────────┘
                          ┌─────────────────────────────────┐
                          │  医疗救助制度（Medicaid）          │
   公共医疗健康保险 ──────  └─────────────────────────────────┘
                          ┌─────────────────────────────────┐
                          │  儿童健康保险（CHIP）             │
                          └─────────────────────────────────┘
                          ┌─────────────────────────────────┐
                          │  其他保险                         │
                          │  比如：军人医疗保险                │
                          │  印第安人健康保险（HIS）           │
                          └─────────────────────────────────┘
```

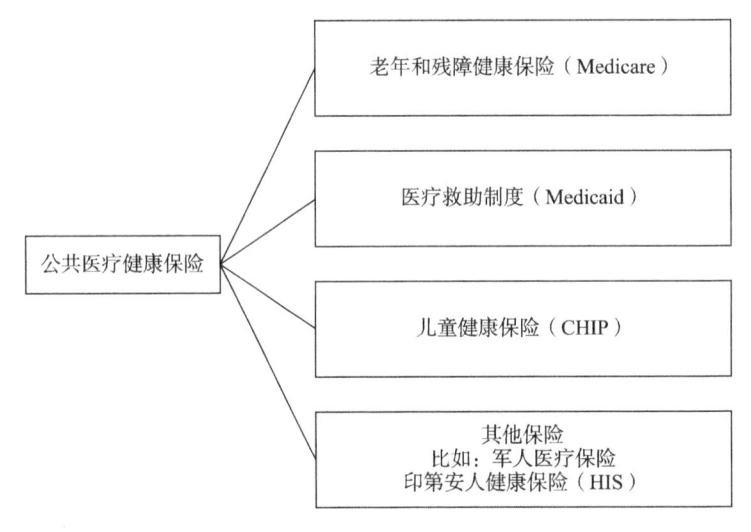

图5-1　美国公共医疗保险制度

早在1935年罗斯福总统签署的《社会保障法》中关于公共卫生的章节只规定了覆盖城市居民的公共卫生制度。其后，历届总统即使提出要建立普遍覆盖的医疗保险制度，往往也因强烈反对而"胎死腹中"。1945年11月，杜鲁门总统向国会提出"加强健康保险立法的咨文"，主张应当争取建立全国医疗健康保障体制，使每个人都能享受基本的医疗保障服务，但因种种原因其主张并未实行。艾森豪威尔总统执政后，反对建立全民医疗保障制度，坚持扩大私人商业医疗保险的覆盖面，但同时也签署了印第安人健康照顾法等法案。肯尼迪当选总统后，从1961年起相继向国会提交了关于医疗卫生改革问题的多项特别咨文，提出要建立一种社会保险制度下的健康保险计划，同样遭遇失败。1965年约翰逊总统提出"伟大社会"目标，为保证老弱病残者的基本医疗需求，国会通过了老年医疗保险法，建立了医疗保险制度（亦被译为"医疗照顾"，Medicare），其保障对象为65

岁以上的老人和部分65岁以下有资格领取养老年金者。同时建立医疗救助制度（Medicaid），这是针对低收入群体的医疗健康保障项目，服务对象是低收入的父母、老人、儿童及残障人士。医疗救助制度的基金来源于所得税，由各州政府根据法律规定，依据本州的经济发展条件来制定医疗救助计划，为低收入人群、失业人群和残疾人群等提供程度不等的、部分免费的医疗服务。1970年尼克松总统颁布了《职业安全及健康法》，涉及职工人身安全及各种工伤事故处理与赔偿问题；1973年颁布《健康维持组织法》，推动了世界健康保险从"费用报销"转向"管理型医疗"。里根政府奉行医疗保障不作为政策，但在地方和民间却有了较大的发展，其中以1982年加州成立的优先提供者组织（Preferred Provider Organization，PPO）最为著名。该组织与保险机构签订合同，参加保险的患者一般自费20%，其余80%由保险公司承担。克林顿改革方案试图通过为所有美国人提供健康照顾来确保个人和家庭的安全，保护所有美国人的健康权，直到1996年国会才通过了克林顿医疗改革方案的修正案，强调应当扩大医疗保险覆盖面，但不强求雇主必须承担雇员80%的保险金，同时承诺给予小公司更多的优惠等。小布什医疗保障改革的重点之一，是为老年人提供处方药优惠。2003年11月25日通过了长达678页的医疗照顾计划处方药改革法案（*The Medicare Prescription Drug, Improvement and Modernization Act of* 2003），涉及美国医疗保障制度的方方面面，成为自1965年美国国家医疗保险制度实施以来最大的一次改革。[①]

随着美国人口结构的变化和医疗价格的上涨，预计未来医疗补助将保持高增长态势，这将给美国的财政预算带来沉重的压力：医疗保险（Medicare）报销的医疗费用包括住院保险、补充性医疗保险和处方药计划三部分。2010年，医疗保险（Medicare）为4800万美国人提供了健康保险，其中65岁及以上的老人约有4000万人，其余800万人为残疾人。据统计，2010年医疗保险（Medicare）支出占联邦政府预算总开支的12.5%，并且随着人口老龄化趋势的推进和婴儿潮时期大批人口进入医疗保险（Medicare）的覆盖范围，医疗保险（Medicare）的支出压力也将越来越大。仅

---

① 周云：《美国小布什总统医疗保障改革方案浅析》，《国外医学》（卫生经济分册）2005年第2期，第49~55页。

2010~2019年，估计就耗资6.4万亿美元，占到联邦预算总额的14.8%。医疗救助相比医疗保险（Medicare）覆盖面更广，截至2008年，医疗救助的参保者大约有近4900万名低收入者，美国有近60%的养老院居民和约37%的新生儿获得了该项目的补贴，其中联邦政府支付了大约57%的医疗费用。此外，美国还有不少人是同时符合医疗保险（Medicare）和医疗救助的"双重资格者"（Medicare and Medicaid dual eligibles）。受2008年经济危机的冲击，2009年参加该项目的人数大幅增加，有九个州的增幅超过15%，这导致近些年来医疗救助的费用不断高涨[1]。因此这也迫使各州政府开始大规模地削减其费用支出，联邦政府也一直在考虑如何改革医疗救助制度，以抑制成本过快增长。

奥巴马自上任以来，一直致力于推动医保改革，其医改方案不仅给美国国内带来不小的震动，也引起了世界其他国家的广泛关注。本次医改的主要原则是：削减成本，保证质量，公立保险选择。改革目标主要有三个方面，一是给那些已有医疗保险的人提供安全保护。国家将通过专门立法，对保险公司的合同行为进行严格约束。按照新的改革方案，保险公司不得因为投保人存在既往病史而拒绝承担赔付责任；不得因为投保人生病而取消其保险计划；不得因为投保人存在既往病史或发生疾病而限制其保障范围等，否则将被视为违法。二是给那些没有医疗保险的人提供医疗保险，扩大医疗保险的覆盖面。三是降低家庭、企业和政府医疗成本上涨的速度，控制医疗费用[2]。由于此次医改法案触动各方利益，所以改革进程可以说一波三折、几经坎坷。2010年，借助民主党在参众两院的人数优势，强行通过了《患者保护与平价医疗法案》（简称《平价医疗法案》）。2012年6月28日，美国联邦最高法院以5票赞成、4票反对的微弱优势，裁决奥巴马两年前签署的医改法案核心内容不违宪法。《平价医疗法案》主要包括四个方面。"强制条款"，所有美国民众必须购买医疗保险，否则就会被罚款，其中低收入者享受政府不同程度的补贴；"保证条款"，保险机构不能因投保者有既往病史而拒保，并且这些人的保费和其他健康同龄

---

[1] 《美国医疗保险制度介绍》，中华人民共和国财政部官网，http://www.mof.gov.cn/mofhome/guojisi/pindaoliebiao/cjgj/201310/t20131025_1003317.html。
[2] 梅丽萍：《G7国家医疗保险制度的变迁和发展及其启示》，《兰州学刊》2011年第6期，第109~119页。

人相同；26岁以下的年轻人可以纳入自己父母的家庭医保计划中；政府放开各类医保方案的定价权。《平价医疗法案》最主要的目的有二：实现人人都有医保与减缓总体医疗开支的增长。

《平价医疗法案》实施以来，已让更多美国民众加入了医疗保险，美国总体医疗开支占GDP百分比也一直稳定在17%左右。但是，除弱势群体外，政府给低收入人群提供医保补贴，引起了纳税人尤其是中产阶级的不满；获得定价权的保险机构年年加价，投保人满腹牢骚；保险公司被迫接受高风险投保人群，普遍微利甚至亏损之下怨声载道；企业被强制为员工承担医保，导致成本增加，抵触情绪有增无减。

特朗普入主白宫后，叫停了奥巴马的《平价医疗法案》。2017年5月4日，美国国会众议院表决以217票对213票通过了新的医保方案：停止强制个人购买医保，同时允许个人所缴纳的医保费用全部抵税；允许个人使用医疗储蓄账户，该账户可以逐年积累，可供家人分享并传及后代；提倡"价格透明"，允许病人为医疗护理的目的购买到价格优惠的药品；同时鼓励市场竞争，不仅决定取消对医保公司跨州销售的限制，还允许海外较便宜的药物进入美国医保市场。2020年6月25日，特朗普政府要求最高法院终止奥巴马的《平价医疗法案》。在此之前，德克萨斯州已裁定《平价医疗法案》违宪。随着拜登上台，奥巴马医改又有重启的可能。2021年1月28日，美国总统拜登签署了两项与医疗保健相关的行政命令，重新恢复开放《平价医疗法案》的注册。

新闻链接5-3　特朗普废除后，拜登重启奥巴马医改

2016年1月20日，地产大亨唐纳德·特朗普在全美乃至全球各地的抗议声浪中宣誓就职，正式成为美国第45任总统。正如竞选时所一直鼓吹的那样，特朗普上任后，签署的首项行政命令便是冻结奥巴马医改。

该命令指示联邦政府"在法律允许的最大范围内"减轻《平价医疗法案》（ACA）加诸个人、州和医疗产业的负担。他要求各联邦机构不得再为扩大这部法律的普及面而发布新规，并要求卫生与公众服务部推迟实施医改法中任何可能给各州政府、医保提供方以及家庭和个人带来"财政负担"的条款等。

行政命令还指示内阁成员"应行使所有权利和酌情权,豁免、推迟、给予免除或延迟"ACA中的任何强加"成本、费用、税收、惩罚或监管负担"的条款。法令的影响面覆盖消费者、医生、医院和其他医疗供应商,以及保险公司和制药公司等。

2021年1月28日,新上任美国总统拜登签署了一系列与医疗保健相关的指令备忘录,称要扭转特朗普造成的"损害"。其中包括重启奥巴马医改,把美国医疗改革方案和医疗补助计划恢复到特朗普当选总统之前,承诺将重新开放联邦奥巴马医改政策。

资料来源:陈欣:《废除奥巴马医改法案后,美国医改何去何从?》,搜狐网,http://www.sohu.com/a/125300344_313392。

腾讯新闻:《拜登重启奥巴马医改》,http://xw.qq.com

2. 商业健康保险

美国是世界上推行医疗保险市场化最具代表性的国家,形成了以私营医疗保险为主体,社会医疗保险和管理式医疗组织为补充的多层次医疗保障体系。绝大多数公民参加的商业健康保险由雇主和雇员共同协商确定,强调权利与义务的对等性,政府虽提供税收优惠,但不承担直接资金支持,实行商业化运作①,其经费来源于个人自费、私人医疗保险以及其他(诸如非营利部门、互助组织提供的保险等),私人部门医疗费用筹资和支付体系是美国医疗保健资金的主要来源。

美国近一半医疗费用来源于私营医疗保险计划,私营医疗保险公司负责政府绝大多数医疗保险的经办工作。这些公司主要分为两类,即非营利性健康保险公司和营利性商业保险公司,前者在税收上可以享受优惠待遇,后者不享受相关待遇。其中,非营利性健康保险公司以蓝盾和蓝十字为典型代表。"双蓝"计划是由医生和其他民间机构自发组织的,给予投保者门诊和住院服务保险,历史悠久、规模最大。其覆盖范围遍布全国,并且形成了一个松散的网络,参保人数近1亿。营利性商业保险公司以管理式医疗组织为代表,这是一种由保险人与医疗服务提供者提供医疗服务

---

① 刘克军:《论美国医疗保障制度及其对中国的启示》,《中国卫生资源》2006年第9期,第81~83页

的一体化医疗保险形式。其中最有代表性的是健康维持组织（HMO）、定点服务计划（POS）、排他性提供者组织（EPO）和优先服务提供者组织（PPO）等。管理式医疗组织由于其在降低医疗费用和提高医疗服务质量方面取得了一定的成效，已成为美国占主导地位的医疗保险形式。尽管只有5000万人被这类医疗保险组织所覆盖，但其他的私人保险、政府医疗保险计划都大量采用这种医疗管理方式①。

专栏 5-6　蓝十字与蓝盾协会

蓝十字与蓝盾协会，美国蓝十字蓝盾医保组织，由蓝十字蓝盾医保联合会（双蓝联合会）和39家独立经营的蓝十字蓝盾地区医保公司组成，是美国历史最悠久、规模最大、知名度最高的专业医疗保险服务机构。蓝十字蓝盾诞生于美国30年代大萧条时期。蓝十字医保计划于1929年在德克萨斯州达拉斯市创立——当地学校的教师们每月向贝勒医院支付50美分的保费，从而获得多达21天的医院护理服务。同一时期，美国西北部太平洋沿岸地区的伐木和采矿工人开始向当地医生支付小额月费以获得医生的医疗服务，由此产生了蓝盾医保计划。蓝十字蓝盾医保公司通过拨款、补助和基金捐助等方式全方位支持社区建设，改善医疗保健水平和居民生活质量。蓝十字蓝盾组织与联邦、州、郡、市各级政府的合作历史悠久、成就卓越。例如，在20世纪60年代中期，蓝十字蓝盾医保组织协助美国联邦政府创立并实施了联邦医疗保障和联邦医疗补助计划——这两项由联邦和州政府资助的公共项目为老年人和低收入人士提供医疗保障服务。时至今日，蓝十字蓝盾仍然在政府医疗保障项目中发挥着重要的作用。双蓝联合会一直是联邦医疗保障和联邦医疗补助的主承办单位，各蓝十字蓝盾地区医保公司作为该项目最大的保险理赔机构，每年代表联邦政府处理近9亿笔医疗保险赔付，总金额约3000亿美元。蓝十字蓝盾组织同时也是联邦政府公务员医疗保险的首选机构。今天，蓝十字蓝盾组织为近500万联邦政府公务员（占全部联邦政府公务员的55%）及其家属提供医疗保险福利。蓝十字蓝盾的健康保险服务覆盖美国每个城市、社区和偏远农村地区，并为受保人创造了全

---

① 贾洪波：《补充医疗保险的实际运作：四个国家比较》，《改革》2012年第11期，第144~153页。

美范围最广、质量最高的就医网络。双蓝的服务不仅涉及总部位于芝加哥、洛杉矶和纽约大都市的跨国公司（蓝十字蓝盾组织为2/3的美国财富500强企业服务），同时也覆盖诸如怀俄明州和密西西比州的偏远农村小镇。

蓝十字蓝盾医保联合会的总部位于美国芝加哥，并在首都华盛顿及其他主要城市设有多家办事机构。蓝十字蓝盾的就医网络包含了全美90%以上的医院和80%以上的注册医师，规模远超其他健康保险公司。蓝十字蓝盾公司始终不断完善其就医网络建设，保持合理的网络医疗机构数量和结构，以更好地为受保人服务。作为美国规模最大的专业医疗保险机构，蓝十字蓝盾医保组织为近1亿参保人（美国总人口的1/3）提供医疗保障和健康保险产品，服务地域覆盖全美50个州、哥伦比亚特区及波多黎各托管地。

专栏5-7 管理式医疗保险

"管理式医疗保险"是美国70、80年代后发展起来的新型医疗保险形式，主要有2种类型：

1. 健康维护组织（Health Maintenance Organization，HMO）

"健康维护组织"开办自己的合同医院和招收医师，直接为参保人提供医疗服务。它将医疗服务的提供者（供方）和医疗保险经费的出资者（第三方）合二为一。参加者按会员制的办法定期缴纳一定的会费，患者就诊只能到指定的医院，不能随便选择医生和医院（急诊除外）。在HMO工作的医生是其雇员，只拿薪水，不从病人服务中提成。HMO的医生较少像个体医生那样诱导病人多开药或多向病人提供服务，而是把工作重点放在健康教育上和强化预防措施方面，目的是节约医疗费用，如加强预防性出诊、加强健康检查、提供戒烟和减肥等服务，做好入院前的准备，尽量缩短平均住院日等。据调查，实行HMO的地区，医疗费用下降25%。目前，政府也将大部分公办的社会医疗保险基金交给"健康维护组织"经办，HMO市场份额约占16%。

2. 优先提供者组织（Preferred Provider Organization，PPO）

优先提供者组织也是一种新兴的医疗保险组织。PPO代表投保人的利益，就服务收费与医院或医生进行谈判和讨价还价，最终与选择同意降低收费价格,并愿意接受监督的医院或医生签订合同。PPO 向医院和合同医生按服务项目付费,一般压低价格 15% 左右。由于 PPO 保险费较低,并且可以自由选择医院和医生(一般保险公司提供 3 家医院供选择),因此比较受欢迎。目前,PPO 市场份额约占 56%。

四 新加坡

1. 储蓄医疗保险

新加坡实行的社会保障制度,是以中央公积金制度为主体的社会保障制度。它规定雇主和雇员必须以雇员的薪金为基数,按照法定的公积金缴纳率(目前为雇主和雇员各 20%),将公积金存入雇员的公积金账户,以保障雇员养老、住房、医疗、保险、教育等方面的支出。

1984 年 4 月,公积金局推出保健储蓄计划,并因此设立了会员的保健储蓄账户。它是公积金制度中主要的医疗保障计划。该计划允许会员动用公积金的保健储蓄账户的存款,支付会员个人或直系家庭成员的医疗费用。在公积金缴纳率(40%)中,30% 存放在普通账户,6% 存放在保健储蓄账户,4% 存放在特别账户。其中,普通账户可提供购房、各类特准投资、支付高等教育费以及为父母填补退休账户,保健储蓄账户供支付医疗费用,特别账户为退休养老。

这一制度主要包括保健储蓄、健保双全和保健基金三大计划。健保双全和保健基金作为保健储蓄的补充,分别为低收入人群和老年弱势人群提供医疗保障。

(1)保健储蓄计划

在保健储蓄计划下,公积金会员每月须把部分公积金存进保健储蓄账户。年龄在 35 岁以下的会员,每月拨至保健储蓄账户的公积金等于其月薪的 6%;35~44 岁和 45 岁以上者,分别提高到 7% 和 8%。55 岁以下的会员,保健储蓄存款上限是 2 万新元,超出这一上限的存款将存入其公积金普通账户内。年满 55 岁的会员可提取公积金存款,但必须保留 1.15 万新元在保健储蓄账户内。1992 年,还推出自雇人员保健储蓄计划,它规定凡年收入满 2400 新元的自雇人员须缴纳其净收入中的固定比例的款项作为保健储蓄。保健储蓄用于支付公积金会员及其直系家属在当地的医疗费用，主要支付公立医院和获准私人医院的住院费和某些门诊费。

新加坡的医疗保障制度是独特的：它是建立以家庭为单位的医疗储蓄账户，通过纵向积累，解决家庭成员患病所需的医疗费用的医疗保险制度。新加坡是该模式的主要代表国家，新加坡为促进公民对自身健康负责，除政府补贴部分医疗费用外，采取了一系列以储蓄为主体的综合保障措施。该模式要求患者利用自己的储蓄账户支付医疗费用，有利于提高个人责任感，激励人们审慎利用医疗资源，避免医疗消费过度，减少浪费。同时，该模式具有资金纵向积累的特点，能更好地应对越来越严重的人口老龄化问题。但是，该模式实质上是一种国家强制下的自保制度，个人储蓄账户基金与个人收入挂钩，没有社会成员之间的横向互助共济，公平性较差。同时，储蓄医疗保险也没能很好地解决低收入者、老年人以及健康状况差的人的医疗保障问题。

（2）健保双全计划

1990年7月公积金局实施了健保双全计划，该方案与医疗储蓄不同，不具有强制性，由个人自主决定是否参加，这是一项重病医疗保险计划，在新加坡广受欢迎。它允许会员以公积金保健储蓄账户的存款投保，确保会员有能力支付重病治疗和长期住院的费用。大约有87%的公积金会员投保。1994年7月，公积金局又推出增值健保双全计划。它与健保双全计划相类似，只是参与者须缴付的保费和索赔额较高，可让其接受收费较高的医疗护理。健保双全计划可为会员支付每天120新元的医疗费，而增值健保双全计划可支付高达300~500新元的医疗费。

（3）保健基金

这是新加坡政府为贫穷的国民所设立的一项医疗基金。医疗基金方案的资金是这样计算的，第一笔金额为两千万新元，之后只要经济持续增长和预算增加，政府将每年给医疗基金一千万新元，它的投资所得每年分派给公立医院，专门协助贫困国民支付在公立医院的医疗费用。每个公立医院都会设有由政府任命的医院医疗基金委员会，负责审批申请和发放基金。需要此项医疗援助的患者可以通过其接受治疗的医院的医务社会工作者提出申请，有关医院的保健基金委员会将根据现有的援助准则和申请者的经济状况来决定援助的款额。

此外，新加坡政府还向公立医院提供医疗津贴。这种医疗津贴大致分为两类：一类是基本的门诊费用，由政府综合诊所提供，每名患者平均获得50%的医药津贴，18岁以下和65岁以上患者还可享有医药费的半价折扣，患者若由政府综合诊所推荐到专科诊所求医，同样也能享有政府津贴；另一类是住院费用，政府对公立医院按病房等级提供医疗津贴，病房等级越低，医疗津贴越高。除A级病房不享有任何津贴外，政府向B1级、B2级和C级病房（后两级病房占公立医院病房的70%）分别给予20%、65%和80%的医疗津贴。

2. 商业保险计划

新加坡商业健康保险也是主体医疗保险的有力补充。参保对象为自愿投保人；资金来源于个人缴费、雇主缴费或者雇员和雇主共同缴费；由商业保险公司按照利润最大化原则管理；投保人和保险人约定保险待遇，主要是满足法定医疗保障之外的医疗服务需求。

五　小结

20世纪50年代后，西方各国普遍建立起比较完善的医疗保险制度，无论哪种模式，对于平等地解决国民的医疗保障，促进劳动力的再生产，缓和劳资矛盾，稳定社会环境，都起到了积极的作用。但是进入70年代中期以来，整个西方世界经历了国际货币体系的瓦解和能源、原料的危机，出现了通货膨胀加剧，经济增长停滞等一系列经济问题，使主要靠政府财政支持的社会保障制度随着经济承受能力的下降出现了一系列问题，特别是80年代以来，西方国家医疗保险制度存在的问题逐渐暴露且日益加深。①医疗保险费收支不平衡。一方面。由于西方社会人口老龄化，出生率和儿童死亡率下降，增加了对医疗服务的需求，而医学科技的发展，使疾病检查技术、治疗设备和药物日益先进，费用亦随之更加高昂，医疗保险费用的急剧上升，已使各国政府不堪重负；而另一方面，由于90年代以来西方国家的失业率一直居高不下，使以工资收入为缴费基数的医疗保险费收入减少。②医疗能力和资源浪费严重。西方各国都存在比较严重的医疗设备闲置和医务人员过剩问题，加重了政府和个人的负担。③医疗服务质量低下，医疗能力处于过剩状态与不尽如人意的医院服务质量并存。例如在英国的公立医院看病，不但门诊要排队，住院也要排队，有的甚至要等待一年或几年才能住上医院。为此，自20世纪80年代以来，各国普遍开始采取各种改革措施，试图解决这些问题：开源节流（增加税收和医疗保险费收入，以各种方式增加病人自付医疗费用的比重）；提高医疗保险机构的管理效率和医疗服务的质量（政府统一规定或限制药品使用范围和医疗价格，对医院实行总量控制，加强医院之间的竞争，控制药品的使用，建立内部市场机制来规范医院的行为并建立严格的"第三方审查制度"）。

阅读链接：

1. 《医保更便利，报销更省力》，《人民日报》，http：//www.xinhuanet.com/fortune/2020-10/04/c_1126572685.htm。

2. 李天骄：《特朗普为何难以撼动奥巴马医改法》，《法治周末》，http：//www.globalview.cn/html/global/info_20445.html。

思考题：

1. 医疗保险的功能有哪些？
2. 简述中国基本医疗保险制度的产生及发展历程。
3. 试说明中国新医改的主要改革内容。
4. 请你分析德国、美国和英国医疗保险制度的特征。

第六章　工伤保险

导入案例

徐某是某管业公司职工，其与公司一直没有签订书面劳动合同，某管业公司也没有依法给徐某缴纳工伤保险，但公司按时将每月2700元左右的工资发到他手上。2013年8月25日，徐某在该管业公司铸造车间工作时，双眼溅入铁水受伤，同日入住中国人民解放军第八十九医院治疗，诊断为角、结膜热烧伤，共住院52天；后又于2013年10月16日入住潍坊医学院附属医院治疗，诊断为角膜烧伤、睑球粘连、角膜变性，共住院19天；徐某又于2014年4月30日入住潍坊眼科医院治疗，诊断为睑球粘连、陈旧性热烧伤，共住院78天。

2014年7月28日，徐某向潍坊经济开发区劳动人事局提出工伤认定申请。该局受理后，做出潍经劳工伤认字〔2014〕15025号认定工伤决定书，认为徐某受到的事故伤害符合《工伤保险条例》第14条第（一）项之规定，属于工伤认定范围，予以认定为工伤。2014年12月5日，潍坊市劳动能力鉴定委员会做出潍劳鉴定〔2014〕第14110611号鉴定结论通知书，确认徐某劳动功能障碍程度为七级，生活自理障碍程度为无生活自理能力。

在现实生活中，不少用人单位从节约用工成本的角度出发，不给劳动者缴纳工伤保险，导致职工无法享受工伤保险待遇，但这不影响职工的工伤保险权益，工伤职工产生的符合规定的费用由用人单位支付。在此，法官提醒用人单位，工伤保险属于应由用人单位缴纳的社会保险，可能在一定程度上增加用人单位的用工成本，但同时也降低了用人单位的用工风险，进而减少因工伤赔偿责任给企业带来的经济损失，用人单位应按法律规定为劳动者缴纳工伤保险，若未缴纳，一旦劳动者构成工伤，用人单位需按法律规定向劳动者支付工伤保险待遇。

资料来源：《5个典型工伤赔偿案例与分析》，社保查询网，http://www.chashebao.com/gongshangbaoxian/17763.html。文中所提供的五个经典案例为最高人民法院所发布的最为经典的案例，目的是为了避免同案另判的发生，同时为其他相关同类案例提供参考依据。

工伤保险的待遇有哪些？工伤认定的原则是什么？劳动能力鉴定又是什么？这些就是本章将要学习的内容。

章节主要概念

工伤；职业病；风险管理；工伤保险；工伤康复

思维导图

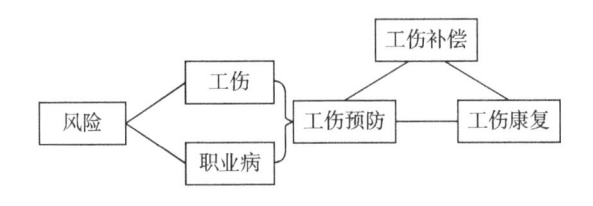

第一节 工伤保险概述

一 基本概念

1. 工伤

"工伤"，亦称"职业伤害"或"工作伤害"，各国的概念界定不尽相同。1921年国际劳工大会上通过的《工伤赔偿公约（农业）》和1925年的《事故赔偿同等待遇公约》中提及，"由于工作直接或间接引起的事故为工伤"。1964年第48届国际劳工大会还规定了工伤补偿应将职业病和上下班交通事故包括在内。第13次国际劳动统计会议所使用的定义是：雇佣事故指由雇佣引起或在雇佣过程中发生的事故（工业事故和上下班事故）。雇佣伤害指由雇佣事故导致的所有伤害和所有职业病。中国国家标准GB6441—86《企业职工伤亡事故分类》中将"伤亡事故"定义为"企业职工在生产劳动过程中,发生的人身伤害、急性中毒"。中国国家标准GB/T31596.5—2015《社会保险术语 第5部分:工伤保险》中的定义为"职工因工作遭受事故伤害或患职业病所造成的伤亡"。

2. 职业病

《职业病范围和职业病患者处理办法的规定》(87卫防字60号)将职业病定义为"劳动者在生产劳动及其他职业活动中,接触职业性有害因素引起的疾病"。《中华人民共和国职业病防治法》(2001年10月27日第九届全国人大常委会第24次会议通过,2002年5月1日施行)中定义:职业病是指企业/事业单位和个体经济组织的劳动者在职业活动中,因接触粉尘、放射性物质和其他有毒、有害物质等因素而引起的疾病。中国国家标准GB/T31596.5—2015《社会保险术语 第5部分:工伤保险》中的定义为"职工在工作过程中,因接触粉尘、放射性物质和其他有毒、有害物质等因素引起的职业性疾病"。

补充阅读6-1 工作环境与职业病

对于工作环境与职业病之间存在联系的认知,可能比你想象的要早。18世纪,英国一位名叫珀西瓦尔·波特的医生在其1755年出版的著作中有一章专门论及"烟囱工癌症"。

1666年的大火毁掉伦敦大部分城区之后,重建的烟囱烟道狭窄,转角紧凑,角度很小。烟道太过狭窄以至于只有四到七岁大的小男孩钻得进去,经常是贪婪的老板驱使饥饿的孤儿上去。清理烟道很痛苦,"爬烟囱的孩子"被挫伤或窒息并不少见。衣物会增大被困的风险,所以英国的清扫工经常是光着身子进去,在那些砖砌的迷宫里缓慢蠕动,把膝盖和肘蹭的通红。他们在充满烟尘的地狱般的黑暗里工作,而且这些孩子们通常一年才会洗一次澡,于是烟灰就粘在身上,深入每一处摩擦的缝隙。

波特医生发现,烟囱工在青春期开始出现麻烦:痛苦而致命的疾病——阴囊癌或睾丸癌。我们现在无法知道波特究竟是在何时,以何种方法确定疾病与职业之间的关系。但是他的发现和著作普遍被认为是最早关于职业病的记述。

资料来源:丹·费金:《汤姆斯河》,王雯译,上海译文出版社,2015,第57页。

3. 风险管理

风险因素是风险事故发生的潜在原因，是造成损失的内在的或间接的原因。一般分为两种，一种是能够引起或增加损失的机会和加深损失程度的客观原因和条件，例如工业化的机器大生产可能会造成机械伤害，化工产业的发展导致职业中毒的危险等；另一种是个人道德、心理和文化等"看不见的"条件，例如用人单位没有严格执行国家的职业安全卫生法律法规以及相关的标准和规章，职工个人的违章操作等，这些因素和条件的存在也会引起或增加损失的可能性和加深损失程度。风险因素引起风险事故，而风险事故则导致风险损失。风险管理研究风险发生的规律和风险控制技术，这是一种事前措施，目的是减少生产活动造成损失的可能性。工伤保险制度实际上是实现工伤事故风险转移的一种方式，尽管工伤保险制度不能保证工伤事故不会发生（但可以通过风险管理降低事故率），也不能承担工伤职工的精神损失和心理成本，但是它在消除经济方面的不确定性上，确实能够起到独特的重要作用（例如工伤职工收入损失和医疗费用支出等）。

新闻链接 6-1　昆山粉尘爆炸事故

2014年8月2日早上6时40分，昆山中荣金属制品有限公司（以下简称中荣金属）轮毂抛光车间，261名工人穿好了工作服，准时点名。

7时整，在分为上下两层的车间里，29条流水线同时开工。机器轰鸣声中，从铝制轮毂打磨下来的粉尘在车间积聚、弥漫，但没有引起任何人的警觉——工厂里没有安装粉尘浓度预警装置，工人也习惯了埋头完成属于自己的工序。32分钟后，"轰"一声巨响，像一颗炸弹，整个车间成为火海，火光冲起几十米高，生产线上的设备被冲出楼外。工人几乎没有反应的机会，葬身火海。

事发当天就造成75人死亡、185人受伤。2014年12月30日，国务院公布事故调查报告批复：爆炸事故共计造成146人死亡，114人受伤，直接经济损失已达3.51亿元。

发生这一惨案的根源，在于工厂忽视安全生产。这起事故是由粉尘爆炸引发，但安全专家指出：如果严格按照我们国家铝镁粉尘的防爆规程操作，不可能发生"粉尘爆炸"事故。而本次事故就是因为"节约成本"而忽视"抽风集尘设备、粉尘预警装置"造成。关于该工厂粉尘严重的问题，实际上在2010年就暴露过，当时还有工人因为粉尘身患尘肺病。

资料来源：《昆山爆炸惨案》，腾讯网，http://view.news.qq.com/original/intouchtoday/n2874.html。

4. 工伤保险

工伤保险亦称工业伤害保险、因工伤害保险、职业伤害赔偿保险。工伤保险是指国家依法实施的，通过用人单位缴纳等筹资形成基金，当劳动者因工作原因遭受意外伤害、职业病，以及因这两种情况而发生死亡、暂时或永久丧失劳动能力时，劳动者本人及其遗属能够从国家、社会得到必要的经济及服务补偿的一项社会保险制度。这种补偿既包括医疗、康复所需，也包括生活保障所需。工伤保险与医疗保险、生育保险、养老保险及失业保险等共同构成了社会保险。中国国家标准 GB/T31596.1—2015《社会保险术语　第1部分：通用》将工伤保险定义为"国家依法实施的，通过用人单位等缴纳等筹资形成基金，对劳动者因工作原因遭受意外伤害、死亡或者患职业病的，给予职工及其相关人员相应待遇的一项社会保险制度"。

二　工伤保险制度

工伤保险制度是"双利"的，不仅具有保障因工作遭受事故伤害或者患职业病的职工获得医疗救治和经济补偿，促进工伤预防和职业康复的功能，而且能分散企业风险，有利于经济发展与社会和谐。

（一）工伤保险的特征

工伤保险具有补偿与保障的性质，比起其他社会保险项目，工伤保险的待遇最优厚、保险内容最全面、保险服务最周到，也最易于实现。

1. 工伤保险具有强制性

工伤事故具有突发性和不可预测性，多属于"意外事故"。工伤及职业病所造成的器官或生理功能的损伤，可以是暂时丧失劳动能力，也可能是虽经治疗休养，仍不能完全复原，以致身体或智力功能部分或全部丧失，造成残疾，这种残疾表现为永久性部分或永久性全部丧失劳动能力。由此可见工伤具有不可逆转性，其造成的损失往往难以挽回，不仅给个人带来终身痛苦甚至生命受到损失,给家庭也带来永久的不幸以及经济损失,同时亦于企业不利,于国家不利。因而,国家法律往往规定强制实施工伤保险。

2. 工伤保险坚持"无过失补偿原则"

无过失补偿原则亦称无责任补偿原则或补偿不究过失原则,这是基于"职业风险"理论而提出的。大机器生产在带来生产力突飞猛进的同时,也带来了副产品——职业伤害,这已成为不可规避的社会现象。安全生产设施和职业伤害补偿应是机械化大生产的成本构成因素之一;提供安全生产教育和设施是雇主应尽的责任;建立共担风险的工伤保险社会统筹基金是雇主的义务;对于已经发生的职业伤害事实,即使雇主没有任何过失和直接责任,也应当承担善后处理和经济赔偿责任。"补偿不究过失"原则要求在劳动者负伤后,不管过失在谁,均可获得收入补偿,保障其基本生活,因为工人是社会生产活动的组成部分,是社会生产活动带来的危险因素的承受者。遭受职业伤害,使他们的劳动能力、经济收入以及他们的生活面临危机,这些都无法精确估价。工伤保险待遇仅仅是对他们经济、健康和劳动能力损失的一定补偿。

案例 6-1 职工在生产工作中因操作不当负伤应被认定为工伤吗?

机修厂车工郑某,因赶生产任务,于 2003 年 11 月 7 日 9 时在操作普通车床时,在未关电源、机器仍处于旋转工作的状态下,急于测量工件尺寸,左手被工件卷入,造成左手骨裂。郑某向单位提出工伤申请,单位认为此事是因郑某违反操作规程,负事故主要责任,属蓄意违章,不予认定工伤。郑某又直接向当地劳动保障部门社会保险处提出享受工伤待遇的申请。

当地社保处经调查认为,郑某系因违章操作致伤,企业称其蓄意违章没有相应事实,也没有安全监察机构的结论,因此,应当认定为工伤。郑某是在工作时间(上午9时)、工作场所(车间)因为工作原因(操作车床)而遭受左手骨裂伤害的,符合认定工伤的要件,应予以认定工伤。当地社保处的处理意见是正确的,但这不妨碍用人单位对该职工进行行政处罚。

3. 保险费用不实行分担方式

工伤保险费由企业或雇主缴纳,劳动者个人不缴费,这是工伤保险与养老、医疗等其他社会保险项目的区别之处。因为在生产活动中,劳动者在创造社会财富的同时,也付出了鲜血和生命的代价,所以理应由雇主(或由企业)、社会保险机构负担补偿费用,这在各国已形成共识。

4. 一次性补偿与长期补偿相结合

对因工负伤而部分或完全永久性丧失劳动能力的职工或是因工死亡的职工,受伤害职工或遗属在得到补偿时,工伤保险机构应一次性支付补偿金,作为对受伤害者或遗属精神上的安慰,并视鉴定结果而长期支付补偿金。此外,对受害者所供养的遗属,根据人数,要支付长期抚恤金,直到其失去供养条件为止。这种补偿原则,已为世界上越来越多的国家所接受。

5. 补偿与预防、康复相结合的原则

工伤补偿、工伤预防与工伤康复三者是密切相联的。工伤保险待遇是对职业伤害受害人"事后"的部分给予补偿和基本生活的保障;工伤事故发生后,应立即对受伤害者予以医治及经济补偿,使受伤害者能够得到及时的救治,同时使其(或家庭)生活得到一定的保障;及时地对受伤害者进行医学康复及职业康复,使其尽可能恢复劳动能力,或是恢复部分劳动能力,尽可能地减少或避免人力资源的浪费,亦是十分重要的。任何生产活动都应以安全为第一,预防为主,尽量减少事故的发生。故而各国公认"预防为主"是"源头治理",是最有效、最符合成本效益原则的策略,可以减少事故发生率和基金支付率。

(二) 工伤保险基金

工伤保险基金是社会保险基金中的一种专项基金,除了具有与其他社会保险基金相同的强制性的特征外,还具有补偿性和风险关联性特征。我国现行工伤保险制度采取的模式是以支定收,收支平衡,即以一个周期内的工伤保险基金的支付额度,确定征缴的额度。但国内外的工伤保险基金还都具备一定的资金储备,如我国现行《工伤保险条例》第13条确立了储备金制度,规定工伤保险基金应当留有一定比例的储备金,用于统筹地区重大事故工伤保险待遇的支付。

工伤保险基金支出也不同于其他社会保险项目基金的支出。工伤保险基金的支出不仅用于待遇的发放，而且涵盖工伤保险补偿、工伤预防和职业康复所需费用。如我国现行《工伤保险条例》第 12 条"除规定的工伤保险待遇外，还包括劳动能力鉴定，工伤预防的宣传、培训等费用，以及法律、法规规定的用于工伤保险的其他费用的支付"。

（三）工伤保险费率机制

工伤保险费的征收基数直接影响工伤保险费的多少。国际上目前存在两种征缴基数模式：第一种是以工资总额为基数征缴，第二种是以当地社会平均工资为基数征缴。由于在不同行业，职业伤害风险差异很大，不同的经济行为风险也有很大不同，目前相当多的国家都采用了行业差别费率制。这种具有竞争性和经验性的保险费率，表现出公平的成本分配促进经济平等性，即高风险的企业缴纳的费率高，而低风险的单位则缴纳费率较低，以达到鼓励用人单位加强保障职工安全的措施。为了减少保险费缴纳，用人单位就会更积极地去提高工作场所的安全性。德国从建立工伤保险制度之初就采用差别费率，意大利设立了 627 个费率等级，加拿大安大略省划分出 7 个大类 109 个费率等级。按照《工伤保险条例》的规定，我国对工伤保险费的缴纳也采用的是差别费率与浮动费率相结合的方法。行业差别费率和费率浮动办法由国务院劳动保障行政部门会同国务院财政、卫生和国务院安全生产监督管理部门规定。2003 年颁布执行的《工伤保险条例》中要求，将行业划分为三个类别：一类为风险较小行业，二类为中等风险行业，三类为风险较大行业。三类行业分别实行三种不同的工伤保险费率。2015 年人力资源和社会保障部、财政部《关于调整工伤保险费率政策的通知》中将工伤保险费率调整为八个类别，一类至八类分别控制在该行业用人单位职工工资总额的 0.2%、0.4%、0.7%、0.9%、1.1%、1.3%、1.6%、1.9% 左右。

还有不少国家在差别费率的基础上，实行工伤保险浮动费率，即对各行业或企业的安全卫生状况和工伤保险费用支出状况进行分析评估，根据评估结果，由主管部门决定该行业或企业工伤保险费率的上浮或下浮，一般不能突破最高保险费和最低保险费的限制。例如我国 2015 年人力资源和社会保障部、财政部《关于调整工伤保险费率政策的通知》中就规定：通过费率浮动的办法确定每个行业内的费率档次（表 6-1）。一类行业分为三个档次,即在基准费率的基础上,可向上浮动至120%、150%,二类至八类行业分为五个档次,即在基准费率的基础上,可分别向上浮动至120%、150%或向下浮动至80%、50%。

表6-1　工伤保险行业风险分类表

行业类别	行业名称
一	软件和信息技术服务业,货币金融服务,资本市场服务,保险业,其他金融业,科技推广和应用服务业,社会工作,广播、电视、电影和影视录音制作业,中国共产党机关,国家机构,人民政协、民主党派,社会保障,群众团体、社会团体和其他成员组织,基层群众自治组织,国际组织
二	批发业,零售业,仓储业,邮政业,住宿业,餐饮业,电信、广播电视和卫星传输服务,互联网和相关服务,房地产业,租赁业,商务服务业,研究和试验发展,专业技术服务业,居民服务业,其他服务业,教育,卫生,新闻和出版业,文化艺术业
三	农副食品加工业,食品制造业,酒、饮料和精制茶制造业,烟草制品业,纺织业,木材加工和木、竹、藤、棕、草制品业,文教、工美、体育和娱乐用品制造业,计算机、通信和其他电子设备制造业,仪器仪表制造业,其他制造业,水的生产和供应业,机动车、电子产品和日用产品修理业,水利管理业,生态保护和环境治理业,公共设施管理业,娱乐业
四	农业,畜牧业,农、林、牧、渔服务业,纺织服装、服饰业,皮革、毛皮、羽毛及其制品和制鞋业,印刷和记录媒介复制业,医药制造业,化学纤维制造业,橡胶和塑料制品业,金属制品业,通用设备制造业,专用设备制造业,汽车制造业,铁路、船舶、航空航天和其他运输设备制造业,电气机械和器材制造业,废弃资源综合利用业,金属制品、机械和设备修理业,电力、热力生产和供应业,燃气生产和供应业,铁路运输业,航空运输业,管道运输业,体育
五	林业,开采辅助活动,家具制造业,造纸和纸制品业,建筑安装业,建筑装饰和其他建筑业,道路运输业,水上运输业,装卸搬运和运输代理业
六	渔业,化学原料和化学制品制造业,非金属矿物制品业,黑色金属冶炼和压延加工业,有色金属冶炼和压延加工业,房屋建筑业,土木工程建筑业
七	石油和天然气开采业,其他采矿业,石油加工、炼焦和核燃料加工业
八	煤炭开采和洗选业,黑色金属矿采选业,有色金属矿采选业,非金属矿采选业

(四) 工伤保险的认定范围

工伤保险的独特性决定了享受工伤保险待遇是有"前提条件"的,这就是工伤认定与劳动能力鉴定,符合法律规定条件的受伤害者方可享受相应待遇。随着生产规模的扩大,社会经济的发展,必然经历一个工伤保险实施范围由小到大、认定条件逐渐拓宽、项目由少到多、实行的标准由低到高的发展变化过程。

1925年，国际劳工组织《社会保障（最低标准）公约》（第102号）对职业伤害保险的范围（认定条件）规定如下：①身体受职业病伤害呈疾病状态者；②由于永久或暂时失去劳动能力而完全或部分失去工资收入者；③由于丧失劳动能力并因此中断工资者；④由于供养者因工死亡而失去生活费来源者。

1964年《职业伤害补贴建议》（第121号）规定，把工作场所与雇员的居住、用膳等处所之间的直接路线上发生的事故作为工伤事故处理，即把这种非直接的工伤事故包括在职业伤害范围内。工伤保险发展到现在，许多国家进一步扩大了工伤的范围。如参与红十字会活动或营救工作、消防、治安、民防等公益活动中所发生的事故也列为工伤。

职业病范围也有所扩展，国际劳工组织（ILO）编制的第一份"职业病名录"见于1925年发布的第18号《公约》，其中仅包括3种职业病，即铅中毒、汞中毒和炭疽病毒感染。1934年第42号《公约》的附录上，提出了10种职业病。由于化学工业的迅速发展，出现了许多新的公害，同时，对从业人员的危害也逐步显露。因而，在1964年《职业伤害赔偿公约》（第121号）中，把职业病扩大到15种。1980年国际劳工大会对第121号公约的职业病名录又做了修订。修订后的名录目前包括29种职业病。

在各国法律中，也都首先对职业伤害的范围做出一个十分明确的规定。我国的工伤保险经历了改革试点到立法的发展阶段，目前的工伤保险立法是依据我国当前的经济发展状况制定的，同时也借鉴了国外的先进方法，适应国际发展趋势。

2010年12月20日国务院修订的《工伤保险条例》（于2011年1月1日起施行）中，将在工作时间以及工作时间前后和工作场所内，因工作原因或从事与工作有关的预备性或者收尾性工作受到事故伤害或因履行工作职责受到暴力等意外伤害的；患职业病的；因工外出期间，由于工作原因受到伤害或者发生事故下落不明的；在上下班途中，受到非本人主要责任的交通事故或者城市轨道交通、客运轮渡、火车事故伤害的都纳入工伤保险的范围内。此外，在工作时间内和工作岗位上，突发疾病死亡或者在48

小时之内经抢救无效死亡的;在抢险救灾等维护国家利益、公共利益活动中受到伤害的;职工原在军队服役,因战、因公负伤致残,已取得革命伤残军人证,到用人单位后旧伤复发的,视同工伤。

案例6-2 关于工伤认定

付某系某酒店的客房服务员。2015年10月,付某上班到达酒店后,在去更衣室换穿工作服的途中,不慎摔下楼梯导致右腿骨折。

事后,付某向当地社会保险行政部门提出工伤认定申请,当地社会保险行政部门经调查核实后,依据《工伤保险条例》第14条第(二)项之规定认定付某为工伤。付某所在单位不服,向当地人民法院提起行政诉讼,法院经审理后,维持了当地社会保险行政部门做出的工伤认定结论。

案例评析:《工伤保险条例》第14条第二项规定:"职工工作时间前后在工作场所内,从事与工作有关的预备性或结尾性工作受到事故伤害的情形,应当认定为工伤。"

本案中,付某作为酒店的客房服务人员,准备上岗前去更衣室换穿工作服,属于工作前在工作场所内做与工作有关的预备性工作,其不慎摔下楼梯导致右腿骨折应认定为工伤。

综上所述,当地社会保险行政部门做出付某为工伤的认定,符合法律规定。

资料来源:搜狐网,《去更衣室穿工作服时摔伤,能否认定为工伤?》,http://www.sohu.com/a/82058064_356097

案例6-3 视同工伤认定

吴某于2013年12月23日在工作中突发疾病,经抢救,医生明确告知其家属已经无法挽救吴某的生命,并让家属准备后事。吴某家人随即拨打120电话叫救护车,期望按照当地风俗在吴某一息尚存之际送其返乡。但在救护车送其回家途中吴某因抢救无效于2013年12月24日死亡,其家属要求认定工伤。普陀区人保局认为,吴某于2013年12月23日工作时突发疾病,当日送同济医院救治,次日死亡,符合《工伤保险条例》第15条第(一)项之规定、《上海市工伤保险实施办法》第15条第(一)项之规定,属于视同工伤范围,予以视同为工伤。

其后吴某用人单位不服当地人保局的认定,将人保局起诉到当地法院。经一审、二审法院审理,认定人保局做出的"视同工伤"认定有理、有据,驳回该用人单位的上诉,维持原认定结果。

这一案例说明,职工在工作时间内和工作岗位上突发疾病,经抢救后医生虽然明确告知家属无法挽救生命,在救护车运送回家途中职工死亡的,仍应认定其未脱离治疗抢救状态。若职工自发病至死亡期间未超过48小时,应视为"48小时之内经抢救无效死亡",视同工伤。本案处理结果明确了视同工伤的具体情形,对于充分保护劳动者权益具有一定的示范意义。

资料来源:《裁判摘要》,《最高人民法院公报》2017年第4期。

我国有关职业病的范围也在不断扩大。1957年卫生部第一次公布了《关于职业病范围和职业病患者处理办法的规定》,确定了14种法定职业病;其后,又分别在1962年、1964年、1974年有所增补;1986年卫生部开始对《职业病范围》进行全面修订,于1987年11月5日由卫生部、劳动人事部、财政部和中华全国总工会联合正式公布,确定了9类共99种法定职业病;根据2002年5月1日施行的《中华人民共和国职业病防治法》第2条的规定,卫生部会同劳动和社会保障部发布了《职业病目录》,法定职业病由原来的99种增加到115种;2016年国家卫计委公布的最新《职业病分类和目录》由原来115种职业病调整为132种(含4项开放性条款),其中新增17种,对2项开放性条款进行了整合,对16种职业病的名称进行了调整。

专栏6-1 工伤认定程序——领取待遇的前提

1. **工伤认定时效**

所谓时效,是指权利人在法定期间内不行使权利,丧失请求执法机关依法定程序强制义务人履行义务权利。在我国现行民事法律制度中规定,对身体受到伤害,要求赔偿的诉讼时效为一年,参照民法的规定,《工伤保险条例》第17条规定,职工发生事故伤害或者按照职业病防治法规定被诊断、鉴定为职业病,所在单位应当自事故伤害发生之日或者被诊断、鉴定为职业病之日起 30 日内，向统筹地区社会保险行政部门提出工伤认定申请。遇有特殊情况，经报社会保险行政部门同意，申请时限可以适当延长。用人单位未按前款规定提出工伤认定申请的，工伤职工或者其近亲属、工会组织在事故伤害发生之日或者被诊断、鉴定为职业病之日起 1 年内，可以直接向用人单位所在地统筹地区社会保险行政部门提出工伤认定申请。但是，用人单位未在本条第一款规定的时限内提交工伤认定申请的，在此期间发生符合本条例规定的工伤待遇等有关费用由该用人单位负担。

由人力资源和社会保障部 2010 年 12 月 31 日颁布，2011 年 1 月 1 日起施行的《工伤认定办法》第 5 条再次强调，用人单位未在规定的时限内提出工伤认定申请的，受伤害职工或者其近亲属、工会组织在事故伤害发生之日或者被诊断、鉴定为职业病之日起 1 年内，可以直接按照本办法第四条规定提出工伤认定申请。

2. 工伤认定申请时限

所谓时限，指对法定义务人在一定时间内履行义务的要求，如果法定义务人没有在法律规定的时间内履行义务，就要承担相应的责任。《工伤保险条例》第 17 条规定，职工发生事故伤害或者按照职业病防治法规定被诊断、鉴定为职业病，所在单位应当自事故伤害发生之日或者被诊断、鉴定为职业病之日起 30 日内，向统筹地区社会保险行政部门提出工伤认定申请，这是用人单位申请认定工伤的时限。遇有特殊情况，经报社会保险行政部门同意，申请时限可以适当延长。

3. 做出工伤认定的时限

为保证劳动保障行政部门的工作效率，有效保护受伤职工的合法权益，安定民心，《工伤保险条例》第 20 条规定，社会保险行政部门应当自受理工伤认定申请之日起 60 日内做出工伤认定的决定，并书面通知申请工伤认定的职工或者其近亲属和该职工所在单位。社会保险行政部门对受理的事实清楚、权利义务明确的工伤认定申请，应当在 15 日内做出工伤认定的决定。做出工伤认定决定需要以司法机关或者有关行政主管部门的结论为依据的，在司法机关或者有关行政主管部门尚未给出结论期间，做出工伤认定决定的时限中止。社会保险行政部门工作人员与工伤认定申请人有利害关系的，应当回避。

《工伤认定办法》第 21 条规定，社会保险行政部门对于事实清楚、权利义务明确的工伤认定申请，应当自受理工伤认定申请之日起 15 日内做出工伤认定决定。第22条规定，社会保险行政部门应当自工伤认定决定做出之日起20日内，将《认定工伤决定书》或者《不予认定工伤决定书》送达受伤害职工或其近亲属和用人单位，并抄送社会保险经办机构。《认定工伤决定书》和《不予认定工伤决定书》的送达参照民事法律有关送达的规定执行。第23条规定，职工或者其近亲属、用人单位对不予受理决定不服或者对工伤认定决定不服的，可以依法申请行政复议或者提起行政诉讼。

4. 工伤认定需要的材料

根据《工伤保险条例》第18条的规定，提出工伤认定申请应当提交下列材料：工伤认定申请表（一式两份）；与用人单位存在劳动关系（包括事实劳动关系）的证明材料；医疗诊断证明或者职业病诊断证明书（或者职业病诊断鉴定书）。此外，还应提交①伤者有效身份证明复印件；②属机动车伤害事故的，应提交交警部门的责任认定书或其他相关单位的有效证明；③属上下班途中的，应提交伤者住址证明；④因履行工作职责受到暴力伤害的，应提交公安部门或人民法院的判决书或其他有效证明；⑤因工外出期间，由于工作原因受到伤害的，应由当地公安部门出具证明或其他有效证明，发生下落不明的，认定因工死亡应提交人民法院宣告死亡的结论证明；⑥在工作时间和工作岗位，突发疾病死亡或者在48小时之内经抢救无效死亡的，提供医疗机构的抢救和死亡证明；⑦属于在抢险救灾等维护国家利益、公众利益活动中受到伤害的，按照法律规定，提交由事发地的相应机构或有关行政部门出具的有效证明；⑧属于因战、因公负伤致残的转业、复员军人，旧伤复发的，提交《革命伤残军人证》及医疗机构对旧伤复发的诊断证明；⑨单位派员或委托第三方办理工伤认定时，应提交委托函或介绍信，同时提交受委托人（经办人）的身份证复印件；⑩领取工伤认定结果时，应携伤者前来，或者出具伤者签名的委托书；⑪用人单位的营业执照复印件；⑫工伤事故报告、证人证言或受伤害经过证明；⑬机动车事故驾驶员驾驶证、行驶证；⑭其他相关证明材料；⑮工伤（亡）兼有民事赔偿的应积极寻求民事赔偿，在民事赔偿完后，填写《职工工伤（亡）民事赔偿情况表》连同民事赔偿调解书等有关文书复印件一并上报。

《工伤保险条例》第19条规定，社会保险行政部门受理工伤认定申请后，根据审核需要可以对事故伤害进行调查核实，用人单位、职工、工会组织、医疗机构以及有关部门应当予以协助。职业病诊断和诊断争议的鉴定,依照职业病防治法的有关规定执行。对依法取得职业病诊断证明书或者职业病诊断鉴定书的,社会保险行政部门不再进行调查核实。在工伤认定中,不可避免地会存在单位与职工之间的争议,当职工认为是工伤时,单位可能不认为是工伤,个人认为是重伤的,单位有可能认为只是轻伤。根据《工伤保险条例》第19条第二款规定,职工或者其直系亲属认为是工伤,用人单位不认为是工伤的,由用人单位承担举证责任。

《工伤认定办法》第24条规定,工伤认定结束后,社会保险行政部门应当将工伤认定的有关资料保存50年。

无营业执照或者未经依法登记、备案的单位以及被依法吊销营业执照或者撤销登记、备案的单位的职工受到事故伤害或者患职业病的,用人单位使用童工造成童工伤残、死亡的,不需申请工伤认定,《工伤保险条例》另行规定。

(五) 劳动能力鉴定

劳动能力鉴定是指劳动功能障碍程度和生活自理障碍程度的等级鉴定。职工发生工伤,经治疗伤情相对稳定后存在残疾、影响劳动能力的,应当进行劳动能力鉴定。这是落实工伤待遇的基础和前提条件,是工伤保险管理的一项重要工作。工伤职工根据劳动能力丧失程度的不同,可以享受不同的工伤保险待遇。

目前国际上有两种评价体系。一种是劳动能力测试,将同年龄、同性别健康人群平均劳动能力作为对照标准,评价工伤职工伤残后所具有的劳动能力大小。这一评价标准的优点是比较客观、可比性强,缺点是评价指标多,操作复杂。另一种是致残程度测试,鉴定标准是从器官损伤、功能障碍、医疗依赖三个方面将工伤、职业病伤残程度分解为相应等级。这种分类方式不是直接评价受伤害职工的劳动能力,而是通过致残程度的相对严重性来反映劳动能力损害程度。这一办法的优点是不直接测试伤残职工的劳动能力,因而操作较为简单,缺点是不能准确反映伤残职工劳动能力损失程度的大小。有些国家还采用特别的加权因素。除考虑受伤害者的伤残或疾病的性质和严重性外,还考虑其年龄、心理、智力、能力及工作经历,这可以提高分级表中所规定的伤残级别,以便更全面地验证工伤事故或职业病对受伤害者的影响。

我国的劳动能力鉴定是指通过医学检查对劳动功能障碍程度（伤残程度）和生活障碍程度做等级鉴定。劳动能力鉴定标准由国务院劳动保障行政部门会同国务院卫生行政部门等相关部门制定。劳动功能障碍分为十个等级（表6-2），最重的为一级，最轻的为十级。生活障碍包括医疗依赖和护理依赖，其中医疗依赖是指工伤致残于评定伤残等级技术鉴定后仍不能脱离治疗。护理依赖根据生活自理障碍情况（生活自理障碍是指工伤致残者因生活不能自理，需依赖他人护理）分为三个等级：生活完全不能自理、生活大部分不能自理、部分生活自理障碍。劳动能力鉴定组织：省、自治区、直辖市的劳动能力鉴定委员会和设区的市的劳动能力鉴定委员会分别由省、自治区、直辖市和设区的市的劳动保障行政部门、人事行政部门、卫生行政部门、工会组织、经办机构代表以及用人单位代表组成。由劳动能力鉴定委员会建立医疗卫生专家库。

表6-2　职工工伤与职业病致残等级

等级	标准
一级	器官缺失或功能完全丧失，其他器官不能代偿，存在特殊医疗依赖，或完全或大部分或部分生活自理障碍。
二级	器官严重缺损或畸形，有严重功能障碍或并发症，存在特殊医疗依赖，或大部分或部分生活自理障碍。
三级	器官严重缺损或畸形，有严重功能障碍或并发症，存在特殊医疗依赖，或部分生活自理障碍。
四级	器官严重缺损或畸形，有严重功能障碍或并发症，存在特殊医疗依赖，或部分生活自理障碍或无生活自理障碍。
五级	器官大部分缺损或明显畸形，有较重功能障碍或并发症，存在一般医疗依赖，无生活自理障碍。
六级	器官大部分缺损或明显畸形，有中等功能障碍或并发症，存在一般医疗依赖，无生活自理障碍。
七级	器官大部分缺损或畸形，有轻度功能障碍或并发症，存在一般医疗依赖，无生活自理障碍。
八级	器官部分缺损，形态异常，轻度功能障碍，存在一般医疗依赖，无生活自理障碍。
九级	器官部分缺损，形态异常，轻度功能障碍，无医疗依赖或者存在一般医疗依赖，无生活自理障碍。

续表

等级	标准
十级	器官部分缺损,形态异常,无功能障碍,无医疗依赖或者存在一般医疗依赖,无生活自理障碍。

资料来源:根据2006年发布的中华人民共和国国家标准《劳动能力鉴定职工工伤与职业病致残等级》GB/T16180—2014(20150101)整理而成。

补充阅读6-2　不同伤残等级举例

如正文所述,我国伤残等级依据严重程度分为一到十级,其中一级最重,十级最轻。伤残类别按照医学科目划分可分为:神经内科、神经外科、精神科门;骨科、整形外科、烧伤科门;眼科、耳鼻喉科、口腔科门;普外科、胸外科、泌尿生殖科门;职业病内科门。

此处列举一些我国对一级伤残和十级伤残不同类别的具体规定,以便加深读者对不同伤残等级的理解。例如烧伤科,一级伤残的规定是:面部重度毁容;全身重度瘢痕形成,占体表面积≥90%,伴有脊柱及四肢大关节活动功能基本丧失。十级伤残的规定是:符合中度毁容标准之一项者;面部有瘢痕,植皮,异物色素沉着或脱失>2 cm^2;全身瘢痕面积<5%,但≥1%;指端植皮术后增生性瘢痕1 cm^{2}以上;手背植皮面积>50 cm^2,并有明显瘢痕;手掌、足掌植皮面积>30%;足背植皮面积>100 cm^2;一手或两手慢性放射性皮肤损伤Ⅱ度及Ⅱ度以上。

一级肢体伤残的界定是:双肘关节以上缺失或功能完全丧失;双下肢膝以上缺失及一上肢肘以上缺失;双下肢及一上肢严重瘢痕畸形,功能完全丧失。十级肢体伤残的界定是:一手指除拇指外,任何一指远侧指间关节离断或功能丧失;除拇趾外,任何一趾末节缺失;膝关节半月板损伤、膝关节交叉韧带损伤未做手术;身体各部位骨折愈合后无功能障碍或轻度功能障碍;四肢大关节肌腱及韧带撕裂伤术后遗留轻度功能障碍。

(六) 工伤保险待遇

工伤保险是对因工受伤、致残或致死的雇员及其家属的补偿和保障,就这个特定的保障对象和保障目的而言,它是一项特殊的社会政策,然而工伤保险同时也是一个国家或地区社会保障体系乃至社会福利体系的一部分，也就是说一套完整的社会福利体系会同时通过工伤社会保险之外的其他制度安排充分发挥对工伤雇员及其家庭的保障功能。而各国由于经济发展水平、社会状况以及政治体制等因素的不同，其社会保障和社会福利内容也有很大的不同。在工伤保险制度中，工伤保险待遇水平是一个核心的问题，它关系到对工伤职工权益的保障程度，从而影响整个工伤保险制度的有效性。

在各国工伤保险立法中，都明确规定了工伤保险待遇的项目构成。一般来说，国外职业伤害保险制度中的待遇项目大致包括如下几项内容。

（1）意外事故的短期津贴。包括医疗费用、暂时丧失劳动能力的现金补偿津贴、康复的需要（在雇主责任制国家中较少建立此项计划）。

（2）意外事故的长期津贴。对永久丧失劳动能力的补偿，有定期支付的，也有一次性支付的，或两者结合的。

（3）遗属补偿，即抚恤金。

改革前我国的工伤保险待遇项目主要是依据1953年修正公布的《中华人民共和国劳动保险条例》及其后发布的一系列单行规定而制定的。它包括工伤医疗待遇、伤残待遇、职业病待遇、职业康复待遇以及因工死亡待遇。

2003年颁布的《工伤保险条例》中规定，职工因工作遭受事故伤害或者患职业病进行治疗，享受工伤医疗待遇。此外还包括医疗康复待遇和伤残待遇以及死亡待遇三部分。相比从前，工伤保险待遇更加合理了。2010年修订的《工伤保险条例》中关于工伤保险待遇的规定：职工因工作遭受事故伤害或者患职业病进行治疗，享受工伤医疗待遇；工伤职工到签订服务协议的医疗机构进行工伤康复以及安装假肢、矫形器、假眼、假牙和配置轮椅等辅助器具，享受工伤保险待遇；工伤职工已经评定伤残等级并经劳动能力鉴定委员会确认需要生活护理的，从工伤保险基金中领取生活护理费；职工因工致残被鉴定伤残者，按一级至十级伤残分别领取一次性伤残补助金和伤残津贴以及其他如一次性工伤医疗补助金和一次性伤残就业补助金等待遇；职工因工死亡，其近亲属按照法律规定从工伤保险基金领取丧葬补助金、供养亲属抚恤金和一次性工亡补助金。

领取工伤保险待遇的基础是劳动关系，它具有人身关系和财产关系双重属性。劳动关系的性质决定了工伤保险待遇更注重维持工伤职工基本生活的长期给付。在职工发生工伤事故之后，基于这种劳动关系存在的工伤保险将保障职工的收入水平和生活水平不至于下降太多作为给付待遇的基本出发点。此外，新条例还规定：职工因工作遭受事故伤害或者患职业病需要暂停工作接受工伤医疗的，在停工留薪期内，原工资福利待遇不变，由所在单位按月支付；生活不能自理的工伤职工在停工留薪期需要护理的，由所在单位负责。这符合补偿受伤害者本人直接经济损失的原则，而且将待遇水平与工资挂钩，使受伤害者所享受的待遇与其为企业所做的贡献联系起来，对劳动者起着激励作用。而工伤保险基金支付的护理费、死亡待遇等，则是以当地上年度职工平均工资为计发基数。这是由于同一地区，相同等级的护理所需的费用基本相同，丧葬费所需费用也基本相同。这种做法使护理费、丧葬费等待遇与伤残职工或死者本人工资高低无关，对低工资者或新工人有利，同时也体现了对个人的公平性。

（七）工伤争议

工伤保险中的争议简称工伤争议。工伤保险中的争议不仅是劳资纠纷，在工伤认定中，在劳动鉴定中，在医疗待遇上，在护理等级上，在工伤津贴上，在伤残待遇上，在死亡待遇上，在借调人员工伤待遇上，在出境工伤待遇上等，都可能发生分歧和争执。若引起工伤的直接原因是正在进行的工作，那么这种情况通常比较好认定，当正在进行的工作只是引起工伤的间接原因时就不好认定了。工作之外的工伤认定就更容易发生争议。工伤争议可能发生在工伤职工与企业之间，工伤职工与工伤保险经办机构之间，企业与工伤保险经办机构之间，工伤职工与劳动能力鉴定委员会之间，工伤职工与劳动保障行政部门之间，按照工伤保险争议双方当事人的不同，适用不同的工伤保险争议处理办法和程序。

1. 向劳动争议仲裁委员会申请仲裁

职工与用人单位因伤残等级鉴定以及工伤待遇发生争议，不愿协商或协商不成的，可向当地劳动争议仲裁委员会申请仲裁；但职工对劳动争议仲裁委员会在处理工伤方面的劳动争议过程中委托当地劳动能力鉴定委员会所做的伤残鉴定不服的，不能提起行政复议或行政诉讼，而应按劳动争议仲裁程序进行。

2. 行政复议或行政诉讼

申请工伤认定的职工或者其近亲属、该职工所在单位对工伤认定申请不予受理的决定以及工伤认定结论不服的，对经办机构核定的工伤保险待遇有异议的，可以依法申请行政复议，也可以依法向人民法院提起行政诉讼；职工对劳动争议仲裁委员会做出的伤残等级和护理依赖程度鉴定结论不服，可依法提起行政复议或行政诉讼；职工与社会保险经办机构发生的工伤保险待遇给付争议不属于劳动争议，劳动争议仲裁委员会不予受理，职工可向社会保险经办机构上一级主管部门申请行政复议；当职工对仲裁裁决不服时，还可向人民法院起诉。

用人单位对经办机构确定的单位缴费费率不服的，可以依法申请行政复议，也可以依法向人民法院提起行政诉讼。

签订服务协议的医疗机构、辅助器具配置机构认为经办机构未履行有关协议或者规定的，可以依法申请行政复议，也可以依法向人民法院提起行政诉讼。

（八）工伤预防

职工一旦发生职业伤害（工伤事故或职业病），工伤保险应及时给予其物质与服务的补偿，帮助其治疗与康复，以便将人力资源的损失降到最低。但是，工伤保险亦遵循保险的基本理念——风险控制与减损，安全工作搞得好，工伤事故减少，工伤补偿就相应减少，反之增加。因而，工伤保险的一大任务就是"预防"，采取各种奖惩措施减少事故的发生。工伤保险的预防—补偿—康复三位一体体系在各国已形成共识。

国际劳工组织在1929年通过的《工伤事故预防建议书》中指出，事故预防与事先投资必须联系在一起。1964年通过的《工伤事故津贴公约》（第121号公约）第26条规定"每一个成员国必须制定工业安全与职业病预防条例"，要求实施工伤保险的国家必须采取措施预防工伤事故与职业病。1976年提出了国际劳动条件与环境改善规划（PIACT），其中明确预防职业性伤害和职业病；使工作环境适应工人的体力、脑力及其社交需要；在职业安全与卫生领域开展研究、教育、培训和情报交流等活动；在企业中开展预防工作。国际劳工组织还支持和配合国际社会保障协会（ISSA）召开有关职业性事故和疾病预防世界性代表大会，将"社会危险的预防工作"系统地朝着"防止和补偿工人生产能力的损失"方向努力。1979年ILO《职业事故预防以及赔偿专家会议》亦特别关注工伤保险制度在预防职业危害和改进预防方法方面的责任。

各国实践经验表明：工伤预防必须与本国国情相结合，必须将工伤保险预防与其他主体预防手段相结合。由于各国工伤保险制度的具体实施差异很大，并没有一套普适的工伤保险预防机制。但在预防的过程中，一些基本的方法与手段可供我们借鉴。一般说来，工伤保险预防机制主要由两部分组成（有些国家实行其中一项）：一是运用费率机制来实现事故预防，另一种是建立专门的事故预防基金。从事工伤预防工作的机构，各国有所不同。世界上多数国家，工伤保险部门的安全监察机构与劳动部门安全监察机构并存，两者相互配合，在各自职责范围内共同做好安全监督工作；一些国家法律授权由工伤保险部门来实施职业安全和卫生制度，也有的是法律授权由劳动部门来实施职业安全和卫生制度；还有少数国家工伤保险并不与工伤预防相结合。许多国家工伤保险机构都提供资金支持工伤预防的技术研究工作。例如，德国工伤保险法律赋予工伤保险管理机构极大的自主权，让它们"使用所有适用手段防止事故和职业病的发生"。德国工商业同业公会工伤保险基金总支出中用于工伤预防的部分由1985年的2433万欧元增长到2015年的11226万欧元，30年增长了4.6倍。从1995年到2015年20年，工伤保险基金总支出中用于工伤预防的费用增长了1.85倍，同期工伤事故死亡人数（含通勤死亡）减少了1419人，职业病死亡人数减少了349人，分别降低了63.43%和12.65%。总之，从国际劳工组织历年公布的统计资料可以看出：工伤预防措施到位的国家，事故发生率与职业病发生率相应较低；而因各种原因工伤预防措施不到位的国家，事故发生率与职业病发生率相应均高。

新中国成立后，党和政府十分重视职业安全卫生工作，制定了一系列相关方针、法规，以保护劳动者和促进生产的发展。与此同时，建立了社会保险与企业责任相结合的工伤保险制度，其标志是1951年颁布、1953年修订的《劳动保险条例》。在这一模式下，事故预防主要由劳动部与企业共同承担。前者代表了政府在事故预防中应该扮演的监督者的角色，主要是监督与宏观管理，包括立法、安全大检查等；后者代表了作为处于事故预防第一线的企业自身在事故预防中应尽的职责，并且在整个体系之中，企业自身所担负的责任要多于政府的责任。1996年劳动部颁发266号文件《企业职工工伤保险试行办法》，于同年10月1日在全国试行。办法

第 5 条明确规定:"工伤保险要与事故预防、职业病防治相结合。企业和职工必须贯彻安全第一,预防为主的方针,遵守劳动安全卫生法规制度,严格执行国家劳动安全卫生规程和标准,防止劳动过程中的事故,减少职业危害。"同时,在工伤保险基金支出构成中明确了事故预防费、安全奖励金、宣传和科研费方面的支出。我国现代意义上的工伤保险制度与工伤保险的预防功能同时出现。试行办法成功运行 6 年后,2003 年 4 月国务院通过《工伤保险条例》,并于 2004 年 1 月 1 日实施(该条例于 2010 年 12 月修订并于 2011 年 1 月 1 日起施行)。条例确立了我国实行工伤预防、补偿与康复相结合的工伤保险制度模式,将工伤预防、康复与工伤补偿一并列为我国工伤保险制度的三大职能。

补充阅读 6-3 工伤预防"新生"

对于从事了 15 年职业病临床医学工作的林医生来说,发现职业病并提出建议只是"副产品"而已。他的真正任务是,发现和查找职业病损害的苗头和根源,提出预防和调整建议;诊断职业病损害状况,为工伤认定提供基础依据。林医生表示:"虽然职业病无法绝对避免,但大多数可以预防。根据目前技术标准规定,只有损害达到相当程度才能被诊断为职业病,及时进行体检可以发现职业病损害的早期症状,通过调整工作岗位脱离职业危害因素可以有效地阻止职业病的发生。"

从 2009 年 7 月起,广州市人社局在白云、黄埔、萝岗、番禺区开展工伤预防性职业健康检查及监测试点工作,重点对从事工伤事故和职业病危害高风险行业的作业工人进行劳动安全卫生教育和健康检查及监测,通过协助用人单位建立职工健康档案等方式,达到职业病早发现、早诊断、早治疗的目的。同时根据监测结果向用人单位提出改善劳动生产条件,加强工伤预防措施的建议,建立全市工伤预防数据库。从 2010 年 1 月起在全市全面推广该项工作,截至 2010 年 10 月底,已免费为从事工伤事故和职业病危害高风险行业的一线作业工人共 1.5 万人次进行免费工伤预防性职业健康检查,为 48 家参保单位工作场所的工伤和职业病危害因素提供监测报告。

资料来源:向春华:《工伤预防"新生"》,《中国社会保障》2011 年第 2 期,第 10~12 页。

(九) 工伤康复

随着社会经济的不断发展和工业生产的进步，各种工业意外不断增加。工伤不仅严重影响了工伤职工个人及其家庭生活，也由此造成了大量社会劳动力的丧失，严重影响了社会的进步和工业的发展。以恢复劳动者的身体功能和职业劳动能力为主要目标的工伤康复就显得非常重要。工伤康复是利用现代康复的手段和技术，为工伤残疾人员提供医疗康复、职业康复等服务，最大限度地恢复他们的身体功能，提高其生活自理能力，尽可能恢复或提高伤残职工的职业劳动能力，从而促进伤残职工全面回归社会和重返工作岗位。世界卫生组织康复专家委员会于1981年给康复下了新的定义：康复指应用各种措施以减轻残疾的影响和使残疾人重返社会（community reentry）。

现代观念的康复包括医学康复、教育康复、职业康复、社会康复等几大基本方面。在医疗救治过程的最早阶段就要考虑医疗康复，要规定物理治疗、职业治疗和言语治疗的方法，以加速自然的再生过程，并防止或减轻后遗症。对于那些形态或功能损毁的伤残者，医疗康复必须着重促进代偿机制形成所需的一切生理过程。主要做法有：急救、早期预防性康复、进行性护理等。工伤医疗康复一方面能有效地预防残疾和各种并发症、后遗症的发生和发展，减少工伤职工的后续治疗，降低治疗费用；另一方面能提高工伤职工的生活自理能力和伤残等级，减少后期赔偿的开支，降低工伤保险基金的支出。在医疗康复的基础上开展职业康复，可以最大限度地恢复工伤职工的职业劳动能力，从而降低因工伤而造成的人力资源丧失（工伤减员）的影响。

通常医疗康复一开始就与社会性康复和职业康复相结合。每个社会成员都有权享受社会文明发展所带来的一切利益。社会不能因伤残者无法享受公共娱乐和交通工具而使其脱离正常的社会生活。教育康复是通过特殊教育与训练的手段，提高工伤职工的素质和能力。这些能力包括智力、日常生活操作能力、职业技能以及适应社会的心理能力等方面。

工伤康复的最终目标是使工伤职工全面回归社会和重返工作岗位。国际劳工组织（ILO）1955年通过的第99号《建议书》将职业康复解释为"有关提供诸如职业指导、职业培训和职业选择等一些职业服务，将之作为连续而协调的恢复过程的一个组成部分，旨在使伤残人员能获得和保留适当的工作"，并建议这样的服务应使"所有的伤残人员都能享受，而不论其伤残原因和性质如何，也不论其年龄如何，只要他们有能力接受并渴望得到和保留适当的工作即可"。1964年国际劳工组织第121号《职业伤害补偿公约》中指出：不仅要为工伤人员提供康复设施，而且要为工伤人员重新就业创造条件。159号《职业康复和就业公约》也提出，"职业康复是使工伤职工保持并获得适当的职业，从而促进他们参与或重新参与社会"。工伤的职业康复使工伤残疾职工重新恢复职业劳动能力，并根据他们的职业兴趣和身体功能，使其从事一定的力所能及的职业劳动，从而促进他们参与或重新参与社会。职业康复主要包括职业评定、职业咨询、职业训练以及职业指导四个方面的工作内容。

新中国成立初期所制定的《劳动保险条例》及修订的《实施细则》，已将工伤保险工作包含了补偿救治及康复的内容。承担部分伤残以及职业病疗养、休养任务的疗养、休养院（所）于50年代初期建立，由工会管理。到1985年，全国共有厂矿企业以上的疗养院、休养所700余所，这无疑对工伤人员的治疗、基本功能恢复，以及低水准的康复起到了积极的、重要的作用。1996年出台的《企业职工工伤保险试行办法》（劳部发〔1996〕266号）首次将工伤康复纳入工伤保险范畴，规定各级人民政府应逐步发展职业康复事业，帮助伤残职工恢复身体功能和职业劳动能力。2004年1月1日开始施行的国家《工伤保险条例》更明确规定了工伤保险的目标之一是"促进工伤预防和职业康复"，并对"工伤康复治疗"和"假肢、矫形器和康复辅助器具装配"等的费用做出了原则性规定。

第二节　中国工伤保险制度改革发展历程

一　工伤保险制度的产生

新中国成立后，党和政府面临因工致病、致伤、致残人群庞大等一系列社会问题以及生产条件恶劣等生产安全问题，在恢复经济建设的同时，开始了全国统一的社会保障制度的创建工作。

1951年2月25日，中央人民政府政务院颁布了全国统一的《中华人民共和国劳动保险条例》（简称《劳保条例》）。这是我国第一部包括工伤、死亡遗属等社会保险在内的全国性统一法规。该条例中确定的工伤补偿法律制度模式为社会保险与单位（雇主）责任制相结合，即企业按工资总额3%缴费，建立劳动保险基金，工伤待遇中的因工残废抚恤费和因工残废补助费从基金中支付，其他工伤补偿由企业按照规定的标准支付。与此同时，国家机关、事业单位的社会保险制度也以单项法规的形式逐步建立：1950年12月11日内务部公布了《革命工作人员伤亡褒恤暂行条例》，规定了伤残死亡待遇；后又多次对该条例进行了修改，提高了待遇水平。

随着我国工业生产的发展，职业病伤害开始突出。为加强对职业病伤害职工的保障，1957年2月28日卫生部制定的《职业病范围和职业病患者处理办法的规定》开始将职业病伤害列入工伤保险的保障范畴，规定对患职业病的工人、职员按因工负伤待遇处理，同时确定了包括职业中毒、尘肺、职业性皮肤病等14种职业病在内的职业病范围。其后又分别于1958年、1963年和1964年增加了铁末沉着等尘肺病、搬运重物负伤或被压伤吐血、煤矿井下工人滑囊炎、医疗放射线工作人员患放射病以及布氏杆菌病按工伤待遇处理。

1966～1976年的"文化大革命"期间，工伤保险和整个社会保险体系遭到严重的破坏，社会保险的统筹调剂职能彻底丧失，造成企业间负担畸重畸轻，不仅严重影响企业职工生产积极性，伤害工伤职工权益，而且加重了企业负担。

1978年12月中国共产党召开十一届三中全会，中国进入了以经济建设为中心的新的历史时期。社会保险制度的重建工作也被提上了议事日程。在此期间颁布了一系列规定，进一步明确因工负伤治疗与疗养期间的其他费用问题及工伤补助和抚恤问题，同时扩大了实施社会保险的范围，有关职业病待遇也有所增加及调整。

1984年以后，我国进入经济体制改革时期，经济迅速发展，同时一部分企业的伤亡事故率及职业病发生率也出现上升趋势，职业安全状况形势严峻。事故多发与法律滞后，以及制度的落后，直接影响着社会的稳定，经济的持续发展，影响着企业制度的改革。因此，在构筑社会主义市场经济体制的过程中，加快工伤保险制度的改革，加速工伤保险立法的出台，已是势在必行。

二 工伤保险制度的改革与发展

1988年，劳动部领导主持研究社会保险改革方案，形成了工伤保险改革框架：调整工伤保险待遇，建立工伤保险待遇随物价变化相应调整的制度；适当提高丧葬费、抚恤费并建立一次性抚恤制度；建立工伤保险基金，逐步实现基金的社会化管理；工伤保险基金遵循"以支定收，留有储备"的原则；确定费率差别，定期调整。

1988年底，劳动部召开全国劳动厅（局）长会议，要求各地做好工伤保险改革的准备工作，选择有条件的地区进行试点。至1993年上半年止，全国已有19个省、自治区、直辖市的390个市县进行了工伤保险制度改革试点工作，有7万家企业、900万职工参加了该项改革。其间，国家及有关部委还颁布了一系列法规、规定，为改革的进一步深化做好了充分的准备。1996年，劳动部颁发《企业职工工伤保险试行办法》，于同年10月1日起在全国试行。《企业职工工伤保险试行办法》首次打破了所有制的界限，将非国有企业的职工纳入保障范围。1996年还发布了中华人民共和国国家标准GB/T16180—1996《职工工伤与职业病致残程度鉴定》。至此，改革在全国展开：进一步扩大覆盖面；统一管理体制；改革工伤保险基金收缴办法；提高工伤保险待遇水平，进一步保障职工的基本权益；将发生事故工伤人员伤害部位的确定、医疗期的管理、评残待遇的给付等一系列工作全面纳入工伤保险管理范围；根据工伤事故风险类别和职业病危害程度，确定工伤保险的行业差别费率；加大工伤预防的力度。

2001年10月27日，全国人大常委会颁布了《职业病防治法》，规定职业病病人的诊疗、康复费用，伤残以及丧失劳动能力的职业病病人的社会保障，按照国家有关工伤社会保险的规定执行；劳动者被诊断患有职业病，但用人单位没有依法参加工伤社会保险的，其医疗和生活保障由用人单位承担。2003年4月28日国务院颁布了《工伤保险条例》（以下简称《条例》），设置了我国工伤保险制度的发展目标，即建立统一的、健全的工伤社会保险体系，并确立了我国实行工伤预防、补偿与康复相结合的工伤保险制度。《条例》的颁布标志着工伤保险制度改革进入了一个崭新的发展阶段。其后，劳动保障部于2003年先后颁布了《工伤认定办法》（劳社部令第17号）、《因工死亡职工供养亲属范围规定》（劳社部令第18号）

和《非法用工单位伤亡人员一次性赔偿办法》(劳社部令第 19 号)，2004年发布实施《关于农民工参加工伤保险有关问题的通知》等与条例相配套的规章以及规范性文件。

2004 年 3 月，劳动和社会保障部正式成立工伤保险司，作为工伤保险的专门管理机构；各地劳动保障部门也相继设置了专门的工伤保险管理机构，并根据《条例》相关规定建立起社会保险经办机构具体承办工伤保险事务，建立起劳动能力鉴定机构负责伤残等级的鉴定。

针对我国频发的安全生产伤亡事故，2010 年国发 23 号文《国务院关于进一步加强企业安全生产工作的通知》规定将因生产安全事故造成的职工死亡一次性工亡补助金标准，调整为按全国上一年度城镇居民人均可支配收入的 20 倍计算，发放给工亡职工近亲属。

2010 年 10 月 28 日，全国人大常委会以高票通过了《社会保险法》，作为我国最高国家立法机关首次就社保制度进行的立法，该法第四章对工伤保险制度做出专门规范，从法律的层面对工伤职业待遇给予了强有力的保障，在我国工伤保险制度发展史上具有划时代的意义。2010 年 12 月 20 日《国务院关于修改〈工伤保险条例〉的决定》颁布，新修订的条例于 2011 年 1 月 1 日起实施。2014 年 8 月 31 日，全国人民代表大会常务委员会做出关于修改《中华人民共和国安全生产法》的决定，自 2014 年 12 月 1 日起施行。2016 年 7 月 2 日，全国人民代表大会常务委员会通过关于修改《中华人民共和国职业病防治法》的决定，自公布之日起施行。

根据《社会保险法》《工伤保险条例》《职业病防治法》和有关规章、规范性文件的规定：我国工伤保险制度覆盖中华人民共和国境内的各类企事业、国家机关、社会团体和有雇工的个体工商户；职工应当参加工伤保险，由用人单位缴纳工伤保险费，职工不缴纳工伤保险费；工伤保险基金在直辖市和设区的市实行全市统筹，逐步实现省级统筹；工伤保险基金负责支付工伤医疗待遇、伤残待遇和工亡待遇。我国工伤保险制度发展迅速，见表 6-3。从该表中可以看出，自 1996 年颁布并实施《企业职工工伤保险试行办法》以后，我国工伤保险参保人数逐年增多，但增幅不大。2003 年颁布并于 2004 年实施《工伤保险条例》后，当年参保人数就比上年增加了 49.62%，享受待遇人数增加 57.58%，基金收入增加 52.63%，基金支出增加 22.22%，基金累计结余增加 30.77%。其后，工伤保险制度扩面速度加快，至2010年底，《工伤保险条例》实施了7年，比2003年，参保人数就增加了253.25%，享受待遇人数增加345.45%，基金收入增加405.26%，基金支出增加611.11%，基金累计结余增加426.37%。2011年实施新修订的《工伤保险条例》后，至2016年底的五年间，参保人数就增加了35.44%，享受待遇人数增加33.33%，基金收入增加158.60%，基金支出增加217.71%，基金累计结余增加194.57%。

表6-3　1995～2019年度工伤保险基本情况

单位：万人、亿元

年份	参保人数	享受待遇人数	基金收入	基金支出	基金累计结余
2019	25478	194	819	817	1783
2018	23874	199	913	742	1785
2017	22724	193	854	662	1607
2016	21889	196	737	610	1411
2015	21432	202	754	599	1285
2014	20639	198	695	560	1129
2013	19917	195	615	482	996
2012	19010	191	527	406	737
2011	17696	163	466	286	642
2010	16161	147	285	192	479
2009	14896	130	240	156	404
2008	13787	118	217	127	335
2007	12173	96	166	88	262
2006	10235	90	119	66	214
2005	8478	65	93	48	164
2004	6845	52	58	33	119
2003	4575	33	38	27	91
2002	4406	—	32	19.9	81.1
2001	4345	—	28	16	69
2000	4350	—	25	14	59
1999	3960.3	—	18.6	11.9	41.7
1998	3781.3	—	21.2	9	39.8
1997	3507.8	—	—	—	—

续表

年份	参保人数	享受待遇人数	基金收入	基金支出	基金累计结余
1996	3103	—	10.9	3.7	19.7
1995	2614.8	—	—	—	—

说明：部分数据未统计。

资料来源：1995~2007年度劳动和社会保障事业发展统计公报，劳动和社会保障部文件，http://www.molss.gov.cn/；2008~2019年度人力资源和社会保障发展统计公报，人力资源和社会保障部文件，http://www.mohrss.gov.cn/。

第三节 国外工伤保险

一 美国工伤保险制度

美国实行三权分立的政治体制，立法、行政、司法三部门鼎立，并相互制约。全国共50个州，分为10大地区，各州司法等相对独立。美国的工伤保险没有全国统一的规定，各州分别立法从而灵活性较强，便于操作。各州根据自己的情况制定不同的标准，在实际运用中不仅有利于工伤发生后的及时合理给付，也有利于做好预防工作。

1. 立法

美国的工伤保险制度在西方资本主义国家中起步较晚。1902年，马里兰州率先通过工伤保险法，但覆盖范围比较窄，仅适用于少数特殊行业的工人；1910年，蒙大拿州通过法律设立合作保险基金，以救济矿山工人；同年，纽约州通过普遍适用的保险法，强制危险性职业参加保险，其他职业自由参加。但是以上几部法律先后被最高法院裁定为违宪。1908年，联邦政府颁布《美国联邦雇员伤害赔偿法》，这是美国历史上第一个有关工人工伤保险的联邦立法，但其覆盖范围仅限于联邦雇员。其后，又于同年颁布了《劳工伤害赔偿法》，从而推动了各州工伤立法的正式实施。1911年，由威斯康星州开始，有10个州对工伤保险进行了立法。1914年，纽约州修改其保险法正式成为强制性工伤保险法。到1920年，美国约4/5的州有了工伤保险的立法。1948年，密西西比州作为最后一个州，也通过了该州工伤保险法案。自此，美国全国性的工伤保险法律体系基本形成。

1935年国会通过《社会保障法》后，多次对其中有关工伤保险的条款进行修改。1956年对因工致残的条款进行了修订。1970年12月29日颁布的《职业安全卫生法》采用"无过失责任"原则，即工人在工作中负伤或患职业病，即使不是雇主的直接过失造成的，雇主也有责任给予赔偿。1977年颁布《联邦矿山安全卫生法》。此外，还颁布了《海洋及港口工人赔偿法》《尘肺病待遇法》《能源部门雇员职业病赔偿计划法》等。1984年，国会通过了《伤残津贴改革法案》。1996年又对工伤保险的基本内容做了修改，规定：从1996年3月29日起，因麻醉药品、毒品或酒精中毒而导致伤残的人不能享有工伤保险金，但因治疗疾病引起药物或酒精中毒而导致伤残的人，可以申请工伤保险金。随着经济和社会的发展，美国的工伤保险制度还在不断完善之中。

2. 范围

美国工伤保险原则上适用于一切被雇人员和一切工伤事故。至今99%的工人都在劳工伤害赔偿法的保护之下。但限于行政及经费来源，各州都有例外规定。例外的人员概括来说有以下几类：①无危险职业的工人；②农业劳动者（只包括从事电动机械操作的农业工人）；③家庭劳动者；④州际商业被雇者；⑤雇佣人数在一定数目以下的工厂工人；⑥公共事业被雇者；⑦临时工人；⑧从事非正常工作的工人；⑨从事非为劳动所得的劳动者。

各州在职业病享受工伤保险待遇方面的规定差别很大，总体上可以分两类：①法律明确适用工伤保险的几种职业病；②规定工伤保险适用于所有职业病。1986年以后，美国60%的辖区采取概括地适用职业病。

3. 基金与管理

美国50个州的工伤保险基金管理方式大致分为三种：一是由保险公司经办（也称私有化）；二是较大规模的企业可以自己支付；三是有17个州建立了州的工伤保险基金。大多数州由雇主负完全赔偿责任，工伤保险的基金也完全来源于雇主的缴费，一般为工资总额的2.3%左右，按保险风险缴纳保险费或自我保险。美国采用政府管制的办法来确定工伤保险的费率，在各州设立一个确定费率的机构，该机构的任务是规定标准的报告表、建立行业和职业保险分类系统，确定各类保险的基准费率。确定费率的机构再将基准费率报到州保险委员会备案，没有州保险委员会的通过，费率不允许执行。采用管制的定价方法确定保险费率的州，许多雇主缴纳的保险费不仅仅是用工资总额乘以基准费率，还有其他几项个别调整因素。雇主的缴费率是按行业划分的，与行业内部所有企业的伤害频率和安全评估有关，用以精确估算该行业工人补偿保险损失成本。工伤保险基金主要用来对符合工伤保险赔付条件的雇员进行工伤赔付，同时也用作工伤的预防费用。

美国没有全国统一的工伤保险行政管理机构，主要根据联邦政府制定的《社会保障法》结合本州、本企业实际情况制定相应的规定。与不同的保险方式相对应，各州工伤保险的管理组织也有很大的差别。在美国50个州中，大约有一半的州，由州员工赔偿机构执行工伤保险项目，大约有3/8的州由州员工管理局执行，有3个州由法院执行。

4. 待遇

当发生工伤事故时，雇员或者其遗属（当发生死亡事故时）应当在事故发生后的7天内，及时填写由政府工伤保险管理机构制作的专用工伤报告表格；发生事故的90天内，雇员或其代理人应当向承保人申请理赔，如果发生死亡事故，其代理人或遗属应当在雇员死亡一年内提出工伤理赔。

工伤保险待遇给付期没有限制，分为医疗补助、伤害给付、丧葬补助三部分。

（1）医疗补助：享有工伤保险待遇者予以免费治疗的项目。各州立法有不同的规定，医疗补助享受时间方面从两周到一年不等，金额方面差距也很大。

（2）伤害给付：对工伤者予以经济补助。一般规定丧失工作能力的最初几天无经济补助，等待期一般为3天，也有规定7~14天。伤害给付包括几大项内容，分别是暂时伤残待遇、永久部分残疾待遇、永久完全残疾待遇和死亡待遇。大多数的州规定，暂时伤残待遇为收入的66.67%，因州而异，4/5的州抚恤金随周工薪自动提高，绝大多数州规定2天或7天的等待期，如果伤情持续超过规定的期限（3天~6周不等），则补发等待期内的补助；对于永久部分残疾的员工，按工薪损失的比例发放，对于规定的某些残疾类别，则支付较短时间的全额抚恤金；永久完全残疾的，大多数州规定为收入的66.67%给付待遇。患有尘肺病发生永久完全残疾的，每月发给427.40美元；死亡给付包括丧葬费和遗属年金。

（3）丧葬补助：一次性支付700~6000美元不等，各州的情况不同，有近1/2的州发给3000美元甚至更多。遗属年金的享受者含寡妇、鳏夫，并区分有无子女。无子女的一般为工资待遇的35%~70%，有子女的为60%~80%，也有给付标准更高的。同时其他亲属如兄弟姐妹、父母也可领取遗属年金。许多州还规定年金随平均工资变化而逐年调整。

5. 预防

根据《职业安全卫生法》的规定，美国于1971年成立了职业安全卫生管理局（OSHA），并在卫生与公共服务部下设国家职业安全卫生研究所（NIOSH）。其目标是：通过与雇主和雇员的共同协作，营造更加安全的工作环境，确保全美工人的安全与健康。职业安全卫生管理局自成立以来，工作成效显著。美国劳工局还下设矿山安全卫生管理局（MOSHA），制定矿山职业病和工伤预防项目计划，包括在矿山企业用来预防职业病和工伤的各种卫生标志和用品等；针对造成职业病和工伤的各种情形制定了具体的解决方案。

《职业安全卫生法》鼓励各州建立和实施各自的安全卫生项目，由美国职业安全卫生管理局批准和监督，并为批准运行的计划提供50%的运行费用。各州在实行职业安全卫生项目时，可以采用联邦工作安全卫生标准，也可设立自己的标准。此外，大多数州还提供免费在线咨询（肯塔基、华盛顿州和波多黎各自由邦除外），帮助雇主鉴定和降低工作场所危险。

6. 康复

职业康复规定是指对受伤害工人受伤害后给予复职的机会，使其重新工作或者重新训练其工作能力。具体方法包括：外科手术、再教育、新技术训练以及其他措施。1920年国会通过复职法，对设立复职规定的州拨款补助，因而各州都设有复职制度，对公民中的先天残疾人员实行救助服务。1920年法律中又增加了退役伤残军人和工伤残疾人员。以后的50年，政府实施了扩大的康复计划，以满足全美伤残人口的康复需要。1972年，全国工伤补偿委员会在"工伤保险纲要"中提出工伤保险要在职业康复方面承担更大的责任。

1970年，明尼苏达州成立了国民职业康复咨询委员会（NRC），这是康复工业中最早成立的企业之一，面向那些不被公共社会保障康复所覆盖的伤残人员；随着私人康复企业的大量出现，80年代早期美国全国私人康复专业协会成立，来管理全美私人康复企业。除了工伤保险外，其他伤残保险也同样由 NRC 企业进行康复服务，包括交通无责任事故、长期残疾及医疗与意外事故。根据美国各州的不同情况，一般由保险公司或者州政府支付 NRC 企业的费用，这些费用也是由工伤保险基金支付。在美国，并没有全国统一的工伤康复标准，NRC 企业都执行自己或所在 NRC 协会制定的标准。

7. 争议处理

美国联邦政府中设立的全国工伤补偿委员会是联邦政府工伤纠纷调解和仲裁的机构，在各州政府中设立工伤补偿局作为州政府工伤纠纷调解和仲裁的机构。为了处理争议，大多数州都有一个全面的争议解决系统，包括争议过程中第一步的仲裁服务。仲裁一般是自愿的，大部分仲裁解决不了的争议都会进行行政听讼。

二　德国工伤保险制度

德国是世界上最早建立工伤保险制度的国家。在长达 130 多年的历史中，德国的工伤保险制度经历了不断延续和发展的过程。但其在 1884 年首次立法时形成的基本原则，仍为现行工伤保险法所依循。

1. 立法

1884 年 7 月 6 日，世界上第一个《事故保险法》在德国颁布，并于次年 1 月 1 日起生效。该法规定，雇主因工伤事故而产生的民事责任由按行业组成的同业公会的集体责任所代替。雇主单方面向同业公会缴纳保险费，当工伤事故发生时，不论事故的责任在谁一方，都由同业公会向伤残者或死亡者遗属支付法定待遇。1911 年，德国颁布《帝国保险法》，将 1883 年建立的医疗保险制度、1884 年建立的工伤事故保险制度和 1889 年建立的养老保险制度编纂于同一法典之中。直到今日，该法仍是规范工伤事故保险的基本法。此后，随着这项制度的发展，德国对工伤保险事业更加重视。1923 年，经过对所有有关保险法律的审查，制定了《帝国保险条例》。1996 年 5 月，联邦议会通过了新的《工伤保险法》。德国通过对工伤保险制度的不断修订，采取各种措施，以达到促进安全，减少工伤事故与职业病造成的各种经济损失的目的，并使德国的工伤保险立法更加完善。

2. 范围

德国的工伤保险遵循了从风险大的行业到风险小的行业逐渐进入工伤保险范围的发展原则。在1885年工伤保险创立之初，首先在部分工业行业建立，只包括工作事故保险，以后逐步发展到所有雇员。1925年，将上下班途中的交通事故和职业病纳入工伤事故保险的范围，对二者给予工业事故同样的法律地位，职业病的目录表也在不断扩充。1942年再次修订法律，扩大了被保险人的范围，被保险人从低薪劳动者，扩大到所有从事有偿职业劳动的人员。1963年4月30日的事故保险新调整法再一次将受保人员的范围扩大到了家庭手工加工业经营者、身体器官捐赠者和根据劳动保护或事故预防需要做检查或治疗的人员，还有在联邦、州、地方政府或其他公法团体担任名誉工作的人员，也延伸到了法院、国家检察机关或其他有关部门传唤的证人。除了职业病目录表中罗列的职业病外，表中未列的疾病根据新的认识，具备列入职业病表的前提条件的也可作为职业病得到赔偿。1971年将大、中、小学生及幼儿园儿童的意外事故纳入工伤事故保险体系。1974年4月1日的第17次待遇调整法把保险范围扩大到因1973年底能源危机而结伴乘车时的路途事故。在上下班途中接送小孩（排除工作时间内）、搭他人车上下班而绕行、为省时而绕行、因修路改道而发生交通事故，也属于工伤事故。所有工业及商业部门内的雇员，只要存在雇佣关系，均享受工伤保险，包括企业及公司的工人、管理人员、学徒培训人员、实习人员等。1997年1月1日编纂后的事故保险法生效，修订以后的法律分别对一般事故保险和农业事故保险做了规定。法定事故保险是义务保险。

对故意伤害、酗酒，在同工作无关的活动中发生的伤病，以及上下班途中绕路而行、中途停留造成的事故及疾病不提供保险。雇主、自雇者及在公司内工作的配偶可以自愿申请参加工伤保险，通过选择一定标准的缴费工资基数确定待遇给付基数。

3. 基金与管理

德国的工伤事故保险由同业保险协会（同业公会）负责，同业公会根据不同的行业分别建立。各同业公会进一步设立地区办公室，但所设立的地区办公室数目不同。虽然同业公会不是德联邦政府和地方政府机构的组成部分，同时也不属于任何政府部门，但德国的工伤保险管理机构仍然具有公共管理部门的性质,可以称其为半官方的自治机构。德国工伤保险法律赋予工伤保险管理机构极大的自主权,让它们"使用所有适用手段防止事故和职业病的发生"。同业公会在职业安全方面做出的规定须经社会保险办公室或劳动部批准才能生效,政府可以间接地控制同业公会,但仅限于停止其违法行为。预防、康复、待遇给付由同业公会进行一条龙服务。

德国工伤保险基金的资金来源主要包括这几个方面:雇主缴纳的工伤保险费、向第三方追索的赔偿费(主要针对通勤事故)、同业公会资产收益、滞纳金和罚金。其中最主要的部分是雇主缴纳的工伤保险费。工伤保险缴费完全由雇主承担,缴费金额的多少和工作风险有关。缴费以工资额为基数,实行行业差别费率和单位费率浮动。费率由三个层次的差别费率(系数)共同确定:按行业划分;在行业内部确定企业风险等级表;补充风险等级,即对处于同一风险等级的企业,按照其事故发生率,安全生产情况,建立"奖"或"罚"的制度(即目前我国部分城市工伤保险实行浮动费率的制度),通过这三个层次共同确定出费率,各行业总共有700多个费率。

4. 待遇

工伤人员的待遇最高不能超过过去收入的100%。德国没有对工伤人员进行一次性高额赔付的规定,而主要是考虑将有限的资金更多地用于工伤康复。德国的工伤保险待遇包括雇主发给的工资、治疗期间的待遇、参加培训和接受职业指导期间的待遇、年金待遇、遗属待遇以及各项补贴。参保人不分年龄、性别、婚姻状况、种族和就业时间长短,可以公平地享受待遇。伤残赔偿从1957年开始与生活指数挂钩,也就是与工资增长挂钩。主要待遇项目包括停工期待遇、伤残待遇、临时性补贴、年金(包括工伤者年金和死亡人员遗属年金)。

(1) 终生给付:由工伤或职业病导致部分或全部丧失劳动能力的人,按伤残程度分别给付年金,为本人年平均收入的67%~100%;年金根据生活费用指数定期调整。

(2) 遗属年金:包括寡妇、鳏夫年金(一般为死亡者年收入的30%,最高为年收入的40%);孤儿年金(数额为死亡者年收入的20%,如果父母双方死亡的,为死亡者年收入的30%,孤儿年金可领取至18岁,在下列情况下可以延长最多至27岁:接受普通教育和职业培训;从事一年社会工作；残疾）；父母年金（一位父亲或一位母亲领取死亡者年收入的20%，父母双方均享受则共同领取死亡者收入的30%）。此外，还包括幸存者津贴。工伤人员后来由于一般性原因死亡，遗属一次性领取死亡者过去年收入的40%。

5. 预防

德国的工伤保险制度奉行"预防优先"的原则，这一原则已为大多数国家所逐渐接受并付诸实践。德国社会法典中规定工伤预防是工伤保险机构首要的使命与任务：同业公会应该"使用一切适当的方法"防止工伤事故、职业病以及由于工作原因对健康造成的损害，查明工伤事故发生的原因，保障在事故发生时有效的急救措施，减轻工伤事故和职业病所导致的后果。同业公会有权制定事故预防规定，事故预防规定在其适应范围内具有与法律同等的效力。每个同业公会制定的事故预防规定只是针对不同的行业、不同的危害种类及危害程度、不同的工种、不同的劳动过程与劳动场所和劳动工具等的特殊性制定的，是国家劳动保护法律法规的补充和具体化。

同业公会按照社会法典的规定将"预防、康复、补偿"作为自己的工作目标，并特别提出"先预防，后康复；先康复，后补偿"的工作原则。

6. 康复

德国的工伤保险理念还包括"康复优于补偿"。他们认为，职工发生工伤后，重要的不是对职工进行经济上的补偿，而是要尽最大的努力，采取一切适合的手段，帮助职工进行最好的康复，使工伤者能够重返工作岗位并享受生活，从而"降低社会总成本"。

1945年之后，引入了职业康复和职业培训之类的福利待遇。德国工伤康复包括医疗康复、职业康复和社会康复三个部分。同业公会负责对在工作及上下班途中发生事故及患职业病的人员提供三方面的康复服务。医疗康复是为了帮助职工恢复健康。在德国，对工伤事故的治疗采用最尖端的医疗技术，给予最良好的医疗条件，以寻求最好的医疗康复效果。职业康复的目标是帮助工伤职工重新回到工作岗位。德国职业康复的一个特点是在医疗康复进行之中即开始提供职业康复，即非常重视"早期康复"。同业公会有负责职业康复的专门人员，在工伤发生之后立即同工伤人员及其家属保持联系，同工伤人员及负责治疗的医生制定康复计划并确定需要进行的锻炼活动，以便及早恢复工伤人员的劳动能力，使其重返工作岗位。同业公会还帮助那些不能完全恢复过去劳动能力的人寻找新的合适的工作，对转业人员提供再就业前的准备，进行继续教育、培训。工伤保险机构提供再就业培训场所和费用，提供工伤职工及家庭在再就业培训期间的生活补贴。社会康复的目标是帮助工伤职工重新回到社会，享受正常的社会生活。

三　英国工伤保险制度

18世纪60年代的工业革命使机器大工厂代替了家庭式的手工作坊，但随之而来的是工伤、失业、残疾等职业风险，从而产生了工伤保险的需要。

1. 立法

1880年的《雇主责任法》将雇主责任原则引入工伤赔偿立法之中，但是，对工人诉其雇主做了许多苛刻规定。劳工受伤后，要想通过法院判决获得赔偿，必须符合劳动者本身无过失、劳动者与同伴工作时无任何疏忽及劳动者受伤或死亡的原因属于本人无法抗拒等几个条件。工人必须提交所受工伤是由于雇主的责任而造成的证据。由于举证困难，该法案并没有切实保护工人的利益。德国1884年通过的《工伤事故保险法案》促进了英国工伤保险立法工作。1897年，英国通过了《工人补偿法》，遵循"无责任赔偿原则"。1942年贝弗里奇提出了庞大的社会保障计划，工伤保险是其中的一部分。在英国，该计划首次将工伤的救济请求作为社会保障的一部分，要求雇主缴纳一定的工伤保险费，同时向特别危险的行业征收费用。1946年颁布了《国民保险（工业受伤）法》，"补偿法"正式确立为"保险法"，统一缴费和待遇标准，并规定了事故高发和职业病高发的行业和地区承担工伤保险的附加费原则。工业伤害保险法正式作为国民保险法的一部分，逐步完善起来。

在1971年和1975年的《社会保障法》中分别修订了关于工伤保险的规定。1975年同时还颁布了《1975年工伤保险办法》，对以前的条例及适用情况作了详细说明。1992年英国颁布了一系列社会保障方面的法律，称之为联合法律（consolidated legislation），包括《1992年社会保障管理法案》《1992年社会保障缴费和福利法案》等。在这些法案中都涉及了工伤保险的一些内容。

英国现行的《雇主责任保险条例》(Employers' Liability Compulsory Insurance Act 1969)颁布于1969年，大多数的雇主都被要求有义务防止工伤和职业病的发生。英国工伤保险的发展是从一体到分离的过程，目前英国的工伤保险是独立的两个体系，国家工伤保险（Work Injury）和雇主责任保险（Employers' Liability Compulsory Insurance）。前者属于国家保险，是国家社会保障的一部分。英国社会保障的特点就是全面性和全民性，几乎每个国民都在社会保险制度的覆盖之下享受社会保障权益。病患、残疾和工伤是社会保障支出的一部分。国家工伤保险由国家主持，国家负责保险费的征缴、管理和发放，为那些在工作中遭受事故、伤害或疾病，没有选择向雇主追究赔偿，没有建立雇主责任制的企业雇员提供一个安全网。雇主责任保险是针对那些负担向受伤害雇员赔偿费用的雇主的保险，是国家保险的补充。这种赔偿往往是由于雇主疏忽导致雇员在工作中受伤和生病，而对雇员进行赔偿。它对企业防范可能导致陷入财政困难的成本具有风险保障作用，同时也为雇员提供了即使企业濒临破产亦可作为赔偿之用的物质保障。它依据公正申诉权利的原则，支持由于雇主疏忽而受伤的雇员获得公正赔偿的权利；并且确认由于自己疏忽并为此付出代价是雇主的责任。雇主的责任也是强制性的。

2. 范围

1897年的《工人补偿法》是英国历史上首次通过立法赋予因工业事故而丧失部分或全部劳动能力的工人要求每周获得某种形式津贴的权利（但当时该法仅限于一些特别行业如铁路、矿场等危险行业）；1900年《工人补偿法》的范围扩大到农业；1906年《工人工伤补偿法》将其范围扩大到所有的行业，包括海员及渔船工人，同时扩大了雇主责任的范围，不仅要对工伤做出赔偿，而且要对一些伤残和职业病负责。同时将6种职业病列入可赔偿的范围之内。至此，补偿型的英国工伤保障体系已初步形成。

英国工伤保险的覆盖范围是受雇用的人（employed persons）。在工业事故计划中，所有在英国就业的具有劳动合同的职工或学徒工必须参加工伤保险。甚至一些难以订立劳动合同的自谋职业者，如出租车、汽车、轮船驾驶员等，也被工伤保险所覆盖，但排除了自雇者（self-employed persons）。工伤保险提供的是非缴费性、无过错保险，只要是在工作中发生的事故或者是身患规定的某些类型的职业病的雇员都在其保障范围之内。其覆盖范围是参加国民保险的雇员。在享受雇主责任保险（employer's liability insurance）时，另外一些机构的雇员也被排除在外：大多数的政府机构，包括政府部门、地方机构、警署、国有化的工业部门；NHS健康服务机构、健康部门、处级护理基金、苏格兰健康委员会；其他一些由公共基金支持的组织，如交通部和立法委员会等。

3. 基金与管理

英国是福利国家模式的典型代表，其特点是范围上的全民保障，实施方式上的现收现付和征税制。工伤保险不作为一个单独的收费项目，而是并入国民保险中一起缴纳。但是从1948年至1975年，社会保险金和工伤保险金是两个独立的基金，在1975年，工伤保险基金的所有基金和责任才转移到国民保险基金中。社会保险税的缴纳标准每年公布一次，即每年都根据零售物价指数、雇员月平均收入指数、年收入增长率等指标计算出缴纳标准并予以公布、征收。

英国工伤保险制度类型的差异导致了管理组织的差异性。雇主责任制是指受伤害的职工或遗属依据法律规定直接向雇主索赔，雇主或雇主协会则直接向他们支付保险待遇，而现在也出现了向商业保险公司投保，由保险公司负责支付赔偿的情况。这种形式下，管理机构简单，主要取决于雇主和雇员的谈判力量，政府的作用是在当事人意见不能达成一致时进行干预。英国保险联合会（ABI）和英国保险经纪人联合会（BIBA）负责雇主责任保险的一些政策管理和实施，包括出版风险评估报告等。另外，金融服务部门（FSA）也负责一些事项。社会保险制度是由国家立法强制实施，由雇主（有的包括职工）向公立的或私立的保险机构缴纳工伤保险税（或费），由保险机构统一筹措资金，负责给付，风险共担。这种制度类型涉及的管理机构较多，也较为复杂：中央政府的行政管理部门，即制定政策和规划的部门管理行政事务；各类社会保障的事务机构，即社会保障的执行机构负责执行；独立的司法监督机构，主要是对社会保障政策法规的执行情况，和社会保障基金的收支情况进行监督。社会保障部的地方办事机构负责具体管理工伤保险费用和工伤保险待遇支付。

4. 待遇

国民保险中的工伤保险待遇主要有以下几方面：法定患病金、丧失工作能力福利、残疾生活津贴、护理津贴、就业税补助、工伤残疾福利、减少收入津贴，此外还包括用于预防、康复和职业介绍等方面的费用。

因事故或者职业病而致残的，在前13个星期与其他疾病同等对待，可以享有疾病补贴。这样可以在通常情况下维持家庭必需的开支。如果在13周之后，伤势还没有痊愈，疾病保险待遇就由工业年金代替，大约相当于受伤前工资的2/3。对于工业年金还有上下限的规定，最低不低于疾病保险待遇，以满足基本生活的需求。部分伤残人员得到的补偿金依据他所丧失的劳动能力的程度进行计算。对遗属有专门的补贴。

雇主赔偿：受伤和患职业病的雇员可以到当地的法院要求向雇主索赔，只要能证明事故和职业病是由雇主的疏忽造成的，如果诉讼成功则可得到500万英镑的雇主赔偿。但是，前提条件是雇主加入了雇主责任保险。此外还保留受害人依据普通法进行起诉的权利。通过诉讼可能得到全额的赔偿，但是在诉讼中要证明雇主的过错，并且诉讼要花费时间，在诉讼期间，受害人的生存就可以依靠工业年金。待诉讼作了判决后，雇主所支付的数额可以再作调整。不论致残原因如何，所有伤残者都可以在治疗以后的后期恢复中享受由劳动部门提供的一种普遍的社会保障服务。

5. 预防

英国是最早进行工业化的国家，人们逐步认识到涉及危险物质的工业活动极有可能导致事故发生。一些事故不仅对工人，而且对周边环境，甚至对远离事故现场的地方构成不同程度的危害。英国是欧洲职业安全卫生立法的先导者。1974年的《劳动安全卫生法》形成了英国现行的安全卫生立法框架。它是一部专门的安全卫生法规，适用于一切领域的劳动安全卫生管理。根据这个框架，英国建立了两个机构——安全与卫生委员会和安全卫生执行局，以保证安全卫生法规和各项条例的实施。工伤保险和安全预防是两个独立的部门，工伤保险部门属于就业和养老金部，而安全预防机构是相对独立的机构，但是由国家财政支持。英国政府为确保安全与健康工作的顺利进行，每年要向安全与卫生委员会拨款。但它们之间密切联系并合作，安全预防管理做得好将会减少工伤保险的开支，减少工伤发生率。

6. 职业康复

在英国，医疗机构负责医疗康复，包括诊断、治疗和训练等。职业康复是指使受伤或患职业病的雇员能够进入、维持或返回工作岗位或就业。长期离开工作岗位将会导致受伤或患职业病的雇员失去工作并可能需要开始依靠津贴来生活。所以，帮助这些人返回工作岗位显得尤为重要，而且对整个社会都很重要。

（1）政府是职业康复的领导力量：英国政府每年都将大量的资金投入到职业康复中。例如政府在"工作保留和康复"（job retention and rehabilitation）以及"工作通道"（pathway to work）两个试点项目的职业康复方面投入约4000万美元，就业和退休金部、国民卫生服务部是其具体的负责机构。政府的职业康复包括设立机构使人们获得康复方面的帮助，使人们克服重返工作岗位的障碍，包括再培训、能力建设、雇主对于返回工作的管理、合理的调节、残疾意识和医疗治疗等。

（2）雇主的责任：当一个雇员由于工伤和职业病而不能工作时，雇主应有一个康复计划；需要让雇员了解这是其权利；实施职业安全计划并让员工知道怎样从国家健康服务中获得建议；在员工职业病的初期就为其提供服务。

如果要雇用残疾雇员，需要考虑以下因素：无障碍设施、室内安装便利设施等；适宜的工作条件（工作环境、气温、噪声、舒适度等）；适应性的变化（桌子、凳子、机器和设备等）；弹性的时间（兼职、治疗时间，住院时间和康复时间）。

7. 争议处理

英国工伤保险同样存在争议问题，如享受待遇的资格条件、具体的待遇水平等，发生的争议可能在雇主和雇员之间、保险享有者和保险机构之间、保险机构和雇主之间等。有效地解决工伤争议是实现工伤保险顺利运行的关键。英国就业和养老金部中有一个机构——上诉服务部，它是处理工伤争议上诉的独立的审判组织，于2000年4月3日成立。该组织包括两个不同的部门：一个是独立的审判机构，负责争议的审判；另一个是就业和养老金部的执行机构。上诉服务部下设140个地方办事处覆盖了英格兰、苏格兰和威尔士，其中78个是永久的机构。这些地方办事机构负责各地工伤争议的处理。

四　日本工伤保险制度

1. 立法

日本的《工伤补偿保险法》(Workmen's Accident Compensation Insurance) 亦称《劳动者灾害补偿保险法》，是有关工伤保险方面的立法。除此以外，在日本，船员适用于船员保险法，公务员则适用于国家（地方）公务员灾害补偿法。

日本的工伤保险始建于1911年，但现行制度的确立是在1947年9月正式颁布实施《劳动者灾害补偿保险法》之后。1996年5月，日本国会通过了工伤保险法的修改草案。

2. 范围

对企业来说，可以分为"强制适用事业单位"和"暂定任意适用事业单位"。法律规定，凡使用工人的单位均作为适用事业单位适用于《劳动者灾害补偿保险法》（船员、国家和地方公务员不在适用范围以内）。"任意适用事业单位"是指使用工人通常不足5人的企业。但对具有法人资格的任意适用企事业单位以及劳动大臣或地方主管人员认为发生工伤可能性较大的事业，都可以成为"强制适用事业单位"。政府规定的"暂定任意适用事业单位"是否加入工伤保险，主要取决于雇主和半数以上工人的意愿。对按规定应参加实际未参加工伤保险的小企业，主管部门一般是加以劝告，并不实施严厉的处罚。

对于《劳动者灾害补偿保险法》规定的"强制适用事业单位"的雇主来说，从其事业开办之日起，无须办理什么特殊手续，在法律上自然就与工伤保险主管部门确立了工伤保险关系。国家公务员及国家机关工作人员则适用于国家（地方）公务员灾害补偿法，不在上述范围内。

但是法律专门有一项"特别加入"条款，一是针对不被列为日本工伤保险对象的被派遣到海外工厂工作的工人，在不损害工伤保险基本原则的范围内，允许其在一定条件下加入工伤保险，对其提供必要保护（"特别加入"）；二是针对雇主、个体者、家庭从业人员等工伤保险制度以外人员的工伤保护，将这部分人纳入"特别加入"制度。

工伤保险包括业务工作灾害和通勤灾害两种。前者一般是指起因于业务工作而发生的灾害。业务灾害必须是与业务工作有因果关系的灾害，包括：工作过程中；与工作相伴随的附带行为过程中；作业的准备、事后整理、待命过程中；在单位设施内休息时；发生天灾、火灾时的紧急行为过程中；出差途中；上班途中利用单位通勤专用交通工具过程中。通勤灾害通常是指起因于工人通勤的负伤、疾病、伤残或死亡。这里所说的"通勤"，是指工人为了工作，按合理的路线和方法往返于住地与工作单位之间的行为。如不带有业务工作性质，偏离正常往返途径或中断该往返途径，这种偏离或中断过程及在这以后的往返将不被当作"通勤"。但是，如果这种偏离或中断对一般工人来说，是因不得已的事由而进行的"日常生活必需行为"，而且是在最小限度范围内的活动，那么，在该偏离或中断恢复到合理的途径以后，仍可认定为"通勤"。这种"日常生活必需行为"包括：购买日用品及其他相当此类的行为；接受在公共职业能力开发设施所进行的职业训练、在学校所进行的教育及其他相当此类的教育培训的行为；行使选举权或相当此类的行为；在医院或诊所接受诊断或治疗及其他相当此类的行为。

3. 基金与管理

根据《劳动者灾害补偿保险法》第2款的规定，由政府负责管理工伤事故补偿保险，具体由厚生劳动省总监督和管理。厚生劳动省劳动基准局劳工赔偿处通过地方劳动标准监察机构，具体实施保险项目。厚生劳动省下属的劳动基准局设有劳动保险征收课、补偿课、劳灾管理课、劳灾保险业务室，负责工伤保险费的征收、管理及支付业务。地方的具体执行及运作机构是各都、道、府、县的劳动基准局或劳动基准署。

雇主未缴保险费期间员工发生工伤，工伤保险管理机构一方面向员工支付保险金，另一方面又向雇主征收同等数额或部分的特别费用（处罚）。雇主瞒报将会被处以不超过6个月的劳役拘禁或者是不超过30万日元的罚款。

工伤保险基金一般是由雇主缴纳的工伤保险费构成。企业被强制要求加入工伤保险。5人以下的企业则可以选择自愿加入，由企业主及就业人员自主决定。雇员一般不缴纳工伤保险费。特殊地：因通勤事故导致工伤的，雇员在领取疗养补贴时也要缴纳一部分费用，一般标准为200日元，从雇员领取的休歇工补贴中扣除缴纳。因为日本认为，通勤事故虽然列为工伤，但其性质与一般工伤不同，雇主责任较轻，因此让受益人承担一部分费用比较公平。政府在国家预算范围内补贴支出亏空部分。

日本工伤保险基金实行差别费率制，其费率依据不同的行业而有所差别。行业费率是依据各行业工伤事故状况由劳动大臣确定的。各行业还要附加1‰的通勤灾害保险费率。在行业费率的基础上再实行费率浮动制度：根据企业前3年实际支取的工伤保险金占所缴纳工伤保险费总额比例（收支率）划档。费率会根据情况的变化而做出调整，每3年调整一次。调整的主要依据是各行业过去3年的保险收支情况及灾害事故发生情况等方面的统计。对上年度事故率高的企业提高其缴费率，最高幅度可达40%。

4. 待遇

（1）业务工作灾害的保险金支付包括以下几个方面。

①医疗补偿补贴：包括政府指定的医院提供的手术费用、药品费用、护理费用等，支付到工伤者伤病痊愈为止，但是，当支付期限超过一年零六个月时，将自动转为支付伤病补偿年金，但仍可领取必要的医疗补贴。

②歇工补偿补贴：当受伤工人在接受必要的医疗服务而不能继续工作时，从工伤停工治疗的第四天开始领取歇工补偿补贴，每日补贴标准为基础日额的60%；同时，伤者还有权享有歇工特殊补贴，其数额是歇工基础日工资的20%。

③伤病补贴年金：工伤工人经一年零六个月疗养以后仍未痊愈者，根据伤病所造成的伤残程度和所评伤病等级发给伤病补偿年金，伤者可以一直享受直到故去。

④伤病一次赔偿金，根据伤病等级一次支付。

⑤伤残补偿补贴：当受伤或者是患病的工人在痊愈之后，身体仍然留下了一定程度的伤残时，需要按照不同的伤残等级给伤残者支付伤残补偿年金（第1级到第7级）或者是伤残一次性赔偿金（第8级到第14级）。

⑥遗属补偿补贴：当工人因工死亡时，将对其家属支付遗属补偿年金或遗属一次性补偿金。有资格领取者：死亡工人的配偶（含姘居者）、子女、父母、孙子女、祖父母及兄弟姐妹等在工人死亡时靠其收入维持生计者。除妻子外，其他人员有一定的限制条件。

⑦遗属一次性补偿金：工人死亡时，当遗属未领取遗属补偿年金时，支付1000天的遗属一次性补偿金补贴基础日额（这个数额依据遗属的具体情况有可能会有所减少）。

⑧丧葬费：支付给主持葬礼的人，其数额是在315000日元的定额基础上，再加上30天的补贴基础日额（但如果这个数额低于60天的补贴基础日额，那么就增至60天的补贴基础日额）。

⑨护理补偿补贴：按月支付给第一、二伤残等级的人（在精神上或者身体器官上都留有明显的残疾）。每月的支出最高限额是108300日元。

（2）通勤灾害保险金：与业务工作灾害保险金的种类类似，也包括医疗补偿补贴、歇工补偿补贴、伤残补偿补贴、遗属补偿补贴、丧葬费、伤病补偿补贴及护理补偿补贴。支付的数额与业务工作灾害保险金支付的数额是相同的。

（3）对一些附属的健康检查的补贴等：根据《工业安全与健康法》第66款的规定，当工人由于职业原因接受健康检查时，验血和有关大脑及心脏检查所支付的费用可以得到补偿。

（4）劳工福利事业：除了上述工伤保险待遇以外，《工伤补偿保险法》还提出了一些福利事业以提高受伤员工及其家属的福利待遇，包括建设和管理有关医疗及康复设施，为受伤工人提供必要的服务以促进其尽快康复；同时特别支付体系作为劳工福利事业的一个部分，是附加在保险金之上支付的，具体包括歇工特别支付金、伤残特别支付金、遗属特别支付金、伤病特别支付金、伤残特别年金、遗属特别年金、伤残特别一次金、遗属特别一次金、伤病特别年金。

5. 预防

工伤保险以支付工伤保险待遇为主，同时促使雇主采取各种安全预防措施，并开展各种劳动福利事业。日本的劳动安全卫生管理和面向企业的劳灾保险制度的管理都是由劳动基准局负责的。现在厚生劳动省中的劳动基准局由安全卫生部（包括计划课、安全课、劳动卫生课、化学物质调查课）、劳灾理赔部（内设劳灾管理课、补偿课、劳灾保险业务室）、职业安定局和高龄/残疾者就业对策部构成。这种政出一家的管理体制将政府劳动安全卫生监察、工伤保险和事故预防管理紧密结合，有利于从总体上高效地改善安全管理现状和更好地建立工伤保险与事故预防之间的有机联系。

6. 康复

厚生劳动省劳动基准局下属的劳灾补偿部负责具体的实施管理，主要包括以下几个方面。

（1）设置并运营管理有关疗养、康复的设施：日本工伤保险开展其他可以促进受伤工人顺利实现社会康复的必需事业（购买假肢等）。该国共有39所工伤医院，12000张床位，基本建设和高价设备费由工伤保险基金支付。工伤医院并非只接收工伤病人，也对一般病人服务。

（2）生活照料：对受伤工人的疗养生活、遗属升学、受伤工人及其遗属必需的资金借贷等提供援助，开展对受伤工人及其遗属提供援助所必需的事业（特别支付金、看护费等）。

（3）以资金保障职工安全健康：对防止业务灾害的活动提供援助，设置并运营有关健康诊断设施，开展其他确保工人安全及卫生所必需的事业（对工伤防止团体提供补助等）。

7. 争议处理

当事人向有关政府机构提出申述，对申述结果不服者可以向法院提起诉讼。

（1）对保险金支付决定不服的申述：可在获悉决定后的第二天起的60天以内，以书面或口头方式，对都、道、府、县劳动基准局内设置的工人工伤补偿保险审查官提出审查的要求；对审查官的审查决定不服者，可在60天以内，对劳动省内设置的劳动保险审查会提出再次审查的要求。

（2）对劳动保险费不服的申述：对核算保险费的认定决定或确定保险费的认定决定不服者，可在获悉决定的第二天起60天以内，对都、道、府、县劳动基准局局长或都、道、府、知事（省长），提出异议申述；对异议申述的决定不服者，可在30天内对劳动大臣提出审查要求。

（3）诉讼：对劳动保险审查会的裁决、劳动大臣的裁决或决定不服时，可以提起诉讼。但诉讼被告不是劳动保险审查会，而是基层劳动基准局。

思考题：

1. 工伤保险的功能有哪些？
2. 工伤保险一般遵循的原则有哪些？
3. 我国工伤认定的标准是什么？
4. 英、美、德、日的工伤保险制度中有哪些值得我国借鉴之处？

第七章 生育保险

导入案例

小王是位事业心很强的女性，2010年12月底，小王跳槽到一家新公司，岗位为营销服务部经理。小王和新公司签订了三年期的劳动合同，约定月薪为7000元。

在新公司工作差不多一年的时候，小王怀孕了，并提前跟领导说明了怀孕的情况，以及大致的预产期，以方便工作进行。让小王没想到的是，很快她的岗位就发生了变动，工资连续三次"跳水"。2011年12月中旬，工作岗位由原来的营销服务部经理调整为讲师岗，2012年1月工资调整为2800元，2012年3月工资调整为2520元，2013年4月调整为2300元。而这一过程中的数次降薪，公司都没有与小王进行协商。2013年7月31日，公司以口头告知的方式将小王辞退。

之后，小王向当地劳动人事争议仲裁委员会申请劳动仲裁。仲裁委审理后裁决，公司应向小王补齐工资差额，并支付违法解除劳动合同赔偿金。

案例来源：《女经理怀孕后工资三连降：从7000降到2300》，搜狐网，http://news.sohu.com/20150306/n409399263.shtml。

为什么用人单位不能在女职工怀孕期间对其予以解除劳动合同？其法律上的依据是什么？这些问题的答案同我们本章要学习的"生育保险"内容相关。

章节主要概念

生育；计划生育；生育保险；女职工劳动保护

思维导图

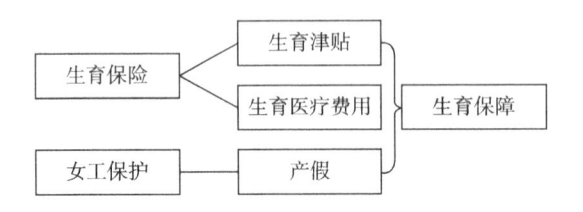

```
                    ┌─── 生育津贴
        生育保险 ────┤
                    └─── 生育医疗费用 ─── 生育保障

        女工保护 ─── 产假
```

第一节　生育保险概述

一　基本概念

1. 生育

生育，是指包括女性妊娠、分娩及哺育在内的一个过程。

2. 计划生育

计划生育是指有计划地生育子女的措施。各国政府采取人口政策的主要目的，是协调人口增长和经济发展的关系，提高人口素质，改善人民的生活水平和生活质量。我国于1971年就开始推行计划生育政策，1982年9月党的十二大把计划生育确定为基本国策，同年12月写入宪法。计划生育政策是指由国家制定或在国家指导下制定的规范育龄夫妇生育行为（包括生育数量和质量）的准则。国家鼓励公民晚婚晚育、提倡一对夫妻生育一个子女；符合法律、法规规定条件的，可以要求安排生育第二个子女。具体办法由省、自治区、直辖市人民代表大会或者其常务委员会根据当地的经济、文化发展水平和人口状况规定。少数民族实行计划生育的办法由省、自治区、直辖市人民代表大会或者其常务委员会规定。

经过多年的努力，我国不仅有效地控制了人口增长，使出生人口有了大幅度下降，而且平稳地度过了第三次人口出生高峰期。2013年12月，中共中央、国务院印发《关于调整完善生育政策的意见》。2015年12月27日，全国人大常委会表决通过了人口与计划生育法修正案，全面二孩政策于2016年1月1日起正式实施。

新闻链接 7-1　全面二孩落定　社会抚养费征收将出新规

2015 年 10 月 29 日，为期四天的十八届五中全会闭幕，会议公报指出：促进人口均衡发展，坚持计划生育的基本国策，完善人口发展战略，全面实施一对夫妇可生育两个孩子的政策，积极开展应对人口老龄化的行动。在两年前的 11 月，十八届三中全会宣布启动实施"单独两孩"。

法律方面　需要修订《人口与计划生育法》及其配套法规，依法组织实施。此前（指 2015 年之前）我国征收社会抚养费的法律依据是《人口与计划生育法》第 18 条及第 41 条。

待遇方面　对自愿生育一个孩子的夫妻，不再发放《独生子女父母光荣证》，不再享受独生子女父母奖励费等相关奖励优待政策。

政策的效果　专家认为，"全面两孩"政策的实施，将有助于促进生育，进而为我国产生新的人口红利，拉动经济增长。但其对生育率提高、缓解老龄化问题的作用有限。

资料来源：《全面二孩落定，社会抚养费征收将出新规》，新浪网，http://news.sina.com.cn/c/nd/2015-11-02/doc-ifxkhqea2930783.shtml。

3. 生育保险

国家立法实施，通过用人单位缴费等筹资形成基金，对参保者因生育和计划生育，按规定给予经济补偿和保障基本医疗需求的一项社会保险制度。

二　生育保险

（一）生育保险的特征

生育保险直接关系到原有劳动力的恢复和新生劳动力的健康成长，与个人、企业、国家乃至整个社会的利益密切相关。生育保险是工业化发展到一定阶段的产物，并在国际劳工组织的推动下得以在世界各国普遍建立。作为一项专门针对生育妇女的权益保障措施，生育保险具有其自身的特点与独特的功能。

第一，生育保险实施的对象主要是处于生育期间的妇女劳动者，有些国家还要在此基础上加以限制，如符合法定婚龄、已婚、在同一单位的最低工作年限等；我国还曾经仅限于实施计划生育的对象。

第二，生育保险制度不仅包括女性生育期间的收入补偿和医疗服务，而且包括生育休假。

第三，生育保险所面临的风险是由特定的、正常的生理活动造成的，保险对象一般不需要特殊的治疗，医疗服务以保健、检查、咨询为主，更侧重于休息调养和营养补充。

第四，其他险种基本上都带有一定的"善后"特点，但生育保险遵循"产前、产后均享受"的原则，保险期间覆盖生育事件发生的前后：为更好地保护产妇和婴儿的健康，生育保险既要照顾到生育活动开始前的一段时间，也要覆盖生育事件完成后的一段时间。

（二）生育保险基金

生育保险是由国家和社会提供的一项医疗服务、生育津贴和产假结合的社会保障制度。生育保险基金是社会保险基金中很重要的一部分，是专门为参保的生育职工支付有关待遇的款项。主要作用是为生育而暂时离开工作岗位的女职工支付医疗费用和生育津贴。

生育保险基金来源于参加统筹单位缴纳，职工个人不缴纳生育保险费。实行社会统筹，专款专付。生育保险与国家计划生育政策相关联，因此，预见性强，风险性较小。生育保险基金按照"以支定收、收支平衡"的原则筹集资金，一般不留有大量结余。

生育保险基金的作用主要包括：确保参保职工生育期间的基本生活，让参保职工没有后顾之忧；保障其基本医疗服务，确保新生儿与参保女职工的健康，鼓励其积极产检，优生优育。

因各省市实际情况不同，生育保险缴费比例及基数也不相同。基金管理机构在基金测算过程中，以当地职工计划生育指标数、工资标准、生育医疗费用支付情况等为参考依据，估算生育保险基金的筹资比例，统筹规划该地区的生育保险基金运作流程。生育保险基金由各地社会保险经办机构负责管理，同级财政、审计以及社会保险监督机构负责监督。

在实行生育保险社会统筹的地区，参保企业的职工都能按照国家法律、法规享受生育保险有关待遇，达到保护母婴健康的目的。但是，在市场经济的条件下，部分企业在参与市场竞争的过程中，不可避免地出现倒闭或破产，无法保证生育职工的基本生活和有关待遇，建立生育保险基金就可以起到调节社会福利整体相对平衡，保护弱者的作用，使生育女职工均可享受国家规定的生育保险待遇。

（三）生育保险待遇

我国现行生育保险基金支付范围主要为生育津贴及生育医疗费用。其中生育医疗费用包括生育的医疗费用、计划生育的医疗费用以及法律、法规规定的其他项目费用。

1. 生育津贴

生育津贴是职工按照法律、法规规定享受产假或者因计划生育手术而离开工作岗位休假期间给予的生活费用，是其工资性补偿。生育津贴按照女职工本人生育当月的缴费基数除以30再乘以产假天数计算。在实行生育保险社会统筹的地区，由生育保险基金按本单位上年度职工月平均工资的标准支付，支付期限一般与产假期限相一致，期限不少于90天。生育津贴低于本人工资标准的，差额部分由企业补足。

案例7-1　企业未给职工上生育保险，生育津贴怎么办？

2011年3月，张女士进入某公司工作，双方未签订劳动合同，某公司未为张女士办理生育保险及其他社会保险。2012年6月公司口头辞退张女士并停发其工资。2012年7月，张女士产子，支出了生育医疗费。张女士多次找公司主张权利未果，于2012年12月28日申请劳动仲裁，要求某公司支付未签订劳动合同双倍工资、违法解除劳动合同赔偿金、生育医疗费及生育津贴。仲裁部门裁决未支持张女士的请求，张女士不服告到法院。

法院经审理认为，某公司未为张女士办理生育保险及其他社会保险，致使张女士无法享受生育保险，对其损失应予赔偿，并应按《女职工劳动保护特别规定》第8条规定支付生育津贴。故判决：某公司向张女士支付未签劳动合同双倍工资差额1.5万元、经济赔偿金4500元、生育医疗费损失7200元及生育津贴4500元。该判决现已生效。

资料来源：《妇女维权典型案件：用人单位不得辞退怀孕女职工》，网易，http://henan.163.com/15/0306/06/AK0MUD5S02270ILI.html。

2. 生育医疗费用

生育医疗费用包括生育的医疗费用、计划生育的医疗费用和法律、法规规定由生育保险基金支付的其他医疗费用。其中，生育的医疗费用包括女职工因妊娠、分娩发生的，按规定由生育保险基金支付的医疗费用，如检查费、接生费、手术费、住院费、药费和计划生育手术费等。生育的医疗费用保障不同于基本医疗保险。第一，给付性质。后者是在疾病发生之后的"事后"救济、补偿保障，而生育保险待遇从生育之前的孕期就开始给付，是"事先"保障与"事后"保障相结合。第二，医疗服务范围的确定性。生育保险与医疗保险的很大的区别在于，生育行为本身是人类自然的生理现象，无需特殊的医疗技术和服务，即使是难产等手术助产，其医疗服务亦属于传统辅助治疗手段。第三，为了保障母婴健康，生育保险医疗服务保障水平高于医疗保险，亦没有规定起付线和封顶线。女职工生育出院后，因生育引起的疾病的医疗费也由生育保险基金支付；其他疾病的医疗费，按照基本医疗保险待遇的规定支付。

计划生育的医疗费用指职工因实施计划生育手术发生的，按规定由生育保险基金支付的医疗费用。劳动和社会保障部、国家计划生育委员会、财政部、卫生部颁布的《关于妥善解决城镇职工计划生育手术费用问题的通知》（劳社部发〔1999〕32号）规定，职工计划生育手术费用是指职工因实行计划生育需要，实施放置（取出）宫内节育器、流产术、引产术、绝育及复通手术所发生的医疗费用。已经建立地方企业职工生育保险的地区，参保单位职工的计划生育手术费用可列入生育保险基金支付范围。没有建立企业职工生育保险的地区，在建立城镇职工基本医疗保险制度时，可以将符合基本医疗保险有关规定的参保单位职工计划生育手术费用纳入基本医疗保险统筹基金支付范围。没有参加生育保险和基本医疗保险的单位，职工计划生育手术费用仍由原渠道解决。

法律、法规[1]规定的其他项目费用是考虑到随着社会的进步和社会保障立法的发展，今后可能会出现的新的项目费用。

---

[1] 这里所称法规，包括国务院制定的行政法规和地方人大常委会制定的地方性法规。我国幅员辽阔，不同地区经济社会发展水平、人口结构差别较大，在符合国家统一规定的前提下，各地可以依据本地区经济、社会、资源、环境的实际情况以及人口发展状况确定生育保险基金的具体支付范围。

第七章　生育保险

但是下列生育、计划生育手术医疗费用生育保险基金不予支付：不符合国家或者当地计划生育规定的；不符合基本医疗保险就医规定的；不符合本市基本医疗保险药品目录、诊疗项目和医疗服务设施项目规定的；在国外或者中国香港、澳门特别行政区以及台湾地区发生的医疗费用；因医疗事故发生的医疗费用；治疗生育合并症的费用以及按照国家或者本市规定应当由个人负担的费用。

案例7-2　缴费不满1年，生育费用无法报销

小周2011年11月9日从A公司辞职，2011年11月19日进入B公司工作，并签订了劳动合同。入职时，B公司的人力资源专员告诉小周要提供《社会保险中（终）止缴费通知表》以便为其参保。但是由于各种原因，小周于2012年3月5日才将此表交给B公司人力资源部门，同年3月12日B公司为其办理了社会保险。2012年11月6日小周在妇产医院以剖腹产形式分娩，产下一子。

可是小周在休完产假向公司报销生育费用时却发现，她的生育费用不能由生育保险报销。因为从B公司为小周开始缴纳社会保险到小周剖腹产，其间不足10个月。根据我国法律规定，缴费不满1年，无法享受生育保险相关待遇。

相关知识点：我国享受生育保险待遇的前提条件是用人单位为劳动者连续足额缴纳生育保险费满1年以上，且该劳动者此次生育行为符合国家计划生育有关规定。

专栏7-1　企业要为男女职工都参保吗？

关于生育保险缴费问题人力资源和社会保障部曾特别做出说明，以单位工资总额作为缴费基数，表明单位无论招用男、女职工，都要依法参加生育保险，体现了生育不单是女职工个人的事情，而是一个家庭乃至社会的责任，特别是在女性就业比男性更困难的背景下，通过建立生育保险制度实现风险共担，有利于均衡用人单位之间的生育成本负担，有利于消除就业性别歧视，避免用人单位不愿雇佣育龄妇女的现象，保障妇女平等就业的权利。同时还增加了一条"职工未就业配偶按照国家规定享受生育医疗费用待遇"，从而改变了过去全职太太生孩子后有关费用不能报销的状况。这也意味着，只要丈夫参加了生育保险，全职太太生孩子的医疗费用将由生育保险基金支出（已由医疗保险支付的，则不再支付），只是不能享受生育津贴。

《社会保险法》也规定，只要与用人单位签订劳动合同或形成事实劳动关系，不分男女，均应参加生育保险。同时，《社会保险法》第54条规定，用人单位已经缴纳生育保险费的，其职工享受生育保险待遇；职工未就业配偶按照国家规定享受生育医疗费用待遇，所需资金从生育保险基金中支付。因此，当参保男职工的配偶未就业且生育子女时，可以享受生育医疗费用待遇，但不能享受生育津贴待遇。

思考题：若国家仅要求育龄期女职工上生育保险，那么将产生什么样的后果？

第二节 中国生育保险制度改革发展历程

一 中国生育保险制度发展历程

新中国成立初期我国生育保险制度依据《中华人民共和国劳动保险条例》（1951年2月23日政务院第73次政务会议通过）建立。其保障对象为"女工人与女职员"。制度的覆盖对象主要是城镇就业职工，包括职工未就业配偶以及临时工等（"文革"后期这项福利被取消了）。当时所建立的制度内容已经非常全面，其基本框架和项目沿用至今。同时待遇的支付十分优厚，产假津贴为休假前工资100%，高于国际劳工组织所规定的最低标准67%（国际劳工公约103号《生育保护公约》）。生育保险金包括在劳动保险金之中，实行全国统筹与企业留存相结合的基金管理制度。劳动保险金由企业行政或资方按工资总额的3%提留，其中30%上缴中华全国总工会统筹互济，70%存于该企业工会基层委员会账户内。此外，劳动保险基金对经济确有困难者在企业托儿所的婴儿给予伙食费补助（《中华人民共和国劳动保险条例实施细则草案》〔劳动部1951年3月24日〕第61条）。

以上条例关于生育保险的各项规定均是针对企业中的女性劳动者而言的，而机关、事业单位的女工作人员的生育保险制度是相对独立的。1952

年 6 月 27 日，政务院发布的《关于各级人民政府、党派、团体及所属事业单位的国家工作人员实行公费医疗的预防指示》规定，把女工作人员的生育费用纳入公费医疗项目。1955 年 4 月 26 日，政务院又颁布了《关于女工作人员生育假期规定的通知》，对机关、事业单位女职工生育保险作了规定，其基本内容和待遇标准与企业女职工是基本一致的，只是企业女职工的生育费用由其所在企业负担，而机关、事业单位女职工的生育费用由财政拨款，从而使女职工生育保险的覆盖面从企业女职工扩大到了机关、事业单位的所有女职工。

"文化大革命"时期，我国生育保险制度发生了一系列变化：原来的统筹互济机制取消了，社会保险变成了企业保险，各企业只对本企业的女工负责；随着"临时工"实际上都成了"固定工"，生育保险从适合多种用工制度变化成了只适合单一的用工制度，原生育保险制度的多层次与"灵活性"随之消失，并为以后经济体制改革中的女性公平就业形成障碍。

从 1978 年开始，我国进入了生育保险制度改革的探索时期。随着市场经济改革的推进，承担包括生育保障在内的种种劳动保障给企业带来了沉重的负担，不利于企业公平参与市场竞争。女职工生育期间的费用由其所在企业负担，缺少社会统筹和调剂，而由于社会分工和行业需求的不同，各企业、单位的女职工的分布是极其不平衡的，有的企业女职工高达职工总数的 60%～70%，有些企业则不足 10%，而女职工生育期间的各项费用是列入企业成本的，这必然造成企业之间的生育费用开支相差悬殊和负担的畸轻畸重，严重影响企业之间的公平竞争。生育费用在企业成本中列支的规定，也使许多企业为实现自身利益而不雇佣女职工，甚至一些学历高、能力强的女性也面临就业难的问题。即使已经就业的女性，当劳动合同到期或企业实现经营体制转轨（如承包、租赁）和优化劳动组合时，也都面临被解除劳动合同的风险，因而侵害了妇女的劳动权和平等就业的权利。

为此，各地的生育保险制度改革与医疗保险制度和养老保险制度的改革试点同步开展。1988 年，国务院颁布《女职工劳动保护规定》（1988 年 7 月 21 日），女职工产假由原来 56 天增加至 90 天（其中产前 15 天）。1953 年的《中华人民共和国劳动保险条例修正草案》中有关女工人、女职员生育待遇的规定和 1955 年 4 月 26 日《国务院关于女工作人员生产假期的通知》同时废止，但都没有对配偶生育保险的条款有所强调。劳动部于1988年9月4日下发了《关于女职工生育待遇若干问题的通知》，进一步对流产假等作了明确的规定，即怀孕不满四个月流产，给予15~30天的产假，怀孕满四个月流产，给予42天产假，并明确了"女职工怀孕，在本单位的医疗机构或指定的医疗机构检查和分娩时，其检查费、接生费、手术费和药费由所在单位负担，费用由原医疗经费渠道开支"。

1988年，江苏省南通市、湖南省株洲市等地区，以及昆明、曲阜、绍兴、宁波、德州等几十个市县，开始了生育保险改革试点，企业按男女全部职工人数每年一次性向社会统筹机构上缴一定数额的资金，建立女职工生育基金，女职工生育的医疗费和生育津贴由社会统筹机构负责支付。与此同时，辽宁省鞍山市以及江苏省苏州等市、县试行由夫妇双方所在企业平均分担生育保险费用，各自承担50%；若男方在部队、外地或机关工作，由女方单位全部承担。但农村农民除计划生育奖励外还没有生育保险。

1994年12月劳动部发布《企业职工生育保险试行办法》（1995年1月1日起试行），全国有了统一的生育保险基金统筹办法。1995年7月27日，国务院发布《中国妇女发展纲要（1995—2000）》，提出在生育保险上的目标是：20世纪末"在全国城市基本实现女职工生育费用的社会统筹"。劳动部相应于1995年和1996年分别发布了《关于贯彻实施〈中国妇女发展纲要〉的通知》和《关于印发劳动部贯彻〈中国妇女发展纲要（1995—2000）〉实施方案的通知》。

《企业职工生育保险试行办法》阐明其目的是："维护企业女职工的合法权益，保障她们在生育期间得到必要的经济补偿和医疗保健，均衡企业间生育保险费用的负担。"企业按不超过工资总额1%的费率向劳动部门所属的社会保险经办机构缴纳生育保险费（职工个人不缴纳生育保险费）。社会保险经办机构负责生育保险基金的收缴、支付和管理。生育保险基金支付项目有生育津贴、与生育有关的医护费用和管理费，其中，生育津贴按本企业上年度职工月平均工资计发。女职工违反国家有关计划生育规定的，应当按照国家有关计划生育规定办理，不享受上述各项待遇（表7-1）。

表7-1 《企业职工生育保险试行办法》主要内容

原则	覆盖范围	基金来源	医疗保险管理		
			基金管理	监督管理	经办管理
维护企业女职工的合法权益,保障她们在生育期间得到必要的经济补偿和医疗保健,均衡企业间生育保险费用的负担。	适用于城镇企业及其职工。	由企业按照其工资总额的一定比例缴纳生育保险费,但最高不得超过工资总额的1%。职工个人不缴纳。	由劳动部门所属的社会保险经办机构负责收缴、支付和管理。生育保险基金应存入社会保险经办机构在银行开设的生育保险基金专户,专款专用。	基金的筹集和使用,实行财务预、决算制度,由社会保险经办机构做出年度报告,并接受同级财政、审计监督。市(县)社会保险监督机构定期监督生育保险基金管理工作。	经办机构负责生育保险基金的收缴、支付和管理;负责追回企业虚报、冒领的金额。

20世纪90年代,女职工生育保险制度改革已经启动,1992年底,全国有90多个市县建立了女职工生育保险基金;1993年有268个市县、1994年有300个市县建立了女职工生育保险基金;至1998年底,有1412个市县建立了女职工生育保险基金,参保人数逐步增加(表7-2)。

表7-2 1993~2019年我国生育保险参保人数

单位:万人

年份	参保人数	年份	参保人数	年份	参保人数
1993	550	2002	3488	2011	13892
1994	—	2003	3655	2012	15429
1995	1500.2	2004	4384	2013	16392
1996	2016	2005	5048	2014	17039
1997	2485.9	2006	6459	2015	17771
1998	2776.7	2007	7775	2016	18451
1999	3000	2008	9254	2017	19300
2000	3002	2009	10876	2018	20400
2001	3455	2010	12336	2019	21432

资料来源:根据1993~1997年劳动事业发展年度公报(劳动部、国家统计局发布);1998~2017年度人力资源和社会保障事业发展统计公报(人力资源和社会保障部发布);2018年数据根据《人力资源和社会保障部对十三届全国人大二次会议第1089号建议的答复》(人社建字〔2019〕147号);2019年数据由《2019年医疗保障事业发展统计快报》(国家医疗保障局发布)整理汇总。

我国的生育保险制度不仅包括生育相关的制度安排，而且包括计划生育相关规定。将人口政策与生育保险相联系是世界上许多国家的通用做法。我国为了控制人口则采取奖励独生子女家庭的政策。《中华人民共和国人口与计划生育法》（2001年12月29日第九届全国人民代表大会常务委员会第二十五次会议通过）规定，国家对实行计划生育的夫妻给予奖励。比如公民晚婚晚育，可以获得延长婚假、生育假的奖励或者其他福利待遇；公民实行计划生育手术，享受国家规定的休假，地方人民政府可以给予奖励；自愿终身只生育一个子女的夫妻，国家发给《独生子女父母光荣证》；获得《独生子女父母光荣证》的夫妻，按照国家和省、自治区、直辖市有关规定享受独生子女父母奖励；地方各级人民政府对农村实行计划生育的家庭发展经济，给予资金、技术、培训等方面的支持、优惠；对实行计划生育的贫困家庭，在扶贫贷款、以工代赈、扶贫项目和社会救济等方面给予优先照顾。有些省市（如上海、四川等）对符合计划生育的家庭还给予3~7天的父亲护理假。独生子女本人的托幼管理费和医药费等均可以按规定报销。对违反计划生育的家庭则给予相应的处罚。

案例7-3 未婚先孕女职工是否可以享受生育保险待遇？

贾某2004年6月成为某酒店员工，与该酒店签订了三年劳动合同，试用期三个月。2004年8月，未婚的贾某发现自己怀孕了，经慎重考虑她打算生下这个孩子。2004年，贾某向酒店申请产假时人力资源部负责人认为她从未交过生育保险费，不能享受生育保险待遇；同时认为贾某未婚先孕，不符合酒店关于生育女职工可以获得1200元的生育津贴包干制度的规定。因此贾某被告知，可以休产假，但产假期间酒店将不支付工资，也不能享受任何与生育相关的待遇。贾某不服，将该酒店诉至劳动争议仲裁委员会，请求裁决该酒店支付其休产假期间的工资及相关的生育保险待遇。

劳动争议仲裁委员会经审理后，驳回贾某相关申诉，同时责令酒店撤销生育费用包干做法。

案例分析：本案主要存在以下几个争议焦点。

焦点一：未婚而育是否可以休产假。

《中华人民共和国妇女权益保障法》第25条明确规定："任何单位

均应根据妇女的特点，依法保护妇女在工作和劳动时的安全和健康，不得安排不适合妇女从事的工作和劳动。妇女在经期、孕期、产期、哺乳期受特殊保护。"可见妇女生育期间的产假是法定的，不管其生育是否符合计划生育政策，员工提出休产假要求时企业都应当无条件地批准。国家规定90天产假，目的是为了能够保障产妇有足够的时间恢复身体健康，享受产假不以是否符合计划生育政策为前提条件，只要有生育的事实，就应当享受90天的合法产假。可见本案例中该酒店批准贾某法定产假的做法是正确的。

焦点二：未婚而育是否可以享受生育保险待遇。

《中华人民共和国人口与计划生育法》第18条中规定"国家稳定现行生育政策，鼓励公民晚婚晚育，提倡一对夫妻生育一个子女"，第41条中又规定"不符合本法第十八条规定生育子女的公民，应当依法缴纳社会抚养费"。而且在《中华人民共和国人口与计划生育法》第24条中明确规定"国家建立、健全基本养老保险、基本医疗保险、生育保险和社会福利等社会保障制度，促进计划生育"。说明生育保险的设立是为了保障计划生育政策的顺利贯彻，违反计划生育政策者是不能享受相关保险待遇的。

我国生育保险要求享受对象必须是合法婚姻者，即必须符合法定结婚年龄、按婚姻法规定办理了合法手续，并符合国家计划生育政策等的公民，而像本案中贾某的未婚而育是违反《中华人民共和国人口与计划生育法》的。

另外，《女职工劳动保护规定》第15条规定："女职工违反国家有关计划生育规定的，其劳动保护应当按照国家有关计划生育规定办理，不适用本规定。"因此，贾某不仅不能够享受产假期间的包括检查费、接生费、手术费、住院费、药费以及工资等在内的相关生育保险待遇，而且应依法缴纳社会抚养费。

资料来源：《酒店员工未婚先孕能否享受生育保险》，中国酒店人才网，http://www.818rc.com/article/article.php? newsid = 660。

二 现行制度存在的问题

目前我国生育保险制度还存在一定的问题。在医疗和养老领域，通过近几年大力发展居民医疗保险和居民养老保险，民众的保障水平有了明显上升，基本上实现了"全民保障"，但生育保险的改革相对滞后，参保人数明显不足。此外，由于我国对反就业歧视的立法和执法力度都存在不足，特别是对性别歧视的执法相对困难，这也为企业逃避缴纳生育保险费责任、减少雇用育龄期女性劳动者提供了可能。同时，由于生育保险统筹层次低，基金节余过多，目前，我国大部分省区市的生育保险仍停留在县（市）范围内的统筹，只有少数省、自治区、直辖市实现了省（市）级统筹。统筹层次低限制了生育保险基金在更大范围内进行调剂，导致不同地区、不同城市之间基金结余或基金紧缺的不平衡状态。由于生育保险的支付期较短，计划性和可预计性强，发生大的风险的概率比较小，所以根据"以支定收，收支基本平衡"的原则筹集资金，而不强调过多的积累和结余。然而，从2000年以来的生育保险收支统计数据可以看出，生育保险基金收入的增长远远大于支出的增长，生育保险基金结余逐年增加。2004年全国生育保险基金收入为32.1亿元，而支出为18.8亿元，累计滚存余额55.9亿元，超收率达41.4%（表7-3）。由于社会保险费是列入企业成本的，基金的过多结余无形中加大了成本，加重了企业负担，不利于企业发展，且较多的基金积累会面临通货膨胀情况下贬值的风险，以及基金管理不规范情况下被挪用、吞噬的风险。

表7-3 1996~2019年度生育保险基金收支情况

单位：亿元

年份	基金收入	基金支出	累计结余	年份	基金收入	基金支出	累计结余
1996	5.5	3.3	5.0	2006	62	37	97
1997	7.4	4.9	7.5	2007	84	56	127
1998	9.8	6.9	10.3	2008	114	71	168
1999	9.8	6.6	13.6	2009	132	88	212
2000	11.2	8.4	16.8	2010	160	110	261
2001	14	10	21	2011	220	139	343
2002	21.8	12.8	29.7	2012	304	219	428
2003	25	13	42	2013	368	283	515
2004	32.1	18.8	55.9	2014	446	368	593
2005	44	27	72	2015	502	411	684

续表

年份	基金收入	基金支出	累计结余	年份	基金收入	基金支出	累计结余
2017	642	744	564	2018	781	762	—
2016	522	531	676	2019	861	792	619

资料来源：根据1993~1997年劳动事业发展年度公报（劳动部、国家统计局发布）；1998~2017年度人力资源和社会保障事业发展统计公报（人力资源和社会保障部发布）；2018年数据根据《人力资源和社会保障部对十三届全国人大二次会议第1089号建议的答复》（人社建字〔2019〕147号）；2019年数据由《2019年医疗保障事业发展统计快报》（国家医疗保障局发布）整理汇总。

2011年7月实行的《中华人民共和国社会保险法》在第六章专门规定了生育保险的覆盖范围、筹资和待遇项目。其中第53条规定"职工应当参加生育保险"，因此我国生育保险的覆盖范围不仅仅包含"企业职工"，也包括机关、事业单位和社会团体等用人单位的全部职工。筹资方面，现行办法是按照职工工资总额的1%缴纳生育保险费。20年过去了，需要根据实际运行状况进行必要的调整。人社部曾于2012年11月21日发出关于《生育保险办法（征求意见稿）》公开征求意见的通知，提出按职工工资总额的0.5%缴纳生育保险费。

相关资料显示，截至2014年底，全国31个省份出台了地方《生育保险办法》，参保范围包括机关、事业、企业、社会团体以及个体经济组织等单位。但是，随着经济社会的发展，尤其是各地区经济发展不平衡，对生育保险的需求不同，部分地区生育保险基金支付压力增大，当前实行的市级统筹生育保险已无法适应新形势的要求。因此，新形势下生育保险制度亟待进一步改革与完善，以适应新常态。

新闻链接7-2 新生儿之死引发对生育保险的思考

石景山区鲁谷社区衙门口村的外来人口较多，村内有一家无名诊所，已经营了一年多，看病者多为该村及周边的住户。

某天凌晨，高先生带着妻子急匆匆地赶到该诊所。他们夫妇二人是从甘肃来京的务工人员，目前高先生在一家旧货市场打工。当时，高先生的妻子突然腹痛，她已临近预产期。高先生叫开诊所的大门后，他以为自己很快就可以体验到做父亲的喜悦了。迎接他们的是一名40多岁的女医生，因为此前曾在该诊所做过检查，高先生夫妇和女医生算是熟识。

女医生看过产妇后，信誓旦旦地保证，"没有问题，可以在这里接生"。

随后，高先生的妻子被送进诊所内的"治疗室"。这个所谓的治疗室不过是一间没有标牌的平房。高先生被女医生以"房间狭窄"为由拦在屋外。隔着房门，高先生只听到妻子的阵阵呻吟，却一直没有听到婴儿的啼哭声。

40分钟后，"治疗室"的门打开，原本神态自若的女医生此时已惊慌失措："快来帮忙，孩子快不行了！"高先生看到，"治疗室"内有一张简陋的床，床上放着一名婴儿，其妻子虚弱地躺在一旁。她告诉丈夫，孩子已出生10分钟，但呼吸困难。随后，女医生又慌乱地开始对婴儿进行"施救"。回想起来，高先生对女医生当时荒唐的施救懊恼不已。他说："那个女医生先是不停地拍打孩子，接着又让我们做人工呼吸，最后还让我点了香烟，用烟头熏。"

几人手忙脚乱了一阵，但孩子还是没有发出声音。高先生感觉情况不妙，立即拨打了120急救电话。急救人员赶到后，将婴儿和产妇送至石景山医院。产妇很快脱离了生命危险，但婴儿已被确认死亡。

高先生说，他就住在衙门口村附近，听邻居介绍才知道该诊所，前往就诊的主要原因是因为那里收费低。"只要几百块，相比大医院要便宜很多"。

这家"便宜"的诊所开设在该村一条僻静的胡同内。据附近居民说，经营该诊所的女医生姓王，南方口音，许多人都曾在此看病，"就是图个便宜"。有居民称，此前这里就曾有过产妇因治疗不当而被送往医院抢救的先例。

事发后，该诊所女医生被鲁谷派出所的民警带走调查。石景山区卫生监督所的工作人员称，该诊所的医生既没有北京地区的行医资格，也没有开诊所的营业执照，而且这里的卫生情况、医疗设施根本不具备开诊所的条件。

思考题：高先生及其妻子在得知怀孕后为什么不去正规医院进行产检？在生产时为何选择一家小诊所？

资料来源：《产妇在黑诊所内生产后婴儿夭亡》，深圳新闻网，http://news.sznews.com/content/2008-06/15/content_3042028.htm。

三 改革进行时

在我国实行全面放开二孩政策之后,为了鼓励人们生育,使女性在生育期间有生活保障,现在急需完善生育保险制度,保证人们的正常生育活动不受影响。这对于促进人力资本积累和社会公平有着十分重要的意义。

(一)扩大覆盖范围

2011年开始实施的《中华人民共和国社会保险法》中第六章专门对生育保险做出规定。根据《中华人民共和国社会保险法》第54条规定,用人单位足额缴纳生育保险费的,其职工未就业配偶可享受生育医疗费用待遇。据此,对于男方有工作单位且参加了生育保险,女方无工作单位的,只要是在计划生育政策内的生育,就可享受男方单位参保的生育医疗费用待遇。2012年人社部公布的《生育保险办法(征求意见稿)》第2条规定国家机关、企事业单位、有雇工的个体经济组织以及其他社会组织及其职工或者雇工,应当参加生育保险。不仅女职工,男职工也包括在内,都要参加生育保险,按规定缴纳生育保险费。

在我国灵活就业群体不断扩大的今天,赋予灵活就业女性生育保险权利不仅有利于保障母婴健康、提高我国的人口质量,而且对实现就业性别平等和社会公平具有重大的意义。因此,要解决非正规部门劳动者以及居民生育卫生费用保障不足的问题,仍需要政府进一步加大投入并进行制度创新。对此,"十三五"规划中提出"全面推行住院分娩补助制度,向孕产妇免费提供生育全过程的基本医疗保健服务"。

(二)加强生育保险基金管理

目前的生育保险基金管理方式已不能适应社保事业发展的需要:生育前期的不少医疗费用既可作为生育医疗费用结算,也可作为一般疾病医疗费用报销。但由于生育保险与基本医疗保险经办机构分设(生育保险由社会保险经办机构办理,基本医疗保险由医疗保险经办机构办理),这样就存在生育保险基金与基本医疗保险基金在支付范围方面界限不清的问题,这不仅给社保机构带来困难,也由于生育保险、医疗保险经办手续分两次办理,加重了参保者个人负担,同时参保人员的个人利益难以得到保护,而两项保险两个经办机构管理,管理成本高也不利于规范管理。

早在 2004 年 9 月 8 日，劳动与社会保障部《关于进一步加强生育保险工作的指导意见》中就强调要加强生育保险的医疗服务管理，协同推进生育保险与医疗保险工作，要充分利用医疗保险和医疗服务措施和手段，积极探索与医疗保险统一管理的生育保险医疗服务管理模式。同时，在各地实践的基础上，确定了河北廊坊市等 8 个城市作为生育保险与医疗保险协同推进的重点联系城市。

2016 年 12 月 19 日，全国人大常委会审议相关决定草案，授权国务院在河北省邯郸市等 12 个生育保险和基本医疗保险合并实施试点城市行政区域暂时调整实施《中华人民共和国社会保险法》有关规定，拟将邯郸、郑州等 12 地作为试点，实施生育保险基金并入职工基本医疗保险基金征缴和管理。两险合并之后，未来将成为"四险一金"。参加医疗保险的人可以享受到生育保险的待遇。

专栏 7-2 生育保险与基本医疗保险合并

国务院办公厅于 2017 年 2 月 4 日印发《生育保险和职工基本医疗保险合并实施试点方案》，提出按照保留险种、保障待遇、统一管理、降低成本的思路，在河北省邯郸市等 12 个城市开展两项保险合并实施试点。试点在 2017 年 6 月底前启动，试点期限为一年左右。

人社部有关负责人解释，这次合并实施试点不是简单地将两项保险在制度层面合并，不涉及生育保险待遇政策的调整，而是在管理运行层面合并实施。目的在于通过整合两项保险基金及管理资源，强化基金共济能力，提升管理综合效能，降低管理运行成本。

此次试点方案明确提出推进两项保险合并实施，主要是考虑到两项保险在运行操作层面具有合并实施的条件，且时机成熟。一是医疗服务项目上有共同之处，特别是在医疗待遇支付上有很大共性。二是管理服务基本一致，执行统一的定点医疗机构管理，统一的药品、诊疗项目和服务设施范围。三是地方有实践基础。近年来，部分地区按照生育保险与医疗保险协同推进工作思路，实行两项险种统一参保登记，统一征缴费用的管理模式，效果良好。

同时，生育保险与医疗保险相比具有不同的功能和保障政策，作为一项社会保险险种，还有保留必要。前者具有维护女性平等就业权益和女职工劳动保护的独特功能，除了待遇上符合规定的医疗费用实报实销，还包括生育津贴，目前占基金支出的60%以上。

试点方案明确了"四统一、一不变"。一是统一参保登记。参加职工基本医疗保险的在职职工同步参加生育保险。人社部有关负责人表示，统一参保登记，有利于进一步扩大生育保险覆盖的职业人群，发挥社会保险的大数法则优势。二是统一基金征缴和管理。生育保险基金并入职工基本医疗保险基金，统一征缴。试点期间，可按照用人单位参加生育保险和职工基本医疗保险的缴费比例之和确定新的用人单位职工基本医疗保险费率，个人不缴纳生育保险费。这有利于提高征缴效率，扩大基金共济范围，也没有增加用人单位的缴费负担。同时明确设置生育待遇支出项目，既可保障女职工生育保险待遇，也为进一步完善生育保险待遇政策奠定基础。三是统一医疗服务管理。四是统一经办和信息服务，为职工提供更加方便快捷的服务。

"一不变"是职工生育期间生育保险待遇不变。两项保险合并实施，不会导致参保职工的生育保险待遇降低，随着基金共济能力的提高，还将有利于更好地保障参保人员待遇。

试点方案提出生育保险基金并入职工基本医疗保险基金，涉及突破社会保险法的有关规定。为此，国务院已提请全国人大常委会授权国务院在试点期间暂时调整实施相关法律规定，体现了本次试点严格遵循依法行政的要求。

资料来源：1.《国务院办公厅关于印发生育保险和职工基本医疗保险合并实施试点方案的通知》（国办发〔2017〕6号），2017年2月4日。

2.《人民日报解读生育保险和医保合并实施：待遇不变》，新浪网，http://finance.sina.com.cn/roll/2017-02-05/doc-ifyafenm2763475.shtml。

四 女职工劳动保护制度中生育相关的规定

1956年5月25日，国务院颁发《工厂安全卫生规程》，对妇女卫生室的标准做了较为具体的规定。同年，商业部制定了《商业部所属各级国营商业企业及其附属单位工作时间暂行办法》，规定怀孕满7个月或产后未满6个月的女职工不得从事夜班工作；女职工怀孕期间担任现职工作不适宜时，应调换轻便工作；无轻便工作可调时，应缩短工作时间，工资照发。

1979年，卫生部、国家建委、国家计委、国家经委、国家劳动总局联合颁布的《工业企业设计卫生标准》对女工卫生室、孕妇休息室、托儿所等女职工福利设施做出了具体规定。

1982年3月，原劳动部发布了《关于女职工保胎休息和病假超过六个月后的待遇规定》，对女职工按计划生育怀孕保胎休息和病假超过六个月的领取疾病救济等待遇做出了具体的规定。

1986年，在为期6年的全国范围内的调查研究和科学论证的基础上，卫生部、劳动人事部、全国总工会、全国妇联联合印发了《女职工保健工作暂行规定（试行草案）》。这一规定对女职工的孕期和哺乳期保健、劳动保护、哺乳时间安排等提出具体要求，它的实施为之后的《女职工劳动保护规定》的颁布实施奠定了基础。

1988年，国务院在总结过去30多年经验的基础上，参考其他国家妇幼保健工作的做法，针对改革开放后经济发展的新形势，对职工生育待遇进行了修改完善，颁布了《女职工劳动保护规定》，同时废止了1953年《中华人民共和国劳动保险条例实施细则修正草案》中有关女工人、女职员生育待遇的规定和1955年《关于女工作人员生育假期规定的通知》。

2012年4月28日，国务院总理温家宝签署国务院令，公布《女职工劳动保护特别规定》（自公布之日起施行），参照国际劳工组织有关公约关于"妇女须有权享受不少于14周的产假"的规定，在第7条中规定"女职工生育享受98天产假，其中产前可以休假15天；难产的，增加产假15天；生育多胞胎的，每多生育1个婴儿，增加产假15天；女职工怀孕未满4个月流产的，享受15天产假；怀孕满4个月流产的，享受42天产假"。

补充阅读7-1　"全面二孩"实施后，产假的新规定

在过去，我国关于产假的时间根据《女职工劳动保护特别规定》确定：女职工生育享受98天产假；难产的，增加产假15天；生育多胞胎的，每多生育1个婴儿，增加产假15天；女职工怀孕未满4个月流产的，享受15天产假；怀孕满4个月流产的，享受42天产假。在此基础上，有30个省、自治区、直辖市对晚育的妇女规定了晚育假，各省奖励的时间差距较大。多数地方规定晚育假10~30天；有些地方规定增加45~90天；最长的是西藏，规定增加9个月。此外，还有14个地方规定，在给予女方晚育假的同时，给予男方一定期限的护理假，一般为7~10

天。例如，北京市规定，符合晚育条件（符合晚婚规定的夫妻婚后生育的第一胎）的女职工，除享受国家规定的产假外，增加奖励假30天，奖励假也可以由男方享受。

2015年12月27日，全国人大通过了修改后的《人口与计划生育法》。在新修订的法律条文中，删去了"国家鼓励晚婚晚育，提倡一对夫妻生育一个子女"等相关表述，而改为"国家提倡一对夫妻生育两个子女"。在全国人大审议并修改国家层面的《人口与计划生育法》后，各地也陆续通过了本地区的《人口与计划生育条例》。区别于"独生子女时代"，根据新的计划生育政策，国家取消了晚育和独生子女的相关奖励假，并要求给予符合规定生育的夫妻延长生育假的奖励和其他福利待遇。因此各地在修改了《人口与计划生育条例》后，有关产假的规定也做出了相应调整。在"全面二孩"之前，各地计生条例普遍保留着对晚育假的鼓励，同时部分地区对于持《独生子女父母光荣证》的女职工，还会增加假期，时间为15天至一年不等。如西藏自治区规定，女职工晚育且持有《独生子女父母光荣证》的，可休长达一年的产假。而在各地修改后的表述中，普遍以生育奖励取代了晚育假，在国家标准的基础上延长至少30天，产假时间从128天起步，最多可达180天。

例如，此前北京市规定，女职工生育后可享受的假期包括：国家规定的98天产假，北京市法规规定的30天晚育假，持《独生子女父母光荣证》的，经所在单位批准，可享受3个月的独生子女奖励假。而新的《人口与计划生育条例》规定，本市女职工除享受国家规定的产假外，还可以享受生育奖励假30天，其配偶享受陪产假15天。这相当于用"生育奖励假"取代了原有的"晚育假"，新增了配偶的15天"陪产假"，取消了"独生子女奖励假"。此外，"女职工经所在机关、企业事业单位、社会团体和其他组织同意，可以再增加假期1至3个月"。换言之，在国家规定的98天假期和北京本地的30天奖励假外，如果所在单位批准，产假最长可以休7个月，并不受一孩、二孩限制。

在配偶陪产假方面，各省份均做了明确规定，时间从7天至25天不等。其中，天津、山东规定配偶陪产假为7天；上海、安徽规定配偶陪产假为10天；而在安徽，如果夫妻双方异地，男方陪产假为20天；包括北京在内，山西、浙江、辽宁等多个省份的配偶陪产假为15天；广西、宁夏的配偶陪产假，为25天。

思考题：请问你认为延长产假会产生什么样的后果？

第三节 国外生育保险

一 生育保险制度的产生

生育保险作为社会保险的一个重要组成部分，相对于养老保险、医疗保险、工伤保险、失业保险等保险项目来说，是一个形成较晚的项目。这主要是由其保障对象的特殊性决定的。生育保险保障的是处于生育期间的女性，而作为社会保险体系的一个分支，其产生的时机也必须符合社会保险产生和发展的种种条件，即家庭或个人风险逐渐演变为一种群体风险或社会风险，生育保险也必须与社会经济发展相适应。

生育是艰苦的，女性不仅会因生育中断工作丧失收入来源，而且要花费较多的医疗保健费用，甚至会面临生命危险；生育是美好的，不仅满足个人与家庭传宗接代、颐享天伦的需求，而且使人类社会得以延续。因而，生育不仅是个人行为，更是一种社会行为。工业革命在使广大妇女走出家门参加社会生产活动的同时，女性生育问题也在拷问社会。随着工业化的快速发展，参与到社会化大生产中的妇女劳动者数量急剧增长，而女性的生育问题对生产活动、对母婴健康乃至对其家庭的影响也越来越引起重视。

（一）立法

1883年《德国劳工基本保险法》中就已经产生了有关生育保险的内容，这也是世界上关于生育保险最早的制度性规定。[1] 同年，在其颁布的《疾病社会保险法》中，也纳入了生育保险的有关内容，但是当时只是作为疾病保险的一部分来实施，并且，生育保险基金发放也仅限于女性被保险人。继德国将生育保险纳入社会保险法规体系之后，许多国家陆续制定了对妇女劳动者在生育期间的保障措施，如捷克（1888年）、瑞典（1891年）、丹麦（1892年）、比利时（1894年）、卢森堡（1901年）、英国（1911年）、罗马尼亚（1912年）、保加利亚（1918年）等。[2] 1911年，意大利政

---

[1] 林义：《社会保险》，中国金融出版社，2003，第191页。
[2] 美国社会保障总署：《全球社会保障》（1995年），华夏出版社，1996，第84页。

府把生育保险列入疾病保险范围,并于1912年颁布独立的生育保险法,这也是世界上第一部独立的生育保险法。[①]

由于各国在社会制度、经济发展水平和民族文化方面的不同,生育保险条款加入社会保险法规的时间或单独设立生育保险制度的时间也有所不同。欧洲国家一般设立生育保险较早,亚洲国家除了日本(1922年),建立生育保险项目一般在20世纪30~40年代以后,如印度(1948年)、中国(1951年)、马来西亚(1951年)、菲律宾(1954年)、印度尼西亚(1957年)、巴基斯坦(1962年)、韩国(1963年)和新加坡(1968年),泰国于1990年首次立法。自建立至今,许多国家对生育保险制度的法律进行了多次修订和完善。

女性生育问题如此广泛地被重视,促使国际劳工组织于第一届国际劳工大会上便讨论通过了关于女工产前和产后就业的公约,即1919年《妇女产前产后就业公约》(第3号公约),这是有关生育保护的第一个国际标准。该公约第一次对生育保险做出了一些通用性的国际规范,当时只有9个国家建立了生育保险制度。该公约在1952年进行了修订,产生了《保护生育公约》(第103号公约),有生育保险的国家增加到了40个。

1920年,国际劳工组织于第二届大会上又讨论通过了《农业女工资劳动者生育前后保护建议书》(第12号建议书),规定给予农业中受雇妇女的保护应类似于1919年第3号公约给予工业中受雇妇女的保护。

1952年,国际劳工组织通过了《社会保障最低标准公约》(第102号公约),对生育补助金做了专门的规定,并根据这项公约的原则和标准修改通过了1952年《保护生育公约》(第103号公约)和其指导性文件《保护生育建议书》(第95号建议书),对生育保险做了更加明确的规定。

1953年,世界工联维也纳会议提出的争取社会保障的完备纲领指出:真正的社会保险应包括生育保险在内。1975年,国际劳工组织通过的《女工机会均等和待遇平等声明》中明确规定:"由于生育是一种社会职能,所有女工应有权根据1952年保护生育公约(修订本)(第103号)和1952年保护生育建议书(第95号建议书)规定的最低标准享有充分的生育保护,其费用应由社会保障、其他公共基金或通过集体协议承担。"1990年,国

---

① 刘燕生:《社会保障的起源、发展和道路选择》,法律出版社,2001,第187页。

际劳工组织通过的《夜间工作建议书》（第 178 号建议书）中也有对生育期间的女性的保护性规定。至 1995 年，世界上在社会保险体系中设有生育保险项目或相关内容的国家和地区已达 125 个，但一般都是与疾病保险归入同一保障项目中共同立法实施。[①]

2000 年，国际劳工组织为"进一步促进劳动力中的所有妇女享有平等的母子的健康和安全，而且是为了承认成员国在经济和社会发展上的差异，以及企业的差异和国家法律和惯例在生育保护方面的发展"，对 1952 年第 103 号公约和第 95 号建议书进行修订，通过了 2000 年《保护生育公约》（第 183 号公约）和《保护生育建议书》（第 191 号建议书），其实施范围扩大至"所有就业妇女，包括从事非典型形式的隶属工作的妇女"。

（二）生育保障类型

生育保险大体上可以分成以下四种类型（在 136 个国家中有 12 个国家在生育保险的保障类型方面没有明确记录）。

1. 实行社会保险制度的国家

立法规定个人、雇主、政府的医疗、生育保险基金筹资比例，建立统一的基金，由基金支付覆盖群体的生育或医疗费用。这种制度一般覆盖所有或部分雇员。有些国家对铁路、银行、公务、自我雇用者等特殊行业人员另有专门的规定。典型国家包括美国、德国、芬兰、巴西等 91 个国家，这一类型大约占整体的 74%。

2. 实行福利制度的国家

这一类型不以是否参保作为享受生育保险待遇的前提，本国所有雇员均可以享受疾病或生育津贴，所有常住居民可以免费或负担很少的费用享受医疗保健。享受生育津贴的人员，必须在生育前有一定时间的参保或就业记录，而享受医疗保健的人员只要求是本国常住居民。这种制度一般在经济条件比较好的国家沿用：如加拿大、瑞士、丹麦、澳大利亚、新西兰等 20 个国家，约占 15%。

3. 实行雇主责任制的国家

生育费用由企业雇主或职工所在单位负担，不要求有缴费记录。一般

[①] 美国社会保障总署：《全球社会保障（1995 年）》，华夏出版社，1996，第 91 页。

是经济尚不发达的国家采用：如苏联、利比亚、马耳他、布隆迪等8个国家，约占6%；

4. 其他保障类型

储蓄基金制度（新加坡、尼日利亚、赞比亚）、全民保险制度（该制度覆盖全体居民）、社会保险和私人保险制度相结合的制度（秘鲁，该国的保险制度正处于新旧制度交替过程中）。这几种制度所占的比例很小，只有5个国家，约占3%。

生育保险的目标首先是保障新生儿和产妇的健康和安全，生育卫生服务包括从产前检查到产后访视的各个环节。从国际实践来看，由于发达国家大多有较为全面的医疗保障体系，因此相关医疗卫生服务会被涵盖在社会医疗保险体系中；当医疗保障覆盖面不足或保障水平较低时，针对孕产妇和新生儿的特殊保障则应该得到重视并发挥更大的作用。

近些年，国际上在生育保险领域的一个重要的改革是促进新生儿（部分国家也包括新收养的儿童）的父母共同享有带薪假，生育保险的保障对象已由母亲拓展到既包括母亲也包括父亲。

（三）生育津贴

根据《全球社会保障》提供的资料，对136个国家的生育津贴进行统计的结果显示[①]：生育津贴占妇女生育前原工资收入100%的有61个国家，占统计总数的44.8%；津贴占生育妇女原工资收入80%～99%的有6个国家，占4.4%；津贴占原收入60%～79%的有37个国家，占27%；津贴占原工资收入50%～69%的有15个国家，占11%；津贴占原工资收入50%以下的仅1个国家，占0.7%。

（四）基金管理

由于生育保险具有支付生育期间工资津贴和医院费用两个功能，既可以归入现金支付计划，也可以归入费用报销计划，因此在大多数国家，生育保险不作为单独险种设立。生育保险从资金收支上来看是一个相对较小的社会保险险种，在管理上常常与其他险种合并收费。各国管理方式不同，生育保险基金来源也有所不同。

---

① 部分国家无明确数据，未做统计。

（1）将生育保险与养老、医疗、工伤、失业补助基金一起合并管理。实行这种方式的有爱尔兰、英国、西班牙、葡萄牙等国家。

（2）将生育保险与医疗保险合并管理，对于生育补助单项列支。实行这种方式的有比利时、意大利、卢森堡、德国、芬兰、丹麦、奥地利、希腊、瑞典等国家。

（3）将生育保险与医疗工伤（残疾）保险合并管理，如法国、巴基斯坦、泰国、新加坡等国家。

（4）将生育保险与医疗失业保险合并管理，如荷兰。

（5）将生育保险与失业保险合并管理，如加拿大和南非。

（五）告知义务

依据社会保险所固有的权利与义务相结合的原则，受保人要享受生育保险权利，必须尽到一定的义务。为此，世界上大部分国家都对享受生育保险待遇规定了不同程度的资格条件限制。一些国家同时还规定了女性劳动者的怀孕告知义务，即要求女工在休产假前必须事先告知雇主，如澳大利亚要求女工至少在产假前12周将自己怀孕的事实告知雇主，芬兰要求女工在预产期前30天通知雇主，英国和爱尔兰也要求女工事先通知，而且规定必须按照严格的程序，否则可能在遇到争议时丧失法律的保护。[①]

二 典型国家生育保险制度

（一）德国的生育保险制度

德国是世界上最早就生育保险进行制度性规定的国家。如前所述，早在1883年颁布的《德国劳工基本保险法》和《疾病社会保险法》，便已将生育保险纳入其中。但是，当时的生育保险仅是作为疾病保险的一部分，且分娩补助金仅向女性被保险人发放。1941年，分娩补助金的发放范围扩大至被保险人的妻子。1965年，德国将生育保险从疾病保险中独立出来，且增加了对妇女的产前、产后照顾及怀孕、哺乳期间劳动保护的规定。尽管德国生育保险已是一个单独的保险项目，但其在资金上与疾病保险仍是合为一体的，所有费用均由受保人和雇主负担，政府承担补助责任。

---

① 乌日图：《医疗、工伤、生育保险》，中国劳动社会保障出版社，2001，第248页。

1. 享受条件

生育津贴的享受者必须是疾病基金机构的成员，且在分娩前参加保险满12周，或者在产前第10个月至第4个月有连续雇佣关系，预产期前6周尚在工作或获准停工。而对于医疗补助（特别护理除外）和生育补助则无最低就业期限规定。

2. 产假及生育津贴

产假为14周，产前6周，产后8周，早产或多胎生育时，产后休假延长为12周。产假期间由社会保险机构发放生育津贴，标准为投保人收入的100%。

3. 生育医疗服务

根据合同，由医院、医生和药商向病人提供服务，费用由疾病基金机构支付，女性受供养者在怀孕期间也可免费接受产前检查及各种医疗服务，所需助产照顾或药品亦免费提供。

4. 生育补助

每次生育，一次性支付一笔一定数额的生育补助，具体标准因各保险基金的财务状况而异。女性受供养者同样可以获得相应的生育补助。8岁以下的子女患病需要受保人照顾者由疾病基金机构给予带薪假期，每一子女每年至多5天。受保人或其配偶住院期间，家里有8岁以下子女需要雇人照顾者，由疾病基金机构支付雇工工资。[①]

5. 育婴假与育婴津贴

德国"少子化"的问题已经很严重了。为了提高生育率，有些地方实施"育婴补助"机制。包括一年育婴假（每月最高可领450欧元）、两年育婴假（每月最高可领300欧元）等。2007年1月1日起，凡生育子女者，可请12个月带薪产假，其伴侣产假则为2个月。无论是父还是母请育婴假，在请假期间每个月可领原薪的67%（2/3月薪），等于每个月领1800欧元，如果有一人再请2个月，福利顺延2个月，也就是最高可领14

[①] 美国社会保障总署：《全球社会保障（1995年）》，华夏出版社，1996，103页；邵芬：《欧盟诸国社会保障制度研究》，云南大学出版社，2003，第48页；Social Security Administration (SSA): "Social Security Programs throughout the World: Europe 2004" (Sept. 2004), "Social Security Programs throughout the World: Asia and Pacific 2002" (Sept. 2002), http://www.ssa.gov/policy/docs/progdesc/ssptw.

个月待遇（25200欧元）。有些地方甚至可以享受长达3年的育婴假：夫妻双方可自行决定由谁来休假抚养孩子至3岁，且休假期间完全带薪（为正常薪资65%~67%），公司不可辞退。

6. 儿童津贴

每一个儿童都可以从政府那里领取成长补贴，从出生开始到至少18岁（最高可到25岁），每月184欧元到215欧元不等。

(二) 英国的生育保险制度

英国1911年颁布的"国民保险法"（包含失业保险和医疗保险两个部分）中包含了生育保险的内容，后多次修改和完善。目前的生育保险制度是与疾病保险合并立法的，实行社会保险现金补助和普遍医疗保障相结合的双重保障制度。资金来源于受保人和雇主的缴费以及政府财政，政府需负担法定疾病和生育补偿的部分费用、大部分医疗补助的费用以及经济调查后应支付的全部津贴。

1. 享受条件

现金补助包括生育津贴和法定生育补偿，其享受条件分别为：生育津贴支付给产前13周内平均周收入至少达到30英镑且不具备资格享受"法定生育补偿"的所有雇员和自我雇佣者，二者均需满足一定的缴费条件，即节止到预产期前6周缴纳保险费26周；法定生育补偿支付给产前（或领养孩子前）由同一雇主连续雇佣至少26周，包括预产期前的第15周，且平均周收入至少达到77英镑者（否则可申请生育援助津贴）。医疗补助无最低合格期限规定。

2. 产假和生育津贴

从预产期前第15周任何时间开始支付，共支付26周，支付标准为每周100英镑；若周收入少于100英镑，则支付平均周收入的90%。

3. 法定生育补偿

共支付26周，其中前6周支付平均收入的90%，随后的20周每周支付100英镑；收入少于100英镑者，则支付平均周收入的90%。男职工之妻生育，由雇主支付1~2周的法定生育补偿，每周100英镑。若领养孩子，则支付26周，每周100英镑，周收入少于100英镑者，则支付平均周收入的90%。

4. 生育医疗服务

面向全体居民，无最低合格期限限制，由医生根据合同提供医疗服务，由国民保健中心支付费用，由公立医院直接提供相关生育医疗服务。

5. 婴儿补助

新生婴儿可获得 250 英镑的首笔津贴，低收入家庭的新生婴儿则可得到 500 英镑。此外，家庭里的首名婴儿每周可获福利 17.45 英镑，其后每名婴儿每周可得 11.7 英镑。

（三）芬兰的生育保险制度

芬兰于 1963 年对生育保险制度首次立法，目前仍采用这部法律。芬兰的生育保险制度是"全民生育保险"，其生育现金补助和医疗待遇均已覆盖到国内居民，入境移民经过 180 天的等待期后也可以享受到相应的待遇。资金来源于受保人、雇主缴费，政府弥补生育保险不足的费用，并提供必要的津贴。

1. 产假和生育津贴

产假 105 天，生育津贴的支付标准同疾病补助，从预产期前 50 天至 30 天起开始支付给母亲（存在不可排除的危险因素者除外，在这种情况下，整个孕期支付一种特别生育津贴）。此后支付给父母任何一方 158 个工作日的育儿津贴，多胎给付 218 天，收养孩子者可支付 100~234 天。

2. 特别护理津贴

每年支付给在医院或家里照顾患病子女的父母 60 天，若病情严重为 90 天。

3. 生育补助

每个待产妈妈都会得到一个免费的"母婴包"，包含婴儿服、尿布、床上用品等新生儿第一个月会用到的必需品，如果放弃礼包，则可以选择现金补贴。从怀孕到孩子出生，医疗服务全部免费，父母还能得到孕期补贴。孩子出生后，每个月孩子都能领到补贴，孩子生得越多，补贴就越高。

（四）瑞典的生育保险制度

瑞典的社会保障始于 19 世纪末期，最早的一部社会保障法是 1891 年制定的"自愿健康保险计划"。其首次立法是在 1891 年，现行法律颁布于 1962 年。瑞典生育保险采用的亦是社会保险与普遍保障相结合的生育保险制度。自1932年社会民主党上台执政以后,大力推动社会福利建设,各种社会保险和社会保障措施日臻完善,瑞典成为其公民"从摇篮到坟墓"一生都有保障的福利国家,成为欧洲最先进和最具平等理念的成功样板。

瑞典生育现金补助的资金来源于受保人、雇主的缴费以及政府财政。医疗保健由政府的地区委员会负担全部费用。

1. 产假及生育现金补助

用于补偿父母在孩子出生或领养孩子以后离开工作岗位造成的经济损失。所有居民都有资格得到法定的基本补助,如果产前投保至少240天,父母任何一方都有资格享受现金补助,具体标准为:前60天支付收入损失的90%,而后300天支付收入损失的80%,此后每天支付60克朗,每一子女至少支付450天,直到子女满8岁。无业者父母补贴为每天60克朗。父母领取的补助合并计算,补助金要交税。产假最高可以请到672天。2001年,父亲和母亲一共可以得到450天的带薪产假,2002年增加到480天。为了体现男女平等和让父亲分担责任,福利法还规定父亲必须至少休60天产假。

2. 孕妇现金补助

对于那些需要干体力活的即将生产的女性雇员,若雇主不能将其调换到其他轻松的工作岗位,则在产前60天至10天支付给其孕妇现金补助,共付50天,支付标准与疾病补助相同。

3. 生育医疗服务

面向全体居民,可以免费接受产前咨询和助产服务,产妇及婴儿均可在公立诊所接受免费医疗服务。

4. 临时补助

支付给需要照顾12岁以下子女(如果有慢性病或者残疾,则为16岁)的父母,头14天支付收入的80%,此后为收入的90%。若子女生病或照看子女者生病,每个子女每年支付60天补助(父母合并计算,包括子女出生时给予父亲的10天产假),补助金额每年随基金的调整而自动调整。

5. 临时父母补贴

12岁以下儿童的父母在孩子生病期间可带薪留家护理,他们可享受临时父母补贴,金额标准为工资的80%,但每年至多可为每一个孩子申请60

天护理时间。

6. 国家孩子津贴

对有小于 16 岁孩子的家庭，国家按每个孩子每月 950 克朗的标准发放国家孩子津贴（national child allowance）。为鼓励生育，如家中有两个以上孩子，津贴标准更高。如家中有 3 个、4 个和 5 个孩子，每个孩子每月的国家津贴分别为 1035、1203 和 1342 克朗。

7. 亲职保险制度

1974 年，瑞典制定亲职保险制度，规定父母亲总共可以请 6 个月的育婴假，其中包括两个星期的特别父亲假；前述假期可以请领相当于九成薪酬的保险给付，以便鼓励男人使用。实施之后发现，两个星期的父亲假普遍被接受，但是育婴假却少有男人问津。瑞典人认为，男人不育婴，严重违反两性平等，从政者有责任制定具体的政策支持家庭和维护亲情。于是，育婴假于 1975 年延长到 7 个月，于 1986 年延长到 12 个月，于 1989 年延长到 15 个月。

瑞典政府于 1983 年成立了特别的智囊团，其工作目标包括"创造实际可行的情境，促使男人承担他分内的育儿责任""促使男人承担他分内的家务责任""向大众说明男人从事家务育儿有着诸多好处，包括纾解职场压力、增进健康、增进夫妻与亲子感情"等。1994 年起展开另一批实验计划，由非专业的"爸爸教练"带领准爸爸训练。资料显示，参加过训练班的新爸爸们有较高的比例使用了育婴假。

（五）日本的生育保险制度

日本的生育保险制度由雇员健康保险和国民健康保险共同支撑，前者提供现金和医疗补助，后者提供医疗补助。雇员健康保险以各企事业单位的在职职工为被保险人，其基金来源于受保人、雇主缴费以及政府财政。该制度实施得比较早，其法律依据是 1922 年颁布、1927 年实施的健康保险法。随着日本经济的不断发展，雇员健康保险的覆盖范围逐渐扩大，包括了临时工以及符合条件的被保险人的家属，对于离职者，若其离职前 12 个月内仍系受保者，则仍按原规定享受疾病和生育补助。国民健康保险覆盖未参加就业关联健康保险或其他特殊保险制度的所有市、镇或村的居民，其现行法律依据是 1958 年颁布、1998 年修订的"国民健康保险法"。国民健康保险的基金来源于受保人缴纳的国民健康保险税,且由政府负担医疗费用的50%,以及管理费和一些地方补贴,政府还会根据每个家庭的经济水平和被保险人数量决定保险费的减免情况。按法律规定,国民健康保险不提供现金补助,但所有的保险机构都提供一次性死亡或生育津贴。

生育补助的标准为基本工资的60%,支付产前42天(多胞胎98天)和产后56天。如果生育母亲领取工资或疾病现金补助,则停止支付或减发部分生育补助金。此外,每次生育还发给一次性生产津贴300000日元。

日本的生育率目前已跌入"二战"后谷底,儿童在总人口中所占的比例出现了连续38年的下降。目前,日本儿童人口数和在总人口中所占比例都是历史最低点。根据联合国《人口统计年鉴》,在拥有4000万以上人口的27个国家中,日本的儿童人口比例最低。为此,日本政府于1994年和1999年分别推行"天使计划"和"新天使计划"以鼓励生育。同时还出台了一些儿童保育政策:妇女在生产之后不仅享有产假,还有育儿假期,二者合起来的时长在一年左右;除了育儿假期,如果孩子生病还有假期,对生病儿童的照顾也算休假。

为解决"少子化"现象及M型就业模式[①]对妇女就业的限制问题,日本政府于1991年制定《育儿休业法》,规定不论男女,养育不满一岁婴儿的正式从业人员可提出休假,雇主不得拒绝,也不得以此为由予以解雇。2001年,该法被重新修订,将照看孩子的期限由孩子一岁延长到三岁,且为敦促企业尽快实施"育儿休业"制度设立了"育儿休业奖金",对已执行该制度的企业进行奖励。

育婴假:日本有"育儿减税"方案,而职业妇女在家照顾幼儿,则有"留职有薪"方案,妇女可领工作时40%的薪水在家专心育儿(2007年10月起可领到50%的薪水)。

育儿金:新生儿及未满2周岁的幼童,每个月政府会发给父母5000日元的育儿金,第三胎发10000日元,直到小孩年满12岁为止。

---

① 传统的"男主外,女主内"的性别分工模式导致了日本妇女毕业后参加社会劳动,结婚育儿期间又退出劳动力市场,待孩子入小学后再次进入劳动力市场的就业模式。参照胡澎:《日本在鼓励生育与促进妇女就业上的政策与措施》,《日本学刊》2004年第6期,第126~140页。

社会照料：为了给很多双职工家庭带来便利，同时鼓励他们多生孩子，日本有很多保育园和幼儿园，配备专业的育儿师。在日本，孩子上保育园和幼儿园的50%以上的费用由国家支出，只有20%左右的费用由孩子父母负担，而且费用的多少是根据每个家庭的收入状况来决定的，比如收入高、缴税多的家庭需要交的学费多，反之则少。此外，日本政府也鼓励幼儿园延长托儿时间，减轻双薪家庭的育儿压力。

三　小结

综上，当前世界各国的生育保险制度仍处在不断变化和发展中。

1. 覆盖范围

从世界范围来看，生育保险的覆盖范围是随着社会经济的发展而逐步扩大的：一些国家将生育保险的覆盖范围扩大至男职工的妻子，以减轻其后顾之忧，维持其基本的劳动生产率，如德国、荷兰、泰国、墨西哥、奥地利等；目前，英国、丹麦、菲律宾、葡萄牙等国已将生育保险的保障对象扩大到了非正规就业者中的自雇佣者；芬兰将生育保险的各项待遇覆盖到全体居民以及国外移民。也有些国家将生育医疗服务的对象扩大至全体居民而不论其是否尽过缴费义务或是否曾经就业，如挪威、古巴、新西兰、意大利、澳大利亚、罗马尼亚等。

2. 产假

随着经济的发展和对婴儿早期抚育及人口素质的重视，几乎所有发达国家的产假均有延长的趋势，且产假内容也日益丰富。许多国家除了提供传统的基本产假外，还增加了一定时期的"父育假"和"育儿假"。

3. 生育补助

许多国家除了保障女性劳动者生育期间必要的收入补偿外，还发给相当数量的不同形式的其他补助，对非职业妇女也提供额外的生育补助。例如中非、贝宁、尼日尔、匈牙利、白俄罗斯等国妇女怀孕期间发放产前保健补助；日本、荷兰、挪威、爱尔兰、卢森堡等国在每个子女出生时发给一次性分娩补助；而法国、芬兰、墨西哥、以色列、萨尔瓦多等国还发放免费婴儿用品、免费牛奶凭证，或者是购置婴儿用品的津贴。

阅读链接：

1.《三伏天"坐月子"中暑身亡，这样的惨剧还要重复多少遍》，丁香园，http://obgyn.dxy.cn/article/524243。

思考题：

1. 生育保险与医疗保险的区别主要体现在哪些方面？
2. 我国生育保险的主要待遇有哪些？
3. 我国生育保险当前面临的主要挑战有哪些？
4. 请简述其他国家生育保障的主要类型。

第八章 失业保险

导入案例

小刘大学在国内一所知名工程院校的软件学院就读，学的是软件开发专业。到了大学三年级的时候，同学们都开始考虑毕业出路，考研的考研、实习的实习。看着同学们忙碌的身影，小刘也不得不开始思考这个问题。于是小刘开始给自己心仪的企业投简历，申请实习生机会。

不久之后小刘成为某公司一个开发小组的软件开发实习生。因为小刘工作期间表现不错，在实习期快结束的时候他参加了实习生转正面试，并最终顺利通过转正面试，拿到了公司的offer。

小刘所在的项目组主要负责公司生产的某款电子音乐设备的程序开发与升级工作。在这个细分市场上，已经有不少生产商了，竞争十分激烈。小刘所在的公司虽然是IT行业的领军企业，但是由于进入随身听细分市场较晚，产品没有什么特色，因此发展得相当缓慢。

在小刘正式入职几年后，由于随身听业务发展始终不见起色，而且外部市场发生变化，公司管理层决定停产随身听，彻底退出这一领域。这意味着，为随身听开发软件的小刘所在的项目组也没有存在的必要了，项目组将会解散。

项目组解散了，小刘自然也就失业了，他必须重新开始，再找一份新工作。在原公司与小刘进行离职面谈时，人力资源部的专员提醒小刘目前各公司的相关业务都在萎缩，全行业都在裁员，因此小刘在一段时间内可能找工作会遇到困难，建议他可以向经办机构领取失业保险金，以免生活陷入困难。

资料来源：毛艾琳：《企业社会保险管理实务》，中国工人出版社，2016，

第 68 页。

人力资源部专员口中的"失业保险金"是什么？劳动者该如何进行申领？这些就是本章我们主要学习的内容。

章节主要概念

失业；失业率；失业保险；促进就业

思维导图

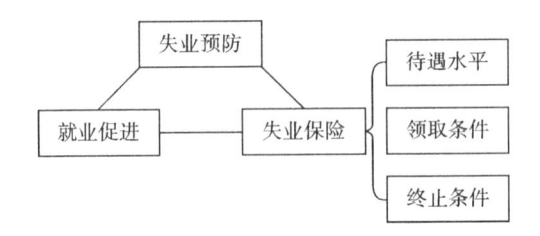

```
                   失业预防                  待遇水平
                      |                        |
就业促进 ——————— 失业保险 ——————— 领取条件
                                               |
                                            终止条件
```

第一节　失业保险概述

一　基本概念

1. 失业

失业是与就业相对的概念。在经济学范畴中，就业是指在一定的物质基础和社会形式下实现的劳动力要素和生产资料要素的结合，其实质是劳动过程中人和物的结合。失业有广义和狭义之分。广义的失业指的是生产资料和劳动者分离的一种状态。在这种状态下，劳动者的生产潜能和主观能动性无法发挥，不仅浪费社会资源，还对社会经济发展造成负面影响。狭义的失业指的是有劳动能力的处于法定劳动年龄阶段的并有就业愿望的劳动者失去或没有得到有报酬的工作岗位的社会现象。对于就业年龄，不同国家往往有不同的规定，美国为 16 周岁，中国为 18 周岁。但正在学校读书、在军队服役的或没有就业意愿的无业者，不属于失业的范畴。按照失业原因，分为摩擦性失业、自愿性失业和非自愿性失业等。

国际劳工组织关于失业的定义是一定年龄范围之内的劳动人口，同时满足下述三个条件的视为失业：本人无工作，没有从事有报酬的职业或自营职业；本人当前具有劳动能力，可以工作；本人正在采取各种方式寻找工作。

失业现象是工业社会中难以避免的问题，是市场经济运行和价值规律作用的必然产物，具有一定的普遍性和规律性。一般认为，只要失业水平不超过一定程度就是正常的，但过高的失业率则会给社会经济发展带来危害。20 世纪 60 年代，美国经济学家阿瑟·奥肯根据美国的数据，提出了经济周期中失业变动与产出变动的经验关系，被称为奥肯定律。奥肯定律的内容是：实际失业率每高于自然失业率一个百分点，实际 GDP 将低于潜在 GDP 两个百分点。换一种方式说，相对于潜在 GDP，实际 GDP 每下降两个百分点，实际失业率就会比自然失业率上升一个百分点。

2. 失业率

失业率是反映一个国家或地区失业状况的主要指标。国际上通行以失业人数同在业人数与失业人数之和的比例反映失业率，即：

$$失业率 = 失业人数 \div 社会劳动力人数 \times 100\%$$
$$= 失业人数 \div (就业人数 + 失业人数) \times 100\%$$

我国使用的城镇登记失业率，是计算城镇登记失业人数同城镇在业人数与城镇登记失业人数之和的比例，即：

$$城镇登记失业率 = 城镇登记失业人数 \div (城镇在业人数 + 城镇登记失业人数) \times 100\%$$

3. 失业保险

失业保险是社会保障体系的重要组成部分，是社会保险的主要项目之一。失业保险是指国家通过立法强制实行的，由用人单位、职工个人缴费及国家财政补贴等渠道筹集资金建立失业保险基金，当劳动者由于非本人原因失去工作、收入中断时，由国家和社会依法保证其基本生活需要并通过专业训练、职业介绍等服务手段为其创造再就业条件的一项社会保险制度。因而，失业保险具有保障基本生活和促进再就业的双重职能。

二 失业保险

（一）失业保险的特征

失业保险除了具备社会保险的强制性、互济性、社会性和福利性特征以外，与其他社会保险项目相比还具有一些独有的特征。

（1）失业保险的对象。失业保险兼有保护失业者劳动能力的责任，因而失业保险的对象失去工作机会而没有丧失劳动能力，而养老、医疗、工伤和生育保险的对象都因为暂时或永久丧失劳动能力而失去工资收入。

（2）造成失业风险的原因在于社会经济因素。产业结构的调整、就业政策的变化等都可能成为失业的致因。所以，失业保险通常遵循非自愿失业原则，对于不想就业或者失业后对再就业持消极态度的劳动者，一般排除在失业保险之外。

（3）失业保险有支付期限。养老、医疗、工伤和生育等其他险种，只要受保原因没有消除（比如劳动能力没有恢复），保险就会延续。而对于失业保险来说，待遇领取期限较短，即使失业状况依旧，当初受保原因没有变化，只要支付期限已满，失业保险就会停止支付，严格把控享受失业保险的条件，目的是为了防范"失业陷阱"。①

（4）失业保险一般完全由政府承办，养老、医疗、工伤等险种除了政府负责以外，往往还有商业保险公司参与，作为补充保险。

（二）覆盖范围

失业保险是为遭遇失业风险、收入暂时中断的失业者设置的一道安全网。显然，它的覆盖范围应包括社会经济活动中的所有劳动者。但综观世界各国，失业保险最初都仅覆盖职业比较稳定的工薪阶层，把职业不稳定的季节工、临时工、家庭雇工、农业工人以及职业相对稳定的公务员和自我雇用的个体劳动者排除在外。随着社会经济的发展以及国际社会对失业理解的变化，其覆盖范围逐步扩大：最初是那些职业最不稳定的季节工、临时工，以后逐渐扩大到部分行业雇员，再扩大到所有企业雇员然后再扩大到教师和公务员等。1988年国际劳工大会通过《促进就业和失业保护公约》，要求有条件的国家应使参加失业保险的人数达到工资劳动者的85%，其他国家不应低于50%。目前很多国家的失业保险覆盖范围逐步扩展到几

---

① 失业陷阱是指在社会保险制度与个人所得税的相互作用下，某些潜在的低收入者实际上存在一个很高的失业时的实有收入对就业时的实有收入的替代率。失业陷阱可能使某些人失去寻找工作的动力。因此，一些西方经济学家认为它是导致失业率居高不下的重要原因。见郑功成《社会保障学》，商务印书馆，2000，第350页。

乎所有劳动者。近年来，除了失业者外，就业不充分者也受到关注。一些国家把工作负荷和收入达不到一定标准的人员纳入失业保险保障范围，给予不同程度的帮助。

（三）失业保险基金筹集

失业保险基金来源主要有三种渠道：雇主缴纳的失业保险费、雇员缴纳的失业保险费和政府财政补贴。此外，失业保险基金的利息和依法纳入失业保险基金的其他资金是补充来源。现行失业保险基金大多由雇主、雇员和政府三方共同承担。

（四）享受失业保险的资格条件

领取失业保险金必须符合规定的条件。各国的具体规定不尽相同，但总体上基本要符合如下条件。

（1）参加了失业保险的劳动者。投保或缴纳保险费时间达到规定的最低期限，失业前有过就业经历并且就业时间达到规定下限。有些国家要求同时满足两个条件，有些则要求满足其中一个条件即可。

（2）失业者必须是非自愿失业。凡自动离职而无充分理由者或因本人过失而被革职者，都不属于非自愿失业，不能领取失业保险待遇。

（3）处在法定劳动年龄并具备工作能力。未达到法定劳动年龄者，即使有过非法就业的经历，也无权享受失业保险待遇。超过法定就业年龄的劳动者，原则上也不再享有获得失业保险待遇的权利。

（4）有就业意愿。失业者到规定的失业管理部门登记失业并接受"合适的就业安置"和职业培训，被视为有就业意愿。所谓"合适的就业安置"，一些国家的经验是，从失业者接受的教育培训、身体条件和工作经历三个方面来确定所介绍的工作是否合适，如果所安置的岗位与被安置者在这三方面都没有明显差距，即被视为"合适就业"。

（五）失业津贴给付标准

国际劳工大会1988年第75届会议《促进失业社会保障》报告五（2B）就给付标准做了较为详细的说明：当失业津贴数额以受保护人所缴的费用或以其名义缴纳的费用或以前的收入为依据时，其数额应定为以前收入的50%以上；当失业津贴数额不以所缴纳费用或以前的收入为依据时，应按不少于法定最低工资或一个普通工人工资的50%，或按其基本生活费用的最低额确定。我国的失业津贴，按照低于当地最低工资标准、高于最低生活保障标准的水平确定。很多国家则是按缴费时间长短分别设立几个档次，缴费时间越长则失业津贴数额越高。

（六）失业预防

失业保险仅仅保障失业者的基本生活和促进其再就业是不足的，唯有包括失业预防在内的全方位的"就业保障"方能应对现代社会严重的失业问题。失业预防的措施主要包括：第一是失业预警制度，在调查分析和综合考虑社会经济因素的基础上确定失业控制目标，建立失业监测系统，确立预防失业的长期对策和短期对策等；第二是约束企业的解雇行为，需要立法保障；第三是实施就业指导和再就业培训，政府实施支持再就业的政策措施等，使员工不断更新知识，不断调整和增进他们适应社会、适应市场的素质。

第二节　中国失业保险制度改革发展历程

一　20 世纪 50 年代的失业救济制度

新中国成立初期，国民党政府留下 400 多万失业工人和旧政府职员需要就业，同时新增城市失业人数超过 100 万。国家政务院于 1951 年颁布的《中华人民共和国劳动保险条例》中有养老保险、医疗保险、工伤保险和生育保险，但不包含失业保险。而到了 1952 年，全国城镇失业人数已达到 376.6 万人，失业率高达 13.2%。针对当时的严峻形势，政府颁布了一系列法律法规及文件，实施失业救济：1950 年 6 月~1952 年，中央人民政府先后发布了《关于救济失业工人的指示》《救济失业工人暂行办法》《关于救济失业工人的总结及指示》《关于救济失业教师与处理学生失业问题的指示》和《关于劳动就业问题的决定》等一系列法规政策。按照规定，当时通过政府拨款，企业按工资总额的 1%、在业工人按实际工资的 1%缴费和社会各界的捐助等多方面筹集救济基金，主要用于救济新中国成立后失业的人员和新进行登记的失业人员。在救济办法上，采取以工代赈、生产自救、转业训练、动员失业人员返乡生产或移民垦荒和发放失业救济金等救济与安置相结合的办法，通过这些临时性救济措施来解决失业问题。

到1956年，严重的失业问题基本上得以解决，失业救济也相应结束，并纳入民政部门的社会救济工作中。

进入计划经济时期，我国实行统包统配的劳动就业制度，劳动者免去了失业之忧，失业救济制度逐渐淡出。统包统配的劳动就业制度是一种特殊的就业保障方式，在当时的经济环境下，确实起到过稳定社会秩序、迅速恢复与发展经济的积极作用。但是，其间不适应社会经济发展的负面效应亦日益显现。例如1958年开始的"大跃进"不仅造成严重经济困难，也使城市人口增长过快，到1960～1962三年自然灾害时期，政府大规模动员"大跃进"时进城的农民返回农村务农，同时动员部分家在农村的城镇职工回农村并精简职工，以解决1961～1962两年减少333万家国有企业等所造成的失业问题。"文化大革命"期间，国家经济停滞不前，升学无望，城镇集中了大量"无业"知识青年。为此，从1968年底开始，全国展开了持续7年之久的城镇知识青年"上山下乡"运动。这一时期共有大约1600多万城镇知识青年"上山下乡"，从城市移民农村，年均200多万，大大缓解了城镇失业问题。原本的集就业、保险、福利于一体的统包统配安置就业的就业保障制度，使政府背上了沉重的包袱。而20世纪70年代末，大批下乡知识青年返城，积蓄了多年的失业问题顷刻暴露出来。此时百废待兴，经济处于恢复过程中，虽然大学恢复招生、工厂恢复招工，吸纳了一部分劳动力或推迟了一部分劳动力的就业时间，但1978～1980年，每年的城镇登记失业率都在5.5%左右，每年的城镇失业人数在530万～540万人。1980年8月中共中央和国务院召开全国劳动就业工作会议，提出要改革统包统配的就业模式，采取"在国家统筹规划和指导下，实行劳动部门介绍就业、自愿组织起来就业和自谋职业相结合"的"三结合"就业方针。其中，劳动部门介绍就业是指国营和大集体企业、事业单位按国家计划指标招工；组织起来就业是指群众自愿组织各种集体经济单位实现就业；自谋职业是指个体劳动者从事个体商业和服务业，国家减免税收予以支持等。至此，就业主体开始由单一化向多元化转变，就业渠道拓宽，形成了多种所有制吸纳新增劳动力资源的格局，竞争机制被引入了就业领域。

二 失业保险制度的建立

1986年7月至1993年4月是失业保险制度的创建时期。这一时期确立了失业保险制度的主要原则和基本框架。

20世纪80年代初，我国开始了以转变国有企业经营机制为中心的经济体制改革。1986年7月12日，国务院发布《国营企业实行劳动合同制暂行规定》《国营企业辞退违纪职工暂行规定》《国营企业职工待业保险暂行规定》。1986年10月1日，劳动人事部发布《国营企业招用工人暂行规定》，标志着我国失业保险制度的初步建立。待业保险实施范围包括：宣告破产的国营企业职工；濒临破产的国营企业在法定整顿期间被精简的职工；国营企业终止、解除劳动合同的职工和国营企业辞退的职工。待业保险基金由国营企业按其全部职工标准工资总额的1%缴纳，在税前列支。职工待业期间可以根据工龄的长短分别领取本人标准工资的50%~75%的待业救济金。待业保险工作的管理由当地劳动行政主管部门所设的劳动服务公司负责。

三 失业保险制度的调整

随着体制改革的深化和就业政策的调整，我国又一次出现了失业高峰，为此国家加大了对失业保险的改革力度。1993年4月，国务院颁布《国有企业职工待业保险规定》，在1986年颁布的《国营企业职工待业保险暂行规定》的基础上做了五方面的调整：一是扩大了失业保险的实施范围，从过去的四类人员扩大到包括国有企业员工的七类人员；二是将基金省级统筹调整为县、市级统筹，并规定在省和自治区建立调剂金；三是明确失业保险应当与就业服务紧密结合；四是将缴费基数由企业标准工资总额改为工资总额，国有企业按全部职工工资总额的0.6%~1%缴纳待业保险费；五是改变了失业救济金的计发办法，将计发标准由过去按失业人员标准工资的一定比例支付改为按照当地民政部门规定的社会救济金的120%~150%支付，具体标准由省、自治区、直辖市人民政府规定；六是增加了失业保险与再就业服务结合的内容。

针对企业下岗和失业人员大量增加的状况，政府从1995年推出了再就业工程（1995年4月16日《国务院办公厅转发劳动部关于实施再就业工程报告的通知》（国办发〔1995〕24号）：充分发挥政府、企业、劳动者和社会各方面的积极性，综合运用政策扶持和就业服务手段，实行企业安置、个人自谋职业和社会帮扶安置就业相结合，重点帮助失业6个月以上的职工和生活困难的企业富余人员尽快实现再就业，逐步建立起就业扶助制度。这是一项具有中国特色的集失业预防、失业保险和失业补救为一体的综合性的就业保障工程。然而，尽管分流安置了大量人员，到1996年底，全国企业尚有下岗职工814.8万人[①]。加上每年的新增劳动力和进城打工的农村剩余劳动力，就业压力巨大。

1998年6月9日，中共中央、国务院发出《关于切实做好国有企业下岗职工基本生活保障和再就业工作的通知》提出，国有企业必须坚持"减员增效与促进再就业相结合，职工下岗与社会承受力相结合"的原则，"把握好企业兼并破产、减员增效、下岗分流的节奏"，并采取措施规范职工下岗程序；实行劳动预备制度，城镇未继续升学的初、高中毕业生，须参加1~3年的职业技术培训后才有就业资格。同时开始了我国失业预防制度的建设，建立失业预警体系、适度控制失业率、建立职业培训制度等工作都有序进行。同时明确提出，"争取用五年左右的时间初步建立起适应社会主义市场经济体制的社会保障体系和就业机制"。

"三条基本保障线"就是在这样的特殊阶段出现的制度安排，它在深化国有企业改革，建立现代企业制度和完善失业保险制度方面意义重大。第一条保障线是下岗职工基本生活保障制度，针对国有企业下岗职工，建立再就业服务中心，在特定的时期内向他们提供基本的生活保障和再就业服务；第二条保障线是失业人员基本生活保障制度，针对城镇失业人员，以失业保险制度为保障，在法定时间内向他们提供基本生活保障和再就业服务；第三条保障线是城镇居民最低生活保障线，针对以上两条保障线之外的城镇贫困人群以及不再享受以上两条保障线的城镇失业人员，以社会救助的方式为他们提供基本的生活保障。

三条保障线相互衔接，待遇水平由下岗职工基本生活保障到失业人员基本生活保障再到城镇居民最低生活保障依次递减，构成了中国社会转

---

① 中华人民共和国劳动部、国家统计局：《1996年度劳动事业发展统计公报》，http://www.mohrss.gov.cn/SYrlzyhshbzb/zwgk/szrs/tjgb/200602/t20060207_69885.html。

型、经济体制转轨时期特殊的"福利+保险+救助"型混合体制。再就业服务中心是一种过渡性质的体制福利，失业保险和失业救助才是市场经济下的制度性安排。随着失业保险制度的不断完善，下岗职工向失业人员并轨，这种下岗职工基本生活保障和失业保险制度双轨制必将转化为失业保险制度单轨制，三条保障线也将变为两条保障线。

1999年1月22日，国务院令第258号发布，自发布之日起施行《失业保险条例》，失业保险开始逐步成为基本生活保障的主要形式。《失业保险条例》将原"待业保险"正式改为"失业保险"；保险范围扩大到覆盖城镇所有企业事业单位的职工；强调职工缴费义务，失业保险基金由国家、企业两方负担改为国家、企事业单位、职工个人三方共同负担；放宽了享受失业保险待遇的条件，由原来的七种人员扩大到凡非自愿失业、办理了失业登记并有求职要求、按规定履行缴费义务的失业人员；调整了失业保险金的给付期限和计发办法；对失业保险制度与社会救济制度的衔接做出了规定，使社会保障进一步体系化；对违反《失业保险条例》规定的一系列行为，制定了惩罚条款；失业保险基金开支中增加了职业培训补贴和职业介绍补贴项目，发挥了促进就业的整体功能。

2002年9月30日，中共中央、国务院发出了《关于进一步做好下岗失业人员再就业工作的通知》，再次推出一系列强化失业预防和就业扶助、促进再就业的政策和配套措施。2005年11月4日，国务院下发了《关于进一步加强就业再就业工作的通知》，对原有的政策进一步延续、扩展、调整和充实，进一步充实完善了我国积极的就业政策。2005年以来，国有企业下岗职工基本生活保障制度向失业保险制度并轨的工作稳步推进，经过多年努力于2007年并轨工作基本完成。自此，下岗职工基本生活保障政策作为一种过渡性体制福利完成了其历史使命，让位于符合市场经济需要的失业保险制度。

四 我国现行失业保险制度

我国现行失业保险制度的法律依据是1999年1月22日国务院颁布的《失业保险条例》。根据该条例，我国失业保险制度的基本内容如下。

（一）覆盖范围

城镇企业事业单位失业人员。其中，城镇企业是指国有企业、城镇集体企业、外商投资企业、城镇私营企业以及其他城镇企业。

（二）基金缴纳

城镇企业事业单位按照本单位工资总额的2%缴纳失业保险费。城镇企业事业单位职工按照本人工资的1%缴纳失业保险费。城镇企业事业单位招用的农民合同制工人本人不缴纳失业保险费。

失业保险基金在直辖市和设区的市实行全市统筹；其他地区的统筹层次由省、自治区人民政府规定。

案例8-1 失业保险待遇

吴阿姨所在单位因为经营不善而倒闭，单位已和她解除劳动合同，吴阿姨很担心失业以后的生活，因为她已经50岁了，也没有特别的劳动技能，但是她的单位说她可以领取失业保险金，她想咨询一下她能够得到哪些失业保险待遇。

案例解析：吴阿姨可能获得的待遇包括失业保险金、经济补偿金、医疗补助金以及职业培训。

其中关于失业保险金的内容我们后面会有专门讲解，此处不详细展开。经济补偿金，依据《中华人民共和国劳动法》的规定，是指解除劳动合同后，用人单位给劳动者的经济上的补助。吴阿姨所在单位由于生产经营状况发生严重困难导致必须裁员，因此用人单位应当按吴阿姨在用人单位工作的年限支付经济补偿金。吴阿姨在用人单位工作的时间每满1年，发给相当于1个月工资的经济补偿金。医疗补助金，吴阿姨如果在领取失业保险金或失业补助金期间患病，还可以到失业保险管理部门指定的医院就诊，同时可以按照规定向社会保险经办机构申请领取医疗补助金。其标准根据吴阿姨所在地区人民政府规定的标准执行。

此外，吴阿姨在领取失业保险金期间，还可以参加劳动保障行政部门的就业训练机构组织或者认可的职业培训，以及经失业保险经办机构同意后参加其他形式的职业培训，接受职业指导和职业培训，并且可以接受职业介绍和职业培训补贴。吴阿姨如果实现再就业，按照再就业的相关规定可以享受就业服务减免费用以及税收、金融等各项优惠政策。

资料来源：《失业保险案例》，太平洋保险网，http://www.ecpic.com.cn/zixun/secz/48830.shtml。

(三) 失业保险调剂金

省、自治区可以建立失业保险调剂金。失业保险调剂金以统筹地区依法应当征收的失业保险费为基数,按照省、自治区人民政府规定的比例筹集。统筹地区的失业保险基金不敷使用时,由失业保险调剂金调剂、地方财政补贴。失业保险调剂金的筹集、调剂使用以及地方财政补贴的具体办法,由省、自治区人民政府规定。

(四) 基金支出

包括失业保险金;领取失业保险金期间的医疗补助金;领取失业保险金期间死亡的失业人员的丧葬补助金和其供养的配偶、直系亲属的抚恤金;领取失业保险金期间接受职业培训、职业介绍的补贴,补贴的办法和标准由省、自治区、直辖市人民政府规定;国务院规定或者批准的与失业保险有关的其他费用。

案例8-2 失业人员就医费用如何解决?

王师傅在公司已经工作了十多年了,但最近一阵子他的公司效益很不好一直亏损,公司很可能宣布破产。王师傅特别担心自己失业后的相关问题:"公司一直按时给我缴纳五险一金,可是自己毕竟一把年纪了,如果失业了,保险金就没有公司缴纳了,那么,我的医疗保险费怎么办?"

案例解析:《社会保险法》第48条规定:"失业人员在领取失业保险金期间,参加职工基本医疗保险,享受基本医疗保险待遇。失业人员应当缴纳的基本医疗保险费从失业保险基金中支付,个人不缴纳基本医疗保险费。"如果王师傅符合领取失业保险金的条件,那么他失业后即可按规定领取失业保险金。在他领取失业保险金的同时,失业保险基金将为他缴纳职工基本医疗保险费,失业人员本人无须缴纳基本医疗保险费。

缴费水平可以参见《关于领取失业保险金人员参加职工基本医疗保险有关问题的通知》(人社部发〔2011〕77号)中的有关规定:"领取失业保险金人员参加职工医保的缴费率原则上按照统筹地区的缴费率确定;缴费基数可参照统筹地区上年度职工平均工资的一定比例确定,最低不低于60%。失业保险经办机构为领取失业保险金人员缴纳基本医疗保险费的期限与领取失业保险金期限相一致。"

思考题：失业人员在领取失业保险金期间发生生育行为能享受生育医疗费用报销的待遇吗？

提示：可以参见《失业保险条例》第23条规定。

资料来源：《关于失业保险金的解读》，中国社保网，http://www.shebao5.com/zhishi/shiye/75319.html。

（五）支付条件

按照规定参加失业保险，所在单位和本人已按照规定履行缴费义务满1年的；非因本人意愿中断就业的；已办理失业登记，并有求职意愿的。

案例8-3 失业保险金领取条件（一）

熊某家住在杭州东新园小区。今年已经31岁的她，从大专毕业到现在已经干了不下十份工作。从前台、文案、外贸业务员、客服到语文老师、销售……每一份工作都干得不顺心。最近，熊某听说老家宁波有一个朋友因为被公司辞退，在家待业找不到工作，但是享受到了失业保险待遇，虽说钱不多，但是每个月给女儿的零花钱还是够了。多次的换工作经历让她对各种岗位都失去了兴趣，同时也让她开始萌生想靠旁门左道赚钱的想法。

就在今年清明节过后，熊某向单位提出辞职，单位批准了。半个月后，她办完了交接手续。熊某打的如意算盘是，自己目前每月的收入是零，且失业保险也一直都在缴纳。即使自己没有工作，靠失业保险应该也可以补贴点家用。

失业满一个月后，熊某捧着一堆个人资料和证明前往当地的劳动和社会保障管理站办理失业证。但是，原本以为要花上一个月时间办理失业金领取流程的她，在第一关就被卡住了：不符合领取失业金条件。

熊某觉得事情蹊跷，就当场打电话问宁波的朋友，问完后还和工作人员理论，说同样在家待业，为何朋友就好好地拿到失业金，还参加当地的就业培训了，而自己却不合格。工作人员解释了半天后，熊某才明白，她和朋友唯一的不同点是，朋友是由于公司原因而被辞退，但她是主动离职的。

思考题：请结合案例谈谈熊某无法领取失业保险金的原因。

相关知识点：非因本人意愿中断就业具体包括哪些情形？

终止劳动合同的；被用人单位解除劳动合同的；因用人单位不按规定提供劳动条件，提出解除劳动合同的；因用人单位以暴力、胁迫或者限制人身自由等手段强迫劳动，提出解除劳动合同的；因用人单位克扣、拖欠工资，或者不按规定支付延长工作时间劳动报酬，提出解除劳动合同的；因用人单位低于当地最低工资标准或者集体合同约定的工资标准支付工资，提出解除劳动合同的；因用人单位扣押身份、资质、资历等证件，提出解除劳动合同的；因用人单位未依法缴纳社会保险费，提出解除劳动合同的以及其他法律规定的情况等。

资料来源：《结合社保案例，解读失业金领取问题》，金投保险网，http://insurance.cngold.org/c/2014-06-16/c2597355.html。

（六）保险支付与支付期限

保险支付与支付期限分城镇职工和农民合同制工人。对于城镇职工，失业保险支付期限长短与缴费时间长短如下：失业人员失业前所在单位和本人按照规定累计缴费时间满1年不足5年的，领取失业保险金的期限最长为12个月；累计缴费时间满5年不足10年的，领取失业保险金的期限最长为18个月；累计缴费时间10年以上的，领取失业保险金的期限最长为24个月。重新就业后，再次失业的，缴费时间重新计算，领取失业保险金的期限可以与前次失业应领取而尚未领取的失业保险金的期限合并计算，但是最长不得超过24个月。

单位招用的农民合同制工人连续工作满1年，且本单位已缴纳失业保险费，劳动合同期满未续订或者提前解除劳动合同的，由社会保险经办机构根据其工作时间长短，对其支付一次性生活补助。补助的办法和标准由省、自治区、直辖市人民政府规定。

（七）保险水平

失业保险金的标准，按照低于当地最低工资标准、高于城市居民最低生活保障标准的水平，由省、自治区、直辖市人民政府确定。失业保险与城市最低生活保障衔接：失业保险支付期满，失业人员还没有找到工作的，如果失业人员符合城市居民最低生活保障的条件，按照规定可以享受城市居民最低生活保障待遇。

案例 8-4　单位未及时开具离职证明，要赔偿损失

黎某 2004 年 7 月 7 日入职江门某大厦，担任点心师傅，最后一份劳动合同期限至 2010 年 9 月 30 日届满，约定月工资为 1850 元。某大厦自 2006 年 10 月开始为黎某购买失业保险至 2010 年 9 月 30 日止，缴费年限共 48 个月。2010 年 9 月 26 日下午，黎某接到单位通知，单位经营场所将转由江门某食品公司进行经营管理，要求黎某回单位商讨续签劳动合同事宜，但双方就续签劳动合同和经济补偿事宜未能达成一致意见，同月 30 日某大厦以合同期满，黎某不同意续签为由终止劳动合同。其后，黎某认为单位的行为属违法解除劳动合同，经仲裁机构和一、二审法院审理后，二审法院于 2011 年 11 月 15 日以双方劳动合同期满终止为由，做出终审判决，判令某大厦向黎某等人支付经济补偿金。2012 年 7 月 10 日，某大厦才向黎某开具解除劳动关系的证明。黎某以某大厦未能及时开具解除或终止劳动合同的证明，致使其没法领取失业保险金为由，于 2012 年 9 月 28 日申请劳动仲裁，要求某大厦赔偿双倍失业保险金。

案例 8-5　失业保险金领取条件（二）

董某是一家传统制造业公司的网络运营专员，去年毕业后就一直在该公司工作。但是，从去年下半年开始，由于互联网的冲击，董某所在公司外销的订单急剧减少，公司外派到东南亚等地的员工都在上个月被调回了杭州总公司，其中有 1/3 辞职或被辞退了。

5 月中旬，公司内部文件下发，工龄不到两年的员工要裁减 5 名。公司会给这 5 名员工补偿一个月的工资补贴。资历不算老的董某最后还是失业了。毕业不到一年，缺乏工作经验，董某找了一个月还是没有找到合适的工作，而又要继续交房租。她听公司同事说，如果生活拮据可以去申请失业金。由于董某是被公司辞退的，有公司出具的辞退证明单，并且在原单位，公司都为其正常缴纳五险一金。董某以为有救了。可是，她在网上咨询了杭州一些劳动律师事务所的律师之后发现，由于自己的失业保险缴纳不满一年，还不能享受失业金待遇。

资料来源：《结合社保案例，解读失业金领取问题》，金投保险网，http://insurance.cngold.org/c/2014-06-16/c2597355.html。

延伸知识点：失业人员如何领取失业保险金？

首先，失业人员原所在单位需要为失业人员出具终止或解除劳动关系证明；在终止或解除劳动合同之日起7日内将失业人员名单及其有关资料报受理其失业保险业务的失业保险经办机构。其次，社保经办机构需要在收到有关资料后10日内予以审核认定，并将认定结果通知失业人员所在单位；单位在接到失业保险经办机构开具的《接收失业人员档案通知书》后，按要求时间将《失业人员通知书》送交失业人员本人。失业人员则在终止或解除劳动合同之日起60日内到受理其失业保险业务的经办机构办理失业登记；填写《失业保险金申领登记表》。需携带下列证明材料：①本人身份证及户口簿；②本人近期免冠照片（一寸）四张；③单位出具的终止或解除劳动关系的证明；④求职证明（劳动保障部门颁发的《失业证》）；⑤本人学历证明及其职业资格证书等。最后，失业保险经办机构在收到失业人员填写的《失业保险金申领登记表》及相关材料后，在10个工作日内核定其待遇标准及享受期限；将结果告知失业人员，同时发给《失业保险手册》，建立《失业保险金发放卡》。

资料来源：《单位未及时开具离职证明，要赔偿劳动者失业待遇损失》，好险啊网，http://article.haoxiana.com/78334.html。

（八）管理与监督

劳动保障行政部门管理失业保险工作，履行下列职责：贯彻实施失业保险法律、法规；指导社会保险经办机构的工作；对失业保险费的征收和失业保险待遇的支付进行监督检查。

社会保险经办机构具体承办失业保险工作，履行下列职责：负责失业人员的登记、调查、统计；按照规定负责失业保险基金的管理；按照规定核定失业保险待遇，开具失业人员在指定银行领取失业保险金和其他补助金的单证；拨付失业人员职业培训、职业介绍补贴费用；为失业人员提供免费咨询服务；国家规定由其履行的其他职责。

财政部门和审计部门依法对失业保险基金的收支、管理情况进行监督。

（九）我国失业保险的发展概况

经过二十几年的探索和实践，我国的失业预防、失业保险和就业扶助三位一体的就业保障体系基本搭建成形,并正在逐步走向完善。

1. 失业保险参保人数逐年增多

从1997年至今,在约20年的发展过程中,我国失业保险参保人数增加约1.58%,且基金结余情况良好(表8-1,表8-2)。

表8-1 我国失业保险基本情况

单位:万人,亿元

年份	参保人数	享受待遇人数	基金收入	基金支出	累计结存
1997	7961.4	317	—	—	—
1998	7927.9	306.7	—	—	—
1999	9852	—	68.4	51.9	—
2000	10408	330	125.2	91.6	159.9
2001	10355	469	187	157	226
2002	10182	440	215.6	186.6	—
2003	10373	415	249	200	304
2004	10584	419	291	211	386
2005	10648	362	333	207	511
2006	11187	327	385	193	708
2007	11645	286	472	218	979
2008	12400	261	585	254	1310
2009	12715	235	580	367	1524
2010	13376	209	650	423	1750
2011	14317	197	923	433	2240
2012	15225	204	1139	451	2929
2013	16417	197	1289	532	3686
2014	17043	207	1380	615	4451
2015	17326	227	1368	736	5083
2016	18089	230	1229	976	5333
2017	18784	220	1113	894	5552
2018	19643	223	1171	915	5817
2019	20543	228	1284	1333	4625

资料来源:根据劳动和社会保障部国家统计局1997~2007年度劳动和社会保障事业发展统计公报及人力资源和社会保障部2008~2019年度人力资源和社会保障事业发展统计公报数据汇总。

表8-2 我国失业保险基金支出项目演变

时间	法律法规	支出项目	备注
1950	《关于救济失业工人的暂行规定》	失业救济金、以工代赈、生产自救、专业训练、回农村生产、移民垦荒	已失效
1986	《国营企业职工待业保险暂行规定》	失业救济金、失业期间的医疗费、丧葬抚恤费、生产自救、专业训练、管理费	已失效
1993	《国有企业职工待业保险暂行规定》(国务院令第110号)	失业救济金、失业期间的医疗费、丧葬抚恤费、生产自救、专业训练、管理费	已失效
1999	《失业保险条例》(国务院令第258号)	失业保险金；医疗补助金；丧葬补助金和抚恤金；职业培训、职业介绍的补贴；国务院规定或者批准的与失业保险有关的其他费用	
2011	《中华人民共和国社会保险法》	失业保险金；保险费；领取失业保险金期间的丧葬补助金和抚恤金	
2012	《关于东部7省（市）扩大失业保险基金支出范围试点有关问题的通知》(人社部发〔2012〕32号)	东7省政策：职业介绍补贴、职业培训补贴、职业技能鉴定补贴、社会保险补贴、岗位补贴、小额贷款担保基金和小额担保贷款贴息	
2014	《关于失业保险支持企业稳定岗位有关问题的通知》(人社部发〔2014〕76号)	稳定岗位补贴	
2014	《关于完善社会救助和保障标准与物价上涨挂钩联动机制的通知》(发改价格〔2014〕182号)	临时价格补贴	

资料来源：人社部：《推行技能提升补贴政策　助力失业保险事业发展》，http://www.mohrss.gov.cn/SYrlzyhshbzb/zcfg/SYzhengcejiedu/201705/t20170522_271139.html。

2. 法律法规促进就业

失业保险是保障失业人员基本生活和促进就业的重要基础，是就业服务体系的一个有机组成部分。在倡导实行积极就业政策的背景下，失业保险在为失业人员提供基本生活保障的同时，也应当在稳定就业岗位和促进就业方面发挥积极的作用。1998年以来，国家对下岗失业人员再就业给予了一系列税收扶持政策，特别是自2011年1月1日起实施了新的支持和促进就业的税收优惠政策，进一步扩大了享受税收优惠政策的人员范围，对于支持重点群体创业就业，促进社会和谐稳定，推动经济发展发挥了重要作用。

国家在实施支持和促进重点群体创业就业税收政策方面先后颁布了很

多法规以及政策性文件（表8-3）。

表8-3　就业扶助方面的相关法规及文件

时间	法律法规	主要内容
1998年6月9日	《中共中央、国务院关于切实做好国有企业下岗职工基本生活保障和再就业工作的通知》	1998年使已下岗职工和当年新增下岗职工的50%以上实现再就业。争取用5年左右的时间，初步建立起适应社会主义市场经济体制要求的社会保障体系和就业机制。
1998年8月3日	劳动和社会保障部和国家经济贸易委员会、财政部等六部委联合下发的《关于加强国有企业下岗职工管理和再就业服务中心建设有关问题的通知》（劳社部发〔1998〕8号）	再就业服务中心要按照中央10号文件的要求，认真履行为下岗职工发放基本生活费，缴纳养老、医疗（或按规定报销医疗费用）、失业等社会保险费，组织下岗职工进行职业培训，为下岗职工提供就业指导等项职能
1999年2月3日	《国务院办公厅关于进一步做好国有企业下岗职工基本生活保障和企业离退休人员养老金发放工作有关问题的通知》（国办发〔1999〕10号）	要求确保下岗职工的基本生活；积极促进下岗职工的再就业；进一步完善"三条保障线"制度。
2001年11月26日	《关于建立国有企业下岗职工基本生活保障重点监控制度的通知》	决定建立国有企业下岗职工基本生活保障重点监控制度，对河北等15个省份和军工、冶金、有色3个行业的151家困难企业实施重点监控，指导企业按照规定做好工作，把基本生活保障工作落到实处。
2002年9月30日	《中共中央国务院关于进一步做好下岗失业人员再就业工作的通知》（中发〔2002〕12号）	提出"努力开辟就业和再就业的门路"；大力发展第三产业；鼓励发展个体、私营、外商投资、股份合作等多种所有制经济扩大就业；鼓励有条件的国企通过多种方式分流和安置企业富余人员；鼓励发展劳务派遣、就业基地等组织形式，为下岗失业人员灵活就业提供服务和帮助。
2002年10月17日	《国务院办公厅关于下岗失业人员从事个体经营有关收费优惠政策的通知》（国办发〔2002〕57号）	为鼓励和促进下岗失业人员从事个体经营，对从事个体经营的下岗失业人员实行收费优惠政策。
2003年5月12日	《国务院办公厅关于加快推进再就业工作的通知》（国办发〔2003〕40号）	提出要"强化就业服务，建立再就业援助制度"。
2005年11月4日	《国务院关于进一步加强就业再就业工作的通知》（国发〔2005〕36号）	提出"开展失业调控，加强就业管理"；建立失业预警机制；规范企业裁员行为；深化劳动力市场制度改革，打破劳动力市场城乡、地区的分割；进一步完善社会保障制度，建立与促进就业的联动机制。

续表

时间	法律法规	主要内容
2006年1月10日	《财政部劳动保障部关于进一步加强就业再就业资金管理有关问题的通知》（财社〔2006〕1号）	设立就业再就业资金，主要用于职业介绍补贴、职业培训补贴、社会保险补贴、小额贷款担保基金和微利项目的小额担保贷款贴息、公益性岗位补贴、职业技能鉴定补贴、特定政策补助、劳动力市场建设、《再就业优惠证》工本费等项支出，以及经省级财政、劳动保障部门共同批准的其他支出。
2006年3月2日	《国家税务总局关于转发〈财政部国家发展改革委关于对从事个体经营的下岗失业人员和高校毕业生实行收费优惠政策的通知〉的通知》（国税函〔2006〕233号）	指出"对从事个体经营的下岗失业人员和高校毕业生实行收费优惠政策，是党中央、国务院促进下岗失业人员再就业以及引导和鼓励高校毕业生自主就业的重要举措"。
2008年9月26日	《国务院办公厅转发人力资源社会保障部等部门关于促进以创业带动就业工作指导意见的通知》（国办发〔2008〕111号）	提出"完善扶持政策，改善创业环境"：放宽市场准入；改善行政管理；强化政策扶持；拓宽融资渠道；加大培训力度；建立孵化基地；强化政府责任。
2010年10月22日	《财政部、国家税务总局关于支持和促进就业有关税收政策的通知》（财税〔2010〕84号）	针对在人力资源和社会保障部门公共就业服务机构登记失业半年以上的人员；零就业家庭、享受城市居民最低生活保障家庭劳动年龄内的登记失业人员；毕业年度内高校毕业生等实行税收优惠政策。
2011年11月8日	《关于进一步做好失业动态监测工作有关问题的通知》（人社部函〔2011〕308号）	指出"失业动态监测制度亟需进一步完善"，要求进一步扩大失业动态监测范围。
2012年1月24日	《国务院关于批转促进就业规划（2011—2015年）的通知》（国发〔2012〕6号）	提出发展目标，实施更加积极的就业政策；就业规模持续扩大，就业结构更加合理；有效控制失业，保持就业局势稳定；人力资源开发水平得到明显提高；就业质量得到进一步提升；实行税收优惠政策。
2014年11月17日	人力资源社会保障部、财政部、国家发展和改革委员会、工业和信息化部《关于失业保险支持企业稳定岗位有关问题的通知》（人社部发〔2014〕76号）	提出"失业保险支持企业稳定岗位是产业结构调整优化过程中一项重要政策"。并要求强化基金管理，加强跟踪监测。
2015年2月27日	人力资源和社会保障部、财政部《关于调整失业保险费率有关问题的通知》（人社部发〔2015〕24号）	从2015年3月1日起，失业保险费率暂由现行条例规定的3%降至2%，单位和个人缴费的具体比例由各省、自治区、直辖市人民政府确定。

续表

时间	法律法规	主要内容
2015年4月27日	《国务院关于进一步做好新形势下就业创业工作的意见》（国发〔2015〕23号）	坚持扩大就业发展战略；发展吸纳就业能力强的产业；发挥小微企业就业主渠道作用；积极预防和有效调控失业风险；积极推进创业带动就业；加强就业创业服务和职业培训。
2015年7月3日	《关于进一步做好失业保险支持企业稳定岗位工作有关问题的通知》（人社失业司便函〔2015〕10号）	提出"稳岗补贴资金可统筹使用当期失业保险基金收入和滚存结余基金，并适时调整基金收支、结余预算"。
2016年2月1日	《国务院关于钢铁行业化解过剩产能实现脱困发展的意见》（国发〔2016〕6号）；《国务院关于煤炭行业化解过剩产能实现脱困发展的意见》（国发〔2016〕7号）	通过技能培训、职业介绍等方式，促进失业人员再就业或自主创业。对就业困难人员，要加大就业援助力度，通过开发公益性岗位等多种方式予以帮扶。对符合条件的失业人员按规定发放失业保险金，符合救助条件的应及时纳入社会救助范围，保障其基本生活。
2017年5月15日	《人力资源和社会保障部、财政部关于失业保险支持参保职工提升职业技能有关问题的通知》（人社部发〔2017〕40号）	指出为"提升参加失业保险职工的职业技能，发挥失业保险促进就业作用"，贯彻落实《国务院关于做好当前和今后一段时期就业创业工作的意见》（国发〔2017〕28号）关于"依法参加失业保险3年以上、当年取得职业资格证书或职业技能等级证书的企业职工，可申请参保职工技能提升补贴，所需资金按规定从失业保险基金中列支"的要求。
2017年6月12日	《财政部、税务总局、人力资源和社会保障部关于继续实施支持和促进重点群体创业就业有关税收政策的通知》（财税〔2017〕49号）	针对在商贸企业、服务型企业、劳动就业服务企业中的加工型企业和街道社区具有加工性质的小型企业实体中的下列人员：人力资源和社会保障部门公共就业服务机构登记失业半年以上的人员；零就业家庭、享受城市居民最低生活保障家庭劳动年龄内的登记失业人员；毕业年度内高校毕业生等实行税收优惠政策。
2017年9月21日	《人力资源和社会保障部办公厅关于实施失业保险援企稳岗"护航行动"的通知》（人社厅发〔2017〕129号）	通过"护航行动"，推动各地全面、规范实施失业保险支持企业稳定岗位的政策，实现"两个全覆盖"，即符合条件的统筹地区政策全覆盖，符合申领条件企业的主体全覆盖，为企业脱困发展、减少失业、稳定就业护航。

续表

时间	法律法规	主要内容
2018年4月22日	《人力资源社会保障部办公厅关于实施失业保险支持技能提升"展翅行动"的通知》(人社厅发〔2018〕36号)	通过"展翅行动",推动各地积极主动、全面规范地落实失业保险技能提升补贴政策,力争使符合条件的参保职工都能享受到技能提升补贴。
2018年6月26日	《人力资源社会保障部、财政部关于使用失业保险基金支持脱贫攻坚的通知》(人社部发〔2018〕35号)	从2019年1月1日起,深度贫困地区失业保险金标准上调至最低工资标准的90%;对深度贫困地区的失业保险参保企业,可将稳岗补贴标准提高到该企业及其职工上年度实际缴纳失业保险费总额的60%;对深度贫困地区参加失业保险的企业职工,放宽到"依法参加失业保险,累计缴纳失业保险费12个月(含12个月)以上"。
2018年12月5日	《国务院关于做好当前和今后一个时期促进就业工作的若干意见》(国发〔2018〕39号)	2019年1月1日至12月31日,对面临暂时性生产经营困难且恢复有望、坚持不裁员或少裁员的参保企业,返还标准可按6个月的当地月人均失业保险金和参保职工人数确定,或按6个月的企业及其职工应缴纳社会保险费50%的标准确定。上述资金由失业保险基金列支;发挥政府性融资担保机构作用支持小微企业;鼓励支持就业创业;积极实施培训;及时开展下岗失业人员帮扶。
2019年3月11日	人力资源和社会保障部、财政部、国家发展改革委、工业和信息化部《关于失业保险支持企业稳定就业岗位的通知》(人社部发〔2019〕23号)	要求:加大稳岗支持力度;放宽技术技能提升补贴申领条件(自2019年1月1日至2020年12月31日,将现行技能提升补贴政策申领条件由企业在职职工累计缴纳失业保险费36个月及以上放宽至累计缴纳失业保险费12个月及以上);加大对深度贫困地区的倾斜支持力度;同时要防范基金风险。
2019年9月11日	人力资源和社会保障部、财政部、国家税务总局《关于失业保险基金省级统筹的指导意见》(人社部发〔2019〕95号)	失业保险基金在直辖市实行全市统筹。省、自治区人民政府决定实行省级统筹的,人力资源和社会保障部门要在省(自治区)内统一失业保险参保范围和参保对象,统一失业保险费率政策,统一失业保险缴费基数核定办法,统一失业保险待遇标准确定办法,统一失业保险经办流程和信息系统。未实行失业保险基金省级统筹的,要提高到市级统筹。

续表

时间	法律法规	主要内容
2020年3月5日	《人力资源和社会保障部办公厅关于进一步推进失业保险金"畅通领、安全办"的通知》（人社厅发〔2020〕24号）	对领取失业保险金期满仍未就业且距离法定退休年龄不足1年的失业人员，可继续发放失业保险金直至法定退休年龄，实施时间自2019年12月起。失业人员的领金期限、就业失业状态、法定退休年龄可通过失业保险参保缴费记录、身份证信息等内部信息比对确定。续发失业保险金无需个人提出申请，失业人员按照规定同时享受代缴基本医疗保险费等其他失业保险待遇。
2020年5月29日	《人力资源社会保障部、财政部关于扩大失业保险保障范围的通知》（人社部发〔2020〕40号）	要求：及时发放失业保险金；阶段性实施失业补助金政策（2020年3月至12月，领取失业保险金期满仍未就业的失业人员、不符合领取失业保险金条件的参保失业人员，可以申领6个月的失业补助金，标准不超过当地失业保险金的80%）；阶段性扩大失业农民工保障范围（2020年5月至12月对《失业保险条例》规定的参保单位招用、个人不缴费且连续工作满1年的失业农民工，及时发放一次性生活补助）。
2020年7月31日	《国务院办公厅关于支持多渠道灵活就业的意见》（国办发〔2020〕27号）	要求：鼓励个体经营发展；增加非全日制就业机会（对就业困难人员、离校2年内未就业高校毕业生从事非全日制等工作的，按规定给予社会保险补贴）；支持发展新就业形态；优化自主创业环境；加大对灵活就业保障支持。

3. 近年来连续降低费率

为了完善失业保险制度，建立健全失业保险费率动态调整机制，进一步减轻企业负担，促进就业稳定，2009年2月3日《国务院关于做好当前经济形势下就业工作的通知》（国发〔2009〕4号）提出"阶段性降低城镇职工基本医疗保险、失业保险、工伤保险、生育保险费率，运用失业保险基金结余引导困难企业不裁员或少裁员等措施，稳定就业岗位"；2015年2月27日人力资源和社会保障部、财政部发布《关于调整失业保险费率有关问题的通知》（人社部发〔2015〕24号），决定从2015年3月1日起，失业保险费率暂由现行条例规定的3%降至2%；2016年4月14日人力资源和社会保障部、财政部发布《关于阶段性降低社会保险费率的通知》中提出，根据《中华人民共和国社会保险法》等有关规定，从2016年5月1日起，失业保险总费率在2015年已降低1个百分点基础上可以阶段性降至1%~1.5%，其中个人费率不超过0.5%，降低费率的期限暂按两年执行；根据国务院进一步清理规范涉企收费减轻企业负担的要求，2017年2月16日人力资源和社会保障部、财政部下发的《关于阶段性降低失业保险费率有关问题的通知》（人社部发〔2017〕14号）规定，从2017年1月1日起，失业保险总费率为1.5%的省、自治区、直辖市，可以将总费率降至1%，执行至2018年4月30日。降低失业保险费率政策出台后，地方层面上迅速落实。据不完全统计，目前至少已有山东、浙江、江苏、河北、山西、辽宁、吉林、宁夏、新疆、甘肃10个省份印发通知，明确将失业保险总费率由1.5%降至1%。官方强调，降低费率不会影响失业保险金的发放和逐步提高。2019年4月4日《国务院办公厅关于印发降低社会保险费率综合方案的通知》（国办发〔2019〕13号）要求"自2019年5月1日起，实施失业保险总费率1%的省，延长阶段性降低失业保险费率的期限至2020年4月30日"；2019年12月29日《国务院关于进一步做好稳就业工作的意见》（国发〔2019〕28号）提出"阶段性降低失业保险费率、工伤保险费率的政策，实施期限延长至2021年4月30日"；2020年2月20日《人力资源和社会保障部、财政部、税务总局关于阶段性减免企业社会保险费的通知》（人社部发〔2020〕11号）要求"自2020年2月起，各省、自治区、直辖市（除湖北省外）及新疆生产建设兵团（以下统称省）可根据受疫情影响情况和基金承受能力，免征中小微企业三项社会保险单位缴费部分，免征期限不超过5个月，对大型企业等其他参保单位（不含机关事业单位）三项社会保险单位缴费部分可减半征收，减征期限不超过3个月"。

4. 提高失业保险金标准

2017年9月20日，人力资源和社会保障部、财政部《关于调整失业保险金标准的指导意见》（人社部发〔2017〕71号）就调整失业保险金标准提出以下指导意见：统筹考虑失业人员及其家庭基本生活需要和失业保险基金运行安全，坚持"保生活"和"促就业"相统一，既要保障失业人员基本生活需要，又要防止待遇水平过高影响就业积极性。各省要在确保基金可持续前提下，随着经济社会的发展，适当提高失业保障水平，分步实施，循序渐进，逐步将失业保险金标准提高到最低工资标准的90%。各省要发挥省级调剂金的作用，加大对基金支撑能力弱的统筹地区的支持力度。

实现充分就业是世界性课题，多年来，各国政府都在进行探索，我国也在不断努力。作为社会保障制度的子系统，我国的失业保险法规尚需进一步完善，更好地发挥失业保险预警预报制度的作用，加强培训等工作促进就业，更好地发挥失业保障制度的整体功能，担负起"安全网""减震器"的重任。

第三节 国外失业保险

一 失业保险制度的产生与发展

人类进入工业社会以来，随着生产力的发展和机器对劳动力的替代，失业成为每位劳动者都有可能面临的一种社会风险。失业问题也成为直接关系到社会稳定和经济发展的重要社会问题。因此，加强对失业的管理，是一个国家长期稳定、健康发展的内在要求。

19世纪中叶，欧洲各国工人就在工会的领导下成立互助会，自己团结起来开展救济失业、保障就业的活动。随着工业化的发展，失业问题越来越严重，仅靠工友之间的互助互济难以解决失业问题，社会稳定也受到威胁，各国政府开始关注失业问题并建立失业保险制度。

政府资助失业保险最早起源于比利时（1901年），由地方财政提供资金，工会互助会管理资金，吸纳职工自愿参加；1905年法国率先颁布了失业保险法，建立了非强制性的失业保险制度；1906年挪威建立了自愿性的失业保险制度；丹麦于1907年建立了类似法国的失业保险制度；1911年英国政府正式批准了"失业保险法"，这是世界上第一个全国性的强制性的失业保险法。此后，包括意大利、奥地利、波兰、德国等国家在内的许多国家实行了社会失业保险制度。经过20世纪30年代经济大危机工人大失业的教训，各国政府普遍感到失业保险的重要性，30~60年代，各国纷纷建立失业保险制度。美国于1935年通过了《社会保障法》，建立包括失业保险在内的社会保障体系。我国于1986年才正式建立失业保险制度（当时仍称之为"待业保险"）。

在这一时期，国际劳工组织也制定了有关失业保险的公约和建议书：

1934年《失业补贴公约》（第44号）和《建议书》，1952年《社会保障（最低标准）公约》，1988年《促进就业和失业保护公约》和《建议书》。1934年通过的《失业补贴公约》（第44号）和《建议书》针对当时工业化国家普遍存在的严重失业问题，要求各国建立一种对非自愿性失业者提供失业补贴的制度，这种制度可以采用强制保险的形式，也可以采取自愿保险的形式，或是采取强制与自愿两种方式相结合的形式。

失业保险制度的实施与经济发展水平高度相关，随着工业化进程的加快，经济结构的调整，失业成为各国普遍存在的社会现象，失业问题也上升为各国越来越关注的社会问题。20世纪60年代以来，随着社会保障制度在各国的改革，许多国家开始实行"积极的劳动力市场政策"以避免失业率过高，缩短失业周期。同时，各国政府也都采取了一定措施，帮助就业困难群体实现再就业。国际劳工组织的有关公约规定了为残障人士提供就业训练帮助其就业、保持工作和获得保障的权利。各国政府还采取积极措施，为弱势群体就业提供优惠政策。20世纪70年代开始，OECD成员国纷纷推出"特种雇佣计划"，定向解决失业问题，政府为就业岗位提供者发放补贴。失业保险制度逐渐由单纯的保障失业人员的基本生活发展到失业预防、失业保障和就业促进三管齐下。

进入20世纪90年代，在经济全球化背景下，随着技术革命速度的加快和知识更新速度的加快，结构性失业和摩擦性失业人数大幅增加，就业形势更为严峻。根据原劳动与社会保障部国际劳工研究所2001年发表的研究报告，1999年全世界共有69个国家建立了失业保险制度。与养老保险（167个国家）、工伤保险（164个国家）、医疗保险（112个国家）等相比，失业保险制度的建立和发展仍是比较缓慢的。2001年年底，国际劳工组织召开"全球就业论坛"，会议通过的《全球就业议程》提出，"使经济增长和繁荣的潜力得以发挥的基本条件是，生产性就业被置于经济和社会政策的核心位置，使充分的、生产性的和自由选择的就业成为宏观经济战略和国家政策的总目标"。

二 典型国家失业保险制度

（一）美国的失业保险制度

失业保险制度是美国职业保障体系中建立最早、覆盖面最广的一项社会保障措施，始建于经济大危机后的 1935 年，在维持失业人员的基本生活水平、促进经济发展和社会稳定方面起了积极的作用。

1. 失业保险对象

美国采取的是完全强制性的失业保险模式，即凡属于国家失业保险法所规定类别的雇员必须无条件地参加国家举办的失业保险制度。具体服务对象包括私营企业、州和地方政府机构及非营利性组织的雇员，联邦政府的公务员则由另外的保险制度涵盖。二战后，美国又出现了一些新的失业救济形式，其中最有代表性的是私人企业主和工会组织实施的"补充失业津贴"。目前全美国 90% 以上的从业人员享受失业保险。

2. 资金来源

失业保险金的主要来源是雇主缴纳的失业保险税，只有少数几个州（例如阿拉巴马、阿拉斯加和新泽西州）向职工征收失业保险税。美国的失业保险实行双层制：由州政府经营，联邦政府补助经营费用，各州的具体措施并不是统一的。联邦政府通过税收杠杆来推动此项制度的实施。一般来讲，联邦失业保险税为工资总额的 1%，州失业保险税则视各州的具体情况而定，平均为工资总额的 5% 左右。雇主解雇多少工人，就要交多少税，纳税多少根据解雇工人的人数浮动计算。总体来看，雇主负担和支付全部保险费，保险费率大约是雇员工资的 6.2%，州政府将上缴来的 90% 划作失业救济金，其余的 10% 上交给联邦政府。[①]

3. 享受失业保险的资格条件

领取失业保险金必须符合下列要求：①必须符合法定的已工作期限、已投保期限和应缴纳的保费数额；②必须处于法定年龄段且有劳动能力；③有意愿再就业，必须在职业介绍所登记，要求就业且愿意接受职业介绍所提供的就业机会；④必须是非自愿的失业，而且在失业期间必须积极寻找工作；⑤未参加过工作的失业者、被开除或自动离职的失业者、已经用尽失业保险金的失业者以及因劳动纠纷而失业者等都不能领取失业保险金。

4. 失业保险待遇

失业保险金的发放期限和金额在各州均不相同，大多数州在发给失业

---

① 唐斌尧：《美国社会的失业问题及相关救助制度》，《人口与经济》2005 年第 2 期，第 73～74 页。

者津贴之前都规定有一周的等待期,领取津贴的时间一般为半年到一年。失业津贴标准根据失业者失业以前的工资确定,有最高上限和最低下限。每周失业保险金的上限通常有两种办法确定,一是固定标准,二是根据就业者周工资的比例灵活调整。经过失业等待期后,失业者可享受失业保险待遇最长不超过26周。

补充失业津贴的享受条件是只有获得了领取失业救济金资格的工人,而且为公司工作至少一年(有些部门要求两年)后,才有权享受补充津贴。如果工人拒绝接受公司为他安排的其他工作,就要被取消享受资格。"补充失业津贴"所需费用由雇主和工会支付,其待遇水平约为原工资的30%~45%。

补充阅读8-1 美国20世纪30年代的失业状况

1930年代的经济大萧条对当时的美国经济和社会造成重创。由于当时的胡佛总统没有及时采取有力的措施,使失业率大幅攀升,领救济金的失业人员队伍逐渐壮大,甚至连工程师、金融家这类中产阶级也失去了工作。可以说,当时美国各行各业的劳动者生活都十分惨淡。不用提失业人员,就是勉强保住工作的人也没好到哪去。因为找工作的人太多,雇主便一再削减工资。百货商店的售货员工资低到每周5美元。芝加哥市有人做过调查,据说多数女工每小时工资不到0.25美元,其中1/4不到0.1美元。1932年,伐木业每小时工资减到了0.1美元,砖瓦制造业0.06美元,锯木厂0.05美元。农产品价格惨跌,农民每收一英亩小麦,就要亏损1.5美元。

街头流浪的人越来越多,他们想出了很多生活的"窍门":冬天,报纸塞在衬衣里边是可以御寒的;如果料到在职业介绍所外面要排上几个钟头的队,事先用麻包片把腿包扎起来就是了。当然还有众所周知的"胡佛毯"和"胡佛猪"等。

在这样的背景下,罗斯福赢得了1932年的总统大选。走马上任后,罗斯福随即颁布了一系列举措以稳定金融、经济以及农产品价格,史称"罗斯福百日新政"。后来,为了解决当时的失业以及其他社会问题,美国颁布了一部包括养老金制度、失业保险制度、儿童救济金制度、资助保健事业等方面内容的《社会保障法》。这部法律被历史学家普遍认为是所有"新政"立法中最重要的立法,它使美国走上通往福利国家的道路。

资料来源:〔美〕威廉·曼彻斯特:《光荣与梦想》,中信出版社,2015,第32页。

5. 管理

失业保险基金通过国家专门设置的社会保险机构进行管理。美国失业保险实行联邦政府、州政府、地方县和市政府三级管理。联邦政府通过《社会保障法案》和《联邦失业税收法案》对州政府的管理进行监督,州政府可以在联邦政府的框架要求下,颁布各州的《失业保险法》。失业保险由联邦劳工部全面监督,必要时对州政府进行资金和技术上的援助,对失业信托资金进行统一的管理和投资。由相关部门进行辅助:就业与训练局、失业保险处、财政部的任务是认证和检查各州的工作是否与联邦政府的法令、政策相符合;提供技术性服务及数据;收税并管理失业保险基金。州政府设有劳工厅,具体管理失业保险。此外,地方各县、市也设有就业中心和办事处等机构。

6. 促进再就业

美国国会和政府为再就业培训制定了不少法律,其中的《就业训练合作法》是最早的主要法律之一。近年来,美国的就业培训,对增加就业和降低失业率起到了重要作用。政府还采取了一定力度的措施,奖励和刺激缩短失业时间。例如,美国曾推出名为"经济增长和工作创造"的一揽子经济振兴方案,其中包括一个"个人再就业账户"政策。该政策规定,符合条件的失业者可以获得一个一定额度的个人账户,再就业需要的开支可以用账户内的资金支付。如果能在13周内实现再就业,账户上的余额留作对本人的奖励,以此刺激更加努力地再就业。

(二)加拿大的失业保险制度

加拿大是联邦制国家,实行联邦、省/地区和市三级政府管理制度,全国共划分为10个省和3个地区,各省和各地区政府都具有相对独立的立法权和行政管辖权。加拿大三级政府在劳动就业方面的职责和作用各有侧重。联邦政府的职责是制定劳动保障、工作条件、职业卫生和安全等方面的法规，约占加拿大全部劳动立法的10%；省政府则负责制定最低工资、工伤补偿、休假、加班等劳工标准方面的法规，约占全部劳动立法的90%；市政府则侧重对弱势群体提供就业帮助和社会保护援助，如向他们提供就业援助、食物、衣物、药物、庇护中心和医疗服务等。

加拿大社会福利非常发达，在普遍实施失业保险的同时，对失业者中有特殊困难的弱者，还给予社会性援助，即"特殊失业补助"。因此，在保障模式上选择了"失业保险＋特殊失业补助"的援助型模式，目的是为受雇者在失业期间没有收入时，可以领取"普通失业保险金"帮助其渡过财政难关；生病、受伤等特殊情况致不得不暂停工作时，可领取"特别失业保险金"。在新制度下，这一失业保障计划改称为就业保险，它包含两个主要内容：失业收入保障，即失业金；鼓励就业津贴，用以鼓励再就业。[①]

由此可以看出，加拿大在普遍实施失业保险的同时，对失业者中有特殊困难的弱者，也给予了社会性援助，形成既严格又细密的失业保险网。严格，即它对普通失业者享受失业保险做了明确的权利义务规定，体现了权利与义务相结合的责任要求；细密，即援助性的失业补助措施为许多特殊的失业者提供了合理保障，整个制度安排覆盖面广，既有针对大众的普遍性失业保险，又有针对特殊群体的失业援助，既保障了不同群体的基本生活需求，又注重再就业培训和激励，两者相辅相成，考虑周到合理。

1. 享受失业保险的资格条件

申请领取失业金必须符合以下条件：①有能力和时间工作，但找不到工作；②具备合格的工作时长；③已缴纳过失业保险费；④已经连续七天以上无工作、无收入；⑤不是自雇佣者；⑥有正当的失业理由，公司裁员、随眷移居、工作环境危害健康、雇主不给加班费、受到歧视等均是正当失业理由。

2. 失业保险待遇

（1）鼓励就业津贴

就业津贴用以直接协助准备就业者，目前正由联邦政府与各省协商办理，其主要项目为工资津贴。失业金申请人依据特定的雇主安排领取工资

[①] 《加拿大失业保险金详解》，北美中文网，http://www.dragonsabroad.com/jobcenter/job-center_article.asp? id=6015&subid=30&seqid=1。

津贴，该雇主必须为申请人提供工作，而这份工作将来可以转为长期工作，或可以使申请人将来转到另一个雇主那里工作。

（2）特别失业保险金

当生病、受伤、检疫隔离、分娩或需要全时间照料新生或领养的孩子而须暂停工作时，也可以领取特别失业保险金，如病伤失业保险金、孕妇特殊失业保险金和老年失业保险金等。

3. 领取失业保险的程序与规定

失业者失业后应尽快前往就近的加拿大就业中心索取申请表格填写，有两项资料必不可少，一是社会保险号码，二是雇员在停工没有收入后的五天内雇主发出的就业记录。领取失业保险金的等待期一般为两周，享受期限最长为45周。保险金具体数额根据以前工作情况和本地失业率而定，并根据申请人抚养孩子的负担情况及家庭年收入水平而有所调整。

为鼓励失业者再就业，政府发放失业保险金的具体数额还要看申请人以前领取失业保险金的频率，领取失业保险金周数越长，申请人下次所得到的保险金金额就越低。失业期间，加拿大政府鼓励失业者参加各种培训，以便获得新的工作。

4. 促进再就业

《加拿大就业保险法》于1996年7月开始正式生效并实施。在此之前，加拿大一直实行失业保险制度。该法将失业保险制度改为就业保险制度，把原来的消极保障改成了积极促进就业。根据这一原则，新制度降低了失业津贴给付标准和期限，并把其中的一大部分资金用在了职业培训方面。

加拿大的职业培训机构遍布全国，为需要培训的人员提供了选择机会，满足了企业和社会的需求，也为提高全民文化素质和劳动力技能发挥了重要的作用。满足条件的申请人学习培训的费用由政府支付。享受失业保险金期间，失业者可以打零工，但是，其收入如果超出失业保险金的25%就要将超出的部分从失业保险金中如数扣除，同时政府也会因此减少领取失业保险金的历史记录。

加拿大的职业培训包括青年实习计划和就业培训计划，其主要目标是促进就业和再就业。青年实习计划是人力资源开发部于1994年起开始设立的一项培训计划，旨在帮助在校青年获得初步工作实践经验或帮助失业青年开展创业活动,以便使他们毕业后早日实现就业或自营就业。就业培训计划是针对失业者再就业的培训计划。

加拿大职业培训的特点是:培训机构紧紧围绕劳动力市场的需求开展培训;政府动员社会各方面的力量,如学院、社区和工会等,共同促进职业培训工作;培训与就业紧密相连。这种模式的不足之处:第一,由于培训限定于某个行业,培训内容比较单一,从而使受训者的技能不能得到全面的开发;第二,受训者必须完成全部的培训课程,持续时间比较长。有鉴于此,加拿大政府在最近几年经济繁荣时期,充分利用失业率下降的机遇,大力提倡个性化的培训模式。这种培训模式规模小,见效快,注重个性化发展,因此也就要求职业培训机构设置种类繁多的课程。培训前,职业培训机构必须对报名人员进行个人能力背景测试,帮助其确定适合自己的培训课程。

政府采取了"整体购买"和"个性化"相结合的培训模式。"整体购买"是指针对某个复苏行业的需求,政府出资为该行业购买大规模的培训课程及培训成果。这种培训模式在教学和管理上比较方便,很受学员和企业的欢迎。政府还利用电脑信息技术,建立了方便快捷而又连通国内外的劳动力市场信息网络。

2002年,加拿大政府公布了《加拿大创新战略》,从知识效能、创新人才等四个方面提出了一系列具体的量化目标和衡量指标:到2010年,科研绩效进入世界前5位;政府对科研的投入至少翻一番;获得继续学习机会的成年人增加到100万人。

(三) 瑞典的失业保险制度

瑞典被称为福利国家的橱窗,以"高工资、高税收、高福利"著称,其失业保险制度也体现了福利国家的特色。

1. 失业保险制度

瑞典的失业保险制度建立于1935年。70年代,瑞典政府在保持、发展已有政策的基础上,又实行了义务失业保险,凡是与工会有关联的雇员都可以自愿参加失业基金会。现行的《失业保险法》和《失业保险基金法》制定于1997年,瑞典失业保险委员会(IAF)是管理失业保险基金的机构。失业保险制度实行基本保险(失业援助)和自愿保险(义务保险)

双重模式。

（1）基本保险

无资格领取与收入相关的失业保险的人适用于基本保险，对已登记寻找工作而在90天之内没有找到工作的劳动者，可领取每天240克朗的失业基本补贴，费用由国家财政支出。

凡是符合相关基本条件和工作条件，以及年龄超过20岁的人员，都可以获得基本保险范围内的失业救济金。20~64岁劳动者自就业之日起已被列入国家失业保险，一旦失业便开始享受失业保险金，失业津贴至多发给300天，事实上很少有失业达到300天的。对于55~65岁的失业者可延长到450天，金额相当于本人工资的92%，发放5天。

（2）自愿保险

自愿保险又被称为与收入相关的失业保险，采取的形式是国家资助，工会主办，个人自愿参加，由工会组织成立失业保险基金会，向失业者提供失业津贴。

从失业保险基金会中领取失业津贴的人必须是参加该基金会的会员。在瑞典，工会组织十分发达，90%的蓝领工人和88%的白领雇员都参加了工会。对于普通工资劳动者来说，人们在加入了工会的同时也就加入了这种基金会，而不需要再办理其他手续。

失业保险基金会在失业救济问题上有决策权。失业保险基金一般以行业划分，有资格加入失业保险基金的人员包括从事固定的、有辅助薪酬补贴的、有就业补助金的以及公益性单位提供的庇护性就业工作等的人。截至2009年7月，瑞典共有32家失业保险基金。

2. 享受失业津贴的资格条件

享受失业基本补贴的资格条件包括：属于非工会会员；参加失业基金会不满10个月或领取失业津贴的时间超过300天不足450天；在过去的1年中工作超过5个月且每月工作不少于10天。

享受自愿保险的资格条件包括：失业者必须加入由工会组织的"失业保险基金"；主动登记寻找新的工作；愿意每天至少工作3个小时，且每周工作不少于17个小时；在失业前的12个月内工作时间超过6个月。对于自愿辞职或拒绝从事适合工作的雇员，失业后20~60天内不得享受与收入相关的失业保险。①

3. 瑞典失业保险制度：扬长避短

瑞典的失业保险与其他保险项目不同，它不由国家或地方保险机构管理，而是由工会经营。工会在保护劳动者权益、扩大失业保险覆盖面、促进就业等方面发挥了巨大的作用。

瑞典的失业保险制度覆盖面广，待遇水平高，为劳动者提供了较高水平的福利保障，但正是其保险津贴水平过高，享受资格宽松，也造成了福利成本过高，财政负担过重和"养懒汉"的现象。近年来，瑞典的失业率呈上升趋势，失业持续期延长，失业保险基金的支出规模日益庞大：瑞典失业保险基金90%左右来自政府财政补贴，所以不断增加的失业保险支出是瑞典财政多年赤字的重要原因之一；用于就业促进的开支和公共部门的费用支出增大了财政赤字的压力；瑞典的高失业津贴使失业者失去了找工作的动力，导致了"失业陷阱"。

失业保险水平不仅要能够保障失业者的基本生活需要，同时要与经济发展水平相适应，促进再就业才是建立失业保险的最终目的。强调就业第一，将失业津贴作为失业后的补救措施。自30年代以来，历届社民党政府都始终把"充分就业"作为经济政策的首要目标。政府推行积极的劳动力市场政策，为失业者开展培训，为在职雇员提供职业教育以及鼓励员工流动，促进就业和经济发展，而把失业救助作为最后手段，既充分利用了劳动力资源，也促进了社会的稳定和经济的增长。

（四）德国的失业保险制度

1. 立法

德国的社会保险制度在西方发达资本主义国家中最早建立，体系也较健全。自19世纪80年代，德国率先颁布第一批社会保险法案，经过上百年的发展，其社会保险在立法、实施、管理方面已形成了比较完整而完备的体系，且具有自己的特点。相比之下，德国的失业保险制度建立的相对较晚。直到1927年，德国颁布了《失业介绍法和失业保险法》，失业保险制度开始建立；1969年颁布的《劳动促进法》和《职业培训法》标志着

---

① 楚建忠：《瑞典的失业保障制度及其对我国的启示》，《国际经贸研究》1996年第4期，第32~33页。

该制度的进一步发展；1974 年，《失业救济条件》的出台进一步完善了失业保险制度。1994 年 8 月实施的《就业支持法》允许建立私营的职业介绍所，这更有利于减少失业。法律规范保证了失业保险制度的强制性和权威性，完备的立法成为规范和监督各职能部门及协调各方面关系的有效手段。

2. 管理

德国失业保险是一种强制性的保险，由联邦劳动局负责统筹管理。联邦劳动局是一个公共法人性质的团体组织，由雇主、雇员和国家三方代表组成的管理委员会负责，在国家监督之下实行"自治管理"。联邦劳动局总部设在巴伐利亚州的纽伦堡市，在联邦各州和一些大城市，都设有州劳动局和市劳动局，分别负责本地区的失业保险和就业促进事务。

3. 失业保险

为了保障失业者的基本生活和促进再就业，德国采取了"失业保险＋失业救济"的衔接型保障模式，主要通过失业补助金和失业救济金对失业人员进行补偿。

（1）失业保险制度

①覆盖范围

德国的强制性失业保险几乎覆盖了所有的就业人口，但各种自由职业者、不能被解雇的公务员、年满 63 岁以上的雇员及养老金领取者，都不属于法定失业保险投保人范围。

②失业保险金的筹集

德国采用现收现付方式。依据预计当年保险金的需求量来确定保险金的收取量。资金来源于四个方面：雇员缴纳的保险金、雇主缴纳的保险金、联邦财政补贴和其他方面筹集的资金。其中，劳资双方缴纳的保险金每年由法律规定，占全部筹资金额的 75% 以上。如果雇员的工资低于保险金限额的 1/10，则保险金全部由雇主承担。

③领取失业补助金的资格条件

领取失业保险金的条件包括：失业前每周工作 18 小时以上；参加了法定的失业保险且在失业前 1 年内缴纳失业保险费满 6 个月；属于非自愿失业，如果失业者是由于违背合同规定被解雇或自行解除劳资关系及逃避职业培训则不能领取失业保险金；已失业正在等待职业介绍；已在劳动局申请过失业并正式提出申请失业保险金。

④待遇标准

失业补助金的给付标准，一般为本人失业前三个月平均工资的63%，领取期限根据工作年限（1年以上和10年以上，领取的时间长短要根据失业者失业前3年的工作时间决定），最短为6个月，最长至32个月。超过领取失业补助金的期限仍找不到工作的人及由于某种原因没有权利享受失业保险的人只能领取失业救济金。

（2）失业救济制度

失业救济金的发放对象是无权享受失业补助金的失业者、已在劳动局登记失业且在等待职业介绍还未开始领取失业补助金者、曾申请过失业救济金者及家庭收入和财产不够支付其生活开支的贫困者。失业救济金是政府承担的帮助穷人的措施，筹资来自联邦财政补贴，失业者不需承担缴费义务。即使没有加入行业保险的失业者，根据一定的标准，也可以领取失业救济金。

失业救济金的待遇水平要低于失业补助金水平，最长领取期限为1年，目的是促进失业者积极寻找工作。同时，失业补助金与失业救济金的衔接，也为失业人员提供了双层安全保障，避免了部分失业者因未能及时再就业而陷入贫困的境地。

4. 积极的失业保险政策——促进再就业

德国联邦劳动局通过预算，对雇员和雇主进行帮助，目的是为了促进再就业。失业保险金除了用于支付失业补助金、失业救济金和劳动局的管理费用以外，将更多的力量投入到提供就业咨询和提供培训机会上，促进就业，改善就业环境、发展职业教育与培训以及就业介绍等。

（1）劳动力市场和就业政策研究。主要是对每个产业部门和各个地区的劳动力市场变化、就业情况及职业培训的可能性做出调查和分析。研究成果定期或不定期地提交有关机构。

（2）职业介绍和职业咨询。劳动局在劳动者与雇主之间搭建起沟通的信息平台，免费帮助双方进行需求、供给的有效匹配，并提供有关劳动力市场的情况，免费为求职者就其职业的发展、培训的机会以及将来提升的可能性等问题提供咨询，推荐相应的职业培训单位，以帮助他们以后找到合适的工作。

（3）职业培训。在德国的职业教育和培训领域，除了占主导地位的

"双元制"外,还有一些是以学校课堂教育为主的全日制职业教育学校。它们是职业专科学校、职业提高学校、专科高中、职业高中、职业或专科完全中学和"双证制"学校。

职业培训包括职业教育、职业进修和改行培训等形式。接受培训的青年或成人,自己无力承担培训费用时,可以按有关规定申请补贴和贷款。当失业者参加全日职业培训时,可以领取生活补助金,数额相当于原来净收入的80%。职业进修是为在职人员或重新就业者提供的,包括学徒工的进修、妇女就业帮助及老年求职者重新就业的培训。进修所需的费用,全部或部分地由劳动局负担。需要参加改行培训的,如果时间不超过两年,原则上也能得到补贴。

(4) 鼓励就业。劳动局为了鼓励失业者再就业,给予求职费用补贴、搬迁费以及其他在寻找工作过程中必要的补贴。此外,雇主也可以申请贷款和补助来补偿因为雇用失业者而造成的损失。

(5) 残疾人就业补助。德国法律规定,对残疾人的社会保险费、培训费等给予补助。如果雇主愿意提供残疾人培训,或者建造特殊的实习工厂,劳动局也给予雇主资助和贷款。

德国已建立起比较全面的、系统的失业保险制度,这是将劳动者的权利和义务紧密结合,以保障劳动者基本生活权利和积极促进就业为宗旨的保险制度

(五) 韩国的失业保险制度

韩国称之为雇用保险。1993年,韩国政府制定了《雇用保险法》,并于1995年7月开始施行。其理念是:改善雇佣结构、开发劳动者技能、以积极的人力资源政策为宗旨,从制度上解决产业结构调整对劳动力需求的变化的问题。因此,它不是以失业金给付为核心内容,而是从支援雇用安定、促进职业能力开发、预防失业等积极的人力政策角度设计的,对失业的给付不是以"高负担高福利"为原则,而是以"低负担低福利"为原则的。[①] 该保险制度发展起步较晚,到目前已经形成了由就业稳定、职业能力开发、失业给付、母性保护给付四部分所构成的保险体系,在预防失

---

① 郑秉文、方定友、史寒冰:《当代东亚国家、地区社会保障制度》,法律出版社,2001,第180页。

业、促进就业、保障生活和维护女性劳动者权益方面发挥了良好的作用。

1. 资金来源

雇用保险费由两部分构成,失业给付保险费率为职工工资总额的1%,由雇主和雇员各负担一半;雇用安定(就业稳定)和职业能力开发保险费率根据企业规模的不同费率0.25%~0.85%不等,由雇主负担。雇用保险管理费用从雇用保险基金中列支。

2. 给付资格条件

失业前18个月内缴纳过12个月的保险费,失业后立即向职业安定机构登记并申请再就业,非个人原因导致失业的人。

3. 失业保险待遇

(1) 失业基金给付期限。失业基金给付期限根据投保时间和失业者年龄而有所不同。一般而言,投保时间越长,可领取期限越长;失业者年龄越大,相对来说再就业越困难,于是可享受失业给付的期限越长。符合条件的失业者经过两周的等待期,就可以根据具体情况领取失业基本给付。

(2) 失业基金给付水平。基金给付额 = 日基础工资额 × 1/2。其中,日基础工资额 = 失业前12个月工资总额/365。

(3) 就业促进津贴。除了失业基金给付,失业给付还包括就业促进津贴。就业促进津贴比基金给付要高,主要包括一次性的再就业津贴、职业能力开发、训练津贴、外地求职补助和搬迁费。目的就是防止失业陷阱,通过积极的职业能力开发和促进职业训练激励失业者再就业。

4. 积极的失业保险政策——促进再就业

韩国的雇用保险强调雇佣安定和职业能力开发,更多的投入在失业预防和积极的人力政策及再就业训练方面,而直接的失业给付仅仅是对失业者在失业期间的一个基本缓冲帮助。

(1) 雇用安定(就业稳定)项目

主要是对雇用调整的支援,其支援对象一般包括因经济原因而导致停工的工人、在指定期限内准备离职进行转业培训的工人、因增添设备转到新行业重新安排就业的工人、紧急雇佣地区的企业主、雇用55岁以上高龄者6%以上的企业主等。支援内容主要包括停工津贴支援、职工训练支援金、人力重新安排支援金、对地域雇佣的支援、对雇用高龄者的支援、对雇用妇女的支援。支援的待遇水平分别相当于原待遇的1/3,以及劳动部每年公布奖励金额和保育教师工资的1/2。

（2）职业能力开发项目

以雇用保险基金作为资金来源为企业在职职工提供职业能力培训支持，以鼓励雇主和职工开展自发性培训，从而增强在职职工的劳动生产效率，提高企业竞争力，同时为失业人员提供技能培训支持，来提高失业人员的职业技能水平。职业能力开发政策的支持对象包括雇主、在职职工和失业者。韩国政府十分重视职业培训的法律法规建设，从1967年起的30多年先后出台了10多部有关职业培训的法律法规，为职业培训事业的发展奠定了坚实的法律基础。1953年颁布的《劳动标准法》是韩国职业培训的第一个母法，旨在培养技能人才；1967年制定《职业培训法》；1973年12月制定《国家技术资格法》；1976年12月制定《职业培训基本法》和《职业培训促进基金法》；1977年12月制定《职业培训审议委员会规程》；1981年4月修订《职业培训基本法》《职业培训促进基金法》和《国家技术资格法》；1993年12月修订《职业培训基本法》，修订《技能大学法》；1995年7月制定《雇用保险法》；1995年12月修订《技能大学法》。这些为职业培训事业的发展奠定了坚实的法律基础。1997年12月制定了新的《劳动者职业培训促进法》，取代原有的《职业培训法》。新法建立了职业能力发展制度，鼓励企业在自愿的基础上为已就业的人提供进一步的培训。

劳动部能力开发审议司全权负责韩国职业培训工作，现有工作人员39名，下设四个处，分别是培训政策处（制定和调整职业培训的基本政策，管理职业培训审议委员会，收集、管理、使用职业培训促进基金，对公共职业培训设施进行指导和监督等）；能力开发处（制定职业能力开发事业发展计划，研究和开发职业能力，失业者再就业培训，开发和改善职业培训标准和课程，职业培训教师的资格认定和管理）；培训指导处（制定和调整企业内职业培训的发展计划，支援职业培训促进事业，负责职业培训分担金的征收和管理，制定和实行雇用促进培训事业计划等）以及资格振兴处（制定国家技术资格制度、技能奖励的基本政策，制定技术资格鉴定计划，征收、管理和使用技能奖励基金，管理技术资格制度审议委员会；受政府委托指导和监督国家技术资格鉴定和技能奖励事务等）。

韩国产业人力公团是劳动部下属的事业性团体，现有3500名员工。主要任务是负责指导和管理韩国技术资格公团和 21 所职业专门学校及 19 所技能大学，负责研究发展和实施国家的技术资格鉴定。

根据实施职业培训的主体不同，韩国职业培训可分为三种主要形式。①公共职业培训，这是国家、地方自治团体或总统指定的公共团体实施的职业培训。公共职业培训按培训方式又可分为：委托培训、远程培训、移动培训等；按培训对象可分为主妇培训、失业人员培训等。②企业内职业培训，这是企业主单独或同其他企业主共同实施的职业培训。一方面，随着产业结构调整和企业技术进步，普通教育课程和公共职业培训课程已不能满足产业社会对技能人才的需求；另一方面，国家有限的财政预算制约了人力资源的开发，所以企业培训义务制不仅造就了一批拥有技能的技术工人，同时也为国家的经济发展做出了贡献。③认定职业培训，这是公共职业培训和企业内职业培训以外的，经劳动部部长认可而实施的职业培训。韩国共有 476 个职业培训机构，其中公共培训机构 95 个，企业内培训机构 242 个，认定培训机构 139 个（职业专门学校）。

阅读链接：

1. 李晓超：《关于我国调查失业率统计的几个问题》，中国经济网，http://www.ce.cn/xwzx/gnsz/gdxw/202009/28/t20200928_35835937.shtml。

2.《"十三五"国家促进就业亮出哪些"大招"》，新华网，http://news.xinhuanet.com/fortune/2017-02/06/c_1120420522.htm。

思考题：

1. 什么是三条保障线？其产生的背景是什么？
2. 我国失业保险制度是如何产生的？其主要的改革历程是怎样的？
3. 我国失业保险金领取的前提条件是什么？
4. 比较各国失业保险制度的异同，谈谈其对我国的可供借鉴之处。

参考文献

〔美〕阿瑟·奥肯:《平等与效率》,王奔洲等译,华夏出版社,1999。

〔印〕阿马蒂亚·森:《以自由看待发展》,任赜、于真译,刘民权、刘柳校,中国人民大学出版社,2002。

〔美〕贝弗里奇:《贝弗里奇报告》,劳动和社会保障部社会保险研究所组织翻译,中国劳动社会保障出版社,2008。

〔美〕劳伦斯·汤普森:《老而弥智——养老保险经济学》,孙树菡等译,中国劳动社会保障出版社,2003。

郑功成:《社会保障学——理念、制度、实践与思辨》,商务印书馆,2000。

〔英〕安东尼·吉登斯:《社会学》(第4版),赵旭东等译,北京大学出版社,2004。

林义:《社会保险》(第二版),中国金融出版社,2005。

李珍、孙永勇、张昭华:《中国社会养老保险基金管理体制选择:以国际比较为基础》,人民出版社,2005。

丁建定:《社会福利思想》,华中科技大学出版社,2009。

孙树菡、毛艾琳:《社会保险学》,北京师范大学出版社,2012。

孙树菡:《工伤保险》,中国人民大学出版社,2000。

丛树海:《社会保障经济理论》,上海三联书店,1996。

邓大松:《社会保险》,中国劳动社会保障出版社,2002。

〔美〕乔治·E.雷吉达:《社会保险和经济保障》(第六版),陈秉正译,经济科学出版社,2005。

焦凯平:《养老保险》,中国劳动社会保障出版社,2001。

吕学静:《日本社会保障制度》,经济管理出版社,2000。

叶响裙:《中国社会养老保障:困境与抉择》,社会科学文献出版社,2004。

孙光德、董克用:《社会保障概论》(第6版),中国人民大学出版社,2019。

穆怀中:《社会保障国际比较》,中国劳动社会保障出版社,2001。

Friedman Milton, *A Theory of the Consumption Function*, Princeton: Princeton University Press, 1957。

后　记

　　本书受首都经济贸易大学劳动经济学院劳动与社会保障国家级一流本科专业建设项目支持。本教材得以成书，离不开劳动与社会保障系全体同人的支持与帮助，同时感谢社会科学文献出版社编辑的认真、负责。

　　本书是笔者多年教学经验之累积。在教授"社会保险学"的过程中，笔者发现学生们一方面对社会保险有热切的求知欲，他们期望通过课程学习探寻三个主要问题的答案——"什么是社会保险？""社会保险与我有何关系？""社会保险有什么新的发展？"但另一方面，学生又可能会在社会保险相关理论面前产生畏难情绪。因此，笔者萌生了为学生写一本理论与实践相结合的社会保险学教材的想法，所以在此书中穿插有大量的案例及补充资料，期望在理论教学之外满足一部分高校专业课堂的需求。

　　本书成书之际恰逢我国"十四五"规划出台，党中央明确提出要"加快健全覆盖全民、统筹城乡、公平统一、可持续的多层次社会保障体系"。为此，社会保险作为社会保障体系的核心部分，将在未来持续受到关注，其变革与每一个人息息相关，"社会保险学"课程的讲授将更有现实意义。

图书在版编目(CIP)数据

社会保险学 / 毛艾琳著. -- 北京：社会科学文献出版社, 2021.8 (2023.2 重印)
ISBN 978 - 7 - 5201 - 8885 - 2

Ⅰ.①社… Ⅱ.①毛… Ⅲ.①社会保险 - 保险学 Ⅳ.①F840.61

中国版本图书馆 CIP 数据核字(2021)第 163628 号

社会保险学

著　　者 /	毛艾琳
出 版 人 /	王利民
责任编辑 /	易　卉
文稿编辑 /	刘俊艳
出　　版 /	社会科学文献出版社
	地址：北京市北三环中路甲29号院华龙大厦　邮编：100029
	网址：www.ssap.com.cn
发　　行 /	社会科学文献出版社（010）59367028
印　　装 /	北京虎彩文化传播有限公司
规　　格 /	开 本：787mm × 1092mm　1/16
	印 张：21.75　字 数：356 千字
版　　次 /	2021 年 8 月第 1 版　2023 年 2 月第 2 次印刷
书　　号 /	ISBN 978 - 7 - 5201 - 8885 - 2
定　　价 /	98.00 元

读者服务电话：4008918866

版权所有 翻印必究